Die Erhaltungspflichten des Verkäufers und des Käufers im UN-Kaufrecht
im Vergleich zum US-amerikanischen Uniform Commercial Code
und zum deutschen Recht

Internationalrechtliche Studien

Beiträge zum Internationalen Privatrecht, zum Einheitsrecht und zur Rechtsvergleichung

Herausgegeben von Ulrich Magnus

Band 21

PETER LANG
Frankfurt am Main · Berlin · Bern · Bruxelles · New York · Oxford · Wien

Armin Jentsch

Die Erhaltungspflichten des Verkäufers und des Käufers im UN-Kaufrecht im Vergleich zum US-amerikanischen Uniform Commercial Code und zum deutschen Recht

PETER LANG
Europäischer Verlag der Wissenschaften

Die Deutsche Bibliothek - CIP-Einheitsaufnahme

Jentsch, Armin:

Die Erhaltungspflichten des Verkäufers und des Käufers im UN-Kaufrecht im Vergleich zum US-amerikanischen Uniform Commercial Code und zum deutschen Recht / Armin Jentsch. - Frankfurt am Main ; Berlin ; Bern ; Bruxelles ; New York ; Oxford ; Wien : Lang, 2002
(Internationalrechtliche Studien ; Bd. 21)
Zugl.: Hamburg, Univ., Diss., 2002
ISBN 3-631-37066-0

D 18
ISSN 0947-0395
ISBN 3-631-37066-0

www.peterlang.de

Danksagung

Die vorliegende Arbeit wurde im Wintersemester 2000 vom Fachbereich Rechtswissenschaft der Universität Hamburg als Dissertation angenommen. Mein herzlicher Dank gilt meiner Familie und meinen Freunden, die mir bei der Erstellung der Arbeit Unterstützung und unermüdlicher Antrieb waren.

Insbesondere danke ich meinem Doktorvater, Professor Dr. Ulrich Magnus, für die verständnisvolle Betreuung der Arbeit und Professor Dr. Peter Behrens für die zügige Erstellung des Zweitgutachtens.

Inhaltsverzeichnis

Abkürzungsverzeichnis

Über die in der deutschen Rechtswissenschaft gebräuchlichen Abkürzungen hinaus wurden die folgenden Abkürzungen verwendet:

2d	Second Series
3d	Third Series
A.	Atlantic Reporter
A.C.	Appeal Cases
ABGB	Allgemeines Bürgerliches Gesetzbuch
ABl. EG	Amtsblatt der Europäischen Gemeinschaften
ADHGB	Allgemeines Deutsches Handelsgesetzbuch, 1861
aff'd	affirmed
Ala.	Alabama
A.L.R.	American Law Reports
All.E.R.	All England Law Reports
Am.Jur.2d	American Jurisprudence Second
Am.J.Comp.L.	American Journal of Comparative Law
Ann.	Annotated
App.	Appeals Court
App. Ct.	Appeals Court
App. Div.	Appelate Division
Ariz.	Arizona
Ariz.St.L.J.	Arizona State Law Journal
Ark.	Arkansas
BGE	Entscheidungen des Schweizer Bundesgerichts
BT-Drs.	Bundestag Drucksache
c.c.	Code Civil
c.civ.	Code Civil
CA	Cour d'Appel, Court of Appeals
Cal.	California
Calif.L. Rev.	California Law Review
Cal.Rptr.	West's Californian Reporter
Cass.	Cour de Cassation
Ch.	Chancery
ch.	chapter

Cir.	Circuit Court
CISG	United Nations Convention on Contracts for the International Sale of Goods
Civ.	Civil
CMR	Convention relative au Contrat de transport international de marchandises par route, 19.05.1956
Co.	Company / Corporation
Colo.	Colorado
Colum.L.Rev.	Columbia Law Review
Conn.	Connecticut
Ct.App.	Court of Appeals
D.	District Court
D.C.	District of Columbia
Del.	Delaware
Dist.Ct.App.	District Court of Appeals
Doc-Hist.	Documentary History
EAG	Einheitliches Gesetz über den Abschluß von internationalen Kaufverträgen über bewegliche Sachen vom 17.03.1973
E.D.	Eastern District
EKG	Einheitliches Gesetz über den internationalen Kauf beweglicher Sachen vom 17.03.1973
Eng.Rep.	English Reports
ETR	European Transport Law
EuZW	Europäische Zeitschrift für Wirtschaftsrecht
F.	Federal Reporter
F. Supp.	Federal Supplement
Fla.	Florida
Ga.	Georgia
Ga.J.Int'l & Comp.L.	Georgia Journal of International and Comparative Law
H.L.	House of Lords
Harv.L.Rev.	Harvard Law Review
ICC	International Chamber of Commerce
ICLQ	The International and Comparative Law Quarterly
IHR	Internationales Handelsrecht
Ill.	Illinois
Inc.	Incorporated
Ind.	Indiana
Int.and Comp.L.Quar.	siehe ICLQ
IHK	Internationale Handelskammer

Int.HK	Internationale Handelskammer
IPRax	Praxis des Internationalen Privat- und Verfahrensrechts
Jb.It.R	Jahrbuch für italienisches Recht
JBl.	Juristische Blätter
Jur.	Jurisprudence
Just.C.	Justice Court
Kan.	Kansas
Ky.	Kentucky
La.	Louisiana
L.J.	Law Journal
L.Rev.	Law Review
LQRev.	The Law Quarterly Review
M.D.	Middle District
Mass.	Massachussets
Md.	Maryland
Me.	Maine
Mich.	Michigan
Minn.	Minnesota
Misc.	New York Miscellaneous Reports (Entscheidungen der lower courts of New York)
Miss.	Mississippi
MLR	Modern Law Review
Mo.	Missouri
Mont.	Montana
N.C.	North Carolina
N.C.L.Rev.	North Carolina Law Review
N.D.	Northern District
N.E.	North Eastern Reporter
N.H.	New Hampshire
N.J.	New Jersey
N.M.	New Mexico
N.W.	Northwestern Reporter
N.Y.	New York
N.Y.S.	West's New York Supplement (New Yorker untergerichtliche Entscheidungen)
Neb.	Nebraska
Nev.	Nevada
NIPR	Nederlands Internationaal Privaatrecht
Okla.	Oklahoma
OR	Obligationenrecht

O.R.	Official Records United Nations Conference on Contracts for the International Sale of Goods
Or.	Oregon
P.	Pacific Reporter
Pa.	Pennsylvania
Q.B.	Queen's Bench
RB	Arrondissementsrechtbank (niederländisches Landgericht)
Rev.Stat.	revised status
rev.den.	review denied
R.I.	Rhode Island
S.C.	South Carolina
S.Cal.L.Rev.	Univerity of Southern California Law Review
S.Ct.	Supreme Court
S.D.	South Dakota
S.D.	Southern District
S.E.	Southeastern Reporter
S.W.	Southwestern Reporter
Sess.Cas.	Session Cases
SJZ	Schweizerische Juristenzeitung
So.	Southern Reporter
Stan.L.Rev.	Stanford Law Review
Sup.Ct.	Supreme Court
Super Ct.	Superior Court
Tex.	Texas
UCC	Uniform Commercial Code
UCC L.J.	Uniform Commercial Code Law Journal
UCC Rep. Serv.	Uniform Commercial Code Reporting Service
U.L.A.	Uniform Laws Annotated
U.Pa.	University of Pennsylvania
U.S.	United States Report
U.S.C.A.	United States Code Annotated
Va.	Virginia
Vol.	Volume
Vt.	Vermont
Wash.ULQ	Washington University Law Quarterly
Wis.	Wisconsin
W.L.R.	Weekly Law Reports
Wash.	Washington

WBl.	Wirtschaftsrechtliche Blätter
Yale L.J.	The Yale Law Journal
YB	yearbook
ZEuP	Zeitschrift für Europäisches Privatrecht
ZfRvgl.	Zeitschrift für Rechtsvergleichung

1. Einleitung

"Wenn der Käufer in Abnahmeverzug kommt, ist der Verkäufer in den modernen Rechtsordnungen regelmäßig noch nicht von seiner Verpflichtung, für die Waren zu sorgen, befreit. Er hat bis zur Lieferung für die Sachen wie ein guter Hausvater in seinen eigenen Angelegenheiten zu sorgen. Er kann insbesondere die Sachen nicht einfach preisgeben, wie etwa nach römischem und gemeinem Recht, auch wenn ihm der Besitz lästig wird."[1]

Diese Aussage von Rabel, einem der maßgeblichen Wegbereiter der modernen Kaufrechtsvereinheitlichung, findet sich umgesetzt in den Artt. 85 ff. des UN-Kaufrechts (United Nations Convention on Contracts for the International Sale of Goods, im folgenden CISG). Den Verkäufer treffen Erhaltungspflichten, wenn der Käufer Ware nicht rechtzeitig abnimmt oder es versäumt, den Kaufpreis vereinbarungsgemäß Zug um Zug mit Lieferung der Ware zu zahlen. Dem Käufer obliegen Erhaltungspflichten, wenn er die Ware empfangen hat und ein Zurückweisungsrecht nach dem Vertrag oder dem CISG ausüben möchte. Er darf die Güter folglich nicht einfach verfallen lassen oder sie zurücksenden, sondern muß dem Verkäufer ermöglichen, erforderliche Dispositionen zur Rücknahme, Weiterversendung oder Untersuchung zu treffen. Die Maßnahmen, die zur Erhaltung getroffen werden können oder müssen, sind in den Artt. 87 und 88 CISG näher erläutert. Demnach kann die Ware eingelagert oder verkauft werden. Im deutschen Recht finden sich vergleichbare Regelungen zur Erhaltung der Ware nicht so konzentriert, sondern in unterschiedlichen Gesetzeswerken.

Im HGB behandeln die §§ 373 und 379 die Möglichkeiten des Verkäufers bei Annahmeverzug des Käufers und des Käufers bei Beanstandung der Ware. Demzufolge ist z. B. Einlagerung oder Verkauf möglich. Aus dem BGB folgt, daß die Sache bei Vorliegen der jeweiligen Voraussetzungen nach § 372 ff. BGB hinterlegt oder gemäß den §§ 383-385 BGB versteigert oder verkauft werden kann.

Neben diesen Vorschriften besteht nach § 242 BGB der Grundsatz, daß der Schuldner so zu leisten hat, wie Treu und Glauben es mit Rücksicht auf die Verkehrssitte gebieten. Damit hat er den Leistungserfolg vorzubereiten, herbeizufüh-

---

1 Rabel, Das Recht des Warenkaufs, 2. Band, S. 79; die Vorgabe an den Verkäufer zur Bewahrung der verkauften Sache findet sich bereits in Inst. Just. 3, 23, 3a; dazu v. Schey § 7; § 757 sächs. BGB

ren und zu sichern[2]. Dementsprechend hat der BGH entschieden, daß, auch wenn spezielle verwahrungsrechtliche Beziehungen nicht vorliegen, Obhutspflichten als Nebenpflichten aus anderen Vertragsverhältnissen begründet sein können. So kann den Verkäufer nach allgemeinen Grundsätzen die Verpflichtung treffen, die Ware, die der Käufer noch nicht abgenommen hat, vor Schaden zu bewahren[3].

Im amerikanischen Uniform Commercial Code (im folgenden UCC) sind es vornehmlich die sections 2-603, 2-604, 2-706 und 2-711 (3), die die hier interessierenden Sachverhaltsgestaltungen erfassen.

Z. B. wird dem Verkäufer ein Weiterverkaufsrecht eingeräumt, wenn der Käufer gelieferte Güter abgelehnt hat oder seiner Zahlungspflicht nicht nachkommt. Demgegenüber kann dem Käufer im Falle einer Ablehnung der Ware die Pflicht obliegen, Anweisungen des Verkäufers zu folgen und in Ermangelung solcher die Ware im Notfall einem Verkauf zuzuführen. Weiter besteht die Möglichkeit, falls der Verkäufer sich nicht innerhalb einer angemessenen Zeit äußert, die Güter einzulagern, sie dem Verkäufer zurückzusenden oder zu verkaufen.

Neben den bereits genannten Rechtssystemen, die im folgenden eingehend behandelt werden, findet sich die Pflicht zur sorgfältigen Bewahrung der verkauften Sache auch in den Gesetzen unserer Nachbarländer wieder. Z. B. enthalten in Frankreich die Artt. 1136, 1137 CC entsprechende Regelungen und in Italien die Artt. 1177, 1176 CC[4]. Diese Bestimmungen sind in der Regel durch den Eigentumsübergang veranlaßt[5]. Wenn das Eigentum vor der Lieferung übergeht, soll die Notwendigkeit bestehen, dem Verkäufer explizit eine Pflicht zur Sorgetragung für die ihm nicht mehr gehörende Ware aufzuerlegen.

Allerdings sollen diese Pflichten auch dann gelten, wenn die erforderlichen Maßnahmen im einzelnen nicht im Vertrag der Parteien oder in einem Gesetz enthalten sind, da ordentliche Vertragspartner alles ihnen Zumutbare zu leisten haben, um ihrerseits das Erforderliche zur Erfüllung des Vertrages und seiner ordnungsgemäßen Abwicklung beizutragen[6].

---

2 Palandt-Heinrichs, § 242, Rn. 23

3 BGH Urt. v. 08.12.1971 VIII ZR 86/70, in DB 1972, 34; gemäß Gesetz zur Modernisierung des Schuldrechts vom 26.11.2001, BGBl. I, 3138, wird in § 241 (2) BGB n. F. Folgendes geregelt: “Das Schuldverhältnis kann nach seinem Inhalt jeden Teil zur Rücksicht auf die Rechte, Rechtsgüter und Interessen des anderen Teils verpflichten.” Damit stellt § 241 (2) n. F. eine Grundlage für vertragsbegleitende, nicht leistungsbezogene Nebenpflichten dar. Zudem wird i. V. m. § 311 (2) n. F. die Grundlage für die bisher gesetzlich nicht geregelte Haftung nach ‘culpa in contrahendo’ geschaffen. Hierauf können Schadenersatzansprüche nach §§ 280 (1) n. F., 282 n. F. gründen

4 Vgl. Rabel, 2. Band, S. 79, Fn. 48

5 Rabel, 1. Band, S. 517, 9. Kap. § 64

6 Dölle/Eberstein, Einführung vor Art. 91, Rn. 1

Bereits aus diesen kurzen Ausführungen wird deutlich, daß Erhaltungspflichten in den unterschiedlichen Rechtssystemen grundsätzlich als notwendig anerkannt sind. Diese Feststellung wird nicht dadurch entwertet, daß solche Pflichten in den einzelnen Gesetzen unterschiedliche Ausprägungen gefunden haben. Mit jeder Fixierung von Pflichten gehen aber auch Belastungen einher. Bestimmungen wie die Artt. 85 ff. des CISG führen zu einer Ausweitung der Risikobereiche des Verkäufers bzw. des Käufers. Die Erhaltungspflichten erweitern den Kreis der vertraglichen Pflichten[7] und beeinflussen und verlagern die Risikoverteilung im Austauschverhältnis[8].

Fraglich ist, ob so geartete zusätzliche Pflichten mit dem Ziel eines umfassenden Schutzes nicht zu einer Überfürsorge für den berufenen Vertragspartner führen können. Schließlich wird von dem zunächst oder vordergründig vertragstreuen Teil verlangt, weitere Anstrengungen zu unternehmen, die über das grundsätzlich vertraglich vereinbarte Soll hinausgehen. Zwar werden die Kosten für Erhaltungsmaßnahmen im Normalfall im Vergleich zu dem Wert der Hauptleistung nicht ins Gewicht fallen, dies kann sich allerdings dann ändern, wenn eine Zusatzpflicht nicht korrekt erfüllt wird. Dadurch kann das Erfüllungsinteresse der anderen Partei in Mitleidenschaft gezogen werden. Auch kann z. B. Folge eines Verstoßes gegen eine Zusatzpflicht sein, daß derjenige, der nachweislich mangelhafte Ware geliefert hat, durch einen gesetzlichen Gewährleistungsausschluß der erhaltenden Partei so gestellt wird, als wäre es mangelfreie Ware gewesen. Somit ist bei der Aufstellung von zusätzlichen Pflichten eine Haftungsdimension zu beachten, die wirtschaftlich nichts anderes bedeutet als die Zuweisung eines finanziellen Risikos.

Mit dieser Arbeit wird überprüft, wie Rechte und Pflichten der Parteien hinsichtlich der Erhaltung der Waren im deutschen Recht, im amerikanischen Recht und im CISG verteilt sind. Den amerikanischen UCC in diese Untersuchung einzubeziehen bietet sich an, da dieser als einheitlicher Rechtsrahmen für die verschiedenen Staaten der United States entworfen wurde[9]. Zudem werden sowohl CISG als auch UCC daraufhin untersucht, ob sie als Vorbilder und Maßstab für ein Europäisches Privatrecht dienen können[10]. Die praktische Bedeutung der Suche nach einem akzeptablen Rechtsmodell wird durch das in Kraft treten des Gesetzes zur Modernisierung des Schuldrechts zum 01.01.2002 in Deutschland ver-

7 Piltz, § 4, Rn. 265
8 Wiegand, in FS für Gagnér, S. 589
9 Siehe Punkt 3.2. zum Anwendungsbereich des UCC
10 Hyland, in Towards a European Civil Code, S. 55, 56 ff.; dort auch Ferrari, S. 363, 364 ff.

deutlicht[11]. Der Anlaß für eine 'große Lösung' bei der Reform des Schuldrechts bildet die Verpflichtung Deutschlands, drei EU-Richtlinien umzusetzen, die zentrale Punkte des Vertragsrechts betreffen[12]. Dies sind die Verbrauchsgüterkaufrichtlinie (1994/44/EG), die Zahlungsverzugsrichtlinie (2000/35/EG) und die E-Commerce-Richtlinie (2000/31/EG)[13]. Die Umsetzung der Richtlinien mit einer Modernisierung des deutschen Schuldrechts zu verknüpfen, wird durch das Bundesjustizministerium insbesondere hinsichtlich des Leistungsstörungsrechts wie folgt begründet: "Die vorhandenen Regelungen entsprechen auch nicht den modernen internationalen Maßstäben, die durch das UN-Kaufrecht vorgeprägt werden. Dies führt dazu, daß für die Unternehmen unterschiedliches Recht gilt, je nach dem, ob es sich um einen internationalen Handelskauf oder ein anderes Geschäft handelt. Sachliche Gründe für diese Unterschiede bestehen nicht."[14] Konkret wird u. a. vorgeschlagen, daß UN-Kaufrecht bei der Reform des Leistungsstörungsrechts zu beachten, da "das UN-Kaufrecht die Grundprinzipien, von denen sein Leistungsstörungsrecht geleitet ist, in klaren, verständlichen, widerspruchsfreien und rechtspolitisch einleuchtenden Regelungen niedergelegt hat und dadurch der Praxis – insbesondere der Rechtsprechung – die Aufgabe wesentlich erleichtert wird, zu erkennen, ob der konkrete zur Beurteilung stehende Fall von dieser oder jener Regelung erfaßt wird oder nicht. Zugleich werden die nicht einleuchtenden Ergebnisse vermieden, die sich im Rahmen des BGB für einige Teilbereiche ergeben haben."[15] In dieser Arbeit wird bei der Darstellung deutscher Normen auf Gesetzesänderungen hingewiesen, die durch die Modernisierung des Schuldrechts notwendig werden.

Neben den gesetzlichen Regelungen bestehen im nationalen wie internationalen Warenverkehr Handelsbräuche und für bestimmte Branchen Musterverträge, die Erhaltungspflichten zum Gegenstand haben. Da die genannten Rechtsordnungen die Anwendbarkeit von Handelsbräuchen oder abweichenden Vereinbarungen nicht ausschließen, werden auch diese kurz behandelt. Dabei wird ersichtlich, inwieweit die gesetzlichen Regelungen in ihrem Regelungsgehalt den Bedürfnissen des Handels entgegenkommen.

---

11 Gesetz vom 26.11.2001, BGBl. I, 3138

12 Siehe hierzu Däubler-Gmelin, NJW 2001, 2281-2289

13 ABl. EG Nr. 171, S. 12; ABl. EG Nr. L 200, S. 35; ABl. EG Nr. L 178, S. 1

14 Einführung in den Entwurf der Bundesregierung und der Koalitionsfraktionen für ein Gesetz zur Modernisierung des Schuldrechts BR-Drs. 338/01, BT-Drs. 14/6040, Stand 15.06.2001, S. 4; hierzu auch Schlechtriem, IHR 2001, S. 12 ff.

15 BT-Drs. 14/6040, S. 86

Abschließend ist eine Antwort darauf zu geben, ob das CISG, welches mittlerweile in über 58 Ländern gilt[16], als 'zu Normen geronnene Rechtsvergleichung' die sachgerechtesten Entscheidungen trifft[17].

---

16 BGBl. Teil II, Fundstellennachweis B, S. 595, Stand 31.12.2000, gilt inklusive der Sowjetunion

17 Staudinger/Magnus, Art. 7, Rn. 37

2. Zur Auslegung des CISG

Im Verlauf der Arbeit bedarf es der Auslegung einiger CISG-Vorschriften. Vorweggeschickt wird daher, von welchen Auslegungskriterien Gebrauch gemacht wird.

Art. 7 (1) fordert bei Auslegung des CISG die Berücksichtigung seines internationalen Charakters und der Notwendigkeit, seine einheitliche Anwendung und die Wahrung des guten Glaubens im internationalen Handel zu fördern. Damit enthält dieser Absatz die bei der Auslegung des CISG zu beachtenden Besonderheiten und Ziele, nicht jedoch eine Auslegungsmethodik[18]. Grundsätzlich ist das CISG als internationales Abkommen autonom auszulegen[19]. Damit dürfen weder allein die dem deutschen Juristen vertrauten Auslegungskriterien wie selbstverständlich zugrunde gelegt werden, noch die Kriterien, die z. B. im Common-law-Bereich herangezogen werden[20]. Allerdings hat bezüglich der Auslegungskriterien für internationales Einheitsrecht eine Annäherung zwischen den Common-law-Staaten und den Civil-law-Staaten stattgefunden[21].

In erster Linie ist eine grammatikalische Auslegung vorzunehmen, also auf den Wortlaut der Bestimmungen abzustellen[22]. Eine Interpretation, die sich an den gewöhnlichen Wortsinn hält, bildet regelmäßig am ehesten die Gewähr, nicht in nationale Eigentümlichkeiten zu verfallen[23]. Dabei besteht das Problem, daß die deutsche Fassung lediglich eine Übersetzung, aber keine authentische Textfassung ist. Dies gilt, obwohl sie international unter den deutschsprachigen Staaten erarbeitet wurde[24]. Bei Zweifeln ist daher auf die englische Fassung – da

---

18 Staudinger/Magnus, Art. 7, Rn. 30; Schlechtriem/Ferrari, Art. 7, Rn. 8, 28

19 Diedrich, S. 139 ff. m. w. N.; ders. in RIW 1993, S. 441 ff.; Piltz, § 2, Rn. 169; Schlechtriem/Ferrari, Art. 7, Rn. 8 ff.; Staudinger/Magnus, Art. 7, Rn. 12; die Frage, ob die Auslegungsmethoden der Artt. 31 ff. des WVÜ zur Auslegung herangezogen werden können, wird von der h. M. verneint, vgl. Schmid, S. 62 m. w. N; anders aber Happ, RIW 1997, S. 376 ff.; differenzierend Höß, S. 14 ff.

20 Diedrich, S. 83 ff.; Kropholler, Int. Einh.R., § 19

21 Honnold in Einheitl. KaufR. und nat. Obl.R., S. 119 f.; Kropholler, Int. Einh.R., S. 260

22 Zur besonderen Bedeutung des Wortlauts bei Zweifeln in der Auslegung siehe BGH Urt. v. 25.06.1969, I ZR 15/67, BGHZ 52, 216, 220

23 Kropholler, Int. Einh.R.,S. 264

24 Authentisch sind die arabische, chinesische, englische, französische, russische und spanische Fassung. Dies ergibt sich aus der Unterzeichnungsklausel des Überein-

Englisch in der Hauptsache die Verhandlungssprache war – und schließlich auf die restlichen Originalfassungen abzustellen[25].

Weiter ist die systematische Stellung der Vorschriften zu berücksichtigen. Da nach Art. 7 (2) die allgemeinen Grundsätze zu beachten sind, muß erst recht die erkennbare Einordnung in das System herangezogen werden können[26]. Damit ist zunächst die Systematik innerhalb des Übereinkommens gemeint, da die entsprechende Heranziehung nationaler Rechte bei autonomer Auslegung des CISG nicht geboten ist.

Eine denkbare systematische Interpretation anhand anderer internationaler Übereinkommen wird in den überwiegenden Fällen daran scheitern, daß die verschiedenen Konventionen nicht selbst als Teil eines Systems geplant und verabschiedet wurden[27]. Jede für sich stellt im allgemeinen ein in sich geschlossenes Rechtssystem dar. Allerdings werden die Aussagen anderer Regelungswerke dann für beachtlich gehalten, wenn sowohl diese als auch die zu interpretierende Konvention von derselben Organisation stammen oder von denselben Staaten ausgearbeitet wurden[28]. Beispielhaft sind hier die kindschaftrechtlichen Konventionen der Haager Konferenz oder das EuGVÜ und das EVÜ zu nennen[29]. Auch können Erkenntnisse aus Art. 9 (2) CISG auf den ihm nachgebildeten Art. 17 (1) 2 c EuGVÜ verwandt werden[30].

Für das CISG könnte ein systematischer Zusammenhang mit dem UN-Übereinkommen über die Verjährung beim internationalen Warenkauf vom 14.6.1974 bestehen[31]. Dieses wurde mit dem Wiener Änderungsprotokoll vom 11.4.1980 ausdrücklich den Bestimmungen des CISG angepaßt[32]. Allerdings sind weder alle Staaten des CISG dem Änderungsprotokoll noch überhaupt dem Verjährungsübereinkommen beigetreten. Damit ist bei der Auslegung des CISG mittels des Verjährungsabkommens Vorsicht geboten. Es dürfen hierdurch keine

---

kommens; vgl. zur Erarbeitung des deutschen Textes zwischen der Bundesrepublik Deutschland, Österreich, der Schweiz und der damaligen DDR, Volken, S. 41, Nr. 52, 53

25 Siehe hierzu Staudinger/Magnus, Art. 7, Rn. 15 f., der in Rn. 19 auch die Ungenauigkeiten der deutschen Übersetzung auflistet

26 Dazu Magnus in RabelsZ 53 (1989), S. 124

27 Zum Rückgriff auf UNIDROIT-Grundsätze zur Lückenfüllung bei internationalen Einheitsprivatrechtskonventionen siehe Ferrari, JZ 1998, S. 9 ff.

28 Diedrich, S. 69

29 Kropholler, IPR, S. 66

30 Kropholler, Europ. ZPR, Einl. Rn. 35, Art. 17, Rn. 48 ff.

31 Abgedruckt in Schlechtriem, Kommentar zum Einheitlichen UN-Kaufrecht, S. 879

32 UN-Doc. A/Conf. 97/18m annex II

Auslegungsergebnisse als allgemeingültig festgeschrieben werden, die nicht von allen CISG-Staaten als vertretbar angesehen werden können[33].

Die teleologische Auslegung ist für die Weiterentwicklung von Einheitsrecht bedeutsam, aber auch problematisch. Die Gerichte könnten die Auslegung einzelner Vorschriften zu ergebnisorientiert vollziehen[34]. Zudem droht eine Zersplitterung der Entwicklung, da Gerichte anderer Staaten eine 'mutige' Auslegung möglicherweise nicht ohne weiteres übernehmen können[35]. Schließlich könnten vom nationalen Vorverständnis ausgehende Zweckvorstellungen die Auslegung prägen[36]. Eine teleologische Auslegung muß daher eng an der einheitlichen Anwendung des CISG orientiert vorgenommen werden.

Auch die Entstehungsgeschichte des CISG kann in eine Auslegung im Rahmen einer historischen Auslegung mit einfließen. Dem stand im wesentlichen bis 1980 die Haltung des angloamerikanischen Rechtskreises entgegen, in welchem die Verwendung von 'travaux préparatoires' bei der Auslegung abgelehnt wurde[37]. Diese Sichtweise hat jedoch eine Änderung erfahren.

Allerdings ist auch bei der historischen Auslegung Vorsicht geboten, da es im internationalen Einheitsrecht um eine "sinnvolle Ordnung der Gegenwart und nicht um eine Zementierung historischer Fakten" geht[38].

Die Einbeziehung von EAG und EKG, der darauf bezogenen Lehre und der dazu ergangenen Entscheidungen bei der Auslegung des CISG gehört sowohl zur Rubrik der historischen als auch der rechtsvergleichenden Auslegung. Das Haager Kaufrecht wird man heranziehen müssen, da es bei der Ausarbeitung des CISG maßgebend war.

Bei der rechtsvergleichenden Auslegung besteht die Schwierigkeit, daß die Auslegung bestimmter Begriffe oder Rechtsinstitute in anderen Rechtsordnungen in aller Regel nicht deckungsgleich mit den Zielen des CISG sein wird[39]. Der Gehalt eines nationalen Rechtsinstituts kann daher nur dann Beachtung finden, wenn er in die allgemeinen Beratungen aufgenommen wurde. Außerdem kann ei-

---

33 Vorsichtig auch Diedrich, a. a. O., der übereinstimmende Intentionen der Vertragsstaaten hinsichtlich der Ziele der zu vergleichenden Übereinkommen verlangt

34 Zur teleologischen Auslegung im Völkerrecht vgl. Fastenrath, S. 186 f.

35 Kropholler, Int. Einh.R., S. 277

36 Staudinger/Magnus, Art. 7, Rn. 36

37 Die Haltung im common law änderte sich mit der Entscheidung Fothergill v. Monarch Airlines (1980) 2 All E.R. 696 (H.L.) vom 10.07.1980. Hier hatte das Gericht über die Anwendung des Warschauer Abkommens zu entscheiden. Bei der Auslegung wurde auch auf die 'travaux préparatoires' zurückgegriffen. Zudem hatte das Urteil auch Bedeutung für die Einbeziehung fremdsprachiger Textfassungen und des WVÜ bei der Auslegung; siehe dazu Honnold, Art. 7, Rn. 90; Höß, S. 27

38 Kropholler, Int. Einh.R., S. 274

39 Zur rechtsvergleichenden Auslegung allgemein Kropholler, Int. Einh.R., S. 278-285

ne Rechtsvergleichung bei Fragen sinnvoll sein, die von einer Mehrzahl der Vertragsstaaten auf eine ähnliche Weise gelöst werden.

Zur Rechtsvergleichung gehören auch die Untersuchung und vergleichende Sichtung der zum CISG und zum EKG[40] veröffentlichten Literatur und bereits ergangenen Entscheidungen[41]. Mittel wie CLOUT und UNILEX versuchen, die Schwierigkeiten, die bei dem Zugriff darauf bestehen, zu beheben[42].

Zusammengefaßt bedeutet dies, daß die dem deutschen Juristen bekannten Auslegungsmethoden unter Beachtung des internationalen Kontextes anzuwenden sind.

---

40 Hierzu insbesondere Dölle, Kommentar zum Einheitlichen Kaufrecht; Mertens/Rehbinder, Internationales Kaufrecht

41 Kropholler, Int. Einh.R., S. 281; beispielhaft das Urteil LG Vigevano, U. v. 12.07.2000 Nr. 405, IHR 2001, S. 72 ff., wo zur Entscheidungsfindung rund 40 Urteile und Schiedssprüche verschiedenen Ursprungs herangezogen wurden. Dazu Anmerkungen von Ferrari, IHR 2001, S. 56 - 60

42 CLOUT – Case Law on UNCITRAL Texts, ABSTRACTS 1-4, United Nations General Assembly; UNILEX – A comprehensive and intelligent data base on the UN Convention on Contracts for the International Sale of Goods under the supervision of Prof. Bonell, Irvington, NY 1994; siehe auch Will, International sales law under CISG; siehe auch Kritzer, Guide to practical application; für das EKG: Schlechtriem/Magnus, Internationale Rechtsprechung zu EKG und EAG, Baden-Baden 1987

3. Der Anwendungsbereich der Gesetze

Während die Entstehungsgeschichte des CISG in anderen Werken ausreichend abgehandelt wurde[43], sind die Anwendungsbereiche der hier zu vergleichenden Rechtsordnungen kurz darzustellen. Nur so wird deutlich, welche Sachverhaltsgestaltungen von den einzelnen Rechtsordnungen erfaßt werden bzw. auf welchen Feldern sie in Konkurrenz zueinander treten und möglicherweise zu unterschiedlichen Ergebnissen führen können.

3.1 Das UN-Kaufrecht (CISG)

Grundsätzlich beschränkt sich das CISG auf internationale Handelskäufe beweglicher Sachen und entsprechende Werklieferungsverträge.

Gemäß Art. 1 (1) findet das UN-Kaufrecht Anwendung, wenn die Parteien des Kaufvertrages ihre jeweilige Niederlassung in verschiedenen Staaten haben und entweder a) diese Staaten Vertragsstaaten des Übereinkommens sind oder b) die Anwendung des Rechtes eines Vertragsstaates sich nach den Regeln des Internationalen Privatrechts ergibt[44]. Der Begriff der Niederlassung wird im CISG nicht definiert, sondern wie z. B. in Art. 10 vorausgesetzt[45]. Allgemein wird darunter der Ort verstanden, von dem aus eine geschäftliche Tätigkeit tatsächlich und schwerpunktmäßig betrieben wird[46].

Zur wirksamen unmittelbaren Geltung des CISG muß gemäß Art. 1 (1) a) zudem gewährleistet sein, daß die Parteien das CISG nicht wirksam ausgeschlossen haben und im Streitfall die Gerichte eines Vertragsstaates entscheiden[47]. Weitere

---

43 Siehe Honnold, Documentary History; Schlechtriem, Einheitliches UN-Kaufrecht, 1981; ders., Kommentar zum Einheitlichen UN-Kaufrecht, Einleitung

44 Gemäß Art. 1 (1) b) besteht die Vorbehaltsmöglichkeit des Art. 95. So kann ausgeschlossen werden, daß das CISG zur Anwendung kommt, wenn nur durch das IPR auf das Recht eines Landes verwiesen wird

45 Vgl. Vekas, S. 342

46 Bianca/Bonell/Jayme, Art. 1, Anm. 2.3.; Siehr, RabelsZ 52 [1988], 590, Fn. 10; zu weiteren Fragen siehe Staudinger/Magnus, Art. 1, Rn. 62 ff.

47 Herber/Czerwenka, Art. 1, Rn. 16; Staudinger/Magnus, Art. 1, Rn. 85

Einschränkungen zur Vertragsstaatlichkeit ergeben sich aus den Vorbehalten der Artt. 92-94[48].

Das CISG ist gemäß Art. 1 (1) auf den Kauf von Waren i. S. v. beweglichen körperlichen Sachen anzuwenden. Das Merkmal der Körperlichkeit der Ware kann allerdings auch in den Hintergrund treten. Dadurch werden z. B. Computerprogramme dann als Kaufgegenstände im Sinne des CISG angesehen, wenn sie über einen Träger nutzbar sind[49]. Weiter sind Logos[50], Gas[51], verkörperte wissenschaftlich-technische Ergebnisse[52], lebende Tiere[53] und Sachgesamtheiten wie Warenlager[54] erfaßt. Unternehmenskäufe sind ausgeschlossen, da dabei gewöhnlich eine Gesamtheit von beweglichen und unbeweglichen Sachen, immateriellen Gütern und Rechten übertragen wird. Weiter sind nach Art. 2 insbesondere Käufe für den persönlichen Gebrauch sowie von Wertpapieren oder Zahlungsmitteln, Großschiffen, Luftfahrzeugen und Elektrizität ausgeschlossen. Schließlich werden Käufe auf Versteigerungen aufgrund von Zwangsvollstreckungen und anderen gerichtlichen Maßnahmen nicht erfaßt[55].

Während nach Art. 3 (1) CISG Werklieferungsverträge in das Übereinkommen einbezogen sind, schließt Art. 3 (2) Verträge aus, bei denen der überwiegende Teil der Pflichten einer Partei in der Ausführung von Arbeiten oder in Dienstleistungen besteht, die Warenlieferung der Erbringung von Dienstleistungen also untergeordnet ist.

Ansonsten wird im CISG kein Unterschied gemacht, ob die Parteien Kaufleute sind oder nicht oder ob der Vertrag als handels- oder zivilrechtlich eingeordnet wird. Durch den Ausschluß der Konsumentenverkäufe ist der Anwendungsbereich aber doch grundsätzlich auf Handelskäufe beschränkt.

---

48 Vgl. dazu Staudinger/Magnus, Art. 1, Rn. 86-89

49 Schlechtriem/Ferrari, Art. 1, Rn. 38; Staudinger/Magnus, Art. 1, Rn. 44; Diedrich RIW 1993, S. 441; siehe hierzu auch LG München, U. v. 8.2.1995, 8 HKO 24677/93, CISG Online 203, www.jura.uni-freiburg.de

50 So OLG Koblenz Urt. v. 17.09.1993 – 2 U 1230/91, RIW 1993, 934, 936

51 Staudinger/Magnus, Art. 1, Rn. 45; Honnold, Art. 2, Rn. 56

52 Enderlein/Maskow/Strohbach, Art. 1, Anm. 2.

53 LG Flensburg, U. v. 19.01.2001, 4 O 369/99, IHR 2001, S. 67, Soergel/Lüderitz/Fenge, Art. 1, Rn. 21

54 Staudinger/Magnus, Art. 1, Rn. 51

55 In der authentischen englischen Fassung heißt es "... or otherwise by authority of law". Dies könnte mehr Maßnahmen beinhalten als die deutsche Fassung

3.2. Der Uniform Commercial Code

Der Uniform Commercial Code, dessen Entwicklung die Merchants Association of New York City aufgrund von Mängeln des Uniform Sales Act 1938 anregte und der hauptsächlich zwischen 1945 und 1952 entwickelt wurde[56] und in den einzelnen Staaten ab 1954 in Kraft trat[57], ist nicht so einheitlich, wie es der Titel vermuten läßt. Zunächst wurde den einzelnen US-Staaten die Freiheit gelassen, den Code anzunehmen oder abzulehnen[58]. Weiterhin mußte er bei Annahme nicht in seiner Gesamtheit übernommen werden. Dies ermöglichte sowohl einzelne sections als auch einzelne Kapitel auszulassen. Zudem bieten diverse sections alternative Formulierungen zur Übernahme an. Weiter sind ausfüllungsbedürftige Freiräume zur Einfügung entsprechender Geldbeträge, Fristen oder örtlich anwendbarer Regelungen gelassen. Schließlich haben nicht alle Staaten die Neuerungen nach dem jeweiligen Inkrafttreten des Codes übernommen. Um zu verhindern, daß das Recht in den einzelnen Staaten zu unterschiedliche Entwicklungslinien nimmt, überwacht ein Permanent Editorial Board, welcher allerdings keinen offiziellen Status besitzt, die einzelstaatliche Rechtsprechung zum UCC[59].

Neben dem hier interessierenden Kaufrecht, welches schon früher durch den Uniform Sales Act vereinheitlicht worden war, enthält der UCC in seinen Artikeln u. a. Regelungen zum Wechsel- und Scheckrecht, zum Recht der Kreditbriefe, zur Übertragung von Sachgesamtheiten, zu Eigentum verbriefenden Dokumenten, zu Wertpapieren und schließlich zum Recht der Sicherungsübertragungen.

Der kaufrechtliche Teil findet gemäß section 2-102 Anwendung auf 'transactions in goods'. Mit 'goods' sind nach section 2-105 (1) bewegliche Sachen gemeint. Dagegen unterliegen dem UCC weder Grundstückskäufe, Wertpapierkäufe, die ausdrücklich ausgeschlossen sind[60], noch reine Werk- oder Dienstverträge[61]. Allerdings werden Verträge erfaßt, die sowohl eine Waren- als auch eine Dienstleistung beinhalten, wenn die Komponente der Warenlieferung gegenüber

56 Zur Geschichte des Code siehe Malcolm, The Uniform Commercial Code in the United States, 12 Int. and Comp.L.Quar. 226, 226-233 (1963)

57 Zuerst in Pennsylvania, zum 1.1.1954

58 Der Code gilt z. B. nur teilweise für Louisiana, das die Artt. 1, 3, 4, 5, 7 und 8 übernahm. Für das Kaufrecht besteht ein eigener Civil-law-Code; siehe dazu weiter Braham, S. 239

59 Hay, S. 81

60 S. 2-105 (1)

61 67 Am.Jur.2d § 40; Nachweise bei Meyers v. Henderson Construction Co., 370 A.2d 547, 549 (N.J. 1977)

der Dienstleistung überwiegt[62]. Der UCC umfaßt im Gegensatz zum CISG auch den Kauf von Devisen[63] sowie Tauschgeschäfte[64]. Ob allerdings der Kauf von Elektrizität vom UCC erfaßt wird, ist umstritten[65].

Da der UCC als Mustergesetz von den jeweiligen Staaten gesondert als einzelstaatliches Gesetz mit unterschiedlichem Umfang eingeführt wurde, kann nicht auf eine kollisionsrechtliche Regelung im UCC verzichtet werden. Gemäß section 1-105 (1) können die Parteien eine Rechtswahl treffen. Hier gilt, daß, wenn das Geschäft eine vernünftige Beziehung ('reasonable relation') zumindest zu einem Staat hat, der den UCC anwendet, die Parteien sich auf das Recht entweder dieses oder des anderen Staates verständigen können. Für manche Geschäfte ist die Rechtswahl durch section 1-105 (2) beschränkt. Falls keine Rechtswahl vorliegt, kommt nach section 1-105 (1) das Recht des Staates zur Anwendung, welches zu dem Geschäft eine angemessene Beziehung ('appropriate relation') hat.

Der UCC findet auf Kaufleute und Nicht-Kaufleute Anwendung, wobei einige Sonderbestimmungen, die in entsprechenden Vorschriften jeweils ausdrücklich festgelegt sind, ausschließlich für Kaufleute gelten[66]. Für Verbraucher sind weitere Gesetze wichtig. Dazu gehören der Magnusson-Moss-Act[67], der Song-Beverly Warranty Act[68] und die sogenannten 'Lemon-laws'. Letztere behandeln die KFZ-Herstellergarantien in den einzelnen Bundesstaaten[69]. Die genannten Gesetze

62 Burton v. Artery Company, Inc., 367 A.2d 935, 936, 937 (Md. 1977); Meyers v. Henderson Construction Co., 370 A.2d 547, 549 (N.J. 1977); Lincoln Pulp & Paper Co., Inc. v. Dravo Corp., 436 F.Supp. 262, 275 (D.C.Me.1977); Cerutti, S. 9 ff.

63 Official Comment Nr.1 zu s. 2-105 UCC

64 Simmons Machinery Company, Inc. v. M & M Brokerage, 409 So.2d 743, 752, 753 (Ala. 1982); Gunderland Marine Supply, Inc. v. Bray, 570 S.W.2d 524, 544 (Tex.App.1978)

65 67 Am.Jur.2d § 52 mit weiteren Nachweisen

66 O.C. s. 2-104, n.2; Elsing, S. 70; Ruprecht, RabelsZ 19 (1954), 427, 429, 430; Cerutti, S. 6, Rn. 14

67 Magnusson-Moss Warranty-Federal Trade Commission Improvement Act, verabschiedet 1975, siehe U.S.C.A. Title 15, Commerce and Trade (1995), §§ 2301 ff.; dazu Stockton/Miller, 260 f.

68 Dazu Jensen v. BMW of North America, Inc. (Ct.App. Cal. 3 Dist. 1995), 41 Cal.Rptr.2d 295 ff., rev. den.; Music Acceptance Corp. v. Lofing, (Ct.App. Cal.3 Dist. 1995), 32 Cal.Rptr.2d 159ff.

69 Dazu Carl v. Spickler Enterprises, Ltd., (Ct.App.Wis. 1991), 165 Wis.2d 611, 478 N.W.2d 48(52), rev.den. 482 N.W.2d 106. Zu den einzelnen 'Lemon-laws' ausführlich: Vogel, Ariz.St.L.J. (1985), 589 f. und 625 f.; Clifford, 71 N.C.L.Rev. (1993), 104 f.

enthalten Bestimmungen zur Abbedingung der Verkäuferhaftung. Sie sind sowohl auf AGBs als auch auf Individualabreden anwendbar[70].

Bedeutsam ist schließlich, daß es sich bei dem UCC um einen Common-law-Code handelt, dessen Bestimmungen auf den Grundsätzen von common law und equity aufbauen. Diese finden gemäß section 1-103 weiter Anwendung, sofern sie nicht durch spezielle Regelungen des UCC verdrängt werden[71].

3.3. Das Deutsche Handelsrecht

Das Handelsrecht des deutschen HGB stellt als subjektives System entscheidend auf die Person ab[72]. Es ist das Recht des Handelsstandes, also der Kaufleute. Das subjektive System wird aber nicht streng durchgeführt, da die Regelungen teilweise auch für Nicht-Kaufleute gelten. Das Handelsrecht ist grundsätzlich gemäß § 345 HGB bereits dann anwendbar, wenn das Rechtsgeschäft nur für einen Teil ein Handelsgeschäft ist, also nur eine Vertragspartei Kaufmann ist.

Das Handelsrecht ist Teil des Privatrechts; gleichzeitig ist es Sonderprivatrecht, da es trotz der gerade genannten Einschränkung grundsätzlich nur für Kaufleute gilt[73]. Obwohl Art. 2 EGHGB bestimmt, daß in Handelssachen die Vorschriften des BGB nur insoweit zur Anwendung kommen, als nicht im HGB oder im EGHGB etwas anderes festgelegt ist, steht es nicht beziehungslos neben dem allgemeinen Privatrecht. Selbst wenn das Handelsrecht Ausnahmen zu dem BGB enthält und das HGB dem BGB als lex specialis vorgeht, ist es normalerweise nicht für sich allein anwendbar. Es liegt eine Verzahnung der Gesetzeswerke vor, die durch die Anwendbarkeit weiterer Gesetze verkompliziert werden kann. Zum Handelsrecht zählt nicht nur das HGB, sondern auch handelsrechtliche Nebengesetze, beispielsweise die Vorschriften auf dem Gebiet des Verkehrswesens[74], die gesellschaftsrechtlichen Gesetze und das Wechsel- und Scheckgesetz. Weiter sind Gewohnheits- und Richterrecht sowie Handelsbräuche bedeutsam[75]. Handelsbräuche sind Verkehrssitten (§§ 157, 242 BGB), auf die unter Kaufleuten gemäß § 346 HGB Rücksicht zu nehmen ist. Unter Beachtung von Handelsbräuchen ist z. B. zu klären, welche Bedeutung das Verhalten einer

---

70 Maßgeblich ist dabei, ob es sich um eine schriftliche Qualitätszusage handelt oder nicht. Der Magnusson-Moss-Act ist z. B. nur auf 'written warranties' anzuwenden; dazu Vogel a. a. O., 598, 611

71 Siehe Cerutti, S. 5, Rn. 11

72 Baumbach/Hopt, Einl. v. § 1, Rn.1

73 K. Schmidt, § 1 I

74 Z. B. ADSp, siehe zu diesem Thema ausführlich Koller, Transportrecht, Kommentar

75 K. Schmidt, § 1 III 2, 3

Partei hat, z.B. wie das Schweigen auf ein Bestätigungsschreiben gewertet wird, oder welche Bedeutung im Vertrag verwandten Klauseln wie CIF und FOB zukommt.

Schließlich spielen im Handelsrecht Allgemeine Geschäftsbedingungen eine herausragende Rolle[76]. Das AGBG gilt auch für Kaufleute, selbst wenn diese weniger schutzwürdig sind als Nicht-Kaufleute, was sich in einem Anwendungsausschluß einiger Vorschriften widerspiegelt: Gemäß § 24 AGBG gelten die §§ 2, 10, 11 und 12 AGBG nicht für Kaufleute, wenn der Vertrag zum Betriebe des jeweiligen Handelsgewerbes gehört. Nach § 9 (1) AGBG sind aber Bestimmungen in AGB unwirksam, sofern sie den Vertragspartner des Verwenders, auch wenn er Kaufmann ist, entgegen Treu und Glauben unangemessen benachteiligen.

Wie auch das CISG und der UCC stellte der Vorgänger des HGB, das Allgemeine Deutsche Handelsgesetzbuch (ADHGB), ein Mittel zur Rechtsvereinheitlichung dar. Nachdem der Bundestag 1861 seinen Mitgliedern empfahl, das ADHGB einzuführen, geschah dies 1869 für den Norddeutschen Bund. 1871 wurde es deutsches Reichsgesetz[77]. Das HGB vom 10.5.1897 trat dann zusammen mit dem BGB am 1.1.1900 in Kraft[78].

International kann dem HGB vor allem dann Bedeutung zukommen, wenn auf dessen Regelungen durch eine zulässige und wirksame Rechtswahl Bezug genommen wurde oder wenn eine kollisionsrechtliche Verweisung, im deutschen Recht nach Art. 28 EGBGB, erfolgt.

---

76 Das AGBG wird durch das Gesetz zur Modernisierung des Schuldrechts in Buch 2., Abschnitt 2., §§ 305 ff. BGB überführt; siehe hierzu BT-Drs. 14/6040, S. 150 ff.

77 K. Schmidt, § 2 II 2

78 K. Schmidt, § 2 II 3

4. Erhaltung von Waren im UN-Kaufrecht

4.1. Zur Einordnung der Erhaltungspflichten im UN-Kaufrecht

In den Artikeln 85 bis 88 CISG finden sich Verhaltenspflichten des Verkäufers und des Käufers bezüglich der Ware für den Fall, daß die Vollziehung des Kaufvertrages nicht reibungslos erfolgt. Diese Vorschriften stehen vor dem Hintergrund, daß die Parteien sich auch dann sorgfältig verhalten und die Ware nicht einfach sich selbst überlassen sollen, wenn eine der Parteien vertragswidrig handelt. Der Verkäufer darf beispielsweise nicht auf Erfüllung beharren, ohne dabei Sorge für die Ware tragen zu müssen, wenn der Käufer mit der Annahme der Ware in Verzug gerät und dabei die Gefahr nach Art. 69 (1) auf ihn übergeht[79].

Solche Fürsorgepflichten sollen dem Gebot aus Treu und Glauben entspringen und zusammen mit Art. 77 den Grundsatz aufstellen, daß die Parteien einander verpflichtet sind, entstehenden Schaden nach Möglichkeit zu vermeiden oder gering zu halten[80]. Art. 77 selbst enthält eine Schadensminderungspflicht. Demnach hat der sich auf eine Vertragsverletzung Berufende alle den Umständen angemessenen Maßnahmen zur Verringerung des aus einer Vertragsverletzung folgenden Verlustes – einschließlich des entgangenen Gewinns – zu treffen. Im Gegensatz zu den Artt. 85 ff. zieht eine Versäumung dieser Obliegenheit keine Schadensersatzpflicht nach sich, sondern mindert den Schadensersatz oder schließt ihn aus, sofern dieser hätte verhindert werden können.

Bei ordnungsgemäßer Erfüllung des Vertrages ist eine ausdrückliche Regelung von Erhaltungspflichten für die Zeit vor dem Gefahrübergang entbehrlich. Dies gilt unabhängig davon, ob man die Artt. 85 ff. auch vor Gefahrübergang anwenden möchte oder nicht[81]. Wenn die Güter vor Annahmeverzug und damit Gefahrübergang einen Schaden erleiden, verletzt der Verkäufer seine Pflicht, mangelfrei zu liefern. Dann ist auf die nicht ordnungsgemäße Erfüllung einer 'Hauptpflicht' abzustellen und nicht an die Verletzung der Obhutspflicht anzu-

79 Weitere Ausführungen bei Honnold, Art. 85, Rn. 454

80 Herber/Czerwenka, Vor Art. 85, Rn. 1: Ausdruck einer allgemeinen Sorgfaltspflicht; Enderlein/Maskow/Strohbach, Vor Art. 85, Anm. 1.: Erhaltungspflichten sind Ausdruck einer allgemeinen Zusammenarbeitspflicht; Soergel/Lüderitz/Dettmeier, Art. 85, Rn. 1; Ferrari, JZ 1998, S. 12; Vazquez Lepinette, S. 466

81 Siehe hierzu Punkt 4.3.3.2.

knüpfen[82]. Art. 36 bestimmt, daß der Verkäufer für eine Vertragswidrigkeit haftet, die im Zeitpunkt des Gefahrübergangs besteht oder nach diesem als Folge einer Vertragsverletzung durch den Verkäufer eintritt. Mit Vertragswidrigkeit ist jede Abweichung von den Anforderungen gemeint, die Art. 35 für die Vertragsmäßigkeit aufstellt. Danach hat der Verkäufer Ware zu liefern, die in Menge, Qualität und Art sowie hinsichtlich der Verpackung oder des Behältnisses den Anforderungen des Vertrages entspricht.

Auch wenn eine ausdrückliche Regelung entbehrlich ist, soll eine uneingeschränkte Obhutspflicht des Verkäufers auch die Zeit zwischen Vertragsabschluß und Übergabe erfassen[83]. Dies betrifft z. B. den Fall, daß der Verkäufer die Ware für den Käufer bereitgestellt und ihn davon benachrichtigt hat, dieser sich jedoch noch nicht in Annahmeverzug befindet.

4.2. Die Abgrenzung von Haupt-, Neben- und Zusatzpflichten

In der Literatur werden zur Kennzeichnung der Pflichten in den Artt. 85 ff. unterschiedliche Begrifflichkeiten verwandt. Zu lesen ist, daß im Abschnitt VI ausdrücklich eine *Nebenpflicht der Parteien, sich um die den Gegenstand des Kaufvertrags bildende Ware zu kümmern und für ihre Erhaltung zu sorgen, normiert wird*[84], diese Artikel eine wichtige vertragliche *Zusatzpflicht regeln und dem Gebot des guten Glaubens und redlichen Geschäftsverkehrs gemäß Artikel 7 (1) folgen*[85] oder daß es sich zumindest bei Art. 86 um eine *Obliegenheit handelt*[86].

Der Anwendung verschiedener Begriffe liegt zwar nur bedingt eine unterschiedliche rechtliche Einordnung der Erhaltungspflichten zugrunde, dies kann jedoch insofern Auswirkungen haben, als bei einem Verstoß gegen die Regelungen entsprechend der jeweiligen Einschätzung unterschiedliche Rechtsfolgen eintreten könnten. Daher ist die rechtliche Qualität der Erhaltungspflichten in den Artt. 85 ff. darzustellen.

---

82 Schmid, S. 254; so auch Staudinger/Magnus, Art. 85, Rn. 7: Bevor der Verkäufer in Verzug ist, besteht keine selbständige Erhaltungspflicht

83 Schmid, S. 253; vCaemmerer/Schlechtriem/Huber, 1. A. 1990, Art. 30, Rn. 27; so wohl auch Honsell/Weber, Art. 85, Rn. 1: Erhaltungspflicht, so lange die Ware dem Käufer noch nicht physisch übergeben ist

84 vCaemmerer/Schlechtriem/Eberstein, 2. A. Vor Artt. 85 bis 88, Rn. 1

85 Staudinger/Magnus, Vorb. zu Artt. 85 ff., Rn. 1; so auch Enderlein/Maskow/Stargardt, Abschnitt VI, Vorbemerkung, S. 162: Jeder Vertragspartner muß das ihm Zumutbare zur Vertragserfüllung beitragen und Schaden verhindern bzw. mindern

86 Neumayer/Ming, Art. 86, Anm. 2

4.2.1. Abgrenzung von Haupt- und Nebenpflichten

Im CISG fehlt eine Unterscheidung zwischen Haupt- und Nebenpflichten, wie sie aus dem deutschen Recht geläufig ist[87]. Das CISG knüpft keine unterschiedlichen Rechtsfolgen an die Art der verletzten Pflicht, sondern an die Schwere der Vertragsverletzung[88].

Trotzdem findet sich in der Literatur die aus dem deutschen Recht bekannte begriffliche Unterscheidung[89]. Danach werden die Pflichten der Parteien, die in den Artt. 30 ff. bzw. 53 ff. enthalten sind und die Bezahlung, Lieferung und Annahme der Waren betreffen, als Hauptpflichten bezeichnet[90]. Andere Pflichten – wie die zur Erhaltung aus den Artt. 85 ff., zur Anzeige der Versendung, zum Abschluß eines Beförderungs- und Versicherungsvertrages, zur Auskunfterteilung nach Art. 32, zur Mitteilung drohender Lieferhindernisse aus Art. 79 IV sowie zur Schadensminderung nach Art. 77 – werden als Nebenpflichten klassifiziert[91].

Kock befürwortet eine solche Einteilung, da nach Art. 49 dem Gläubiger nur dann ein Recht zur Aufhebung des Vertrages gewährt werde, wenn die Nichterfüllung einer dieser Pflichten eine wesentliche Vertragsverletzung darstelle[92]. Ob man diese Pflichten nun als Pflichten bezeichne, deren Nichterfüllung zu einer wesentlichen oder nur zu einer unwesentlichen Verletzung des Vertrages führe, oder ob man diese Pflichten kurz als Haupt- und Nebenpflichten bezeichne, sei

---

87 Durch die Einführung der Verletzung einer Pflicht als zentralen Anknüpfungspunkt im Leistungsstörungsrecht in § 280 (1) BGB n. F. und die ausdrückliche Verpflichtung des Verkäufers nach § 433 (1) 2 n. F., eine Sache frei von Sachmängeln zu verschaffen, wird die Unterteilung von Haupt- und Nebenpflichten durchlässiger. § 281 (1) 1 BGB n. F., der i. V. m. § 280 (1) n. F. Anspruchsgrundlage für einen Schadenersatz statt der Leistung ist, erfaßt neben der Leistungsverzögerung auch die Schlechterfüllung. Worin die Schlechterfüllung besteht, ist für die Anwendung der Regelung grundsätzlich unerheblich. Anders als bisher wird nicht zwischen Haupt- und Nebenpflichten unterschieden.

88 Herber/Czerwenka, Art. 30, Rn. 9; Staudinger/Magnus, Art. 30, Rn. 9, 20; Wiegand, Berner Tage, S. 149

89 Reinhart, Art. 30, Rn. 1, 4; zur Unterscheidung von Neben-, Haupt- und Zusatzpflichten siehe Kock, S. 2 ff., 16, 17, 35 ff.; dazu auch Schlechtriem, Int. UN-KaufR, Rn. 114

90 In Honsell/Schnyder/Straub, Art. 45, Rn. 17 f., wird eine Unterscheidung zwischen Grundpflichten, die ausdrücklich im CISG statuiert sind, und Zusatzpflichten vorgenommen, die nur im Einzelfall vertraglich vereinbart sind

91 Vgl. dazu Soergel/Lüderitz/Schüßler-Langeheine, Art. 30, Rn. 3; Kock, S. 44

92 Kock, S. 17: Der maßgebliche Zeitpunkt für die Festlegung des Gewichts einer Pflicht sei der Vertragsschluß. Dies ergebe sich aus Art. 25, S. 35

unerheblich. Also gebe es auch im Wiener Kaufrecht notwendigerweise Haupt- und Nebenpflichten.

Die Erhaltungspflichten werden demgemäß bei Kock unter den Nebenpflichten aufgeführt, denen im Einzelfall jedoch ein so großes Gewicht zukommen könne, daß bei einer Verletzung eine wesentliche Vertragsverletzung (nach Kocks Verständnis dann wohl eine Verletzung einer Hauptpflicht) vorliege. Deswegen handele es sich nur um eine Nebenpflicht nach 'gemeinem Verständnis'[93].

Damit wird deutlich, welche Unsicherheiten entstehen, wenn man die deutschen Begrifflichkeiten verwendet. Um Mißverständnissen vorzubeugen, die entstehen könnten, weil der Rechtsuchende die Pflichten des CISG in ihren Rechtsfolgen denen des BGB oder HGB gleichsetzt, empfiehlt es sich daher, statt von Nebenpflichten von Zusatzpflichten oder weiteren Pflichten zu sprechen[94].

4.2.2. Abgrenzung von Rechtspflichten und Obliegenheiten

Weiterhin muß eine Abgrenzung zwischen dem Vorliegen einer Rechtspflicht und einer Obliegenheit vorgenommen werden. Während die h. M. in der Literatur die Auffassung vertritt, daß es sich bei den Artt. 85 ff. um eigentliche Rechtspflichten handelt[95], sehen Neumayer/Ming zumindest in Art. 86 (1) die Kodifizierung einer Obliegenheit[96]. Sie sind der Auffassung, daß die Erhaltungspflicht dogmatisch nicht als Pflicht, sondern als Obliegenheit anzusehen sei, da der Käufer in den dort geregelten Fällen unter Beachtung einschlägiger nationaler Rechtsordnungen regelmäßig schon Eigentum an der Ware habe. Zudem verliere der Käufer das Recht zur Aufhebung des Vertrages oder zu einer Ersatzlieferung, wenn er die Ware nicht erhalte und in dem Zustand zurückgeben könne, in welchem er sie bekommen habe.

Unstreitig ist, was überhaupt unter einer Obliegenheit im Gegensatz zu einer Verpflichtung zu verstehen ist. Die Abgrenzung von Pflichten und Obliegenheiten ist im UN-Kaufrecht wie im deutschen Recht vorzunehmen[97]. Während bei einem Pflichtverstoß dem anderen Teil die gesetzlich vorgesehenen Rechtsbehel-

93 Kock, S. 44
94 So Magnus in Staudinger, Vorb. zu Artt. 85 ff., Rn. 1
95 Z. B. Honsell/Weber, Vorbem. Art. 85-88, Rn. 3; Wiegand, Berner Tage, S. 149, 207; Vazquez Lepinette, S. 467
96 Art. 86, Anm. 2
97 Vgl. Kock, S. 38

fe offenstehen, führt ein Obliegenheitsverstoß zum Rechtsverlust desjenigen, der es versäumt hat, der Obliegenheit nachzukommen[98].

Neumayer/Ming ist nicht zu folgen, wenn sie auf den Eigentumsübergang abstellen. Dingliche Rechtsverhältnisse beurteilen sich in jedem Fall nach unvereinheitlichtem nationalem Recht. Es kann jedoch nicht sein, daß die dogmatische Einordnung der Erhaltungspflichten je nach Einzelfall vom jeweils anwendbaren nationalen Recht abhängt[99].

Soweit Neumayer/Ming auf Art. 82 verweisen, ist ihnen wie folgt entgegenzutreten: Der Grundsatz der unversehrten Rückgabe der Ware als Voraussetzung für die Ausübung des Aufhebungsrechts erfährt erhebliche Einschränkungen, die den Grundsatz zur Ausnahme machen.

Die bedeutsamste Ausnahme findet sich in Art. 82 (2) a), wonach Absatz (1) keine Anwendung findet, wenn die Unmöglichkeit, die Ware zurückzugeben oder sie im wesentlichen in dem Zustand zurückzugeben, in dem der Käufer sie erhalten hat, nicht auf einer Handlung oder Unterlassung des Käufers beruht. Für eine Unterlassung hat der Käufer einzustehen, wenn er – insbesondere aufgrund der Erhaltungspflichten nach Art. 86 – zur Schadensabwendung verpflichtet war[100].

Damit wird allein der Verkäufer mit Risiken belastet, die aus der mangelhaften Beschaffenheit oder Lieferung der Ware folgen. Weiter trägt der Käufer kein Risiko für höhere Gewalt, Einwirkungen, die außerhalb seiner Einflußsphäre liegen sowie für unvorhersehbare oder unvermeidbare Ereignisse.

---

98 Schnyder/Straub in Honsell listen die Obliegenheiten des Käufers auf. Hierunter sollen insbesondere die Artt. 38, 39, 43 die Untersuchung und/oder Rüge fallen, 46 (2) fristgerechte Geltendmachung eines Anspruchs auf Ersatzlieferung, 46 (3) fristgerechte Geltendmachung eines Anspruchs auf Nachbesserung, 48 (2) Erklärung über Annahme der Nacherfüllung, 49 (2) fristgerechte Abgabe der Aufhebungserklärung, 72 (2) Information des Verkäufers über eine bevorstehende Vertragsaufhebung, 71 (3), 72 (2) Stellung ausreichender Gewähr, 77 die Schadensminderung und 80 die Vermeidung eines Verhaltens, das dem Verkäufer die Erfüllung nicht ganz oder teilweise unmöglich macht; hierzu auch Staudinger/Magnus, Art. 53, Rn. 34

99 Schlechtriem/Bacher, Vorbemerkungen zu Artt. 85-88, Rn. 2, er verweist auch darauf, daß das Argument, daß der Käufer regelmäßig die Gefahr trage, nicht überzeugend sei, da, falls der Käufer zur Zurückweisung der Ware berechtigt sei, die Gefahr eines zufälligen Untergangs oder einer zufälligen Verschlechterung der Ware wegen Art. 82 I regelmäßig beim Verkäufer liege (so auch vCaemmerer/Schlechtriem/Eberstein, 2. A., Vorbemerkungen zu Artt. 85-88, Rn. 1a). Dem kann nicht gefolgt werden: Die allgemeine Regelung des Gefahrübergangs durch Lieferung bewirkt, daß der Käufer die Gefahr trägt. So trägt er auch die Gefahr für den zufälligen Untergang nach Art. 82 (1), selbst wenn dies durch Absatz (2) maßgeblich eingeschränkt wird

100 Staudinger/Magnus, Art. 82, Rn. 20

Zudem verliert der Käufer sein Recht nur, wenn es ihm unmöglich ist, die Ware im 'wesentlichen' in dem Zustand zurückzugeben, in dem er sie erhalten hat. Die Wesentlichkeit ist nach den Maßstäben einer vernünftigen Person objektiv zu bestimmen[101]. Nur wenn die Rücknahme der Güter dem Verkäufer nicht mehr zuzumuten ist, weil sie wertmäßig nicht mehr dem entsprechen, was geleistet wurde, liegt eine solche Wesentlichkeit vor[102]. Unwesentliche Veränderungen genügen demgegenüber nicht. Dementsprechend sieht Art. 79 (2) e) EKG vor, daß der Käufer die Aufhebung erklären kann, wenn die Verschlechterung oder die Veränderung unbedeutend ist[103].

Aber auch im CISG existiert ein Bereich von ausgleichsfähigen 'Bagatellschäden', die nicht mit dem Aufhebungsgrund in Zusammenhang stehen und nicht so groß sind, daß der Käufer ein Aufhebungsrecht verlieren müßte oder eine Ersatzlieferung nicht mehr verlangen könnte. Dies ist ein Bereich, in dem Art. 86 (1) seine Bedeutung als Rechtspflicht erlangt[104].

---

101 Schlechtriem/Leser/Hornung, Art. 82, Rn. 11

102 Staudinger/Magnus, Art. 82, Rn. 6

103 Dies wurde gestrichen, da unklar war, aus wessen Sicht die Verschlechterung oder Veränderung unbedeutend sein sollte, YB V (1974), S. 70, Artt. 78-81, Nr. 15ff. Zur Bedeutung der Einführung von 'im wesentlichen' in Absatz (1), YB VII (1976), S. 133, Art. 52, Nr. 3, Sekretariatskommentar, Art. 67, Nr. 3: "Although the term 'substantially' is not defined, it indicates that the change in condition of the goods must be of sufficient importance that it would no longer be proper to require the seller to retake the goods as the equivalent of that which he had delivered to the buyer even though the seller had been in fundamental breach of the contract."

104 Streit über die Qualität einer Norm gab und gibt es nicht nur bei Art. 86. Auch bei der Einschätzung der Schadensminderungspflicht und der Rügepflicht werden in Teilbereichen unterschiedliche Auffassungen vertreten. Bei Art. 77 stellte sich die Frage, ob das Minderungsprinzip auch auf andere Rechtsbehelfe ausgedehnt werden könnte. Als Beispiel dient dazu die Fertigstellung einer Maschine, obwohl der Käufer die Abnahme bereits abgelehnt hatte. Wenn dann der Verkäufer auf volle Kaufpreiszahlung klagt, kann ihm Art. 77 eigentlich nicht entgegengehalten werden, da ja kein Schadenersatz gefordert wird. Eine Lösung könnte darin liegen, in Art. 77 keine Obliegenheit, sondern eine echte Pflicht zu sehen, deren Verletzung schadenersatzpflichtig macht, oder auch Art. 77 analog anzuwenden. Vgl. dazu Enderlein/Maskow/Strohbach, Art. 77, Anm. 4.; Hellner, S. 99; Schlechtriem, Einh. UN-KaufR., S. 93, Fn. 408; ders., in Lausanne, S. 170; dagegen Staudinger/Magnus, Art. 77, Rn. 5. Bei den Artt. 38, 39 ff. wird erwogen, dem Verkäufer, der vom Käufer trotz Versäumung der Rügefrist gem. Art. 44 in Anspruch genommen wird, wegen der Fristversäumung einen eigenen Schadenersatzanspruch zuzuerkennen. So Schlechtriem, Einh. UN-KaufR, S. 61; für Anwendung des Art. 77: Bianca/Bonell/Sono, Art. 44, Anm. 3.1.; Resch, S. 479; Enderlein/Maskow/Strohbach, Art. 44, Anm. 2.; dagegen siehe Schlechtriem/ Huber, Art. 44, Rn. 16, der darauf abstellt, daß es sich bei Art. 39 nicht um eine Pflicht im Rechtssinn, deren Verlet-

4.3. Erhaltungsverpflichtungen des Verkäufers nach Art. 85

Art. 85 besagt, daß der Verkäufer die den Umständen nach angemessenen Maßnahmen zur Erhaltung der Waren zu treffen hat, wenn der Käufer diese nicht rechtzeitig abnimmt oder er versäumt, falls Zahlung des Kaufpreises und Lieferung der Ware Zug um Zug erfolgen sollen, den Kaufpreis zu zahlen und der Verkäufer die Ware noch in Besitz hat oder in der Lage ist, über sie zu verfügen. Der Verkäufer ist berechtigt, die Ware zurückzubehalten, bis ihm der Käufer seine angemessenen Aufwendungen erstattet hat.

Art. 85 erlegt dem Verkäufer Erhaltungspflichten für Situationen auf, in denen der Käufer seinen Leistungspflichten nicht nachkommt. Letztere bestehen gemäß Art. 53 darin, nach Maßgabe des Vertrages und des Übereinkommens den Kaufpreis zu zahlen und die Ware abzunehmen[105].

Wenn der Käufer seine Verpflichtungen nicht erfüllt, kann der Verkäufer die nach Art. 61 (1) vorgesehenen Rechte ausüben. Er kann Schadenersatz nach den Artikeln 74 bis 77 verlangen und/oder von den Möglichkeiten der Artt. 62 ff. Gebrauch machen. Unter den jeweiligen Voraussetzungen kann der Verkäufer Erfüllung verlangen (Art. 62) und dazu eine Nachfrist setzen (Art. 63), in welcher der Käufer die Güter abnehmen, den eventuell noch ausstehenden Preis zahlen oder den Vertrag aufheben kann (Art. 64).

Bis zur Auswahl eines Rechtes ist der Verkäufer auf jeden Fall zum Erhalt der Ware verpflichtet[106]. Aber auch darüber hinaus darf er die Ware nicht einfach verfallen lassen. Selbst bei Aufhebung des Vertrages wird es ihm zumindest gemäß Art. 77 obliegen, einen möglichen Schaden zu verhindern oder gering zu halten[107].

Allerdings findet Art. 85 nur dann Anwendung, wenn der Käufer seinen Verpflichtungen nicht nachkommt, während der Verkäufer seine erfüllt und in der Lage ist, die Leistung vertragsgemäß zu erbringen[108]. Dazu gehört auch die mögliche Übergabe von Dokumenten gemäß Artt. 31, 33 und 35[109]. Wenn auch der Verkäufer selbst nicht in der Lage ist, seine Verpflichtungen ordnungsgemäß zu erfüllen, können die Parteien zwar erwägen, Rechte nach Art. 45 oder 61 geltend zu machen, allerdings findet Art. 85 dann keine Anwendung.

---

zung einen Schadenersatzanspruch auslösen kann, sondern um eine Obliegenheit handelt

105 Die Pflichten zur Zahlung des Kaufpreises und zur Abnahme werden durch die Artt. 54 bis 60 weiter konkretisiert

106 Siehe Staudinger/Magnus, Art. 85, Rn. 6

107 Dazu Punkt 4.12.1.

108 Schlechtriem/Bacher, Art. 85, Rn. 5

109 Bianca/Bonell/Barrera Graf, Art. 85, Anm. 2.2.

4.3.1. Nicht rechtzeitige Abnahme der Waren

Art. 85 bezieht sich zunächst auf den Fall, daß der Käufer die Ware nicht rechtzeitig abnimmt. Die Pflicht des Käufers zur Abnahme der Ware findet sich in Art. 53 und ist in Art. 60 weiter konkretisiert. Danach hat der Käufer alle Handlungen vorzunehmen, die vernünftigerweise von ihm erwartet werden können und damit dem Verkäufer die Lieferung ermöglichen, und die Ware zu übernehmen.

Unter Abnahme darf dabei nicht die Abnahme im Sinne des deutschen Werkvertragsrechts verstanden werden. Die Abnahme nach dem CISG enthält nicht zugleich die Billigung der Ware als vertragskonform, vielmehr ist sie als rein körperliche Annahme zu verstehen[110].

Eine nicht rechtzeitige Abnahme liegt dann vor, wenn der Käufer die Waren entweder nicht abnimmt, obwohl nach dem Vertrag hierfür ein Termin vorgesehen ist, der Verkäufer die Güter entsprechend der getroffenen Vereinbarungen dem Käufer angeboten hat und dieser sie nicht abgenommen hat oder wenn ein Zeitpunkt verstreicht, der sich aus Gepflogenheiten des Handelsverkehrs ergibt[111].

Das OLG Düsseldorf hat zum EKG entschieden, daß der Verkäufer nicht nur bei ungebührlicher Verzögerung der Abnahme, sondern auch bei endgültiger Verweigerung gemäß Art. 91 erhaltungspflichtig und damit gemäß Art. 94 EKG zum Selbsthilfeverkauf berechtigt ist[112]. In der Literatur wird angenommen, daß diese Feststellung auch für Art. 85 CISG gelten soll[113].

Die nicht rechtzeitige Abnahme erfaßt neben der nicht rechtzeitigen tatsächlichen Besitzübernahme einen weiteren Aspekt. Wenn man von dem Abnahmebegriff des Art. 60 ausgeht, fallen unter die Pflicht auch Mitwirkungshandlungen, die von dem Käufer vernünftigerweise erwartet werden können[114]. Solche Mitwirkungshandlungen werden im Regelfall z. B. durch die Vereinbarung von Incoterms[115] vertraglich festgelegt sein. So bestehen beim FOB-Geschäft die

---

110 Herber/Czerwenka, Art. 60, Rn. 2; Staudinger/Magnus, Art. 60, Rn. 8; Enderlein/Maskow/Strohbach, Art. 60, Anm. 1.2.; für das EKG Mertens/Rehbinder, Art. 65, Rn. 7

111 vCaemmerer/Schlechtriem/Eberstein, 2. A., Art. 85, Rn. 9

112 Urteil vom 20.01.1983, 6 U 206/77, in Schlechtriem/Magnus, Art. 94 EKG, Nr. 1 a), Art. 76 EKG, Nr. 4. Zum Fall der unberechtigten Annahmeverweigerung durch den Käufer siehe LG Marburg, Urteil v. 01.11.1984, 4 O 81/81 in Schlechtriem/Magnus, Art. 48 EKG, Nr. 1

113 Schlechtriem/Bacher, Art. 85, Rn. 4; Kock, S. 156

114 So verweist auch Bianca/Bonell/Barrera Graf, Art. 85, Anm. 2.2.1., auf den gesamten Artikel 60 und nicht nur auf den Art. 60 b)

115 Verbreitetste internationale Handelsklauseln. Zwecks Vereinheitlichung der Trade Terms unabhängig von den nationalen Handelsbräuchen 1936 von der ICC in Paris

Pflichten, den Chartervertrag abzuschließen und dem Verkäufer den Namen des Schiffes, den Abladezeitpunkt und Abladeort mitzuteilen[116].

Vom Käufer kann vernünftigerweise weiter erwartet werden, Einfuhrgenehmigungen zu beschaffen, den Montageort, eine Maschine oder Anlage vorzubereiten, Material und Werkzeug bereitzustellen[117] oder Anweisungen für die Durchführung einer ordnungsgemäßen Anlieferung zu erteilen[118].

Die Einbeziehung weiterer Pflichten ist umstritten. Hierzu gehören z. B. die Einbeziehung des Abrufs oder der Spezifizierung der Ware[119], die Verpflichtung des Käufers, für die Herstellung entsprechende Pläne, Daten oder Unterlagen zu überlassen[120] oder Vertriebs-, Preisbindungs- und Bezugspflichten[121].

M. E. kann die Pflicht zur Vornahme von Erhaltungsmaßnahmen unter bestimmten Umständen auch an die nicht rechtzeitige Vornahme von Mitwirkungshandlungen geknüpft werden. Dabei kommt es wesentlich auf die Qualität der erforderlichen Mitwirkungshandlung an. Die Handlung muß erforderlich sein, um einen vereinbarten Abnahmetermin einhalten zu können. Insoweit sind die Argumente, die Schnyder/Straub gegen eine extensive Auslegung des Begriffs der Mitwirkungshandlung anführen[122], übertragen auf die vorliegende Situation, zutreffend. Sie sind der Ansicht, daß eine Vielzahl der genannten Verpflichtungen, die als Teil der Abnahmeverpflichtung gesehen werden, abzulehnen seien. Sie widersprächen dem Sinn und dem Zweck der Vorschrift, da sie keinen Zusammenhang mit der körperlichen Entgegennahme der Ware aufwiesen und daher nicht der Lieferung dienten, sondern allenfalls der Herstellung respektive dem Vertrieb der Ware. Maßgeblich seien daher nicht Verpflichtungen, die lediglich mittelbar die Abwicklung des Vertrages ermöglichten, sondern allein Handlungen, die die unmittelbare Voraussetzung für die ordnungsgemäße Durchführung

---

aufgestellt und 1953, 1967, 1976, 1980, 1990 und zuletzt zum 01.01.2000 überarbeitet und in Kraft gesetzt. Siehe dazu Lehr, VersR 2000, 548 ff. und Piltz, RIW, 2000, 485 ff.

116 INCOTERMS FOB B. (Der Käufer hat) 3., 7.

117 Schlechtriem/Hager, Art. 60, Rn. 2; Herber/Czerwenka, Art. 60, Rn. 3

118 Honsell/Schnyder/Straub, Art. 60, Rn. 29

119 Für eine Einbeziehung insbesondere der Spezifizierung, Schlechtriem, EUNKR, S. 75; Huber, RabelsZ 43 (1979), S. 515; Staudinger/Magnus, Art. 60, Rn. 14, Art. 65, Rn. 6; Schlechtriem/Hager, Art. 65, Rn. 8; differenzierend Bianca/Bonell/Maskow, Art. 60, Anm. 2.4.3.; dagegen Honsell/Schnyder/Straub, Art. 60, Rn. 30; Bianca/ Bonell/Knapp, Art. 65, Anm. 2.6.; Enderlein/Maskow/Strohbach, Art. 65, Anm. 5.; für das EKG Dölle/vCaemmerer, Art. 65, Rn. 4

120 Dafür Schlechtriem/Hager, Art. 60, Rn. 2; dagegen Enderlein/Maskow/ Strohbach, Art. 60, Anm. 6.2.

121 Dafür Herber/Czerwenka, Art. 64, Rn. 4; dagegen Schlechtriem/Hager, Art. 64, Rn. 8

122 In Honsell, Art. 60, Rn. 30

der vom Verkäufer geschuldeten Lieferhandlung bildeten und der Überführung der Ware vom Herrschaftsbereich des Verkäufers in denjenigen des Käufers dienten.

Entsprechend kann es auch hier nur auf Mitwirkungshandlungen ankommen, die in direktem Zusammenhang mit der körperlichen Abnahme der Güter stehen. Zu dem geplanten Abnahmezeitpunkt darf die Lieferung folglich nicht möglich sein, da dem Verkäufer z. B. Informationen vorenthalten wurden oder Mithilfe verweigert wurde, die zwingend zum Einhalten des Termins erforderlich gewesen wäre. Hierzu können die fehlende Nennung eines Frachters oder eines Abladeortes bzw. die fehlende Einfuhrgenehmigung, die vom Käufer hätte besorgt werden müssen und ohne die die Ware nicht rechtzeitig angeliefert werden kann, gezählt werden.

Somit ist dem Käufer nicht nur eine nicht rechtzeitige Abnahme vorzuwerfen, sondern auch die Nicht-Ermöglichung einer Abnahme aufgrund der Unterlassung von Mitwirkungshandlungen.

4.3.2. Versäumung der Kaufpreiszahlung bei vereinbarter Zug-um-Zug-Lieferung

Falls die Zahlung des Kaufpreises und die Lieferung der Waren Zug um Zug vereinbart war, der Käufer aber seine Verpflichtungen nicht erfüllt, ist die Verpflichtung des Verkäufers zur Lieferung aufgeschoben.

Diese Einbeziehung einer Zug-um-Zug-Regelung fehlte im EKG und war zunächst auch nicht für das CISG vorgesehen. Während der Text des Art. 91 EKG neben der nicht rechtzeitigen Abnahme die nicht rechtzeitige Zahlung des Preises beinhaltete, stellte der CISG-Entwurf von 1978 lediglich auf die nicht rechtzeitige Abnahme ab[123]. Dies wurde in nachfolgenden Beratungen kritisiert. Der bundesdeutsche Delegierte stellte fest, daß der bisherige Text von der Vorgabe ausgehe, daß der Käufer in Verzug sei, während der Verkäufer bereit sei, die Ware zu übergeben[124]. Der Verkäufer könne jedoch geneigt sein, die Ware zurückzubehalten, wenn ein Zug-um-Zug-Geschäft vereinbart war, der Käufer den Preis aber nicht zahlt. Daher solle der Text um die Fallgestaltung konkret erweitert werden, daß die Parteien ein solches Zug-um-Zug-Geschäft vereinbart hatten und der Käufer nicht zahlt. Der erste Satz solle mit ‘oder versäumt er, falls Zahlung

123 In Art. 74 der 1978 Draft, so auch im Sekretariatskommentar, Art. 74

124 Auf dem 30th meeting am 31. März 1980, A/Conf.97/C.1/S.R.30, bei Honnold, Doc. Hist., S. 619

des Kaufpreises und Lieferung der Ware Zug um Zug erfolgen sollen, den Kaufpreis zu zahlen, ...' ergänzt werden[125].

Neben überwiegender Zustimmung[126] erfuhr der Vorschlag teilweise auch Ablehnung[127], da eine solche Fallgestaltung bereits erfaßt sei, indem die bisherige Fassung die Gründe für eine nicht rechtzeitige Abnahme nicht spezifiziere und daher auch eine verspätete Kaufpreiszahlung umfassen könne. Mit einer Mehrheit von 19 zu 5 Stimmen wurde der Vorschlag jedoch angenommen[128].

Zu dem Bereich der nichtrechtzeitigen Kaufpreiszahlung gehört ebenfalls die Frage, ob Erhaltungspflichten für den Verkäufer auch dann entstehen, wenn der Käufer einer Vorleistungspflicht nicht nachkommt. Der Wortlaut des Art. 85 enthält hierzu keine ausdrückliche Regelung. Ob diese Fallkonstellation eine Regelung durch den Artikel erfährt, ist umstritten. Der Streitstand findet sich im folgenden Abschnitt zu der Frage der Bedeutung von Eigentums- und Gefahrübergang für die Anwendung der Artt. 85 ff.[129].

4.3.3. Bedeutung von Eigentums- und Gefahrübergang

4.3.3.1. Bedeutung des Eigentumsübergangs

Während der Eigentumsübergang in manchen Rechten der Auslöser für die Kodifikation einer speziellen Erhaltungspflicht ist, gilt dies nicht für die Pflichten der Artt. 85 ff.

Obwohl ursprünglich auch der Eigentumsübergang geregelt werden sollte[130], bestimmt Art. 4 b), daß das CISG nicht die Wirkungen betrifft, die der Vertrag auf das Eigentum an der verkauften Sache haben kann.

---

125 A/Conf.97/C.1/L.211, bei Honnold, Doc. Hist., S. 711

126 Der finnische Delegierte – unter Zustimmung Dänemarks, der Niederlande und Norwegens – erachtete dies z. B. für sinnvoll, da nicht deutlich sei, ob ein Zahlungsverzug umfaßt sei; schließlich könne es auch sein, daß der Käufer die Ware haben wolle, ohne überhaupt etwas zahlen zu wollen

127 Herr Plantard, Frankreich, unter Zustimmung des griechischen Delegierten, Herrn Krispis

128 11th plenary meeting, A/Conf.97/SR.11; bei Honnold, S. 760, 762; nachdem am 1. April 1980 (32nd meeting) der Vorschlag gemacht wurde, die Erweiterung noch einmal dem Drafting Committee vorzulegen, da manche Ausdrücke einigen Delegierten unklar geblieben seien, wurde der Text schließlich aber in der Plenarkonferenz mit 47 zu 1 angenommen

129 Punkt 4.3.3.2.1.

130 Staudinger/Magnus, Art. 4, Rn. 9

Nach wie vor stehen sich das Konsensualprinzip des romanischen Rechtskreises sowie des common law und das Traditionsprinzip des deutschen Rechtskreises unvereinbar gegenüber[131]. Damit hängt der Zeitpunkt des Eigentumsübergangs von dem jeweiligen nationalen Recht ab. Die Anwendung der Artt. 85 ff. daran zu koppeln, wäre willkürlich und ließe die erforderliche Rechtssicherheit vermissen.

4.3.3.2. Bedeutung des Gefahrübergangs

Hingegen wird dem Gefahrübergang in der Literatur unterschiedliche Bedeutung für das Entstehen von Erhaltungspflichten beigemessen. Die verschiedenen Ansätze sind von Interesse, da je nach Auffassung der Anwendungsbereich der Artt. 85 ff. größer oder kleiner ist. Abhängig von der Einschätzung der Bedeutung eines Gefahrübergangs müßte eventuell danach gefragt werden, ob ein solcher stattgefunden hat, um zu einer Verpflichtung zur Erhaltung der Ware zu gelangen.

Einige Autoren sind der Auffassung, daß der Anwendungsschwerpunkt der Pflichten vor dem Gefahrübergang liege[132]. Die Artt. 85 und 86 folgen dem Grundgedanken, daß derjenige Vertragspartner für die Ware sorgen solle, in dessen tatsächlichem Verantwortungsbereich sie sich noch befinde, gleichgültig ob Gefahr und Eigentum schon auf den anderen Vertragspartner übergegangen oder dieser vertragsbrüchig sei[133].

Nach Schlechtriem soll Art. 85 dagegen praktische Bedeutung vor allem in Fällen haben, in denen die Gefahr bereits auf den Käufer übergegangen ist[134].

Noch enger ist die Ansicht, die von Eberstein und Bacher vertreten wird[135]. Danach soll der Übergang der Gefahr maßgeblich für das Entstehen der Erhaltungspflichten sein. Der Frage, ob Art. 85 schon vor Gefahrübergang Anwendung findet, wird 'allenfalls theoretische Bedeutung' zugemessen, da in den von Art. 85 erfaßten Fällen die Gefahr zumindest nach Art. 69 (1) auf den Käufer übergegangen sei.

131 Vgl. Rabel, Das Recht des Warenkaufs, 1. Band, S. 27 ff.; Staudinger/Magnus, Art. 4, Rn. 32

132 Staudinger/Magnus, Art. 85, Rn. 2, 6; Herber/Czerwenka, Art. 85, Rn. 3; Honsell/Weber, Art. 85, Rn.1

133 Staudinger/Magnus, Art. 85, Rn. 2; Honsell/Weber, a .a. O.; Piltz § 4, Rn. 270

134 In Einh. UN-KaufR, S. 104

135 In vCaemmerer/Schlechtriem, 2. A., Art. 85, Rn. 1, 1 a; in Schlechtriem, 3. A., Art. 85, Rn. 1

4.3.3.2.1. Gefahrübergang in Fällen des Art. 85

Zu welch unterschiedlichen Ergebnissen die Literatur gelangen kann, ist anhand der umstrittenen Frage darzustellen, ob Erhaltungspflichten nach Art. 85 für den Verkäufer bestehen, wenn der Käufer seiner Vorleistungspflicht in Form der Kaufpreiszahlung vor Lieferung der Ware nicht nachkommt.

Von Enderlein/Maskow/Strohbach wird die Anwendung des Art. 85 als entbehrlich angesehen, da dem Verkäufer die Sorge um die Ware schon als Gefahrtragendem obliege[136].

Demgegenüber befürwortet die h. M. die Anwendbarkeit des Art. 85[137]. Zum gleichen Ergebnis kommend, nimmt Eberstein für diese Situation eine analoge Anwendbarkeit des Art. 85 an[138]. Dieser Griff zur Analogie kann darauf zurückzuführen sein, daß er die Gefahr in allen von Art. 85 erfaßten Situationen als übergegangen ansieht[139] und daher eine direkte Anwendung ablehnt. Möglich ist aber auch, daß er eine Analogie allein deshalb in Betracht zieht, weil der Fall der mangelnden Vorleistung weder im Wortlaut des Art. 85 enthalten ist, noch mittels einer weiten Auslegung erfaßt wird. Der Vorläufer des Art. 85 spricht für eine Einbeziehung. Art. 91 EKG beinhaltet eine Erhaltungspflicht des Verkäufers, wenn der Käufer die Sache nicht rechtzeitig abnimmt oder den Preis nicht rechtzeitig zahlt. Damit geht dieser Artikel von der Situation aus, daß der Verkäufer

---

136 Enderlein/Maskow/Strohbach, Art. 85, Anm. 2.; auch Art. 86, Anm.3.2. letzter Satz verweist auf den Gefahrübergang

137 Staudinger/Magnus, Art. 85, Rn. 5, 6; Herber/Czerwenka, Art. 85, Rn. 2; Soergel/Lüderitz/Dettmeier, Art. 85, Rn. 4; Piltz, § 4, Rn. 267; auch Barrera Graf, in Bianca/Bonell, Art. 85, Anm. 2.3., ist wohl so zu verstehen, daß er die Anwendung des Art. 85 befürwortet. Er schreibt, daß in einer solchen Situation der Verkäufer zu liefern nicht verpflichtet sei. Er könne den Vertrag nach Art. 64 (1) aufheben oder die Lieferung gemäß Art. 71 aussetzen. In Fällen, in denen eine Voraussetzung der Artt. 55-59 nicht gegeben sei, liege eine Situation vor, die unter 'versäumt den Kaufpreis zu zahlen' nach Art. 85 falle. Da in Art. 58 (1) S. 1 betont wird, daß sich der Zahlungszeitpunkt zunächst nach der Parteivereinbarung bestimmt, muß die Situation, daß der Käufer einer Vorauszahlungspflicht nicht nachkommt, folglich auch in den Anwendungsbereich des Art. 85 fallen. Zudem werden dem Verkäufer, auch wenn er die Lieferung gemäß Art. 71 aufschiebt, Erhaltungspflichten obliegen.

138 vCaemmerer/Schlechtriem/Eberstein, 1. Aufl., Art. 85, Rn. 10, während Eberstein hier noch vertrat, daß der zweite Fall des Art. 85 nur die Vertragsgestaltung 'Lieferung der Ware Zug um Zug gegen Kaufpreiszahlung' und Versäumung dieser Zahlungspflicht umfasse, befürwortet er in der 2. A. bei fehlender Vorleistung des Käufers zumindest eine analoge Anwendung des Art. 85, 2. A., Art. 85, Rn. 10; in der 3. A. nimmt Bacher, Art. 85, Rn. 6, eine entsprechende Anwendbarkeit des Art. 85 an

139 vCaemmerer/Schlechtriem/Eberstein, 2. A., Art. 85, Rn. 1

noch im Besitz der Ware ist, der Käufer aber schon vorher zur Zahlung des Kaufpreises verpflichtet, also vorleistungspflichtig ist[140]. Damit würde nach dem EKG eine Erhaltungspflicht bestehen, obwohl die Gefahr noch nicht auf den Käufer übergegangen ist[141].

Die Ansicht, die auf den Gefahrübergang abstellt, berührt die Frage nach der Weite des Anwendungsbereichs der Artt. 85 ff. Eine Klärung, ob der Regelungsbereich durch Voraussetzung eines Gefahrübergangs begrenzt wird oder sich lediglich an der tatsächlichen Möglichkeit der Sorgetragung bei Störung der Vertragsabwicklung orientiert, wäre schon dann herbeigeführt, wenn nachgewiesen werden könnte, daß bereits die in Art. 85 benannten Tatbestände einen Gefahrübergang nicht zwangsläufig voraussetzen.

Fraglich ist demnach, ob die Verletzung einer Zahlungsverpflichtung überhaupt zu einem Gefahrübergang führt.

Gemäß Art. 69 (1) geht die Gefahr auf den Käufer zu dem Zeitpunkt über, zu dem ihm die Ware zur Verfügung gestellt wird und er durch Nichtabnahme eine Vertragsverletzung begeht oder gemäß Absatz (2), wenn bei einem Versendungskauf die Lieferung fällig ist und der Käufer Kenntnis von der Zurverfügungstellung der Ware hat.

Somit wird nicht auf die Verletzung einer Zahlungsverpflichtung oder anderer Vertragsverletzungen abgestellt. Trotzdem nimmt die h. M. an, daß zumindest unter analoger Anwendung des Art. 69 (1) oder in Verbindung mit Art. 7 (2) auch hierdurch ein Gefahrübergang bewirkt wird, da nicht einzusehen sei, wieso der Verkäufer weiterhin mit dem Risiko belastet sein sollte[142].

Als Argument hierfür wird vor allem die Entstehungsgeschichte des Art. 69 bemüht, da das EKG die Frage im Sinne der h. M. löst. Nach Art. 98 EKG gilt, daß, wenn die Aushändigung der Sache verzögert wird, weil der Käufer eine seiner Pflichten verletzt hat, die Gefahr zu dem Zeitpunkt übergeht, zu dem ohne

---

140 Dazu Dölle/Eberstein, Art. 91 EKG, Rn. 2

141 Insoweit kann Mertens/Rehbinder nicht gefolgt werden, die hier eine Erhaltungspflicht annehmen, da gemäß Art. 98 EKG die Gefahr bereits auf den Käufer übergegangen sei. Nach Art. 98 (1) gilt nämlich, daß, falls die Aushändigung der Sache verzögert wird, weil der Käufer eine seiner Pflichten verletzt hat, die Gefahr in dem Zeitpunkt übergeht, in dem ohne diese Vertragsverletzung die Sache dem Vertrag nach spätestens hätte ausgehändigt werden müssen. Damit geht die Gefahr noch nicht zum Zeitpunkt der nicht erfolgten Vorleistung über, während der Verkäufer aber bereits zu Erhaltungsmaßnahmen verpflichtet wird

142 Staudinger/Magnus, Art. 69, Rn. 16; Schlechtriem/Hager, Art. 69, Rn. 9; Honsell/Schönle, Art. 69, Rn. 15; Neumayer/Ming, Art. 69, Anm. 4; Karollus, S. 192; Schlechtriem, Einh. UN-KaufR, S. 83 f., Fn. 374; Geist WBl. 1988, 353 f.; Hager in Einh. KaufR. u. nat. Obl.R., S. 401; June Sun Choi, S. 133

diese Vertragsverletzung die Sache dem Vertrag nach spätestens hätte ausgehändigt werden müssen.

Wenn der Käufer die Sache nicht rechtzeitig abnimmt, die ihm obliegende Bereitstellung von Transportmitteln versäumt oder den Preis nicht rechtzeitig zahlt und der Verkäufer die Ware daher zurückbehält, geht die Gefahr auf den Käufer zu dem Zeitpunkt über, zu dem die Aushändigung vertragsgemäß hätte vollzogen werden können, wenn dies nicht durch den Verstoß des Käufers gegen seine vertragliche Verpflichtung verhindert worden wäre[143].

Allein auf das EKG abzustellen erscheint jedoch nicht ausreichend, da es sich schließlich um ein eigenständiges Gesetz handelt, welches zwar Anhaltspunkte für die Auslegung des CISG liefert, aber keine zwingenden Schlüsse zuläßt. Daher ist die Entstehungsgeschichte des CISG selbst zu untersuchen.

Bei der Entwicklung des CISG wurde zunächst eine Version vorgelegt, die nicht mehr allgemein auf eine Vertragsverletzung abstellte, sondern lediglich auf eine Nicht- oder verspätete Übernahme der Ware[144]. Im weiteren Verlauf der Verhandlungen wurden aber Entwürfe eingebracht, die Art. 98 EKG ähnelten.

Ein deutscher Vorschlag wollte klarstellen, daß die Gefahr nicht nur bei einer Nichtabnahme übergehen solle, sondern auch bei anderen Versäumnissen des Käufers wie einer fehlenden Akkreditiveröffnung, einer fehlenden Benennung des Schiffes oder einer fehlenden Entrichtung des Kaufpreises bei einer Zug-um-Zug-Vereinbarung[145].

Ein australischer Antrag bezweckte eine Verdeutlichung, daß die Gefahr auch dann übergehen solle, wenn der Verkäufer die Ware zurückhält, da der Käufer den Kaufpreis nicht wie vereinbart Zug um Zug entrichtet[146]. Der deutsche Vorschlag wurde abgelehnt, nachdem er als überflüssig gekennzeichnet wurde, da die genannten Beispiele bereits durch den Entwurf gedeckt seien. Später zogen auch die Australier ihren Antrag wegen mangelnder Unterstützung zurück.

---

143 Mertens/Rehbinder, Art. 98, Rn. 3; vorsichtiger Dölle/Neumayer, Art. 98, Rn. 7, der die fehlende Zahlung aber bei einer Zug-um-Zug-Vereinbarung auch als eine den Gefahrübergang auslösende Vertragsverletzung ansieht

144 A/CN.9/87, V YB, S. 47 f., Honnold Doc. Hist., S. 193, 195

145 "Where the delivery of the goods by the seller is delayed owing to a breach of an obligation of the buyer the risk shall pass to the buyer from the last date, when apart from such breach, delivery of the goods could have been made in accordance with the contract." A/CONF. 97/C.1/L.212; bei Honnold Doc-Hist., S. 700; Diskussion dazu unter A/CONF.97/C.1/SR.32, Nr. 47 ff., bei Honnold Doc-Hist., S. 627 f.

146 "Goods may be regarded as having been placed at the disposal of the buyer, notwithstanding that pursuant to article 54 they or the documents controlling their dispositions have not been handed over to the buyer pending payment of the price." A/CONF.97/C.1/L.242; bei Honnold Doc-Hist., S. 700; Diskussion dazu unter A/CONF.97/C.1/SR.32, Nr. 47 ff., bei Honnold Doc-Hist., S. 627 f.

Die Kritik beinhaltete aber nicht, daß ein Zahlungsverzug nicht zu einem Gefahrübergang führen könnte. Daher, und weil im Bericht des Generalsekretärs von 1974 die Notwendigkeit einer allgemeinen Regelung betont wird[147], nimmt die h. M. einen Gefahrübergang bei Vertragsverletzungen an, die keine rechtzeitige Übernahme darstellen.

Gegen diese Ansicht wendet sich vor allem Nicholas[148]. Zwar gehe die Gefahr gemäß Art. 69 (2) auf den Käufer über, wenn er zum entsprechenden Zeitpunkt kein Schiff benenne, weitere Versäumnisse würden jedoch nicht zu einem Gefahrübergang führen, da die oben genannten Vorschläge nicht akzeptiert worden seien.

Auch Enderlein/Maskow/Strohbach differenzieren hier[149]. Art. 69 soll im Einzelfall Anwendung finden, wenn vereinbart wurde, daß der Käufer bei Abholung der Ware den Kaufpreis in Form von Schecks oder Bargeld entrichten soll. Allerdings soll kein allgemeines Prinzip bestehen, wonach die Gefahr immer dann auf den Käufer übergeht, wenn der Verkäufer wegen eines vertragswidrigen Verhaltens des Käufers den Gefahrübergang nicht herbeiführen kann. Zum einen müsse die Ware zumindest nach Absatz (3) zugeordnet sein. Zum anderen sei ungeklärt, wann die Gefahr in Einzelfällen übergehen solle. Der Gefahrübergang sei kein Sanktionsmittel und würde dem Verkäufer auch vielfach nicht helfen, wenn seine Versicherung Schäden nach Gefahrübergang nicht decken würde, die des Käufers aber noch keinen Schutz biete.

Wenn man der soeben dargestellten Mindermeinung folgen wollte, würde dies bedeuten, daß Art. 85 nicht von einem Gefahrübergang abhängig sein kann, da sonst der Zahlungsverzug nicht hätte aufgeführt werden dürfen. Wenn jedoch der h. M. gefolgt wird, bleibt die Frage, ob der Art. 85 nur Anwendung finden kann, wenn die Gefahr übergegangen ist, weiterhin ungelöst.

Vor einer zusammenfassenden Stellungnahme soll der Gefahrübergang in Fällen des Art. 86 dargestellt werden.

4.3.3.2.2. Gefahrübergang in Fällen des Art. 86

Grundsätzlich soll die Gefahr bei dem Verkäufer liegen, wenn der Käufer berechtigterweise ein Zurückweisungsrecht ausübt.

Nach h. M. soll die Gefahr mit ex tunc Wirkung auf den Verkäufer zurückfallen, wenn er die Behelfe der Vertragsaufhebung und Ersatzlieferung geltend

---

147 UNCITRAL YB V, 1974, S. 80, 92 unter 82

148 In Bianca/Bonell, Art. 69, Anm. 3.4.

149 Art. 69, Anm. 5.1.

macht[150]. Der Verkäufer, der die Ware zurücknehmen soll, trägt dann wieder die Preisgefahr[151].

Bei einem Versendungskauf, bei dem die Gefahr mit Übergabe an einen Beförderer übergeht, kann der Käufer den Vertrag trotz Untergangs während des Transports aufheben, wenn der Verkäufer eine wesentliche Vertragsverletzung begangen hat. Dies gilt natürlich nur unter der Voraussetzung, daß die Ware nicht aufgrund von Unterlassungen oder Handlungen des Käufers unterging.

Enderlein/Maskow/Strohbach sind bezüglich des Gefahrübergangs anderer Auffassung, kommen jedoch für Art. 86 zum selben Ergebnis. Danach gehe die Gefahr auf den Käufer zunächst wie vertraglich vereinbart über und verbleibe auch dort[152]. Einschränkend befürworten sie jedoch, daß zumindest ab dem Zeitpunkt der Manifestation eines Zurückweisungsrechts die Wirkungen beim Verkäufer einträten, die der der Gefahrtragung ähnlich seien. Art. 86 solle erst ab diesem Zeitpunkt greifen[153].

Eine 'Wirkung ähnlich der Gefahrtragung' muß von ihnen auch befürwortet werden, da sie sonst ihrer Argumentation bei Art. 85 widersprechen würden. Dort ist zu lesen, daß für Art. 85 kein Raum sei, wenn der Verkäufer noch die Gefahr trage. Wenn nun bei Art. 86 der Käufer die Gefahr vollumfänglich tragen würde, wäre der ganze Artikel unnötig, da der Gefahrtragende sich in jedem Fall um die Ware zu kümmern hätte. Ihre Konstruktion umgeht diese Konsequenz.

Damit werden im Regelfall die Ergebnisse der h. M. kaum von denjenigen von Enderlein/Maskow/Strohbach abweichen[154]. Nach diesen Meinungen findet Art. 86 Anwendung, wenn die Gefahr auf dem Verkäufer lastet.

4.3.3.2.3. Stellungnahme

Eine Beschränkung der Artikel allein auf Situationen, in denen die andere Partei die Gefahr trägt, würde dem Zweck und Schutzziel des VI. Abschnitts nicht gerecht.

---

150 Staudinger/Magnus, Art. 70, Rn. 13; Schlechtriem/Hager, Art. 70, Rn. 2 f.; Piltz, § 4, Rn. 207; Bianca/Bonell/Nicholas, Art. 70, Anm. 2.3.

151 Anders Loewe, Art. 70, S. 87, der davon ausgeht, daß die Preisgefahr bei Versendung einer mit einem wesentlichen Mangel behafteten Sache nicht übergeht

152 Enderlein/Maskow/Strohbach, Art. 70, Anm. 1.

153 Enderlein/Maskow/Strohbach, Art. 86, Anm. 3.2., 9.

154 Enderlein/Maskow/Strohbach halten ihre Sicht dann für vorteilhaft, wenn der Käufer die Waren versichert hat und eine Gefahr eintritt. Die Versicherung kann sich dann nicht darauf berufen, daß der Käufer nicht mehr die Gefahr trage und muß zahlen, Art. 70, Anm. 1.

Die Hauptbedeutung der Artikel liegt darin, daß bei Störungen der Vertragsabwicklung ungeachtet der Verursachung oder des Risikobereiches die Vertragspartei sich um das Schicksal der Ware zu kümmern hat, die dafür die besten Möglichkeiten hat. Das Abstellen auf tatsächliche Umstände ist sinnvoll, da es dem Schutz der Ware am ehesten gerecht wird. Zudem ist für die Parteien im Normalfall leicht ersichtlich, wer die besseren Möglichkeiten hat, die Ware zu erhalten. Diese Regelung ist derjenigen, die auf rechtliche Aspekte abstellt, weit überlegen, da die Rechtslage umstritten sein und erst ex post geklärt werden kann, währenddessen die Ware bereits Schaden genommen haben könnte.

Bis zur vereinbarten und ordnungsgemäßen Lieferung wird der Verkäufer regelmäßig in der besseren Lage sein, angemessene Maßnahmen zu ergreifen. Eine ausdrückliche Erwähnung einer Erhaltungspflicht bis zu diesem Zeitpunkt, zu dem im Regelfall die Gefahr übergehen wird, ist grundsätzlich entbehrlich, da bis dahin Obhutspflichten bestehen, deren Verletzung Nichterfüllung des Vertrages gemäß Artt. 35, 36 bedeuten würde. Unter solchen Umständen kommt den Artt. 85 ff. eine deklaratorische Wirkung zu. Wenn der Verkäufer zur Lieferung verpflichtet bleibt und weiter die Gefahr trägt, kann er bei Störungen zu den in den Artt. 85 ff. dargestellten Maßnahmen verpflichtet sein.

Fallgestaltungen sind denkbar, in denen der Verkäufer den Besitz an den Waren hat, die Gefahr noch nicht übergegangen ist und eine vertragsgemäße Lieferung an Umständen scheitert, die nicht der Sphäre des Käufers zugerechnet werden können. Dann können gemäß der Artt. 85 ff. sowohl Einlagerungen in Betracht kommen, bis das Lieferungshindernis entfallen ist, oder auch ein Selbsthilfeverkauf für den Fall, daß es sich um verderbliche Ware handelt.

Damit dient der Art. 85 nur teilweise der Klarstellung, daß die Obhutspflicht auch nach Annahmeverzug des Käufers nicht erlischt[155]. Die Artt. 85 ff. sind bei Störungen aller Art berufen. Dies gilt natürlich insbesondere, wenn sich die andere Partei vertragswidrig verhält und dies mit einem Gefahrübergang verbunden ist. Allerdings stellt dieser Fall nur eine Anwendungsvariante dar, ohne daß diese Ausschließlichkeit beanspruchen könnte.

4.3.4. Kontrollmöglichkeit des Verkäufers über die Ware

Der Verkäufer muß die Ware noch in Besitz haben oder sonst in der Lage sein, über sie zu verfügen. Diese Voraussetzungen sind zwar in Art. 91 EKG noch

155 So vCaemmerer/Schlechtriem/Huber, 1. A., 1990, Art. 30, Rn. 27, Fn. 41

nicht ausdrücklich enthalten, sie wurden und werden jedoch in den Text hineingelesen[156].

Eine Kontrollmöglichkeit setzt voraus, daß der Verkäufer faktisch oder rechtlich über die Güter disponieren kann. Während in dem Fall, daß der Verkäufer die Ware in Besitz hat, keine Probleme aufgeworfen werden, könnten Hindernisse bestehen, wenn sich die Güter bereits auf dem Transportwege befinden oder bei Dritten eingelagert wurden.

Hierunter sind hauptsächlich die Fälle zu fassen, bei denen die Versendung der Ware durch einen Spediteur vorgenommen, die Ware an Handelsvertreter des Verkäufers bzw. in Zwischenlager gegeben wird[157] oder schließlich wenn ein auf Order des Verkäufers lautender Frachtbrief ausgestellt ist[158]. An der Verfügungsgewalt kann es dann z. B. fehlen, wenn bei einer Versendung durch einen Frachtführer die Dokumente über die Ware diesem zur Weitergabe an den Käufer bereits überlassen wurden[159].

Ob der Verkäufer weiterhin in der Lage ist, im Rahmen abgeschlossener Transport- oder Lagerverträge Weisungen im Hinblick auf die Ware zu erteilen, bestimmt sich jedoch nicht nach dem CISG. Diese Verträge stellen eigene Rechtsverhältnisse dar. Darauf anzuwendendes Recht muß daher auch unabhängig vom CISG bestimmt werden.

Falls solche Vereinbarungen eine Weisungsmöglichkeit ausschließen, würde die in Artikel 85 aufgestellte Verpflichtung ins Leere laufen. Daher soll kurz auf maßgebliche rechtliche Grundlagen für Transport- oder Lagervereinbarungen eingegangen werden.

4.3.4.1. CMR

Für den Straßengüterverkehr gilt das Internationale Übereinkommen über den Beförderungsvertrag im internationalen Straßengüterverkehr, CMR[160]. Soweit das CMR nicht anwendbar ist, bestimmt sich das Vertragsstatut nach Art. 27, 28 II 2, IV EGBGB.

---

156 Mertens/Rehbinder, Art. 91/93, Rn. 2; Dölle/Eberstein, Art. 91, Rn. 1

157 vCaemmerer/Schlechtriem/Eberstein, 2. A., Art. 85, Rn. 8; Bianca/Bonell/Barrera Graf, Art. 85, Anm. 2.4.; Herber/Czerwenka, Art. 85, Rn. 4

158 Schlechtriem/Bacher, Art. 85, Rn. 10

159 Achilles, Art. 85, Rn. 2; Bianca/Bonell/Barrera Graf, Art. 85, Anm. 2.4.; vgl. dazu Secretariat`s Commentary Beispiel 74 B, O.R. DOC. C(3), S. 62, bei Honnold, Doc. Hist., S. 452

160 Convention on the Contract for the International Carriage of Goods by Road; Convention relative au Contrat de transport international de marchandises par route

Das CMR ist gemäß Art. 1 (1) auf Verträge über die entgeltliche Beförderung von Gütern auf der Straße mittels Fahrzeugen anwendbar, wenn der Ort der Übernahme des Gutes und der für die Ablieferung vorgesehene Ort in zwei verschiedenen Staaten liegen.

Gemäß Art. 12 (1) CMR ist der Absender berechtigt, über das Gut zu verfügen. Er kann insbesondere verlangen, daß der Frachtführer das Gut nicht weiterbefördert, den für die Ablieferung vorgesehenen Ort ändert oder das Gut bei einem anderen als dem im Frachtbrief angegebenen Empfänger abliefert.

Dieses Recht erlischt allerdings nach Abs. (2), sobald die zweite Ausfertigung des Frachtbriefes dem Empfänger übergeben ist oder dieser sein Recht nach Art. 13 Abs. (1) geltend macht. Von diesem Zeitpunkt an hat der Frachtführer den Weisungen des Empfängers nachzukommen.

Die zweite Ausfertigung des Frachtbriefes ist diejenige, die das Gut gemäß Art. 5 (1) S. 3 CMR begleitet und die der Empfänger gemäß Art. 13 (1) am Ablieferungsort gegen Empfangsbestätigung verlangen kann.

4.3.4.2. Luftfahrt, Warschauer Abkommen

Gemäß Art. 1 (1) gilt das Warschauer Abkommen für jede internationale Beförderung von Personen, Reisegepäck oder Gütern, die durch Luftfahrzeuge gegen Entgelt erfolgt.

Nach Abs. (2) S. 1 ist als internationale Beförderung im Sinne dieses Abkommens jede Beförderung anzusehen, bei der nach den Vereinbarungen der Parteien der Abgangsort und der Bestimmungsort in den Gebieten von zwei der Hohen Vertragsschließenden Teile liegen.

Art. 12 (1) S. 1 WA sieht vor, daß der Absender unter der Bedingung, daß er alle Verpflichtungen aus dem Frachtvertrag erfüllt, berechtigt ist, über das Gut in der Weise zu verfügen, daß er es sich am Abgangs- oder Bestimmungsflughafen zurückgeben läßt, unterwegs während einer Landung aufhalten, am Bestimmungsort oder unterwegs an eine andere Person als den im Luftfrachtbrief bezeichneten Empfänger abliefern oder nach dem Abgangsflughafen zurückbringen lassen kann.

Absatz (4) besagt, daß das Recht des Absenders zu dem Zeitpunkt erlischt, zu dem das Recht des Empfängers auf Aushändigung des Luftfrachtbriefes und Ablieferung des Gutes am Bestimmungsort gemäß Art. 13 entsteht. Es lebt wieder auf, wenn der Empfänger die Annahme des Luftfrachtbriefs oder des Guts verweigert oder wenn dieser nicht erreicht werden kann.

4.3.4.3. Frachtgeschäft im HGB

Das deutsche Fracht-, Speditions- und Lagerrecht wurde durch das Transportrechtsreformgesetz, welches am 25.6.1998 in Kraft trat, neu geregelt[161]. Dementsprechend wurde das Vierte Buch des HGB neu gegliedert. Die neuen Bestimmungen regeln nicht mehr nur die Landtransporte, sondern zugleich die Beförderung auf der Schiene und auf Binnengewässern[162]. Durch die Übernahme dieser bisher außerhalb des HGB geregelten Transporte werden zahlreiche Vorschriften insbesondere des Binnenschiffahrtgesetzes und der EVO gegenstandslos, während KVO und GüKUMB komplett aufgehoben werden. Das neue Frachtrecht, welches im wesentlichen dem CMR folgt, stellt dabei den Bezugspunkt für alle anderen transportrechtlichen Regelungen dar[163].

§ 418 HGB regelt das Recht des Absenders und des Empfängers zu nachträglichen Weisungen gegenüber dem Frachtführer. Er lehnt sich im wesentlichen an Art. 12 CMR an und synthetisiert Regelungsinhalte der §§ 433 HGB, 27 KVO, 72 EVO und der Artt. 30 bis 32 CMR[164].

Absatz (1) enthält das Weisungsrecht des Absenders und eine nicht abschließende Aufzählung möglicher Weisungsinhalte. Demnach kann der Absender verlangen, daß der Frachtführer das Gut nicht weiterbefördert oder es an einem anderen Bestimmungsort, an einer anderen Ablieferungsstelle bzw. an einen anderen Empfänger abliefert. Der Frachtführer ist allerdings nur an die Weisung gebunden, wenn dadurch keine Nachteile für seinen Betrieb oder Schäden an anderen Sendungen entstehen. Damit stellt das HGB an die Intensität der möglichen Einwirkung geringere Anforderungen als das CMR, in welchem in Art. 12 5. b) auf eine 'Hemmung' des Betriebs des Unternehmens abgestellt wird. Zudem kommt es auf eine ex-ante Beurteilung des Frachtführers an; dies ergibt sich aus der Formulierung 'droht'[165].

Gemäß Absatz (2) erlangt der Empfänger zu dem Zeitpunkt der Ankunft des Gutes an der Ablieferungsstelle das Verfügungsrecht.

Falls ein Frachtbrief ausgestellt wurde, der von beiden Parteien unterzeichnet wurde, kann der Absender sein Verfügungsrecht gemäß Absatz (4) nur gegen Vorlage der Absenderausfertigung ausüben, sofern dies im Frachtbrief vorgeschrieben ist.

---

161 BGBl. I S. 1588; dazu auch Bracker, TranspR. 1997, S. 410
162 Zu den einzelnen Änderungen, Heuer, TranspR. 1998, S. 45 ff.
163 Heuer TranspR. 1998, S. 45 ff.
164 BT. Drs. 13/8445, S. 48
165 BT. Drs. 13/8445, S. 49

4.3.4.4. Ergebnis zur Kontrollmöglichkeit

Entsprechend obiger Feststellungen ist es dem Verkäufer möglich, Weisungen auch dann zu erteilen, wenn die Ware bereits durch Dritte transportiert wird und sich nicht mehr in einer Sphäre befindet, in welcher er physisch Einfluß nehmen kann.

4.3.5. Angemessene Maßnahmen

Der Verkäufer hat die nach den Umständen angemessenen Maßnahmen zur Erhaltung der Waren zu treffen. Da die Maßnahmen, die der Verkäufer nach Art. 85 zu ergreifen hat, mit den Möglichkeiten des Käufers nach Art. 86 übereinstimmen, soll die Frage, was im Einzelfall unter einer angemessenen Maßnahme zu verstehen ist, im Anschluß an die Erläuterungen zu Art. 86 beantwortet werden.

4.4. Erhaltungspflichten des Käufers nach Art. 86

Art. 86 (1) CISG bestimmt, daß der Käufer die nach den Umständen angemessenen Maßnahmen zur Erhaltung der Waren zu treffen hat, wenn er nach deren Empfang beabsichtigt, ein nach dem Vertrag oder dem Übereinkommen bestehendes Zurückweisungsrecht auszuüben. Gemäß Absatz (2) hat der Käufer grundsätzlich zugesandte Ware, die ihm am Bestimmungsort zur Verfügung gestellt wurde und die er zurückweist, in Besitz zu nehmen, so dies zumutbar ist. Damit entspricht der Art. 86 sachlich und weitgehend wörtlich Art. 92 EKG[166].

4.4.1. Das Zurückweisungsrecht

Das CISG ermöglicht die Zurückweisung der Ware, wenn dem Verkäufer ein Fehler unterlaufen ist. Dieser kann in der Art und Weise der Lieferung liegen oder darin, daß die Ware nicht den getroffenen Vereinbarungen entspricht, daß die Lieferung nicht zum vereinbarten Datum erfolgt oder daß notwendige Dokumente nicht erstellt oder mitgeliefert worden sind. Die Rechte zur Zurückweisung der Ware finden sich in den Artt. 49, 46 (2) wie auch 51, 72, 73. Dieses sind die Fälle, die Art. 86 durch seinen Wortlaut direkt erfaßt.

---

166 Vgl. weiter Staudinger/Magnus, Art. 86, Rn.4-6

Obwohl sich in den Official Records die Auffassung findet, daß die Erhaltungspflicht des Käufers nur angelegentlich der Aufhebung und der Ersatzlieferung entsteht[167], wird in der Literatur allgemein anerkannt, daß Erhaltungspflichten auch entstehen können, wenn der Käufer die Annahme einer vorzeitigen oder Zuviellieferung ablehnt. Eine solche Ablehnung richtet sich nach Art. 52. Schließlich ist auch denkbar, daß der Käufer von einem vertraglich vereinbarten Zurückweisungsrecht Gebrauch macht[168].

Demgegenüber erlangt Art. 86 keine Bedeutung, wenn lediglich Nachbesserung, Minderung oder Schadenersatz verlangt wird (Artt. 46 (2), 50 S.1, 45 (1) b) i. V. m. Artt. 74-77). Hier sollen die Güter nicht zurückgewiesen werden.

Die Wirkungen, die die Geltendmachung eines Zurückweisungsrechtes zeitigen, werden in den Artt. 81-84 näher beschrieben. Diese Artikel beziehen sich nicht nur auf die Aufhebung des Vertrages, sondern auch auf ein Ersatzlieferungsverlangen[169].

Nach Art. 81 (1) werden beide Parteien von ihren Vertragspflichten befreit. Hiervon sind allerdings nicht Schadenersatzpflichten und Bestimmungen erfaßt, die die Rechte und Pflichten gerade für den Fall einer Aufhebung regeln. Die ausdrücklich in Absatz (1) genannten weiterbestehenden Pflichten sind nicht erschöpfend. Zum weitergeltenden Rahmen sind Bestimmungen über die Berechnung, Begrenzung und eventuelle Pauschalisierung des Schadenersatzes, eventuelle Vereinbarungen über den Rücktransport oder Einzelheiten für eine Nachlieferung zu zählen[170]. In diese Liste gehören aber auch die Erhaltungspflichten nach den Artt. 85 ff.[171], deren Geltung unter diesen Umständen bereits im Sekretariatskommentar Erwähnung gefunden hat[172]. Ohne Bedeutung ist dabei, daß diese Pflichten erst mit Umgestaltung des Vertragsverhältnisses in ein Rückab-

---

167 A/Conf.97/C.1/SR.30, O.R. S. 398, 399, Äußerung des chairman

168 Enderlein/Maskow/Stargardt, Art. 86, Anm. 2.: z. B. beim Kauf auf Probe

169 Staudinger/Magnus, Vorbemerkungen zu Art. 81, Rn. 1; Schlechtriem/Leser/Hornung, Vor Art. 81-84, Rn. 4, 'zumindest entsprechende Anwendung'

170 Dazu auch Schlechtriem/Leser/Hornung, Art. 81, Rn. 3; Leser in Schlechtriem, Einheitl. KaufR. und nat. Obl.R, S. 238 f.; Staudinger/Magnus, Art. 81, Rn. 8

171 Piltz, § 5, Rn. 285; Staudinger/Magnus, Art. 85, Rn. 19

172 O. R., S. 57, zu Art. 66, Nr. 6: "The enumeration in paragraph (1) of two particular obligations arising out of the existence of the contract which are not terminated by the avoidance of the contract is not exhaustive. Some continuing obligations are set forth in other provisions of this Convention. For example, article 75 (1) provides that 'if goods have been received by the buyer, and if he intends to reject them, he must take such steps as are reasonable in the circumstances to preserve them' and article 66 (2) permits either party to require of the other party the return of whatever he has supplied or paid under the contract. Other continuing obligations may be found in the contract itself or may arise out of the necessities of justice."

wicklungsverhältnis entstehen[173]. Erhaltungspflichten entstehen dabei nicht zu dem Zeitpunkt, zu dem die Aufhebungserklärung abgegeben wird (Art. 26), sondern zu dem die Partei die Absicht zur Umwandlung des Vertrages faßt.

Während der Verkäufer mit allen Risiken, die aus der mangelhaften Beschaffenheit oder Lieferung der Ware folgen, belastet ist[174], hat der Käufer für die Abwendung weiterer Gefahren oder für eine Schadensminderung zu sorgen. Diese Verpflichtungen richten sich nach Art. 77 und den Artt. 85 ff.[175]. Grundsätzlich wird dem 'Zurückweisungsrecht' in Art. 86 von der Literatur nicht der Status eines eigenständigen Rechtsbehelfes zugebilligt[176]. Indes ist Barrera Grafs Kommentierung diesbezüglich unklar: Er schreibt, daß Art. 86 (2) dem Käufer die Pflicht auferlege, die Ware in Besitz zu nehmen, um ein Zurückweisungsrecht ausüben zu können[177]. Weiter entnimmt er Art. 86 unterschiedliche Zeitpunkte für die Geltendmachung eines Zurückweisungsrechts. Falls ein solcher Zeitpunkt nicht eingehalten werde, solle die Ware nicht zurückgewiesen werden können, und Art. 86 (2) sei nicht anwendbar[178].

Zunächst ist dem Wortlaut des Art. 86 (2) eine solche Abhängigkeit des Zurückweisungsrechts von der Ergreifung von Erhaltungspflichten nicht zu entnehmen. Erhaltungspflichten entstehen, wenn ein Zurückweisungsrecht ausgeübt wird. Ein Zurückweisungsrecht setzt aber nicht die Ergreifung von Erhaltungsmaßnahmen voraus. Ausdrücklich wird in Art. 86 darauf abgestellt, daß der Käufer ein nach dem Vertrag oder dem Übereinkommen bestehendes Zurückweisungsrecht ausüben will. Damit wird auf Rechte des Käufers abgestellt, die in den vorhergehenden Abschnitten des CISG zu finden sind. Zwar findet sich der Begriff 'Zurückweisungsrecht' in Art. 86 zum ersten Mal, allerdings wird dieser Ausdruck hier gebraucht, um sicherzustellen, daß die Pflicht zur Erhaltung der Ware den Käufer in allen Fällen trifft, in denen er sich weigert, die Ware abzunehmen[179]. Die wirksame Aufhebungserklärung nach Art. 49 bewirkt z. B., daß

173 Staudinger/Magnus, Art. 81, Rn. 9

174 Schlechtriem/Leser/Hornung, Art. 82, Rn. 19; für das EKG Soergel/Lüderitz, Art. 79 EKG, Rn. 4

175 Schlechtriem/Leser/Hornung, Art. 82, Rn. 19, Fn. 54; Staudinger/Magnus, Art. 82, Rn. 21, 22

176 Staudinger/Magnus, Art. 86, Rn. 9; Vazquez Lepinette, S. 468; Enderlein/Maskow/Strohbach, Art. 86, Anm. 3.1.; nach Schlechtriem, Einh.UN-KaufR, S. 104, Fn. 456, hat die Diskussion aufgrund eines chinesischen Antrags klargestellt, daß Art. 86 (1) nicht etwa ein zusätzliches Zurückweisungsrecht gewähren soll, sondern Auflösungsmöglichkeit oder Nachlieferungsanspruch vorausgesetzt sind, siehe A/Conf.97/C.1/SR.30, O.R. S. 398, 399

177 In Bianca/Bonell, Art. 86, Anm. 2.4., 2.4.3.

178 Art. 86, Anm. 2.4.4.

179 Vgl. Honnold, Art. 86

der Käufer der Pflicht enthoben ist, die Ware abzunehmen. Dies heißt nichts anderes, als daß er die Ware zurückweisen darf. Dasselbe gilt, wenn der Käufer eine Ersatzlieferung nach Art. 46 (2) verlangt. Bei dieser Fallgestaltung weist er die zunächst gelieferte Ware zurück.

Zu Barrera Grafs zweitem Punkt ist festzustellen, daß Art. 86 keinerlei Aussage dazu enthält, wann ein Zurückweisungsrecht geltend zu machen ist.

Neben diesen Gründen wäre es auch systematisch nicht verständlich, weshalb ein Zurückweisungsrecht als Rechtsbehelf des Käufers nicht schon in den Artt. 45 ff. aufgelistet worden wäre.

Die Ausübung eines Zurückweisungsrechts erfordert eine Erklärung gegenüber dem Vertragspartner[180]. Bezüglich des Zeitpunkts der Manifestation der Zurückweisung bestehen allerdings Differenzen. Nach Barrera Graf soll der Käufer dem Verkäufer seinen Willen, die Waren nicht abzunehmen, im Moment der Empfangnahme der Güter anzeigen[181].

Dies wird von der Mehrzahl der Kommentatoren abgelehnt, da der Käufer gewöhnlich erst nach Inbesitznahme der Güter Gelegenheit haben wird, diese gründlich zu untersuchen[182]. Der Wortlaut stellt zudem auf eine Absicht ('intends') und nicht auf die augenblickliche Ausübung des Zurückweisungsrechts ab. Zudem existieren Fristen für die Geltendmachung der Zurückweisungsrechte, die entbehrlich wären, wenn die Pflicht bestünde, sie schon bei Empfangnahme geltend zu machen[183]. Nach Art. 39 wird dem Käufer z.B. eine angemessene Frist zur Mängelrüge eingeräumt, nach deren Verstreichen er erst das Recht verliert, sich auf eine Vertragswidrigkeit der Ware zu berufen.

Der Käufer muß zunächst ausreichend Zeit für eine Entscheidung haben, ob er die Ware akzeptieren, den Preis mindern oder ein Zurückweisungsrecht geltend machen möchte. Auch die Formulierung in Absatz (2) stützt diese Ansicht. Dort wird nicht auf eine Absicht abgestellt, sondern auf die unmittelbare Ausübung des Rechtes ('exercises the right to reject'), trotz der die Ware in Besitz genommen werden soll. Die von Absatz (1) abweichende Formulierung weist darauf hin, daß unterschiedliche Anforderungen gestellt werden. Wenn unter den abweichenden äußeren Umständen gleiches hätte gelten sollen, hätte man denselben Wortlaut verwenden können.

Diese Gründe sprechen gegen die Ansicht Barrera Grafs. Beachtlich ist aber in diesem Zusammenhang, daß bei einer späteren Zurückweisung besonderer

---

180 Enderlein/Maskow/Strohbach, Art. 86, Anm. 3.2.

181 In Bianca/Bonell, Art. 86, Anm. 2.3.

182 Staudinger/Magnus, Art. 86, Rn. 10; Enderlein/Maskow/Strohbach, Art. 86, Anm. 3.2.; Soergel/Lüderitz/Dettmeier, Art. 86, Rn. 2

183 Vgl. Artt. 46 (2), (3), 49 (2), 38, 39

Wert auf eine erkennbare Kundgabe zu legen ist, um Manipulationen hinsichtlich des Anspruchs auf Kostenerstattung auszuschließen[184].

4.4.2. Art. 86 Absatz (1)

Absatz (1) setzt voraus, daß der Verkäufer die Ware geliefert und der Käufer diese empfangen hat. Er muß im physischen Besitz der Sachen sein, wenn er sich dazu entscheidet, sie abweisen zu wollen[185].

Unumstritten ist, daß der Käufer, der nach Art. 86 erhaltungspflichtig ist, für Schäden an der Ware haftet, die entstehen, nachdem er Aufhebung oder Ersatzlieferung geltend gemacht hat[186]. Dies gilt unter der Voraussetzung, daß keine Befreiungstatbestände, wie Art. 82 (2) analog oder Art. 79, eingreifen.

Zweifelhaft ist, ob die Erhaltungspflichten auch schon vor diesem Zeitpunkt gelten. Einerseits wird ein Schutzbedürfnis schon dann angenommen, wenn die Entscheidung über eine Zurückweisung als eine mögliche Alternative in Erwägung gezogen wird[187]. Andererseits soll der Käufer erst dann zur Erhaltung verpflichtet sein, sobald er seine Absicht zur Zurückweisung der Ware manifestiert hat. Jedenfalls lägen dann die Wirkungen der Gefahrtragung gemäß Artikel 70 und 82 (2) a) beim Verkäufer[188].

Letztgenannte Artikel bewirken, daß der Käufer, der wegen einer wesentlichen Vertragsverletzung des Verkäufers das Recht zur Vertragsaufhebung oder Ersatzlieferung hat, nach Gefahrübergang eingetretene, nicht auf seiner Handlung beruhende Schäden auf den Verkäufer abwälzen kann[189].

Ungeachtet der divergierenden Ansichten bezüglich der Bedeutung des Art. 70 für den Gefahrübergang[190], bestehen Erhaltungspflichten aber auch vor Geltendmachung eines Zurückweisungsrechts, wenn zumindest die Partei, die ein solches Recht geltend machen könnte, Kenntnis von den entsprechenden tatsächlichen Umständen hat.

---

184 So Schlechtriem/Bacher, 3. A., Art., 86, Rn. 7, (Eberstein, 2. A., Art. 86, Rn. 9b)

185 Staudinger/Magnus, Art. 86, Rn. 8; Bianca/Bonell/Barrera Graf, Art. 85, Bem. 2.1.; Schlechtriem/Bacher, Art. 85, Rn. 3; Herber/Czerwenka, Art. 85, Rn. 2

186 Staudinger/Magnus, Art. 82, Rn. 15, m. w. N.

187 Schlechtriem/Bacher, Art. 86, Rn. 7; Krebs, S. 112; Honnold, Art. 86, er gibt das Beispiel, daß der Käufer Güter am Montag erhält, sie am Dienstag im Regen stehen läßt und erst am Mittwoch die Entscheidung trifft, sie zurückzuweisen

188 Enderlein/Maskow/Strohbach, Art. 86, Anm. 3.2.; Witz/Lorenz, Art. 86, Rn. 5; Eine Zwischenlösung bietet Achilles, Art. 86, Rn. 3, an. Danach wird die Erhaltungspflicht durch die Äußerung einer möglichen Zurückweisungsabsicht ausgelöst.

189 Schlechtriem/Hager, Art. 70, Rn. 2a

190 Vgl. Staudinger/Magnus, Art. 70, Rn. 12 f.

Bis zu dem Zeitpunkt der Entdeckung der Vertragswidrigkeit oder der Möglichkeit, eine solche zu erkennen, kann der Käufer z. B., ohne gemäß Art. 82 (2) a), c) einen Verlust seiner Rechte befürchten zu müssen, die Güter dem normalen Geschäftsverkehr entsprechend nutzen. Danach tritt jedoch eine 'Grenzlinie für die Verteilung des Risikos' ein[191]. Wenn die Weiterverwendung der Güter nach Kenntnis der maßgeblichen Umstände zu einem Rechtsverlust führen würde, muß dies auch Auswirkungen auf die Risikobereiche der Parteien haben. Damit entsteht eine Pflichtenlage, die sich nicht nur derjenigen nach Erklärung der Aufhebung annähert, wie Leser schreibt[192], sondern die derjenigen vielmehr vergleichbar ist.

Die Pflicht zur Erhaltung der Ware nach Art. 86 darüber hinaus erst mit Umgestaltung des Vertragsverhältnisses, also mit wirksamer Aufhebungserklärung, eintreten zu lassen, ist treuwidrig. Dies würde den Käufer übermäßig von der Sorgetragung entlasten, obwohl er weiß oder wissen muß, daß dies der anderen Partei zum Nachteil gereicht.

Damit hat der Käufer für Unterlassungen, die zu Beeinträchtigungen der Güter führen, einzustehen, wenn er seinen Pflichten nach Art. 86 nicht nachkommt[193]. Allerdings wird im Einzelfall auch denkbar sein, daß ihm eine Verletzung seiner Schadensminderungspflicht gemäß Art. 77 vorzuwerfen ist und hierüber ein Ausgleich erfolgt, falls er selbst Schadenersatz fordert.

Während Absatz (2) den Sonderfall des Distanzkaufs regelt, könnte fraglich sein, ob Absatz (1) auch darauf Anwendung findet[194].

Absatz (1) enthält keine Beschränkung auf den Fall, daß der Käufer die Ware bereits empfangen hat, und auch Absatz (2) stellt keine abschließende Regelung für den Distanzkauf dar. Beide Absätze ergänzen sich in der Weise, daß die Grundsätze des Absatzes (1) auch unter den besonderen Umständen gelten, die Absatz (2) erfaßt. Dies wird durch die Verweisung des Absatzes (2) S. 3 auf die Rechte und Pflichten des Absatzes (1) verdeutlicht. Diese Verweisung wurde auf einen australischen Antrag hin während der Diplomatischen Konferenz eingefügt, um sicherzustellen, daß der Käufer angemessene Maßnahmen i. S. d. Absatzes

191 Schlechtriem/Leser/Hornung, Art. 82, Rn. 13, 21, 27

192 A. a. O.

193 So auch Staudinger/Magnus, Art. 82, Rn. 20

194 Eberstein, in vCaemmerer/Schlechtriem, 2. A., Art. 86, Rn 10, fragt in diesem Zusammenhang, ob Art. 86 Abs. 1 nur für den Platzkauf gelten soll oder gleichermaßen auch für den Distanzkauf. M. E. ist diese Frage falsch formuliert: Art. 86 Abs. 1 betrifft nicht den Fall eines Platzkaufes, bei dem eine Versendung örtlich und geographisch in einer Gemeinde stattfindet, sondern den Fall, daß der Käufer die Ware bereits in Besitz hält. Bei einem Platzkauf ist das CISG grundsätzlich nicht anwendbar

(1) ergreift, und es nicht bei einer reinen Inbesitznahme der Güter bewenden läßt[195]. Hierzu wurden inhaltlich keine abweichenden Ansichten vertreten, sondern lediglich formale Aspekte diskutiert[196].

Eine entsprechende Regelung fehlte noch in Art. 92 (2) EKG. Trotzdem wurde festgestellt, daß angemessene Maßnahmen nach Absatz (1) zu treffen sind[197]. Dies Ergebnis ist auch das einzig vertretbare. Allein mittels einer Inbesitznahme durch den Käufer würden die Güter grundsätzlich nicht vor Verfall gerettet. Wenn gemäß Absatz (1) eine spezielle Einlagerungsform angebracht ist, darf nach Absatz (2) nicht weniger verlangt werden. Anderenfalls wäre der Zweck der Erhaltungspflichten nicht erreicht. Art. 86 (1) gilt dementsprechend auch für den Distanzkauf[198].

4.4.3. Art. 86 Absatz (2)

Absatz (2) behandelt den Fall, daß die Ware dem Käufer zugesandt und zur Verfügung gestellt wurde, er sie aber noch nicht in Besitz genommen hat, sondern zurückweisen will. Unter diesen Umständen wird ihm die Verpflichtung zur Inbesitznahme und Erhaltung der Ware auferlegt, falls dies ohne Zahlung des Kaufpreises und ohne unzumutbare Unannehmlichkeiten oder unverhältnismäßige Kosten möglich ist.

Diese Voraussetzungen müssen kumulativ erfüllt sein. Die Pflichten gelten jedoch nicht, wenn der Verkäufer selbst oder eine Person, die befugt ist, die Ware für Rechnung des Verkäufers in Obhut zu nehmen, am Bestimmungsort anwesend ist. Für den Käufer ist von Interesse, daß ihm aus der Annahme der Güter zu Erhaltungszwecken kein Nachteil in der Form droht, daß der Verkäufer oder ein Gericht darin eine Abnahme nach Art. 60 erblickt. Grundsätzlich ist in der Inbesitznahme zu Erhaltungszwecken keine Abnahme nach Art. 60 zu sehen[199]. Allerdings sollte, wenn aus der Sicht des Käufers nur eine Inverwahrungnahme erfolgt, dies dem Verkäufer unverzüglich mitgeteilt werden. Ansonsten besteht im Fall einer vorzeitigen Lieferung entsprechend Art. 52 (1) die Gefahr, daß in der Entgegennahme der Ware durch den Käufer ohne Geltendmachung eines Zu-

---

195 A/CONF.97/C.1/L.227, O.R., S. 139, zu Art. 75, B. 3. ii, Doc - Hist. S. 711

196 A/CONF.97/C.1/SR.30, SR.31, O.R. S. 399 f., Doc - Hist. S. 620 f.

197 Mertens/Rehbinder, Artt. 91, 93, Anm. 14; Dölle/Eberstein, Art. 92, Rn. 7

198 Vgl. vCaemmerer/Schlechtriem/Eberstein, 2. A., Art. 86, Rn. 10; Neumayer/Ming, Art. 86, Anm. 2

199 Enderlein/Maskow/Strohbach, Art. 52, Anm. 2.; Honsell/Schnyder/Straub, Art. 52, Rn. 15; Bianca/Bonell/Will, Art. 52, Anm. 2.1.4.; Schlechtriem/Huber, Art. 52, Rn. 4

rückweisungsrechts doch eine Abnahme im Sinne des Art. 60 gesehen wird. Art. 52 (1) enthält zwar kein Erfordernis eines ausdrücklichen Vorbehalts, wie er noch in Art. 29 EKG zu finden ist. Während im EKG eine stillschweigende Abnahme eine Genehmigung bedeutete, ist im CISG umstritten, ob in einer stillschweigenden Entgegennahme aufgrund der fehlenden Vorbehaltsmöglichkeit nicht mehr ohne weiteres eine Genehmigung gesehen werden kann[200]. Mit einer Anzeige, die gemäß Art. 27 auf Risiko des Empfängers erfolgt[201], entgeht der Käufer jedoch der Vermutung, daß in der stillschweigenden Annahme eine konkludente Vertragsänderung vorliegen könnte. Auch verhindert der Käufer, daß in der Annahme eine rügelose Entgegennahme gesehen wird, was zur Folge hätte, daß er eine von ihm behauptete Vertragswidrigkeit darzulegen und zu beweisen hätte, und nicht der Verkäufer die ordnungsgemäße Erfüllung[202].

Falls der Käufer jedoch zu einer Geltendmachung eines Zurückweisungsrechts nicht berechtigt sein sollte, ist in der körperlichen Entgegennahme eine Inbesitznahme zwecks Erfüllung der Verpflichtung zur Abnahme der Ware zu sehen[203].

Nicht gefolgt werden kann Barrera Graf, wenn er für die Ausübung eines Zurückweisungsrechts die Inbesitznahme der Güter voraussetzt[204]. Seine Auffassung könnte darauf beruhen, daß er in Art. 86 (2) ein selbständiges Zurückweisungsrecht sieht, welches die Inbesitznahme zur Voraussetzung hat. Daß kein selbständiges Zurückweisungsrecht vorliegt, wurde jedoch bereits festgestellt[205].

Die Ware muß dem Käufer zugesandt sein. Hierunter fallen alle Sachverhalte, bei denen die Waren an den Käufer von einem anderen Ort als seinem Wohnsitz, Sitz oder Aufenthaltsort geliefert werden[206]. Gleichgültig ist, ob es sich um einen Versendungs- oder Fernkauf handelt, da die äußeren Umstände vergleichbar

---

200 Gegen die Annahme einer Genehmigung: Schlechtriem/Huber, Art. 52, Rn. 4; Bianca/Bonell/Will, Art. 52, Anm. 2.1.5.; Herber/Czerwenka, Art. 52, Rn. 4; Soergel/Lüderitz/Schüßler-Langeheine, Art. 52, Rn. 3; Karollus, S. 173; Piltz, § 4, Rn. 60; A. A.: Neumayer/Ming, Art. 52, Anm. 1; Enderlein/Maskow/Strohbach, Art. 52, Anm. 2.; wohl auch Honsell/Schnyder/Straub, Art. 52, 1, der annimmt, daß der Käufer im Rahmen des Art. 86 unverzüglich Mitteilung machen soll

201 Enderlein/Maskow/Strohbach, Art. 52, Anm. 2.; Bianca/Bonell/Will, Art. 52, Anm. 2.1.4.

202 BGH, U. v. 08.03.1995, VIII ZR /59/94, NJW 1995, 2099 ff.; Piltz, TranspR-IHR 2-99, S. 16

203 Honsell/Schnyder/Straub, Art. 60, Rn. 11

204 In Bianca/Bonell, Art. 86, Anm. 2.4.: “It imposes the duty on the buyer, in order to exercise the right to reject the goods of taking possession.” Anm. 2.4.3.: “The right of the buyer to reject the goods presupposes that he takes possession of them on behalf of the seller.”

205 Siehe Punkt 4.4.1.

206 Vgl. vCaemmerer/Schlechtriem/Eberstein, 2. A., Art. 86, Rn.15

sind[207]. Sinn dieser Vorschrift ist es, den Käufer in die Pflicht zu nehmen, wenn er 'näher an der Sache ist' als der Verkäufer und folglich eher angemessene Maßnahmen treffen kann[208].

Im Regelfall werden die Güter durch Spediteure oder Frachtführer angeboten, die sich weder zur Sphäre des Verkäufers noch zu der des Käufers zählen lassen. Dann ist unproblematisch, daß der Käufer in die Pflicht zu nehmen ist. Andererseits wäre es unbillig, den Käufer mit der Sorgetragung zu belasten, wenn der Verkäufer selbst die Ware anbietet. Dieser wird zudem grundsätzlich kompetenter sein, erforderliche Maßnahmen zu erkennen und zu ergreifen.

Zu differenzieren ist in dem Fall, in dem 'Leute des Verkäufers' die Güter anbieten. Während Eberstein keinen Unterschied zwischen 'Dritten' und 'Leuten des Verkäufers' macht[209] und damit den Käufer für verpflichtet hält, sieht Lüderitz dies als lebensfremd an[210], da auch letztere eher als der Käufer in der Lage sein würden, erforderliche Sicherungsmaßnahmen zu treffen. Weiter bemängelt er, daß die Ansicht Ebersteins zu Zufallsergebnissen führe und der bei Art. 79 (1), (2) befolgten Systematik widerspreche[211]. Zunächst werden bei dem Verkäufer Beschäftigte mit der Ware vertraut sein und daher das Wissen haben, angemessene Entscheidungen zu treffen. Zudem wird es diesen Personen im Regelfall möglich sein, mit dem Verkäufer schnell in Kontakt zu treten, um gebotene Weisungen einzuholen.

Für eine Lösung kann weiter die Wertung des Art. 86 (2) 2 herangezogen werden. Demnach ist der Käufer von Erhaltungspflichten entbunden, wenn am Bestimmungsort eine Person zugegen ist, die befugt ist, die Ware auf Rechnung des Verkäufers in Obhut zu nehmen. Als solche kommen in erster Linie vertretungsberechtigte Angestellte des Verkäufers, sein Handelsvertreter oder sein Handelsmakler in Betracht[212].

---

207 So für das EKG bereits Mertens/Rehbinder, Art. 91, 93, Rn. 13

208 Staudinger/Magnus, Art. 86, Rn. 14; Schlechtriem/Bacher, Art. 86, Rn. 8

209 In vCaemmerer/Schlechtriem, 2. A., Art. 86, Rn. 15

210 In Soergel, 12. A. 1991, Art. 86, Rn. 3, Fn. 3

211 Art. 79 liegt der Ansatz zugrunde, daß der Schuldner sich grundsätzlich das Verhalten aller Personen zurechnen lassen muß, die er in die Vertragserfüllung einschaltet, siehe Staudinger/Magnus, Art. 79, Rn. 19, 35, 43

212 Staudinger/Magnus, Art. 86, Rn. 20; Schlechtriem/Bacher, Art. 86, Rn. 17; Reinhart, Art. 86, Rn. 5; Dölle/Eberstein zu EAG/EKG, Art. 92, Rn. 8; Honnold, Art. 86, S. 580, nennt den 'agent'; ob auch eine Bank, die lediglich Dokumente für den Verkäufer präsentieren soll, zu diesem Personenkreis zu zählen ist, war streitig: Enderlein/Maskow/Strohbach, Art. 86, Anm. 11., sprachen sich dagegen aus, während Honnold, 1. A., Anm. 455, die Bank als 'representative' des Verkäufers ansah. Dies ist allerdings in der 2. A. nicht mehr zu lesen, so daß der Streit beigelegt sein dürfte

Nun muß gleichgültig sein, ob diese Personen schon am Bestimmungsort zugegen waren oder mit der Ware reisten. Dies gilt auch für den Fall, daß keine fundierten Kenntnisse hinsichtlich der Erhaltungsmöglichkeiten am Bestimmungsort vorliegen, denn von vertretungsberechtigten Personen muß erwartet werden, schnell auf Sachzwänge reagieren zu können. Wenn also mit Kompetenzen ausgestattete Personen an der Zusendung beteiligt sind, spricht folglich nichts dagegen, sondern ist es vielmehr geboten, den Käufer zu entlasten[213].

Anderes muß jedoch gelten, falls der Verkäufer Gehilfen eingesetzt hat, die nur für den eigentlichen Transport zuständig sind und diesen durchführen sollen. Zum einen kann unklar sein, inwieweit diese Personen vertretungsbefugt sind und z. B. Verwahrungsverträge mit Dritten abschließen dürfen. Zum anderen spricht der Wortlaut des Absatzes (2) dagegen, die 'Leute' des Verkäufers mit diesem gleichzusetzen. Denn Absatz (2) Satz 2 bezieht sich nicht auf 'Leute' des Verkäufers, deren Anwesenheit den Käufer entlastet, sondern auf Personen mit weitergehenden Befugnissen. Nicht jede Person, die in der Sphäre des Verkäufers tätig ist, kann diesen auch vertreten. Damit ist im Einzelfall entscheidend, welche Position die 'Leute' des Verkäufers bekleiden und mit welchen Kompetenzen sie ausgestattet sind. Wenn der Käufer diesbezüglich verunsichert ist, sollte er besser die Ware in Besitz nehmen, um möglichen Schadenersatzforderungen zu entgehen. Zudem kann dies auch von Vorteil sein, da er somit ein Pfand für mögliche Gegenforderungen gewinnen kann.

Nach dem Wortlaut der Vorschrift muß die Ware dem Käufer an ihrem Bestimmungsort zur Verfügung gestellt werden. Dieser kann aufgrund einer Parteivereinbarung festgelegt sein. Ohne eine solche wird dies im allgemeinen der Ort sein, an den die Ware nach dem Beförderungsvertrag gelangen soll; bei FOB-Käufen ist dies z. B. der Verschiffungshafen. Wenn keine INCOTERMS benutzt werden, bleibt die Niederlassung des Käufers oder bei einem Streckengeschäft die des Abnehmers Bestimmungsort[214].

Neben der Zurverfügungstellung am Bestimmungsort setzt Magnus voraus, daß die Zusendung vertragsgemäß erfolgt[215]. Dies ist verständlich, da ohne eine solche vertragliche Vereinbarung das Merkmal der 'Zurverfügungstellung an

---

213 So auch Schlechtriem/Bacher, Art. 86, Rn. 9

214 Schlechtriem/Schwenzer, Art. 38, Rn. 22; Schlechtriem/Huber, Art. 32, Rn. 21; Staudinger/Magnus, Art. 38, 53; Huber, DB 1975, 1637

215 Staudinger/Magnus, Art. 86, Rn. 15

dem Bestimmungsort' kaum erfüllt werden kann[216]. Dagegen stellt Bacher lediglich auf den tatsächlichen Vorgang der Zusendung ab[217].

Einleuchtend ist, daß von dem Käufer grundsätzlich keine Handlungen an einem Ort verlangt werden können, der nicht der 'Bestimmungsort' ist und an dem er nicht selbst präsent ist[218]. Wenn dem Käufer aber Ware nicht durch den Verkäufer, sondern durch einen Dritten am Bestimmungsort zur Verfügung gestellt wird, hat der Käufer sie in Besitz zu nehmen, sofern die weiteren Voraussetzungen hierzu erfüllt sind. Gleiches muß aber auch dann gelten, wenn der Käufer versäumt hat, Ware vereinbarungsgemäß beim Verkäufer abzuholen und diese dann an die Niederlassung des Käufers gesendet wird. Dies insbesondere dann, wenn die Begründung dieser Vorschrift darin gesehen wird, daß derjenige zur Erhaltung verpflichtet sein soll, der 'näher an der Ware ist', der also eher angemessene Maßnahmen treffen kann.

Eine vergleichbare Problematik liegt vor, wenn der Käufer die Ware berechtigterweise zurückgewiesen hat, bevor sie am Bestimmungsort eingetroffen war. Im Sekretariatskommentar ist zu lesen, daß die Abnahmepflicht dann entfällt[219]. Die h. M. in der Literatur korrigiert dies allerdings dahingehend, daß diese Folge mit dem Zweck des Art. 86 (2) nur vereinbar ist, wenn der Verkäufer infolge einer frühzeitigen Zurückweisung die Möglichkeit hatte, die Ware wieder in seine Obhut zu bringen oder Erhaltungsmaßnahmen zu treffen[220]. Falls dies nicht möglich ist oder der Verkäufer erst nach Eintreffen der Ware am Bestimmungsort die Mitteilung der Zurückweisung erhält, muß der Käufer angemessene Maßnahmen ergreifen[221]. Der Käufer soll gezwungen sein, Dokumente, die die Ware verkörpern, welche er eigentlich zurückweisen will, in Empfang zu nehmen, um sich um die Güter kümmern zu können[222]. Bacher geht sogar soweit, den Käufer dann in

---

216 So auch Enderlein/Maskow/Strohbach, Art. 86, Anm. 6.

217 Schlechtriem/Bacher, Art. 86, Rn. 10; Witz/Lorenz, Art. 86, Rn. 9; so bereits vCaemmerer/Schlechtriem/Eberstein, 2. A., Art. 86, Rn. 15; so Eberstein auch bereits zum EKG in Dölle, Art. 92, Rn. 5

218 Für eine analoge Anwendung des Art. 86 in dem Fall, daß die Ware dem Käufer zwar nicht am Bestimmungsort zur Verfügung gestellt wird, er diese jedoch auch unter diesen Umständen ohne weiteres in Besitz nehmen kann, Schlechtriem/Bacher, Art. 86, Rn. 10. Diesem Gedanken ist entsprechend der Schutzrichtung des Artikels zuzustimmen

219 Sekretariatskommentar, Art. 75, Nr. 4, insbesondere Beispiel 75 C; so auch Enderlein/Maskow/Stargardt, Art. 86, Anm. 3

220 Schlechtriem/Bacher, Art. 86, Rn. 12; Staudinger/Magnus, Art. 86, Rn. 19; Achilles, Art. 86, Rn. 6; Soergel/Lüderitz/Dettmeier, Art. 86, Rn. 5; Honsell/Weber, Art. 86, Rn. 15

221 So Reinhart, Art. 86, Rn. 6; Schlechtriem/Bacher, Art. 86, Rn. 12

222 Enderlein/Maskow/Strohbach, Art. 86, Anm. 7.

die Pflicht zu nehmen, wenn der Verkäufer die Ware nur aus Nachlässigkeit weiterhin ihrem Schicksal überlassen habe[223].

In den oben genannten Fällen ist jeweils die Frage zu beantworten, ob und in welchem Umfang der Käufer verpflichtet ist, Erhaltungsmaßnahmen zu ergreifen.

In den durch Art. 86 (2) gesetzten Grenzen wird der Käufer grundsätzlich verpflichtet sein, sich um die Erhaltung der Ware zu kümmern, wenn es dem Verkäufer nicht möglich war, schnell umzudisponieren, wenn der Verkäufer sich nachlässig verhalten hat oder die Ware dem Käufer vorsätzlich aufbürden wollte. In die Bewertung der Sachlage ist jedoch immer einzubeziehen, wann die Grenze der unzumutbaren Unannehmlichkeit erreicht ist. Dem Käufer darf ein treuwidriges Verhalten des Verkäufers nicht in einer Weise angelastet werden, die einen bleibenden Nachteil erwarten läßt.

4.4.4. Möglichkeit der Inbesitznahme

Der Käufer soll nur dann verpflichtet sein, wenn die Inbesitznahme ohne Zahlung des Kaufpreises möglich ist. Dies wird immer dann unproblematisch sein, wenn dem Käufer ein Zahlungsziel nach Erhalt oder Lieferung der Ware zugestanden wird. Bei einer Vereinbarung, daß die Lieferung Zug um Zug mit der Zahlung des Kaufpreises erfolgen soll, wird Art. 86 (2) nur anzuwenden sein, falls der Verkäufer von der Vereinbarung Abstand nimmt[224] oder der Transporteur entgegen einer vorherigen Absprache die Güter freigibt[225]. Falls die Ware bereits im voraus bezahlt wurde, liegt darin kein Hindernis für die Anwendung des Art. 86.

Zudem dürfen dem Käufer keine unzumutbaren Unannehmlichkeiten entstehen. Dies soll den Käufer vor unangemessenen finanziellen Verpflichtungen, sonstigen tatsächlichen Schäden, aber auch vor einem unzumutbaren zeitlichen Engagement schützen. Eine vorläufige Abnahme wäre dem Käufer auch dann unzumutbar, wenn die Ware aufgrund von Mängeln ihm oder einem Dritten, dem er haften müßte, Schaden zufügen könnte[226]. Zu einer unangemessenen finanziellen

223 Bacher a. a. O.; so schon vCaemmerer/Schlechtriem/Eberstein, 2. A., Art. 86, Rn. 26

224 Oder beim Akkreditivgeschäft, bei der Klausel "Kasse gegen Dokumente", bei Nachnahme

225 Schlechtriem/Bacher, Art. 86, Rn. 14

226 Soergel/Lüderitz/Dettmeier, Art. 86, Rn. 4; Achilles, Art. 86, Rn. 6; Staudinger/Magnus, Art. 86, Rn. 18 mit dem Beispiel, daß unzureichend verpackte giftige Chemikalien nicht abgenommen werden müssen. Ein Beispiel für Haftungsfolgen findet sich in den Hamburger Lagerungsbedingungen, Fassung gültig ab 15.10.1985:

Belastung gehört neben der Zahlung des Kaufpreises auch die Gewährung einer Sicherheitsleistung[227].

Weiter ist fraglich, ob der Käufer die Ware bei zu erwartenden unverhältnismäßigen Kosten in Besitz nehmen muß, um sie anschließend nach Art. 88 (2) zu verkaufen, oder ob er eine Annahme unter diesen Umständen von vornherein verweigern kann. Zu diesem Punkt werden unterschiedliche Ansätze verfolgt. Vertreten wird hier, daß dem Art. 88 (2) grundsätzlich gegenüber Art. 86 (2) Vorrang gebührt, so daß die Ware auch in Erwartung unverhältnismäßiger Kosten entgegenzunehmen ist, um sie umgehend einem Selbsthilfeverkauf zuzuführen. Vorausgesetzt wird bei diesem Ansatz, daß zumindest die Möglichkeit eines Verkaufs bestehen muß[228]. Andere unterscheiden noch genauer zwischen den direkten Kosten der Inbesitznahme und den Folgekosten einer Erhaltung. Entsprechend vertreten sie, daß dem Käufer keine Pflicht zur Inbesitznahme aufzuerlegen ist, wenn bereits die Ersthandlung unzumutbare Kosten verursachen wür-

---

§ 1. 1.: Die Hamburger Lagerungsbedingungen gelten in ihrer jeweils neuesten Fassung für alle Geschäftsbesorgungen des Lagerhalters und/oder Quartiersmannes, die dieser für den Einlagerer oder einen Dritten aufgrund Vertrages oder Gesetzes ausführt.

§ 5. 5.: Von der Lagerung und Bearbeitung sind alle Güter ausgeschlossen, welche wegen ihrer Beschaffenheit bzw. Eigenschaften (Feuergefährlichkeit, Gesundheitsschädlichkeit u. ä.) Nachteile jeglicher Art für das Lager oder andere Lagergüter bewirken können. Eine Lagerung und Bearbeitung solcher Güter ist nur nach ausdrücklicher Vereinbarung mit dem Lagerhalter möglich

§ 9. 1.: Der Einlagerer haftet dem Lagerhalter für alle Schäden, die dadurch entstehen, daß der Einlagerer entgegen § 5 Ziff. 5 dieser Bestimmungen keinen Hinweis auf die Gefährlichkeit der Güter abgegeben hatte, sowie für Schäden durch unrichtige oder unvollständige Bezeichnung der Güter, der Gewichtsangabe oder durch Mängel der Verpackung.

§ 9. 2.: Der Einlagerer haftet dem Lagerhalter für alle Schäden, welche er, seine Mitarbeiter oder Beauftragten beim Betreten des Lagers oder beim Betreten oder Befahren des Lagergrundstückes dem Lagerhalter, anderen Einlagerern oder Grundstückseigentümern zufügen.

§ 11: Ansprüche gegen den Lagerhalter wegen gänzlichen oder teilweisen Verlustes oder Beschädigung sind ausgeschlossen, wenn

1. der Einlagerer oder die von ihm legitimierte Person die Beanstandungen nicht unverzüglich bei der Auslieferung der Güter am Lagerort, bei äußerlich nicht erkennbaren Schäden unverzüglich nach deren Entdeckung, gegenüber dem Lagerhalter schriftlich vorgebracht hat.

§ 19. 1.: Der Lagerhalter ist nicht verpflichtet, die Güter für eigene und fremde Rechnung zu versichern.

227 Schlechtriem/Bacher, Art. 86, Rn. 14

228 Enderlein/Maskow/Strohbach, Art. 86, Anm. 10.3., Art. 88, Anm. 5.

de[229]. Für die Folgehandlung der Erhaltung wird dann zum einen vertreten, daß der Käufer in Erwartung unverhältnismäßiger Kosten einer Pflicht von vornherein enthoben ist[230], während andererseits die Auffassung vertreten wird, daß der Käufer die Ware zwar entgegennehmen muß, diese dann jedoch unmittelbar gemäß Art. 88 (2) verkaufen kann[231]. Meines Erachtens sollte ein Mittelweg beschritten werden: Entsprechend sind sowohl die Kostenintensität der Ersthandlung als auch die Folgekosten von Erhaltungsmaßnahmen zu bewerten; sobald einer dieser Faktoren über ein gewöhnliches Maß hinauswächst, sind die Chancen eines Selbsthilfeverkaufs, der diese Kosten wieder ausgleichen kann, zu bestimmen[232]. Nur auf diese Weise kann dem Käufer die finanzielle Sicherheit gewährt werden, daß er für Maßnahmen, die in erster Linie im finanziellen Interesse des Verkäufers erfolgen, einen Ausgleich erhält. Eine andere Entscheidung würde das finanzielle Risiko nach Art. 86, welches Verkäufer und Käufer gleichmäßig zu tragen haben, sonst einseitig auf den Käufer verschieben.

4.4.5. Lieferung im Streckengeschäft

Bei Lieferungen im Streckengeschäft stellt sich die Frage, ob die Artt. 85 ff. eine solche Schutzwirkung entfalten, daß der die Waren empfangende Dritte verpflichtet ist, Erhaltungspflichten des Käufers nachzukommen oder ob der Käufer selbst aktiv Maßnahmen ergreifen muß[233].

Wenn alle drei Parteien des Streckengeschäftes ihren Sitz in unterschiedlichen Ländern haben und der Käufer der Ware nie näher steht als der Verkäufer, fehlt es zunächst an einer Voraussetzung für die Belastung des Käufers mit Erhaltungspflichten. Dies könnte überwunden werden, indem der Dritte in die Käufersphäre einbezogen wird. Damit würde aber verkannt, daß zwischen Erstkäufer und dem Dritten ein eigenes unabhängiges Vertragsverhältnis besteht und der Dritte nicht als Erfüllungsgehilfe des Erstkäufers angesehen werden darf[234].

---

229 Bianca/Bonell/Barrera Graf, Art. 86, 2.4.5.; Witz/Lorenz, Art. 86, Rn. 12; vCaemmerer/Schlechtriem/Eberstein, 2. A., Art. 86, Rn. 20

230 Bianca/Bonell/Barrera Graf, Art. 88, 2.9.; Achilles, Art. 86, Rn. 6

231 vCaemmerer/Schlechtriem/Eberstein, 2. A., Art. 86, Rn. 20

232 Ähnlich Schlechtriem/Bacher, Art. 86, Rn. 16

233 Enderlein/Maskow/Strohbach, Art. 86, Anm. 7., 10.2.; Honsell/Weber, Art. 86, Rn. 13

234 Dies läßt sich auch aus der Entscheidung des BGH, U v. 12.02.1998 (I ZR5/96), TranspR 1999, 125 ff, ableiten, wonach das CISG ausschließlich die Rechte und Pflichten in dem unmittelbaren Verhältnis von Käufer und Verkäufer regelt, nicht jedoch Drittbeteiligte erfaßt; so auch: Piltz, TranspR-IHR-2-99, S. 15; ders. in

Dementsprechend wird keine Weisungsbefugnis zur Erhaltung der Ware bestehen.

Denkbar ist zwar, daß aufgrund des zwischen Erstkäufer und Drittem geschlossenen Vertrages ebenso Erhaltungspflichten bestehen, die nun den Dritten verpflichten. Dies wäre aber keine Wirkung, die dem Erstvertrag und damit den Artt. 85 ff. entnommen werden könnte.

Obwohl eine physische Nähe zwischen Käufer und Ware nicht besteht, könnte der Käufer aber aufgrund seiner vertraglichen Bindung zu dem Zweitkäufer zu Maßnahmen verpflichtet sein. Hier ist eine Parallele zu Art. 87 (2) denkbar. Demzufolge kann der Käufer als erhaltende Partei einen eigenständigen Lagervertrag abschließen. Ein solcher Vertrag i. S. eines Verwahrungsvertrages zwischen Käufer und Zweitkäufer wäre jedoch von der Zustimmung des Zweitkäufers abhängig. Hat dieser selbst keine entsprechenden Lagerkapazitäten, bestünde ein Ausweg darin, wiederum einen weiteren Lagerhalter am Sitz des Zweitkäufers einzuschalten. Dies führt indes nur zu der weiteren Frage, wer einen Lagervertrag mit dieser Person abschließen soll oder muß, der nicht nur mit Rechten, sondern auch mit Pflichten verbunden ist.

Aus diesen Erwägungen folgt, daß die Grenze des Zumutbaren im Streckengeschäft schnell erreicht ist. Vom Käufer wird häufig nur erwartet werden können, daß er dem Verkäufer mit seinen Verbindungen zur Verfügung steht. Ohne der Ware physisch ‘näher’ zu sein als der Verkäufer, kann von ihm allerdings nicht gefordert werden, sich Risiken, die eigentlich der Verkäufer zu tragen hat, aufzubürden.

4.5. Anwendung der Artt. 85 ff. auf weitere Sachverhalte

4.5.1. Allgemeines

Der Wortlaut der Artikel 85 und 86 erfaßt nur eine begrenzte Anzahl von Tatbeständen. Damit ist der Regelungsgehalt allerdings nicht erschöpft. Nach Enderlein/Maskow/Strohbach[235] versuchten die Tatbestände, die Ausdruck einer allgemeinen Zusammenarbeitspflicht seien, die insofern typischen Situationen möglichst konkret zu erfassen, könnten aber nicht auf alle Einzelheiten eingehen und seien insofern i. S. des genannten Grundanliegens zu interpretieren[236]. Zu-

---

Schütze, Münchener Vertragshandbuch, Band 3, 2. Halbband, 1997, Rn. 77 und 78 zu III.1

235 Vorbemerkungen 1. zu Abschnitt VI – Erhaltung der Ware

236 In diesem Sinne wohl auch Herber/Czerwenka, Vorbemerkungen vor Artikel 85, Rn. 3

dem wird vertreten, daß die Regelungen einen analogiefähigen und damit auf vergleichbare Situationen übertragbaren Grundgedanken enthalten[237].

Ob man nun von einer analogen Anwendung ausgeht oder von einer erweiternden Auslegung, ist hier grundsätzlich unerheblich, da die Übergänge von dieser Auslegung einer Norm zur Analogie fließend sind und in ihrer rechtlichen Wirkung nicht unterschiedlich[238].

Einen über den Wortlaut der Bestimmungen hinausgehenden Regelungsgehalt anzunehmen, entspricht durchaus der Konzeption des CISG. Die Voraussetzung, daß eine Frage vorliegt, die nicht vom Regelungsbereich des CISG, insbesondere nach Artt. 4 und 5, ausgeschlossen ist, womit sonst das vom IPR berufene nationale Recht anwendbar wäre, ist erfüllt. Für den Fall, daß der Anwendungsbereich des CISG betroffen ist, bestimmt Art. 7 (2), daß Fragen, die nicht ausdrücklich darin entschieden sind, in erster Instanz nach den allgemeinen Grundsätzen, die dem CISG zugrunde liegen, entschieden werden sollen[239]. Dies verdeutlicht, daß den Schöpfern des CISG bewußt war, daß kein abschließendes Gesetzeswerk für die Klärung aller Einzelfragen zu schaffen ist.

Ein allgemeiner Grundsatz kann sich dabei aus einer einzelnen Norm ergeben, die ein für das gesamte CISG geltendes Prinzip enthält oder die Regelungsgedanken enthält, die in analogen Situationen Berücksichtigung beanspruchen können. Ebenso kann aus mehreren Normen ein gemeinsamer Grundsatz destilliert werden[240].

Als Beispiel für Normen, die ein Prinzip für das gesamte CISG aufstellen, ist Art. 6 zu nennen, der den grundsätzlichen Vorrang der Parteiautonomie manife-

---

237 Staudinger/Magnus, Vor Artt. 85 ff., Rn. 1, Art. 85, Rn. 19; Achilles, Art. 85, Rn. 1

238 Kropholler, Int. Einh.R., § 20, S. 292

239 In den Beratungen zum CISG war der Wortlaut des Art. 7 (2) umstritten. Teilweise wurde vertreten, daß ein Rückgriff auf allgemeine Grundsätze nur dann angebracht sei, wenn eine Lösung nicht mittels Auslegung einzelner Bestimmungen gefunden werden kann. Die Auslegung sollte dabei auch die Ausweitung des Anwendungsbereichs auf nicht ausdrücklich geregelte Fälle durch Analogie beinhalten. Andere wollten auf allgemeine Grundsätze zurückgreifen, wenn sich keine einschlägige Bestimmung für den Einzelfall findet. Die allgemeinen Grundsätze sollten dann aber wieder aus der analogen Anwendung einzelner Vorschriften gewonnen werden. Siehe hierzu Schlechtriem/Ferrari, Art. 7, Rn. 1ff. m. w. N.

240 Staudinger/Magnus, Art. 7, Rn. 40; Bianca/Bonell/Bonell, Art. 7, Anm. 2.3.2.2.; Schlechtriem/Ferrari, Art. 7, Rn. 53 f.; Enderlein/Maskow/Strohbach, Art. 7, Anm. 9.1.; Hellner, in FS Hjerner, 230 ff.; Herber/Czerwenka, Art. 7, Rn. 11; Honnold, Art. 7, Rn. 99, 101; Karollus, 16 f.; zur Frage, ob Sachkomplexe vom sachlichen Regelungsbereich der Konvention erfaßt werden: Magnus, 53 RabelsZ 1989, S. 116, 120; ausführlich zu dieser Thematik Kropholler, Int. Einh.R., § 20; Ferrari, Ga.J.INT`L & COMP.L. 24 (1994), 183, 198

stiert, oder Art. 7 (1), der das Gebot von Treu und Glauben aufstellt[241]. Ein allgemeiner Grundsatz der generellen Pflicht zum Informationsaustauch soll demgegenüber z. B. den Artt. 19 (2), 21 (2), 26, 39 (1), 48 (2), 68, 71 (3), 72 (2), 79 (4) und 88 (1) entnommen werden können[242].

Der Unterschied der Anwendung von allgemeinen Grundsätzen zu einer Analogie besteht darin, daß bei der Analogie ein Tatbestand nur auf einen analog zu behandelnden Fall ausgeweitet wird, während allgemeine Grundsätze aufgrund ihres Charakters viel umfänglicher Anwendung finden können[243]; doch auch hier sind die Übergänge fließend[244].

---

241 Ob aus 'Treu und Glauben' zusätzliche Pflichten abgeleitet werden können, ist nach wie vor umstritten; für eine Ableitung von Pflichten Kock, S. 30; kritisch dazu Lüderitz in Schlechtriem, Einh. UN-KaufR und nat. ObligationenR., S. 193; Schlechtriem, Einh. UN-KaufR., S. 25; ders., Int. UN-KaufR, S. 30. Honnold will z. B. 'good faith' nicht als allgemeinen Grundsatz für das Verhalten der Parteien gelten lassen, sondern lediglich als Auslegungshilfe für die Interpretation der Vorschriften des CISG, Art. 7, Rn. 94. Allerdings räumt er auch selbst ein, daß eine genaue Unterscheidung bei einem Gesetzeswerk, welches auf die Rechte der Parteien gerichtet ist, nicht möglich ist (in Schlechtriem, Einheitl. KaufR. und nat. ObligationenR., S. 144). Schließlich kommt er mittels der Anwendung allgemeiner Grundsätze, die er aus den Vorschriften des CISG gewinnt, zu denselben Ergebnissen wie die Literatur, die 'Treu und Glauben' auch zwischen den Parteien anwendet. Dies wird nun auch durch den BGH, U. v. 31.10.2001, VIII ZR 60/01, angenommen. Der BGH hatte zu bewerten, ob AGB bei einem internationalen Kauf wirksam einbezogen wurden. Hierzu wurde ausgeführt: "Es widerspräche daher dem Grundsatz des guten Glaubens im internationalen Handel (Art. 7 (1) CISG) sowie der allgemeinen Kooperations- und Informationspflicht der Parteien, dem Vertragspartner eine Erkundigungsobliegenheit hinsichtlich der nicht übersandten Klauselwerke aufzuerlegen und ihm die Risiken und Nachteile nicht bekannter gegnerischer AGB zu überbürden."

242 Honnold, Art. 7, Rn. 100; zweifelnd dagegen Staudinger/Magnus, Art. 7, Rn. 48; für das Bestehen von Informationspflichten spricht sich auch der BGH in dem U. v. 31.10.2001, VIII ZR 60/01 aus; für Informationspflichten bei Art. 73 EKG, Cohn, ICLQ, 23, 1974 S. 520, 527

243 Bianca/Bonell/Bonell, Art. 7, Anm. 2.3.2.2.; so auch Ferrari, S. 223

244 vCaemmerer/Schlechtriem/Herber, 2. A., Art. 7, Rn. 34, mit Verweisen auf Mertens/Rehbinder, Art. 17 EKG, Rn. 17; Loewe, Art. 7, S. 33; Hellner, in FS Hjerner, S. 230 f.

4.5.2. Anwendungsmöglichkeiten

4.5.2.1. Rückabwicklung des Vertrages

Auf die analoge Anwendung des Art. 85 durch Eberstein im Fall der nicht erfolgten Vorauszahlung durch den Käufer wurde bereits hingewiesen[245]. Weiter wird in der Literatur die Erhaltungspflicht auch in Situationen angenommen, in denen der Vertrag aufgehoben ist und die Ware gemäß Art. 81 (2) S. 1 zurückzugeben ist oder der Käufer eine Ersatzlieferung verlangt[246].

M. E. ist eine Analogie nur für den Fall erforderlich, daß der Verkäufer aufheben möchte, während der Käufer die Sache in Besitz hat und diese bis zur Rückgabe erhalten muß. Diese Konstellation ist nicht in Art. 85 vorgesehen.

Indes ist der Fall, daß der Käufer den Vertrag aufhebt und die Ware zurückzugeben ist, ein typischer Anwendungsfall des Art. 86. Zwar sieht Art. 86 Erhaltungspflichten lediglich vor, wenn der Käufer beabsichtigt, ein Zurückweisungsrecht auszuüben, dies ist jedoch dahingehend auszulegen, daß die Erhaltungspflichten erst recht dann bestehen, wenn die Aufhebung wirksam erklärt ist. Allerdings ist einzuräumen, daß eine genaue Abgrenzung von Analogie oder erweiternder Auslegung kaum möglich ist und in diesem Fall auch ohne rechtliche Konsequenz wäre.

4.5.2.2. Aussetzungsrecht des Verkäufers nach Art. 71

Erhaltungspflichten treffen den Verkäufer auch dann, wenn er seine Vertragserfüllung gemäß Art. 71 aussetzt oder den Transport unterbricht[247].

Eine Partei kann die Erfüllung ihrer Pflichten gemäß Art. 71 (1) aussetzen, wenn sich nach Vertragsschluß herausstellt, daß die andere Partei einen wesentlichen Teil ihrer Pflichten nicht erfüllen wird. Nach Absatz (2) kann die verunsicherte Partei sich der Übergabe der Ware auch dann widersetzen, wenn diese bereits abgesandt wurde.

Gründe für die Aussetzung können u. a. schwerwiegende Mängel der Fähigkeit, den Vertrag zu erfüllen oder der Kreditwürdigkeit sein (Abs. (1) a)). Unter

245 Punkt 4.3.3.2.

246 Staudinger/Magnus, Art. 85, Rn. 19; Schlechtriem/Leser/Hornung, Art. 81, Rn. 3; Krebs, S. 129; Sekretariatskommentar, O.R., S. 57, Art. 66, Nr. 6, Doc - Hist., S. 447; Leser in Leser/v.Marschall, S. 6 für das EKG; Petrikic, S. 136, 137; siehe Punkt 4.4.1.

247 Schlechtriem/Huber, Art. 31, Rn. 43 a. E., 45; Hammer, S. 77; Soergel/Lüderitz/Schüßler-Langeheine, Art. 31, Rn. 15, nimmt entsprechende Anwendung der Artt. 85, 87, 88 an

die mangelnde Fähigkeit den Vertrag zu erfüllen, sind nicht nur Ursachen aus dem persönlichen Bereich zu subsumieren, sondern auch generelle Leistungshindernisse wie Streik, Krieg oder Verlust der Produktionsanlagen durch Brand oder andere Naturereignisse[248]. Somit kann eine Gefährdung auch bei einer tadellosen finanziellen Situation gegeben sein.

Das Zurückhalte- oder Anhalterecht steht dem vertragstreuen Teil zu[249]. Während es dabei in der Hauptsache um die Lieferpflicht des Verkäufers und die Zahlungspflicht des Käufers gehen wird, gewährt der Secretariat`s Commentary der aussetzenden Partei zudem eine Befreiung auch von der Pflicht, Vorbereitungen zur Erfüllung zu treffen[250]. Hierunter sind u. a. die Unterbrechung der Produktion der Ware oder der Vorbereitungen zur Eröffnung eines Akkreditives zu verstehen.

Die Aussetzung solcher Erfüllungspflichten beinhaltet aber nicht automatisch die Aussetzung von Obhuts- und Erhaltungspflichten. Zwar ist zu lesen, daß der Vertrag durch die Aussetzung in einen 'Schwebezustand' versetzt werde[251] und daß die Erfüllung 'jeglicher Pflichten' ausgesetzt werden könne[252]. Dies entzieht den Erhaltungspflichten aber nicht ihre Anwendungsgrundlage[253].

Zunächst ist es mißverständlich, von einem 'Schwebezustand des Vertrages' zu sprechen[254]. Allein die Erfüllungshandlungen der aussetzenden Partei sind aufgeschoben. Die Erfüllungspflichten – und damit die einzuhaltenden Termine für die von der Gegenpartei geschuldeten Leistungen – bleiben wie vorgesehen

---

248 Sekretariatskommentar, Art. 62, Nr. 4; Schlechtriem/Leser/Hornung, Art. 71, Rn. 10; Bianca/Bonell/Bennett, Art. 71, Anm. 2.6.; Schlechtriem, JZ 1988, 1037, 1046; Cohn, 23 Int. and Comp.L.Q.(1974), 520 ff., 522

249 Schlechtriem/Leser/Hornung, Art. 71, Rn. 22; das Recht nach Art. 71 wird mit einer Vielzahl von Begriffen belegt. Hierunter fallen Zurückhaltungsrecht, Zurückhalterecht, Anhalterecht und für das Recht nach Absatz (2) Retentionsrecht, Aussetzungsrecht, Stoppungsrecht, Unsicherheiteneinrede, Verschlechterungseinrede. Hinsichtlich der Rechtsfolgen werden aus den Begrifflichkeiten jedoch keine Unterschiede abgeleitet

250 O.R., S. 52, Nr. 8; Honnold, Art. 71, Anm. 386; Schlechtriem, Lausanner Kolloquium, S. 154 f.; ders. JZ 1988, 1046; Strub, S. 495; Fischer, S. 213; Schott, S. 100; Scheifele, S. 165; Jan, S. 171; zum EKG: Dölle/Huber, Art. 73, Rn. 3; Cohn, ICLQ 23 (1974), S. 527

251 Schlechtriem/Leser/Hornung, Art. 71, Rn. 7, 23, 31; so auch: Piltz, § 4, Rn. 257; Jan, S. 173, 175; für das EKG, Dölle/Huber, Art. 73, Rn. 18

252 Enderlein/Maskow/Strohbach, Art. 71, Anm. 1.

253 Jan, S. 177; vCaemmerer/Schlechtriem/Huber, 2. A., Art. 31, Rn. 45; Soergel/Lüderitz/Schüßler-Langeheine, Art. 31, Rn. 15, befürwortet eine entsprechende Anwendung der Artt. 85, 87, 88

254 Honsell/Schnyder/Straub, Art. 71, Rn. 68

erhalten. Wenn der Vertrag terminlich der Aussetzung anzupassen ist[255], heißt dies nicht, daß sich vertraglich festgelegte Pflichten der anderen Partei zwangsläufig mit verschieben. Somit müssen lediglich die Erfüllungspflichten der aussetzenden Partei nach Wegfall der Störung wieder erstarken[256].

Die verunsicherte Partei ist zudem nicht von der Erfüllung 'jeglicher Pflichten' entbunden. Lediglich die zum Zwecke der Erfüllung vorzunehmenden Leistungshandlungen sowie zusätzlich die dazu erforderlichen Vorbereitungsarbeiten dürfen ausgesetzt werden, nicht hingegen auch hier interessierende Obhuts- und Erhaltungspflichten.

Kein Gegenargument ist darin zu sehen, daß im Secretariat's Commentary zu lesen ist, daß die Partei nicht verpflichtet sei, zusätzliche Kosten auf sich zu nehmen, von denen man vernünftigerweise annehmen müsse, daß sie niemals ersetzt würden[257]. Diese Aussage bezieht sich lediglich auf die Kosten möglicher Vorbereitungshandlungen zur Durchführung des Vertrages und nicht auf die Kosten von Erhaltungsmaßnahmen[258].

Der Fortbestand von Obhuts- und Erhaltungspflichten ist auch nach Aussetzung sonstiger Pflichten notwendig, um unerwünschte Folgewirkungen zu vermeiden.

Wenn der Verkäufer die Erfüllung aussetzt, anschließend der Käufer eine ausreichende Gewähr seiner Erfüllung gibt, woraufhin der Verkäufer leistet, ist er zwar nicht für eventuelle Verzögerungsschäden verantwortlich, so die Aussetzung gerechtfertigt war[259], allerdings hat er nach wie vor gemäß Art. 35 CISG Ware zu liefern, die in Menge, Qualität und Art sowie hinsichtlich Verpackung oder Behältnis den Anforderungen des Vertrages entspricht. Dies setzt jedoch voraus, daß er sicherstellt, daß die Ware in einem entsprechenden Zustand erhalten wird.

Selbst wenn der Verkäufer Nichterfüllung auf der Gegenseite erwarten würde, müßte er aufgrund von Art. 77 angemessene Maßnahmen ergreifen. Die Obliegenheit zur Schadensminderung besteht nicht nur, wenn ein Schaden bereits ein-

---

255 Schlechtriem/Leser/Hornung, Art. 71, Rn. 22-24

256 Schlechtriem/Leser/Hornung, Art. 71, Rn. 36; auch Staudinger/Magnus stellt in Art. 71, Rn. 51 fest, daß mit der Stellung der Sicherheit die ausgesetzten Pflichten des Gläubigers wieder in Kraft gesetzt werden

257 Secretariat's Commentary, O.R., S. 52, Nr. 8

258 Die Vorbereitungshandlungen und damit die Ursache für Kosten sollen aufgeschoben werden können, bis die Störung beseitigt ist. Damit wird sich auch das Termingefüge verändern. Die Leistungshandlung des Schuldners wird sich aufgrund der nachzuholenden Vorbereitungshandlungen verschieben

259 Vgl. Beispiel von Schlechtriem, Int. UN-KaufR., Rn. 264

getreten ist. Auch bei einem drohenden Schaden, wie etwa einer zu befürchtenden Gewinneinbuße, sind angemessene Maßnahmen zu ergreifen[260].

Fraglich ist aber, ob bei einem solchen Szenario die Artt. 85 ff. Anwendung finden können, da für den Verkäufer selbständige Erhaltungspflichten grundsätzlich bis zum Verzug des Käufers nicht bestehen[261]. Das Eintreten eines Abnahmeverzuges kommt hier nicht in Betracht, da der Verkäufer die Ware zurückhält.

Zudem ist es nicht möglich, darauf zu warten, daß der Käufer seinen Pflichten zur Kaufpreiszahlung zu einem vertraglich vereinbarten Termin nicht nachkommt, und erst ab diesem Zeitpunkt Erhaltungspflichten anzunehmen[262]. Es ist denkbar, daß kein fester Termin für die Kaufpreiszahlung vereinbart wurde, sondern diese nach Vorleistung des Verkäufers erfolgen sollte. Falls der Verkäufer seine Pflichten suspendiert, liegt folglich in einer Nichtzahlung des Kaufpreises keine Vertragsverletzung. Somit würde tatsächlich ein 'Schwebezustand' entstehen. Erst wenn der Käufer trotz Verlangen des Verkäufers keine Sicherheiten beibringen würde, könnten eventuell die Voraussetzungen für einen 'antizipierten Vertragsbruch' vorliegen. Denn regelmäßig wird die fehlende Gewährung einer Sicherheit den Schluß zulassen, daß eine wesentliche Vertragsverletzung begangen werden wird, was die Vertragsaufhebung ermöglicht[263]. Bis zu diesem Zeitpunkt werden jedoch die Voraussetzungen für eine Vertragsaufhebung fehlen, die den Verkäufer, abgesehen von der Obliegenheit des Art. 77, von einer Sorgetragung um die Ware entbinden könnte[264].

---

260 Enderlein/Maskow/Strohbach, Art. 77, Anm. 2.; Herber/Czerwenka, Art. 77, Rn. 4; Staudinger/Magnus, Art. 77, Rn. 8; Soergel/Lüderitz, 12. A. 1991, Art. 77, Rn. 2; Honsell/Magnus, Art. 77, Rn. 5; Schlechtriem/Stoll, Art. 77, Rn. 6

261 Staudinger/Magnus, Art. 85, Rn. 7, der das Beispiel gibt, daß der Verkäufer für Rostschutz zu sorgen hat, ohne die dafür nötigen Mittel ersetzt zu bekommen

262 In der gerechtfertigten Erfüllungsaussetzung liegt keine Vertragsverletzung, so daß der Käufer seiner Zahlungspflicht nachkommen muß, Schlechtriem/Leser/Hornung, Art. 71, Rn. 22; Staudinger/Magnus, Art. 71, Rn. 31; mit Zahlung des Kaufpreises wäre der Schuldner, der die eigene Vorleistung ausgesetzt hatte, nach allgemeinen Grundsätzen zur Erfüllung Zug um Zug gemäß Art. 58 verpflichtet, Staudinger/Magnus, Art. 71, Rn. 33, 35; Herber/Czerwenka, Art. 71, Rn. 11

263 Honnold, Art. 71, Rn. 394; Karollus, S. 89; anders Schlechtriem, Lausanner Kolloquium, S. 149, 156, Fn. 15; Ziegel, in Galston/Smit, Kapitel 9; vgl. dazu auch Fischer, S. 218, Fn. 78; Bianca/Bonell/Bennett, Art. 71, Anm. 3.7.; Strub, S. 497, 498, will Art. 72 dahingehend ergänzen, daß das Ausbleiben einer ausreichenden Gewähr innerhalb einer angemessenen Zeitspanne, die 30 Tage nicht überschreiten darf, zu einem Aufhebungsrecht führt

264 So wurde im EKG in dem Hervorrufen einer Unsicherheit bei dem Verkäufer eine 'antizipierte' Vertragsverletzung durch Gefährdung der Vertragserfüllung und entsprechend eine Gefährdung des Vertragszwecks gesehen. Damit wurde ein Gefahrübergang gemäß Art. 98 EKG zu dem Zeitpunkt begründet, zu dem die Sache

Zudem könnte ein Streit zwischen den Parteien, ob die Zusicherung der Erfüllung durch den Käufer als Sicherheit ausreicht, dazu führen, daß ein Gericht diese Frage entscheiden muß[265]. Diese Entscheidung kann, auch wenn sie als Eilentscheidung gefällt wird, einige Zeit beanspruchen.

Schließlich kann es sein, daß eine Lieferung der Güter aufgrund äußerer Umstände nicht möglich ist, die der Käufer nicht zu vertreten hat. Damit darf nicht auf eine Vertragsverletzung durch den Käufer abgestellt werden, um Erhaltungspflichten zu begründen. Vielmehr sind dann angemessene Maßnahmen zu ergreifen, wenn die ordnungsgemäße Erfüllung des Vertrages wegen einer Störung nicht gewährleistet werden kann, gleichgültig ob diese aus der Sphäre des Käufers stammt oder auf anderen äußeren Umständen beruht.

Wenn der Verkäufer bei verderblicher Ware weiß, daß ein längerer Aufschub des Transports nicht möglich ist, da die Güter dann nicht mehr brauchbar wären und in angemessener Zeit keine Gewähr seitens des Käufers zu erlangen ist, wird nur noch ein Selbsthilfeverkauf nach Art. 88 in Betracht kommen.

Bei unempfindlicher Ware liegt es nahe, eine Einlagerungspflicht anzunehmen. Während der Verkäufer wiederum für die Lagerung bis zu dem ursprünglich geplanten Warenübergang grundsätzlich Sorge und Kosten zu tragen hat, wird ihm dies über diesen Zeitpunkt hinaus nicht zumutbar sein. Zwar ist er weiter obhutspflichtig; es muß ihm allerdings ein Aufwendungsersatz, wie ihn die Artt. 85 S. 2 und 86 (1) S. 2 vorsehen, zustehen.

Auch können im Einzelfall Verwendungen auf die Ware notwendig sein, um ihre Handelsfähigkeit zu erhalten. So kann während der Aussetzungszeit eine chemische Behandlung der Güter erforderlich werden, damit diese entweder bei Beendigung der Störung durch Erfüllung oder Sicherheitsleistung der Gegenseite an diese geliefert werden können oder bei einer möglichen Aufhebung des Vertrages im Wege des Deckungsverkaufes überhaupt noch einen anderen Kaufinteressenten finden.

---

dem Vertrag nach spätestens hätte ausgehändigt werden müssen. Dölle/Huber, Art. 73, Rn. 2, 14: Da die Grundlage des Retentionsrechts eine Vertragsverletzung der Gegenpartei ist, geht die Gefahr zu dem Zeitpunkt über, zu dem normalerweise die Sache spätestens hätte ausgehändigt werden müssen. Voraussetzung ist, daß entweder eine Speziessache verkauft ist oder daß der Verkäufer aus der Gattung eine geeignete Sache ausgesondert und dies dem Käufer angezeigt hat. Geht danach die Sache beim Verkäufer durch Zufall unter, so bleibt der Käufer gleichwohl zur Kaufpreiszahlung verpflichtet (Art. 96); dazu Schlechtriem/Hager, Art. 69, Rn. 9; Fischer, S. 213

265 Bianca/Bonell/Bennett, Art. 71, Anm. 3.3.

4.5.2.3. Aussetzungsrecht des Käufers

Art. 71 kann auch für den Käufer eine Bedeutung erlangen, so daß eine Anwendung des Art. 86 in Betracht kommt. So ist denkbar, daß der Käufer gemäß Art. 71 eine Teillieferung zurückweisen darf, weil die Erfüllung der übrigen Lieferverpflichtung infolge Vermögensverfalls des Verkäufers unsicher geworden ist[266]. Der Käufer könnte sich z. B. weigern, eine vereinbarte Teillieferung für eine Maschine von einem Unternehmen zu übernehmen, für welches ein Insolvenzantrag gestellt wurde, bevor er die Sicherheit dafür hat, daß auch der Rest noch geliefert wird[267]. Der Käufer, der sich möglicherweise in einer besseren Lage zum Schutz der Güter befindet, wird danach nicht umhin können, die Ware zum Zwecke der Erhaltung in Besitz zu nehmen. Diese Situation ähnelt der, die ihn zwingt, die Ware zu erhalten, obwohl er sie als nicht vertragsgemäß zurückzuweisen beabsichtigt. Auch hier liegt in der Übernahme keine Abnahme nach Art. 60, allerdings sollte der Käufer seine Absicht und sein Verhalten der anderen Partei deutlich machen, damit es zu keinen Mißverständnissen kommt.

4.5.2.4. Erhaltungspflichten bei Verpackungsmaterial

Art. 35 (2) d) bestimmt, daß die Ware, falls die Parteien nichts anderes vereinbart haben, dem Vertrag nur dann entspricht, wenn sie in der für Ware dieser Art üblichen Weise oder, falls es eine solche Weise nicht gibt, in einer für die Erhaltung und den Schutz der Ware angemessenen Weise verpackt ist[268]. Diese Pflicht dient dazu, die Ware insbesondere auf dem Transport vor Beschädigungen zu bewahren. Sie gilt aber auch dann, wenn die Ware dem Käufer gemäß Art. 31 b) und c) zur Verfügung gestellt wird, um das Verladen und den Transport zu erleichtern[269].

Im Einzelfall kann neben der Sicherung der Waren allerdings auch das Verpackungsmaterial selbst von Interesse sein. Dies ist grundsätzlich nicht relevant, wenn die Verpackung gewöhnlicherweise nur für eine Reise gedacht ist. So wird Verpackungsmaterial wie Karton oder Holz in der Regel nicht an den Verkäufer zurückgeschickt.

---

266 Schlechtriem/Bacher, Art. 86, Rn. 5; Enderlein/Maskow/Strohbach, Art. 86, Anm. 3.1.

267 Beispiel bei Enderlein/Maskow/Strohbach, a. a. O.

268 Dazu Schlechtriem/Schwenzer, Art. 35, Rn. 11, 28 ff., /Huber, Art. 31, Rn. 37; vgl. für das deutsche Recht Soergel/Huber, § 447, Rn. 43 ff., § 459, Rn. 57; für das amerikanische Recht, s. 2-314 (2) (e)

269 Bianca/Bonell/Bianca, Art. 35, Anm. 2.7.1.; Enderlein/Maskow/Strohbach, Art. 35, Anm. 17.; Staudinger/Magnus, Art. 35, Rn. 42

Anderes gilt möglicherweise dann, wenn die Verpackung als Behältnis selbständig wiederverwertbar ist. Als wiederverwertbare Verpackung gelten u. a. Container und Fässer. Denkbar ist, daß der Verkäufer eine Verpackung nicht übereignet, sondern sie in seinem Eigentum verbleibt und ihm zurückgegeben werden soll. Dann muß der Käufer, der die Waren derart verpackt erhält, aber auch verpflichtet sein, mit der Verpackung sorgsam umzugehen. Dies wird in der Regel vertraglich vereinbart sein, folgt aber auch aus den Artt. 85 ff[270]. Dasselbe hat natürlich ebenfalls für den Fall zu gelten, daß der Käufer Ware an den Verkäufer zurückgesendet hat und hierzu eigenes erhaltenswertes Verpackungsmaterial benutzt hat.

4.5.2.5. Grundlagen der Artt. 85 ff. als Begründung allgemeiner Grundsätze

Die in den Artt. 85 ff. enthaltenen Grundaussagen dienen auch zur Begründung von allgemeinen Grundsätzen, die als Verhaltensmuster für das gesamte CISG gelten.

Allerdings besteht die Befürchtung, daß mit der Anwendung eines Nebenpflichtenprogramms, wie es z. B. in Deutschland gilt, das gesamte Leistungsstörungsrecht des CISG aus den Angeln gehoben werden könnte[271]. Das Herausbilden eines ergänzenden Pflichtennetzes wird aber nur dann eine Gefahr für die einheitliche Rechtsanwendung darstellen, wenn es nicht im Rahmen des CISG erfolgt, sondern die Pflichten in ihrer Entstehung und in ihren Rechtsfolgen nationalen Rechten unterstellt werden. Daher ist es erstrebenswert, aus einzelnen Ansatzpunkten im CISG ein systemimmanentes ergänzendes Pflichtennetz für typische Vertragspflichten zu schaffen. Wenn im CISG auf eine praxisnahe Formulierung geachtet wurde und einige Zusatzpflichten bereits eine Regelung erfahren haben, reicht dies nicht aus[272]. Erst durch die Schaffung eines konkretisierenden Pflichtennetzes wird der Boden für die Anwendbarkeit des kodifizierten Leistungsstörungsrechts bereitet.

---

270 So auch Staudinger/Magnus, Art. 35, Rn. 45

271 Wiegand, Berner Tage, S. 150; zu den Änderungen durch das Gesetz zur Modernisierung des Schuldrechts vergleiche Fn. 3 sowie BT-Drs. 14/6040, S. 125 f., 161 ff.

272 Leser, in Einh. KaufR. und nat. Obl.R, S. 254, die Entwicklung soll sich dabei von den Maßstäben des Art. 7 II leiten lassen; zum EKG Riese RabelsZ 29 (1965) 1, 66, danach enthalte Art. 54 EKG nur Beispiele, denen der allgemeine Gedanke einer Verpflichtung beider Parteien zur loyalen Zusammenarbeit zugrunde liege. Im Text des einheitlichen Kaufgesetzes sei dies aber nicht ausdrücklich klargestellt worden; immerhin ergebe es sich aus dem Geist des Gesetzes; Mertens/Rehbinder, Art. 54, Rn. 13: Auskunft ist zu erteilen, wenn dies nach Treu und Glauben unter Hinblick auf die Grundsätze eines reellen Geschäftsverkehrs erwartet werden durfte

Nicht überschritten werden dürfen allerdings Grenzen zu Bereichen, die ausdrücklich vom Regelungsbereich des CISG ausgeschlossen sind. Entsprechend diesen Überlegungen werden in der Literatur folgende Verhaltensmuster diskutiert.

4.5.2.5.1. Kooperationspflicht

Aus den Artikeln 7, 32 (2), 34, 37, 48, 77, 85 und 86 soll eine allgemeine Kooperationspflicht folgen[273]. Diese gilt insbesondere bei Vertragsstörungen mit dem Ziel, die Auswirkungen dieser Störungen auch für die Partei, die sie verursacht hat oder bei der sie aufgetreten sind, so gering wie möglich zu halten[274].

Einer Kooperationspflicht würde ein Vertragspartner z. B. nachkommen, wenn er für weitere Rechtsgüter des anderen sorgt, weil er 'näher daran' ist und dies entsprechend dem Grundgedanken der Artt. 85 ff. aufgrund des Vertragsverhältnisses von ihm erwartet werden kann[275]. Beispielhaft ist folgender Fall: Der Verkäufer hat eine Maschinenanlage für den Käufer zu liefern und zu errichten, während der Käufer am Errichtungsort nicht vertreten ist. Falls der Käufer dort aber eigenes Material für den Bau der Anlage zur Verfügung stellt, soll der Verkäufer wie nach Art. 85 zur Lagerung und Aufbewahrung des Materials verpflichtet sein[276].

Der Verkäufer kann auch im Fall eines Kriegsausbruchs verpflichtet sein, sich im Sinne des Käufers um die Waren zu kümmern[277]. Falls der Käufer den Vertrag nicht ordnungsgemäß erfüllen kann, da ihm aufgrund des Kriegsausbruchs die Hände gebunden sind, ist der Verkäufer verpflichtet, in zumutbarer Weise einzugreifen. Er kann sich mit Spediteuren, Frachtführern und Banken auseinan-

---

273 Siehe hierzu BGH U. v. 31.10.2001, VIII ZR 60/01; Staudinger/Magnus, Art. 7, Rn. 47; Enderlein/Maskow/Strohbach, Art. 7, Anm. 9.1.; Honnold Kommentar, Art. 54, Rn. 323, Fn. 1, Rn. 342, Fn. 1; Audit, 51; Bianca/Bonell/Bonell, Art. 7, Bem. 2.3.2.2.; Honnold, in Einh. KaufR. und nat. Obl. R., S. 139; Karollus, S. 16, Fn. 88; Soergel/Lüderitz/Fenge, Art. 7, Rn. 10, Art. 30, Rn. 3; Heuzé, Nr. 95; Ferrari, JZ 1998, S. 12; Najork, S. 63 ff., danach kann Kooperationspflicht lediglich aus Art. 60 a und eingeschränkt aus Art. 32 (3) hergeleitet werden; Tallon, in Galston/Smit, 7.02.; Vilus, Dubrovnik lectures, S. 250; Lüderitz, in Einh. KaufR. und nat. Obl. R., S. 194, leitet eine Kooperationspflicht in Ansätzen aus Artt. 54 (1), (2) EKG und 32 (2), (3) CISG ab, da sich die Vorschriften durch eine Fremdnützigkeit auszeichneten

274 Bianca/Bonell/Barrera Graf, a. a. O.; vgl. auch Honsell, Vorbem. Art. 85-88, Rn. 2

275 Staudinger/Magnus, Art. 85, Rn. 19; so auch Hofstetter, SJZ 1991, S. 171, 175 f.

276 Beispiel aus Magnus, a. a. O.

277 Hofstetter, SJZ 1991, S. 171 ff., zu Pflichten von Schweizer Exporteuren während der Besetzung Kuwaits

dersetzen, um eine Lösung eventuell in Form einer zeitweiligen Einlagerung oder eines Not- oder Selbsthilfeverkaufs zu finden.

Damit bekommt die Kooperationspflicht eine weitere Facette: Es wird nicht nur die Zusammenarbeit zwischen den Vertragspartnern gefordert, sondern auch die Zusammenarbeit zwischen einer Partei und beteiligten Dritten zugunsten der anderen Partei.

4.5.2.5.2. Schutzpflicht

Weiter wird teilweise eine allgemeine vertragliche Schutzpflicht, die Rechtsgüter des Vertragspartners bei der Vertragserfüllung nicht zu verletzen, zu den allgemeinen Grundsätzen des CISG gezählt[278].

Als Grundlagen für dieses Prinzip, die Rechtsgüter des anderen nicht zu schädigen, werden die Artikel 45 (1) a) i. V. m. 74 ff. sowie die Artt. 85-88 angegeben. Letztere belegten, daß über die eigentliche Lieferpflicht hinausgehende Schutzpflichten zwischen den Parteien bestünden[279].

Während allgemein anerkannt ist, daß solche Pflichten zwischen den Vertragspartnern bestehen, ist allerdings nicht unumstritten, inwieweit ihre Verletzung vom CISG oder nationalen Rechtsordnungen erfaßt wird. Das CISG läßt ausdrückliche Regelungen bezüglich der pFV oder der culpa in contrahendo vermissen[280].

Zum einen besteht die Auffassung, daß Ansprüche aus pFV neben dem CISG nicht geltend gemacht werden könnten, da letzteres Ansprüche aus jedweder Vertragsverletzung selbst regele[281]. Andererseits soll dies nur gelten, wenn sich die Rechtsbehelfe auf die eigentlichen Verkäuferpflichten, insbesondere auf die Qualität und auf die Freiheit von Rechtsmängeln beziehen; ansonsten könnten Rechtsbehelfe des nationalen Rechts in Betracht kommen[282].

Umstritten ist in diesem Zusammenhang auch der Regelungsgehalt des Art. 5. Dieser besagt, daß das CISG keine Anwendung auf die Haftung des Verkäufers

---

278 Magnus, ZEuP, 1993, S. 95; vCaemmerer/Schlechtriem/Herber, 2. A., Art. 5, Rn. 5; a. A. Schlechtriem, in Lausanne, S. 163, Fn. 30; zweifelnd Rummel, in Hoyer/ Posch, S. 180 f.

279 Magnus, a. a. O.

280 Ein Antrag der damaligen DDR, die culpa in contrahendo einzubeziehen, wurde abgelehnt, O.R. S. 294 f., Nr. 77 ff.; diese Institute werden durch das Gesetz zur Modernisierung des Schuldrechts für das deutsche Recht kodifiziert, ohne eine Regelung in allen Einzelheiten anzustreben; siehe hierzu bereits Fn. 3, 87; der Schadenersatz wegen Mangelfolgeschäden wird sich nach den §§ 437 Nr. 3, 280 (1) BGB n. F. richten

281 Staudinger/Magnus, Art. 4, Rn. 41

282 vCaemmerer/Schlechtriem/Herber, 2. A., Art. 4, Rn. 23

für den durch die Ware verursachten Tod oder die Körperverletzung einer Person findet. Vertreten wird, daß sich Art. 5 auf alle Personenschäden bezieht. Folglich müßte die Anwendung nationalen Vertrags- und Deliktsrechts bejaht werden, um den Vertragspartnern nicht ihren Schutz zu entziehen[283]. Unter Verweis auf die oben genannte Paragraphenkette, der die Existenz von Schutzpflichten im CISG entnommen werden kann, und auf die Entstehungsgeschichte führt Magnus aus, daß Art. 5 nur durch die Ware selbst verursachte Personenschäden ausschlie-ße[284]. Allein dafür gelte nationales Vertrags- und Deliktsrecht.

Stoll ist demgegenüber der Ansicht, daß vertragliche Schutzpflichten zwar ausdrücklicher oder stillschweigender Vertragsinhalt sein könnten, aber dem CISG nicht allein aufgrund des durch die Vertragsbeziehung hergestellten Kontakts der Parteien, den Geboten von Treu und Glauben folgend entnommen werden dürften[285]. Dies gelte auch für Sachschäden. Die in der deutschen Rechtsprechung angenommenen Schutzpflichten würden meist gar nicht dem Vertrag entspringen, sondern dem sozialen Kontakt der Parteien und seien insoweit außervertraglicher Natur. Dieses System sollte nicht auf das Einheitliche Kaufrecht übertragen werden[286].

Eine differenziertere Sichtweise hat Huber[287]. Er schließt zunächst Schutzpflichten in bezug auf Gesundheit und Leben der anderen Partei oder Dritter gemäß Art. 5 aus. Die Verletzung sonstiger Schutzpflichten, die als Eigentümlichkeiten des deutschen Rechts nicht einfach ins CISG transferiert werden dürfen, sieht er trotzdem als mitgeregelt an. So soll Art. 45 (1) b) anwendbar sein, wenn die gelieferte Ware infolge ihrer mangelhaften Beschaffenheit oder aufgrund mangelnder Instruktionen Sachschäden beim Käufer anrichtet; weiter sei eine Beschädigung von Sachen des Käufers durch unsachgemäßes Verhalten bei der Lieferung als Verletzung der Pflicht zur vertragsgemäßen Durchführung der Lieferung anzusehen. Danach bedürfe es keiner Konstruktion einer zusätzlichen Schutzpflicht.

Ich schließe mich der Auffassung Magnus` an. Zum einen kann man sich dem Argument nicht verschließen, daß einige Artikel des CISG auf Sorgfalts- oder Schutzpflichten abzielen. Dementsprechend sind solcherlei Pflichten dem CISG nicht wesensfremd, sondern systemimmanent. Weiter werden die Parteien bei der Durchführung des Kaufvertrages im Regelfall mit dem Bereich des Vertragspartners in Berührung kommen. Ein so komplexer Lebenssachverhalt kann nicht auf

283 Staudinger/Magnus, Art. 5, Rn. 10; Magnus, ZEuP, 1993, 95

284 In Staudinger/Magnus, Art. 5, Rn. 6

285 In Schlechtriem, Kommentar zum Einheitlichen UN-Kaufrecht, Art. 74, Rn. 9

286 Stoll in Einh. KaufR. und nat. Obl. R., S. 259; ders. in Schlechtriem, Kommentar zum Einheitlichen UN-Kaufrecht, Art. 74, Rn. 9; Karollus, S. 206

287 In vCaemmerer/Schlechtriem, 1. A., Art. 30, Rn. 25; 2. A., Art. 45, Rn. 3

den reinen Austausch der Güter beschränkt werden. Aus diesem Grunde muß das CISG, um einen homogenen Bereich wirkungsvoll regeln zu können, auch Aspekte abdecken, die untrennbar mit dem Warenübergang verbunden sind.

4.5.2.5.3. Einstandspflicht

Leser befürwortet eine weitere ergänzende Pflichtenlage für den Fall, daß sich die Ware nach Erklärung der Aufhebung des Vertrages oder nach einem Ersatzlieferungsverlangen verschlechtert, bevor sie zurückgegeben werden kann[288]. Zu der Berechtigung des Käufers, die Aufhebung zu erklären, trete eine im Übereinkommen nicht ausdrücklich geregelte Einstandspflicht für die erhaltene Sache hinzu, die das Rückforderungsrecht nach Art. 81 (2) ergänze. Dabei müsse gemäß 2) c) ein erhöhter Pflichtenmaßstab gelten. Diese verschuldensunabhängige Einstandspflicht führe in allen Fällen der Verschlechterung oder des Verlustes der Sache – unter Berücksichtigung der Gefahrverteilungsregel des Art. 82 (2) a) – zu einem Ersatzanspruch, der dem Schadenersatzanspruch entspreche[289]. Die Artt. 85 ff. füllten die bestehende Lücke dabei nur zum Teil[290].

M. E. ist Leser weitgehend zu folgen. Allerdings sehe ich die Einstandspflicht in Art. 86 geregelt[291]. In den Artt. 85 ff. werden die Einstandspflichten von den Parteien eingefordert, in deren Besitz sich die Güter befinden. So sieht Art. 86 für den Käufer bereits von dem Zeitpunkt ab eine Erhaltungspflicht vor, zu dem er die Ausübung eines Zurückweisungsrechts beabsichtigt.

Falls die Güter später Schaden nehmen, ist zu überprüfen, ob dieser dem vorhergehenden vertragswidrigen Verhalten des Verkäufers zuzuordnen ist oder ob von der zum Erhalt verpflichteten Partei keine angemessenen Maßnahmen ergriffen wurden und die Ware daher aufgrund von Unterlassungen oder Handlungen

---

288 Leser in Einh. KaufR. und nat. Obl. R., S. 253 f., in Schlechtriem, Kommentar zum Einheitlichen UN-Kaufrecht, Art. 82, Rn. 13, siehe dazu schon unter Punkt 4.4.2.

289 Auch für Karollus, S. 149, insbes. Fn. 63, der eine Haftung des Käufers im Rahmen des Art. 84 (2) b) oder nach schadenersatzrechtlichen Grundsätzen annimmt, gründet sich die Schadenersatzpflicht darauf, daß das Entstehen der Rückgabepflicht spätestens mit Abgabe der Aufhebungserklärung absehbar ist und daher für den Käufer eine spezifische Erhaltungspflicht bezüglich der Ware entsteht

290 Dazu auch Leser in 'Das Haager Einheitliche Kaufgesetz und das Deutsche Schuldrecht', S. 17 zu Art. 79 (2) d EKG. Danach sei die Haftung des Käufers für "Verhalten" äquivalent für die allein bei ihm liegende Möglichkeit einer Beeinflussung der Sache und ihrer sicheren Aufbewahrung

291 So auch Krebs, S. 130

dieser Partei beschädigt wurde. In diesem Zusammenhang ist Art. 82 (2) a) als Korrektiv zu gebrauchen[292].

Wenn Leser in diesem Zusammenhang ein erhöhtes Maß an Sorgfalt verlangt, wird dies auch von den Ansprüchen der Artt. 85 ff. gedeckt, die eine der Situation angemessene Sorgfalt verlangen.

Ob man nun aber wie Leser eine besondere Einstandspflicht annimmt, aus deren Verletzung ein Schadenersatzanspruch entstehen kann, oder direkt einen Schadenersatzanspruch aus der Verletzung der Artt. 85 ff. ableitet, ist nicht entscheidend.

Eine vergleichbare Diskussion wird für den Fall geführt, daß der vertragstreue Verkäufer den Vertrag aufhebt, während der Käufer die Ware bereits in Besitz genommen hat. Hierfür ist im CISG keine Regelung vorgesehen. Eine Rückabwicklung in der Form, daß die Ware, die bereits an den Käufer geliefert wurde, vom Verkäufer zurückverlangt wird, wird auch nur selten vorkommen. Für den doch eintretenden Einzelfall findet sich außer in Art. 81 (1) keine weitere Regelung. Wie aber sind Veränderungen der Ware, die in der Sphäre des Käufers eintreten, zu beurteilen?

Eine analoge Anwendung der käuferfreundlichen Regelung des Art. 82 (2) erscheint bei einer Vertragsverletzung durch den Käufer nicht angemessen[293]. Leser vertritt hier, daß es für die Sache und deren Schicksal einer Einstandspflicht bedarf, die sich hinsichtlich Gefahrverteilung und Haftung systemimmanent am Lieferungsanspruch des Käufers im Übereinkommen vorsichtig anlehnen könnte[294]. Notwendig sei, ausgehend von Art. 81 (2) i. S. d. Art. 7 (2), eine allgemeine Haftung des Käufers für die empfangene Ware anzunehmen. Den Artt. 85 ff. will er diesbezüglich lediglich allgemeine Hinweise entnehmen[295]. Der Käufer müsse hier streng haften. Daher könne man in Art. 82 (2) allenfalls umgekehrt eine Haftungsnorm sehen, wonach nur die Haftung für höhere Gewalt ausgeklammert sei[296].

Da die Artt. 85 ff. vom Wortlaut her nur die Fälle erfassen, bei denen die vertragstreue Partei die Waren zu erhalten hat, bleiben sie eine Antwort schuldig, wie weit die Haftung einer vertragsbrüchigen Partei reichen soll, die sich um die Ware zu kümmern hat. Damit ist der Verweis auf die Ergreifung angemessener Maßnahmen in diesem Fall tatsächlich nur von begrenztem Nutzen.

---

292 So wohl auch Staudinger/Magnus, Art. 82, Rn. 15, 20, 21; bezüglich der Risikoverteilung vgl. Leser, S. 253

293 Weber, S. 186, 187; Schlechtriem/Leser/Hornung, Art. 82, Rn. 15

294 A. a. O; so auch Schlechtriem in Einheitl. UN-KaufR., S. 103

295 Leser, in Schlechtriem, Fachtagung, S. 254; so auch Weber, S. 87

296 Leser, a. a. O., S. 254, Fn. 132 und S. 255

4.6. Die zur Erhaltung der Waren angemessenen Maßnahmen

Sowohl Art. 85 als auch Art. 86 erlegen den jeweiligen Parteien die Pflicht auf, 'angemessene Maßnahmen' zur Erhaltung der Ware zu treffen. Fraglich ist, was unter 'angemessenen Maßnahmen' zu verstehen ist. Der Begriff der Angemessenheit hat eine zweifache Bedeutung für die verpflichtete Partei. Zum einen dürfen die Güter nicht gänzlich sich selbst überlassen werden[297]. Auf der anderen Seite braucht die Partei nicht jede erdenkliche oder mögliche Maßnahme zu ergreifen, sondern nur die nach den Umständen im Einzelfall angemessene[298]. Dies sind zunächst die Maßnahmen, die dem Einzelfall angepaßt nach Artikel 87 und 88 ergriffen werden können oder müssen. Darüber hinaus können aber auch andere Vorkehrungen erforderlich sein oder getroffen werden. So können Überprüfungen, Pflege, Bewachung, Witterungsschutz und der Abschluß von Versicherungen[299] im Einzelfall angezeigt sein.

Zu den erforderlichen und angemessenen Maßnahmen kann zudem gehören, daß eine Partei zugunsten der anderen eilige gerichtliche Verteidigungsschritte einleiten muß, wenn ein Dritter unbegründete Rechte an der Ware geltend macht[300]. Neben weiteren aktiven Maßnahmen wird man aber auch die Pflicht der Beteiligten annehmen müssen, alle den anderen Vertragsteil schädigenden Einwirkungen auf die Sache zu unterlassen[301]. Entsprechend gehören die Zerstörung oder Entsorgung nicht zu den von den Artt. 85 ff. erfaßten Maßnahmen. Diese können zwar nach dem Scheitern des Vertrages, z. B. nach Art. 77, geboten sein, fallen jedoch nicht in den Regelungsbereich der Artikel 85 ff., die zur Erhaltung verpflichten. Einem Teil der Literatur zufolge soll nicht mehr Sorgfalt verlangt werden, als der Betreffende in seinen eigenen Angelegenheiten anzuwenden pflege[302]. Hiergegen wird eingewandt, daß der Art. 85 gerade nicht von Sorgfalt in eigenen Angelegenheiten spreche, sondern die nach den Umständen

---

297 Vgl. Rabel, Bd. 2, S. 79 f.

298 Vilus, S. 260, hebt hervor, daß 'reasonable circumstances' oder 'reasonable expenses' Common-law-Begrifflichkeiten sind, die dem Richter Standards an die Hand geben, nach denen notwendige Schritte oder Kosten bemessen und bewertet werden können

299 Herber/Czerwenka, Art. 87, Rn. 2; Achilles, Art. 85, Rn. 4; Witz/Lorenz, Art. 87, Rn. 4

300 Staudinger/Magnus, Art. 86, Rn. 11

301 vCaemmerer/Schlechtriem/Eberstein, 2. A., Vor Artt. 85-88, Rn. 19; dazu auch Rabel, Bd. 1, S. 518

302 vCaemmerer/Schlechtriem/Eberstein, 2. A., Art. 85, Rn. 11; Honsell/Weber, Art. 85, Rn. 10; Hammer, S. 94; so wohl auch Achilles, Art. 85, Rn. 3; für das EKG: Dölle/Eberstein, Art. 91, Rn. 3

angemessene Sorgfalt fordere, womit zwar ein den äußeren Umständen angepaßter, ansonsten aber objektiver Sorgfaltsmaßstab gemeint sei[303].

Ich schließe mich letzterer Auffassung an. Zwar ist die für den Erhalt der Ware verantwortliche Partei, also diejenige die Schaden von der Sache abzuwenden hat, nicht zu jeder nur möglichen und denkbaren Vorsorge verpflichtet. Allerdings bedeutet dies nicht, daß der Maßstab wesentlich ist, den die verpflichtete Partei in eigenen Angelegenheiten anlegt. Die Qualität der Ware und die in Betracht kommenden Maßnahmen müssen in einem ausgewogenen Verhältnis stehen. Zudem sind äußere Zwänge oder Beschränkungen, denen die verpflichtete Partei unterliegt, in eine Abwägung einzubeziehen. Hierfür spricht der Verhaltensmaßstab, der im CISG durchgehend als das Verhalten einer verständigen Person in gleicher Lage eingefordert wird[304]. Demzufolge ist ein objektivierter Maßstab anzulegen. Dies kann zwar durch Gepflogenheiten der Parteien oder internationale Gebräuche präzisiert werden[305], nicht jedoch durch die sonstigen persönlichen Verhaltensweisen der verpflichteten Partei in eigenen Angelegenheiten.

Schließlich muß der Vertragspartner die Aufwendungen ersetzen. Folglich kann von der verpflichteten Partei erwartet werden, daß sie zum Schutz der Ware und damit automatisch im Interesse der anderen Partei mehr unternimmt, als sie in eigenen Angelegenheiten für erforderlich und angemessen erachten würde. Damit können dann auch höhere Kosten verbunden sein.

---

303 Schlechtriem/Bacher, Art. 85, Rn. 12; Witz/Lorenz, Art. 85, Rn. 9; so wohl auch Corvaglia, S. 37; Krebs, S. 130; Kock, S. 159, als Vertreter der Gegenauffassung benennt sie Enderlein/Maskow/Stargardt. Diese schreiben unter Art. 85, Rn. 1: Als Maßstab der Angemessenheit sollte die Sorgfalt einer vernünftigen Person in vergleichbarer Lage gelten; Hager vertritt in Schlechtriem, Art. 69, Rn. 5, die Auffassung, daß den Verkäufer Pflichten zur Erhaltung treffen, die über das nach deutschem Recht geforderte Pflichtenprogramm (vgl. § 300 I BGB) weit hinausgehen; Jan, S. 177, 178 und Reinhart, Art. 85, Rn. 2. stellen auf eine vernünftige Person in vergleichbarer Lage ab; Mertens/Rehbinder, Art. 91, Rn. 5: Welche Maßnahmen angemessen sind, hängt daher von den Umständen, insbesondere von der Art der Sache und den Möglichkeiten des Verkäufers, ab

304 Staudinger/Magnus, Art. 77, Rn. 10; Schlechtriem/Stoll, Art. 77, Rn. 9; Herber/Czerwenka, Art. 77, Rn. 5, der von der 'Anschauung eines vernünftigen Kaufmanns in derselben Situation' ausgeht; Kranz, S. 229, Fn. 2; Ryffel, S. 81; zum EKG Mertens/Rehbinder, Art. 88, Rn. 5; OLG Koblenz, Art. 85 EKG Nr. 3 und OLG Düsseldorf, Art. 85 EKG Nr. 5 bei Schlechtriem/Magnus, danach ist Maßstab 'im Rahmen der einschlägigen kaufmännischen Übung das Verhalten eines vorsichtigen und umsichtigen Geschäftsmannes'

305 Honnold, Art. 7, Rn. 95, schreibt hierzu: "What is 'reasonable' can appropriately be determined by ascertaining what is normal and acceptable in the relevant trade. This approach is analogous to and is supported by Art. 9 ...". In Fn. 28 von Rn. 95 findet sich die Aufzählung der Artikel, die auf 'reasonableness' abstellen, die wie oben definiert wird. Dazu gehören auch die Artt. 85 ff.

4.6.1. Einlagerung gemäß Art. 87

Eine Partei kann nach Art. 87 die Ware auf Kosten der anderen Partei in den Lagerräumen eines Dritten einlagern, sofern daraus keine unverhältnismäßigen Kosten entstehen.

Art. 87 kodifiziert ein Recht, keine Pflicht. Die einlagernde Partei hat die Möglichkeit, zwischen Selbsteinlagerung und Fremdeinlagerung zu wählen. Dabei hat sie darauf zu achten, daß die Ware angemessen, aber möglichst kostengünstig gelagert wird[306]. Grundsätzlich gehen entstehende Kosten zu Lasten der anderen Partei. Eine Dritteinlagerung muß dieser nicht angezeigt werden[307].

4.6.1.1. Einlagerungsmöglichkeit auch bei unverhältnismäßigen Kosten

Umstritten ist, ob eine Einlagerung bei Dritten auch zulässig ist, wenn sie 'unverhältnismäßige Kosten' verursacht oder ob sie dann von vornherein ausgeschlossen ist[308].

Falls die Kosten einen verhältnismäßigen Betrag übersteigen, hat dies nach einer Auffassung lediglich Auswirkungen auf den Erstattungsanspruch der einlagernden Partei[309]. Die Kostenüberschreitung hindert danach weder an einer Dritteinlagerung, noch führt sie zu einem Übergang der Einlagerungsgefahr. Allerdings muß die andere Partei nur die Kosten tragen, die als der Sache angemessen anzusehen, also als 'verhältnismäßig' oder als 'üblich' zu bezeichnen sind[310].

Piltz sieht die Möglichkeit der Dritteinlagerung von vornherein versperrt, wenn im Vergleich zu anderen Alternativen damit unverhältnismäßige Kosten verbunden sei. Wenn solche Kosten abzusehen seien, müsse ein anderer Weg ge-

---

306 Ein Beispiel für nicht angemessene Maßnahmen enthält der Secretariat's Commentary, O.C., I, 62: Der Verkäufer verlagerte Güter, nachdem der Käufer diese nicht vereinbarungsgemäß abgeholt hatte, in einen Teil eines Lagerhauses, der für die spezielle Ware nicht geeignet war. Der Verkäufer war zum Schadenersatz verpflichtet, da die Ware Schaden nahm

307 Staudinger/Magnus, Art. 87, Rn. 3; Herber/Czerwenka, Art. 87, Rn. 3; Piltz, § 4, Rn. 276

308 Zu dem Begriff 'unverhältnismäßige Kosten' siehe Punkt 4.6.2.3.1.2.

309 Schlechtriem/Bacher, Art. 86, Rn. 5, 9; vCaemmerer/Schlechtriem/Eberstein, 2. A., Vor Art. 85, Rn. 24; Staudinger/Magnus Art. 87, Rn. 3; Karollus, S. 97; undeutlich Bianca/Bonell/Barrera Graf, Art. 87, Bem. 2.3.

310 So auch Neumayer/Ming, Art. 85, Anm. 2

sucht werden. Dieser könne z. B. in einem Verkauf gemäß Art. 88 (2)[311] oder auch in einer Verwahrung auf andere Art und Weise liegen[312].

Die letztgenannte Ansicht läßt außer acht, daß in vielen Fällen zunächst keine Alternative zu einer Dritteinlagerung bestehen wird. Wenn keine eigenen Lagermöglichkeiten bestehen, wird auch der Partei, die einen Selbsthilfeverkauf anstrebt oder sogar aufgrund der unverhältnismäßigen Kosten zu einem Notverkauf gemäß Art. 88 (2) verpflichtet ist, nichts anderes übrig bleiben, als die Ware bis zum möglichen Verkaufstermin in ein Lager zu geben. Dies gilt insbesondere für die Unternehmen, die ihre Produktion auf 'just in time' umgestellt haben. Dort sind Lagerkapazitäten kaum vorhanden, da diese gerade aus Rationalisierungsgründen abgeschafft wurden.

Die Auffassung, daß eine Partei die Ware bei unverhältnismäßig hohen Lagerkosten anders verwahren möge, läßt eine gangbare Alternative vermissen. Zudem wird übersehen, daß in vielen Fällen eine Unverhältnismäßigkeit nicht schon zum Zeitpunkt der Einlagerung besteht, sondern erst mit der Dauer der Einlagerung entsteht und in vielen Fällen nicht vorhersehbar ist.

Grundsätzlich wird man zunächst unterscheiden müssen, ob der erhaltenden Partei mehrere Einlagerungsalternativen zur Verfügung stehen. Wenn qualitativ vergleichbare Lagermöglichkeiten vorhanden sind, besteht selbstverständlich die Verpflichtung, die kostengünstigste Alternative wahrzunehmen. Bei einem Fehlverhalten hat die erhaltende Partei die Preisdifferenz zu tragen.

Wenn jedoch nur die Möglichkeit einer unverhältnismäßig teuren Einlagerung besteht, wird diese bis zum schnellstmöglichen Selbsthilfe- oder Notverkauf zugelassen werden müssen. Eine Grenze hierfür ist nur dort zu setzen, wo das Verfallenlassen der Ware günstiger ist als deren Erhaltung. Alternativ kommt in Betracht, daß die erhaltende Partei, hier insbesondere der Verkäufer, den Vertrag aufheben könnte, um einen Deckungsverkauf vorzunehmen. Dies kann auch aufgrund der Schadensminderungspflicht des Art. 77, die neben den Erhaltungspflichten besteht, geboten sein[313]. Allerdings kann die verkaufende Partei auch in diesem Fall vor das Problem gestellt sein, daß die Güter bis zu einem möglichen Verkauf zunächst eingelagert werden müssen. Insoweit bestehen dieselben Sachzwänge.

Praxisnäher ist daher die erste Auffassung. Dabei besteht nicht die Gefahr, daß der anderen Partei vorsätzlich ungebührliche Kosten auferlegt werden könnten. Da die erhaltende Partei die Lagerkosten im Regelfall vorzustrecken hat,

311 Piltz, § 4, Rn. 276; Herber/Czerwenka, Art. 87, Rn. 2, scheinen diese Ansicht zu teilen, wenn sie feststellen, daß aus der Einlagerung 'keine unverhältnismäßigen Kosten entstehen' dürfen

312 So Reinhart, Art. 87, Rn. 2

313 Siehe dazu Punkt 4.12.1.

wird sie kostenbewußt handeln. Dies um so mehr, wenn ihr bei pflichtwidrigem Verhalten die Kostenlast obliegt. Ein angemessenes Verhalten liegt daher in ihrem ureigensten Interesse.

Ein sehr spezielles Beispiel für die Richtigkeit der ersten Ansicht bringt Schlechtriem[314]. Ein Kunstwerk, dessen Eigentumslage nicht geklärt ist, wird bei einem darauf spezialisierten Unternehmen eingelagert. Dadurch entstehen Kosten, die den geschätzten Wert des Gegenstandes übersteigen. Zunächst ist fraglich, ob entstehende Kosten unter solchen Umständen unverhältnismäßig sein können. Dies wohl nur bei Kunstwerken, die in ihrer Art vielfach erhältlich sind. Selbst wenn man dies bejaht, müßte das Gut aber dritteingelagert werden, wenn der Besitzer die Sicherheit des Kunstwerks unzweifelhaft nicht gewährleisten kann. Zusätzlich würde es dem Besitzer schwerfallen, einen Versicherer für das Werk zu finden. Weiterhin ist die Ware einem Selbsthilfeverkauf bei ungeklärter Eigentumslage nicht ohne weiteres zugänglich.

Auch wenn dieses Beispiel nicht die Regel darstellt, dient es doch der Illustration, daß eine Dritteinlagerung selbst bei hohen Kosten nicht kategorisch abgelehnt werden kann.

4.6.1.2. Einlagerung als Erfüllungssurrogat

Umstritten ist, ob der Einlagerung eine Erfüllungswirkung beizumessen ist. Nach einer Ansicht besteht hier eine Regelungslücke des CISG[315]. Dies habe zur Folge, daß nationales Recht Anwendung finden müsse, welches der Einlagerung im Einzelfall eine Erfüllungswirkung beimessen könne[316].

Andererseits wird das Vorliegen einer Regelungslücke bestritten[317]. Die Frage, auf welche Weise der Schuldner seine Verpflichtungen erfüllen könne, sei im CISG in den Artt. 31 und 32 umfassend geregelt[318]. Zudem werde eine Erfül-

---

314 Int. UN-KaufR., Rn. 339

315 Enderlein/Maskow/Stargardt, Art. 87, Anm. 1; siehe auch Enderlein/Maskow/Strohbach, Art. 69, Anm. 5.2., danach soll die Gefahr dann übergehen, wenn an die Stelle der Übernahme durch den Käufer ein Surrogat wie die Einlagerung oder Hinterlegung tritt

316 So auch Neumayer/Ming, Art. 87, Bem. 2.; Enderlein/Maskow/Stargardt, Art. 87; Jan, S. 178; Enderlein/Maskow/Strohbach, Art. 88, Anm. 2.3., sehen je nach den Voraussetzungen des jeweilig anwendbaren nationalen Rechts auch bei Art. 88 die Möglichkeit der Erfüllung

317 Schlechtriem/Bacher, Art. 87, Rn. 7, dies geht auch aus Schlechtriem/Huber, Art. 31, Rn. 80 a. E. hervor; Staudinger/Magnus, Art. 87, Rn. 7; Soergel/Lüderitz/Dettmeier, Art. 87, Rn. 3; Herber/Czerwenka, Art. 7, Rn. 5; Piltz, § 4, Rn. 276; Kock, S. 161

318 Bacher, a. a. O.; Witz/Lorenz, Art. 87, Rn. 6

lungswirkung regelmäßig einen Verzicht des Verkäufers auf den Rückforderungsanspruch gegen den Lagerhalter erfordern, was im Falle der Artt. 85, 86 nicht im Interesse des Verkäufers liege[319]. Daher verbiete sich ein Rückgriff auf nationale Rechte. Da im CISG nicht ausdrücklich bestimmt ist, ob eine Einlagerung gemäß Art. 87 zur Erfüllung der Liefer- oder Rückgabepflicht führt, könnte man annehmen, daß diese Frage nach Art. 7 (2) zu entscheiden sei. Indes bedeutet eine fehlende ausdrückliche Rechtsfolge in Artikel 87 nicht automatisch, daß eine offene Frage vorliegt.

Die Erfüllung und Durchführung des Vertrages ist wesentlicher Bestandteil der Konvention[320]. Darauf sind insbesondere die Artt. 30, 31, 32 und der Erfüllungsanspruch gemäß Art. 46 gerichtet. Die Erfüllung des Vertrages ist damit vom sachlichen Geltungsbereich des CISG nach Art. 4 S. 1 umfaßt und muß weder anhand allgemeiner Grundsätze, die dem Übereinkommen zugrunde liegen, noch nach nationalem Recht beantwortet werden.

Eine Einlagerung kann daher Erfüllung nur dann bedeuten, falls die entsprechenden Voraussetzungen des Art. 31 erfüllt sind. Wenn die Ware bereits bei einem Dritten eingelagert ist, kann der Verkäufer seine Lieferpflicht nach Art. 31 b) oder c) erfüllen, indem er die Güter durch Abtretung des Herausgabeanspruchs oder durch die Übergabe berechtigender Dokumente zur Verfügung stellt[321]. Dies schließt notwendige Anzeigen oder Anweisungen an den Lagerhalter ein. Weiter ist vorausgesetzt, daß die Güter zur Abholung bereit, also entsprechend verpackt und transportbereit sind. Dies gilt für den Fall, daß keine abweichende Parteivereinbarung getroffen wurde und keine Beförderung der Ware durch den Verkäufer erforderlich ist. Ansonsten wäre Art. 31 a) anwendbar, wonach der Verkäufer die Ware dem ersten Beförderer zur Übermittlung zu übergeben hat.

Aus Art. 31 geht allerdings nicht hervor, ob diese Bestimmungen auch auf den Fall übertragbar sind, daß sich der Käufer im Annahme- oder Zahlungsverzug befindet. Verschiedene Gründe sprechen dafür, daß eine Lieferpflicht, die eine Übergabe der Waren an einen Beförderer beinhaltet, nicht durch eine Einlagerung bei einem Dritten erfüllt werden kann, wenn sich der Käufer in Verzug befindet. Zunächst kann hier eine Parallele zu einer Aussetzung oder einer Unterbrechung der Lieferung nach Art. 71 gezogen werden. Falls der Käufer eine Vertragsverletzung begeht oder zu begehen droht, ist der Verkäufer nach Art. 71 dazu berechtigt, die Ware anzuhalten oder zurückzubeordern. Wenn der Verkäufer an dem Vertrag festhält, hat er Erhaltungsmaßnahmen gemäß der Artt. 85 ff. zu

---

319 Herber/Czerwenka, Art. 87, Rn. 5

320 Staudinger/Magnus, Art. 46, Rn. 4, dort wird festgestellt, daß dies das primäre Ziel der Konvention sei; a. A. Soergel/Lüderitz/Schüßler-Langeheine, Art. 46, Rn. 1

321 Staudinger/Magnus, Art. 31, Rn. 27; Schlechtriem/Huber, Art. 31, Rn. 57; Piltz, § 4, Rn. 27

treffen[322]. So kann der Beförderer gemäß Art. 87 angewiesen werden, die Güter einzulagern, bis die Umstände die weitere Durchführung des Vertrages erlauben. Wenn der Vertrag wieder aufgenommen werden sollte, kann der Verkäufer sich aber nicht darauf berufen, daß er zwar bereit sei, die Ware zur Verfügung zu stellen, seine Pflicht aber durch die Einlagerung bei dem Beförderer erfüllt habe. Vielmehr lebt die ursprüngliche Lieferpflicht des Verkäufers wieder auf, und er hat den Beförderer anzuweisen, für eine Auslieferung am Bestimmungsort, eventuell Zug um Zug gegen Erstattung der zusätzlichen Lagerkosten, zu sorgen[323]. So wie die ursprüngliche Lieferpflicht in Fällen des Art. 71 wieder auflebt, muß auch die ursprüngliche Lieferpflicht in Fällen eines Annahme- oder Zahlungsverzuges weitergelten.

Wenn eine Einlagerung auch in den Fällen, in denen eine Beförderung erforderlich ist, zur Erfüllung der Lieferpflicht hätte führen sollen, dann müßte diese spezielle Regelung im Gesetz ihren Niederschlag gefunden haben. Hier eine Lücke anzunehmen, die mittels nationalen Rechts gefüllt werden soll, würde das System der Erfüllung von Lieferpflichten untergraben und so auch bei Art. 71 zu ungewollten Ergebnissen führen.

Das CISG kann selbstverständlich nicht alle mit der Abwicklung eines Kaufvertrages zusammenhängenden Fragen lösen. Für den hier zu behandelnden Fall besteht aber ein homogener Bereich, in dem das CISG die allein maßgebliche Rechtsordnung ist.

Weiter widerspräche es der Systematik des CISG, dem Abschnitt, der sich mit der Erhaltung der Ware auseinandersetzt, eine weitreichende Bestimmung zur Erfüllung einer Lieferpflicht zu entnehmen. Sowohl Art. 87 als auch Art. 88 haben zum Ziel, einer Partei Möglichkeiten aufzuzeigen, wie sie ihren Erhaltungspflichten auf angemessene Weise nachkommen kann. Der Einlagerung oder dem Selbsthilfeverkauf eine Erfüllungswirkung beizumessen, ist nicht Zweck der Normen. Eine Einlagerung gemäß Art. 87 gewährt daher keine Erfüllungswirkung.

Schließlich hätte ein Verweis auf nationales Recht zur Folge, daß eine weitere Fragmentarisierung des CISG eintreten würde und daß der Verkäufer bei Annahme einer Erfüllungswirkung die Ware von dem Lagerhalter nicht zurückverlangen könnte. Dies sind indes Konsequenzen, die als ergebnisorientierte Argumente allein nicht dazu geeignet sind, einer Streitentscheidung zu dienen.

Ergänzend ist festzustellen, daß die Parteien dann zu einer Erfüllungswirkung gelangen können, wenn sie entsprechende Handelsbräuche oder entsprechendes

---

322 Soergel/Lüderitz/Schüßler-Langeheine, Art. 31, Rn. 15; Schlechtriem/Huber, Art. 31, Rn. 43, 45; siehe ausführlich dazu Punkt 4.5.2.2.

323 Schlechtriem/Huber, Art. 31, Rn. 45

nationales Recht vereinbaren, welches dann Vorrang vor den Regelungen des CISG genießen würde[324].

Damit kann die einlagernde Partei aber zumindest nicht einseitig eine Erfüllung ihrer Pflichten mittels einer Einlagerung bewirken.

4.6.1.3. Verhältnis zwischen erhaltender Partei und Lagerhalter

Nicht im CISG geregelt ist die Frage, welche Rechte im Verhältnis zwischen den Parteien des Hauptvertrages und dem Verwahrer der Ware gelten. Diese Rechtsverhältnisse richten sich nach dem jeweils ergänzend heranzuziehenden nationalen Recht[325].

Im Gegensatz zu dem gerade behandelten Thema liegt hier keine Regelungslücke vor, die nach dem CISG zu schließen wäre, sondern eine Frage, die sich gemäß Art. 4 dem Anwendungsbereich des CISG entzieht. Betroffen davon sind insbesondere Herausgabeansprüche wie auch mögliche Schadenersatzansprüche[326].

Wenn ein erkennbar ungeeigneter Lagerhalter beauftragt wird, verletzt die berufene Partei allerdings ihre durch Art. 87 auferlegte Pflicht gegenüber ihrem originären Vertragspartner. Nimmt die Ware deswegen Schaden, ist die entsprechende Partei hierfür ersatzpflichtig[327]. Bei sorgfältiger Auswahl des Lagerhalters ist der Erhaltungspflichtige aber nicht für Schäden aus der Einlagerung verantwortlich[328]. Der Lagerhalter ist keine Person, deren Verhalten er sich nach Art. 79 (2) zurechnen lassen muß. Dies wird unter Punkt 4.9.1.2. weiter ausgeführt.

4.6.2. Verkauf gemäß Art. 88

4.6.2.1. Allgemeines

Diese Vorschrift, die die Möglichkeit zum Verkauf der Ware beinhaltet, erfüllt zwei Funktionen. Zunächst soll der Erhaltungspflichtige nicht unverhältnismäßig lange mit der Sorge um die Ware und mit den dadurch entstehenden Kosten belastet werden, was bei einem Ausgleich der geleisteten Aufwendungen auch der

324 Schlechtriem/Bacher, Art. 86, Rn. 7

325 Staudinger/Magnus, Art. 87, Rn. 8; Schlechtriem/Bacher, Art. 87, Rn. 8; Herber/Czerwenka, Art. 87, Rn. 6

326 Vgl. Schlechtriem/Bacher, Art. 87, Rn. 8

327 Herber/Czerwenka, Art. 87, Rn. 6

328 Soergel/Lüderitz/Dettmeier, Art. 87, Rn. 4; Schlechtriem/Bacher, Art. 85, Rn. 13

anderen Partei zugute kommt. Zudem sollen Schäden der anderen Partei gemindert werden, die daraus entstehen könnten, daß die Ware bei Lagerung Werteinbußen erleidet[329]. Art. 88 bietet ein Instrument an, welches die Aufbewahrung auf das erforderliche und erträgliche Maß abkürzen kann[330], da grundsätzlich keine Rücknahmepflicht für die Parteien besteht. Ohne Art. 88 (1) bestünde die Erhaltungspflicht unbegrenzt fort, wenn nicht ein Notverkauf angezeigt wäre oder eine wesentliche Vertragsverletzung zur Aufhebung des Vertrages berechtigen würde.

4.6.2.2. Recht zum Verkauf gemäß Art. 88 Absatz (1)

Absatz (1) normiert das Recht, nicht die Pflicht zum Verkauf. Eine Pflicht findet sich nur für besondere Fälle in Absatz (2). Das Recht, die Ware zu verkaufen, hängt von einer 'ungebührlichen Hinauszögerung' ab. Dies kann sich entweder auf die Inbesitznahme oder Rücknahme der Ware beziehen oder auf die Zahlung des Kaufpreises bzw. der Erhaltungskosten.

Der Käufer hat das Recht zum Selbsthilfeverkauf zudem dann, wenn der Verkäufer die Rückzahlung des Kaufpreises ungebührlich verzögert[331]. Dies folgt aus Art. 88 (2) 2, wonach die Leistungen Zug um Zug zurückzugeben sind, wenn beide Parteien zur Rückgabe verpflichtet sind.

Dies muß auch gelten, wenn der Käufer die Ware zunächst nach Art. 86 (2) für den Verkäufer in Besitz genommen hat[332]. Hier muß die Vermutung, daß der Käufer durch die Inbesitznahme lediglich ein Druckmittel für die Rückzahlung des Kaufpreises erlangen möchte, fehlgehen. Der Käufer ist gemäß Art. 86 zur Inbesitznahme zugunsten des Verkäufers verpflichtet, auch wenn dieser nicht ordnungsgemäß erfüllt hat. Dann muß dem Käufer aber auch das Recht zustehen, auf eine Rückgabe Zug um Zug zu bestehen.

4.6.2.2.1. Zug-um-Zug-Rückgabe bei Ersatz- oder Nachlieferung

Umstritten ist, ob der Käufer auf eine Rückgabe Zug um Zug auch dann bestehen kann, wenn er keine Aufhebung, sondern eine Ersatz- oder Nachlieferung verlangt. Diesbezüglich wird einerseits vertreten, daß die fehlerhafte Ware sofort zurückgegeben werden muß, wenn eine Ersatzlieferung verlangt wird[333]. Anderer-

---

329 Schlechtriem/Bacher, Art. 88, Rn. 1

330 Vgl. vCaemmerer/Schlechtriem/Eberstein, 2. A., Art. 88, Rn.1

331 Enderlein/Maskow/Strohbach, Art. 88, Anm. 2.1.; Witz/Lorenz, Art. 88, Rn. 6; Schlechtriem/Bacher, Art. 88, Rn. 4

332 Enderlein/Maskow/Strohbach, Art. 88, Anm. 2.1.

333 Staudinger/Magnus, Art. 46, Rn. 49; Schlechtriem/Huber, Art. 46, Rn. 53; Krebs, S. 80, verweist darauf, daß die Interessenlage hier nicht die gleiche sei wie bei einer

seits ist man der Meinung, daß auch bei der Ersatzlieferung das Zug-um-Zug-Prinzip gelten soll[334].

Hauptargument gegen die Geltung dieses Prinzips liefert die Ablehnung des norwegischen Antrags[335], der die Geltung des Art. 81 (2) 2 auch bei einer Nachlieferung vorsah[336]. Herber/Czerwenka ist zu widersprechen, wenn sie darauf abstellen, daß der norwegische Antrag nur auf redaktionelle Bedenken stieß. Zwar wurden auch solche geäußert, dies aber unter der Prämisse, daß der Antrag überhaupt inhaltlich angenommen wird[337]. Dies geschah jedoch nicht, da gewichtige inhaltliche Bedenken gegen den Antrag geäußert und nicht ausgeräumt wurden. Diese beinhalteten, daß das vorgeschlagene Vorgehen für den Handel unüblich sei[338].

Trotzdem sprechen sich Autoren für eine Geltung des Zug-um-Zug-Prinzips im Wege einer Analogie zu Art. 81 (2) 2 aus[339]. So wird in der Ersatzleistung das Äquivalent des Kaufpreises gesehen und der Verkäufer sogar für vorleistungspflichtig gehalten[340].

Auch wenn ich aus systematischen und logischen Gründen geneigt bin, eine Analogie zu befürworten, spricht doch der Gesichtspunkt der Handelsüblichkeit dagegen. So werden Zug-um-Zug-Abwicklungen, insbesondere bei Distanzkäufen, von großen Schwierigkeiten begleitet sein, wenn nicht Ware gegen Geld, sondern Ware gegen Ware zu tauschen ist[341]. Nicht vergessen werden darf, daß

Vertragsaufhebung. Dort wirke "do ut des". Bei der Ersatzlieferung wolle der Käufer jedoch nicht die mangelhafte Ware zurückgeben, um fehlerfreie zu erhalten.

334 Herber/Czerwenka, Art. 46, Rn. 7; Karollus, S. 137, 138; Schlechtriem/Bacher, Art. 88, Rn. 4

335 A/Conf. 97/C.1/L.192, O.R. 136: "(3) If the contract is not avoided, but the buyer requires delivery of substitute goods and has paid the price, restitution of the goods he has received must be made concurrently with the new delivery."

336 Diskussion darüber in A/Conf.97/C.1/SR.28, O.R. S. 387 f., bei Honnold Doc-Hist, S. 608 f.; darauf verweisen: Vischer, Lausanne, S. 182; Schlechtriem, Einh. UN-KaufR., S. 102, Fn. 447; Leser, in Einh. KaufR. und nat. Obl.R., S. 242, Fn. 81; Staudinger/Magnus, a. a. O.; Schlechtriem/Huber, a. a. O.

337 Vgl. Herber in den Beratungen, O.R. S. 387, sub. 70: "... if that new paragraph was adopted, it would be better to place it after article 42 ..."

338 O.R., S. 387, sub. 69, Maskow: "... it was rare in commercial practice to return goods that had first been received when substitute goods were delivered"; sub 72, Honnold: "... there was no readily applicable system for the exchange of rejected goods against substitute goods. The Committee was in danger of creating machinery which would be very difficult to operate. If one of the parties was in default, there was no need to include special and unusual measures to protect him."

339 Karollus, S. 138

340 Enderlein/Maskow/Strohbach, Art. 88, Anm. 2.1.

341 vgl. dazu Honnold O.R., S. 388, sub. 72

das CISG den Bedürfnissen des Welthandels Rechnung tragen soll. Dabei darf es den beteiligten Kreisen keine Neuerungen zumuten, die das Gegenteil von hergebrachten Übungen manifestieren. Zudem wird der Verkäufer in der Regel ein schutzwürdiges Interesse an der Verfügbarkeit der Ware haben. Die Güter dann freigeben zu müssen, entspricht auch der Zielsetzung des Art. 88, einen möglichen Schaden weitgehend gering zu halten.

4.6.2.2.2. 'Ungebührlichkeit' einer Verzögerung

Die Frage, wann eine Verzögerung 'ungebührlich' ist, ist nach den Umständen des Einzelfalles zu entscheiden und nach objektiven Maßstäben zu beurteilen[342]. Grundsätzlich wird dies eine Zeitspanne sein, die durch den Zeitbedarf eines ordnungsgemäßen Geschäftsganges zuzüglich einer Nachfrist bestimmt wird; dabei darf die Grenze des Zumutbaren nicht überschritten werden. Falls zwischen den Parteien Streitigkeiten vorliegen, soll "abgewartet werden, bis die wesentlichsten Argumente ausgetauscht sind und sich die Auseinandersetzung festgefahren hat, nicht jedoch, bis sie entschieden ist"[343].

Der Verzögerung steht die endgültige Verweigerung der Abnahme, Rücknahme oder Zahlung gleich[344]. Dies gilt auch dann, wenn die Weigerung schon vor Fälligkeit der Übernahme- oder Zahlungspflicht erklärt wird[345]. In eine Abwägung kann zudem einfließen, in welcher Höhe bereits Kosten angefallen sind oder auch, ob von der Gegenseite ein Ausgleich der Aufwendungen überhaupt zu erwarten ist[346].

Ein Teil der Literatur will bei Befürchtungen hinsichtlich der Leistungsfähigkeit Art. 71 anwenden[347]. Danach soll der Verkäufer gemäß Art. 71 (1) a) im Falle des Vermögensverfalls des Käufers nicht mehr zur kostspieligen Erhaltung der Ware verpflichtet sein. Dadurch soll eine Abkürzung der Verpflichtung zur Aufbewahrung erreicht werden. Nur wenn auf Anzeige des Verkäufers nach Art. 71 (3) ausreichend Sicherheit für die Lagerkosten geleistet werde, sei die Einlagerung fortzusetzen.

Diese Auffassung ist m. E. nicht haltbar. Art. 71 gibt einer Partei zwar die Möglichkeit, die Erfüllung ihrer Pflichten auszusetzen, wenn sich nach Vertragsabschluß die Unfähigkeit der anderen Partei herausstellt, einen wesentlichen Teil

---

342 vgl. Staudinger/Magnus, Art. 88, Rn. 7

343 Enderlein/Maskow/Strohbach, Art. 88, Anm. 2.1.

344 Staudinger/Magnus, Art. 88, Rn. 7; Schlechtriem/Bacher, Art. 88, Rn. 5; Enderlein/Maskow/Strohbach, Art. 88, Anm. 3.; Piltz, § 4, Rn. 275

345 Staudinger/Magnus, Art. 88, Rn. 7; Stoll RabelsZ 52 (1988) 630 f.; Karollus, S. 98

346 Vgl. Schlechtriem/Bacher, Art. 88, Rn. 5; Witz/Lorenz, Art. 88, Rn. 6

347 Herber/Czerwenka, Art. 85, Rn. 2, 8; Kock, S. 163

ihrer Pflichten zu erfüllen. Zudem findet sich im Sekretariatskommentar, daß die aussetzende Partei nicht verpflichtet ist, zusätzliche Kosten auf sich zu nehmen, von denen man annehmen kann, daß sie nicht erstattet werden[348].

Wie aber unter Punkt 4.5.2.2. bereits festgestellt, sind hiermit nur die Pflichten und Ausgaben gemeint, die sich direkt auf die Erfüllung des Vertrages beziehen. Während sowohl Leistungshandlungen als auch Vorarbeiten, wie Produktion und Beschaffung von Material, ausgesetzt werden können[349], gilt dies nicht für die Zusatzpflichten der Artt. 85 ff. Sie sind gerade berufen, wenn der Erfüllung des Vertrages Hindernisse entgegenstehen und sollen dann eingreifen, wenn die Erfüllung des Vertrages unsicher ist.

Während aus Art. 71 selbst kein Aufhebungsrecht folgt[350], ist eine Aussetzung nach Art. 71 einer Aufhebung des Vertrages, deren Erklärung das Ende der Erhaltungspflichten bedeuten würde[351], auch nicht gleichzusetzen. Eine Vertragsaufhebung könnte gemäß Art. 72 erfolgen, wenn oder sobald eine wesentliche Vertragsverletzung droht oder wenn nach Fälligkeit aus den allgemeinen Normen ein Aufhebungsgrund erwächst. Bis zur Erklärung der Aufhebung muß die Ware jedoch erhalten werden.

Sobald die Störung entfällt, ist der Vertrag ordnungsgemäß zu erfüllen. Dies wäre jedoch nicht möglich, wenn der aussetzenden Partei zugestanden würde, von Erhaltungspflichten Abstand nehmen zu können und die Ware verfallen zu lassen.

Daher muß gelten, daß die Grundsätze der Artt. 85 ff. Anwendung finden, wenn die Erfüllung von Pflichten gemäß Art. 71 ausgesetzt werden und nicht, daß Art. 71 dazu benutzt werden kann, die Erhaltung der Ware auszusetzen.

4.6.2.2.3. Anzeige der Verkaufsabsicht

Die Anzeige der Verkaufsabsicht ist weitere Voraussetzung für den Selbsthilfeverkauf. Sie soll in 'vernünftiger Weise' erfolgen. Fraglich ist, wie eine solche Anzeige gestaltet sein und welche Inhalte sie bieten muß.

Bei Erarbeitung des Art. 88 wurde von Argentinien, Spanien und Portugal vorgeschlagen, Absatz (1) hinsichtlich der Anzeige wie folgt zu gestalten: "...provided that he has given notice to the other party, requiring him to take pos-

---

348 Secretariat Commentary, Article 62, 8

349 Enderlein/Maskow/Strohbach, Art. 71, Anm. 1.; Secretariat Commentary, Art. 62, 8

350 Schlechtriem/Leser/Hornung, Art. 71, Rn. 23

351 Staudinger/Magnus, Art. 85, Rn. 16; Loewe, Art. 85, S. 101; vCaemmerer/Schlechtriem/Eberstein, Art. 85., Rn. 13; Neumayer/Ming, Art. 85, Anm. 3

session of the goods within a reasonable time with a warning of his intention to proceed with the immediate sale of the goods[352]."

Bei den weiteren Beratungen wurde sogar vorgeschlagen, das Datum und den Ort des Verkaufes mitteilungspflichtig zu machen[353]. Der Entwurf wurde jedoch nicht übernommen, da man mehrheitlich der Auffassung war, ein ausreichendes Ergebnis auch durch die Einfügung des Wortes 'reasonable' zu erreichen[354]. Zudem sollten Kaufleuten nicht zu strikte Anforderungen auferlegt und der Text flexibel gehalten werden[355]. Damit ist von Fall zu Fall zu entscheiden, welche Inhalte erforderlich sind. Mit einer solchen Freiheit wird allerdings notwendigerweise immer auch Unsicherheit hinsichtlich notwendiger Angaben verbunden sein.

Mit der Anzeige soll der anderen Partei die Gelegenheit gegeben werden, ihre Pflichten doch noch zu erfüllen, um den Selbsthilfeverkauf entbehrlich zu machen, oder selbst bei dem Verkauf zu erscheinen bzw. einen Vertreter zu entsenden[356]. Es soll vermieden werden, daß die andere Partei mit einem Verkauf vor vollendete Tatsachen gestellt wird[357]. Damit kann eine Anzeige in 'vernünftiger Weise' nur mit einem ausreichenden zeitlichen Abstand bis zum Verkauf erfolgen.

Ein voreilig vorgenommener Verkauf könnte zudem zur Folge haben, daß Zweifel bezüglich der Gültigkeit entstehen oder der Zweitkäufer ein wirksames Recht an den Gütern begründet hat. Nicht zuletzt könnte die Frage offen bleiben, ob die Ware überhaupt vertragswidrig und ein Selbsthilfeverkauf daher gerechtfertigt war[358].

Des weiteren darf das Erfordernis einer 'reasonable notice' nicht dazu führen, daß die erhaltende Partei unter zwei ungebührlichen Verzögerungen leidet. Es kann ihr nicht zugemutet werden, einmal die Verzögerung der Inbesitznahme

---

352 A/Conf.97/C.1/L.188, O.R. 140; Honnold Doc. Hist., S. 712

353 O.R., S. 400, sub. 18

354 O.R., S. 401, sub. 24; in einer vorhergehenden Abstimmung war auch über die Einbeziehung von 'the price or' in die Aufzählung der Tatbestände, die bei ungebührlicher Verzögerung zu einem Selbsthilfeverkauf berechtigen, abgestimmt worden, um eine Übereinstimmung mit der Erweiterung des Art. 85 zu erzielen, siehe hierzu Punkt 4.3.2.

355 O.R., S. 401, sub. 30

356 O.R., S. 400, sub. 18, S. 413, sub. 54; Bianca/Bonell/Barrera Graf, Art. 88, Anm. 2.7.; Enderlein/Maskow/Strohbach, Art. 88, Anm. 3.1.; Achilles, Art. 88, Rn. 3; Schlechtriem, Einh. UN-KaufR., S. 105; Scheifele, S. 150; Piltz § 4, Rn. 275; Corvaglia, S. 91; so schon für das EKG Mertens/Rehbinder, Art. 95, Rn. 5; Graveson/Cohn/Graveson, Art. 94, S. 106

357 O.R., S. 413, sub. 54

358 O.R., S. 413, sub. 55, 56

hinzunehmen und nach der Anzeige wiederholt ungebührlich lange mit der Erhaltung belastet zu werden[359]. Dies kann aber beispielsweise dadurch umgangen werden, daß die Anzeige bereits vor Eintritt einer 'ungebührlichen Verzögerung' erfolgt[360].

Auch bei Art. 88 (1) gilt Art. 27. Danach trägt der Absender nicht die Gefahr für einen Verlust der Anzeige[361].

4.6.2.2.4. Durchführung des Verkaufs

Art. 88 (1) sieht einen Verkauf auf jede geeignete Weise vor. Die Ware kann, egal ob sie einen Börsen- oder Marktpreis hat, sowohl öffentlich durch zugelassene Versteigerer oder Makler an Warenbörsen verkauft oder versteigert als auch durch die erhaltende Partei selbst aus freier Hand verkauft werden. Die erhaltungspflichtige Partei kann die Ware dabei auch selbst übernehmen[362].

Auf jede geeignete Weise bedeutet aber nicht nur eine große Freiheit des Verkaufenden, sondern gleichzeitig auch eine Einschränkung[363]. Er ist dazu verpflichtet, den Verkauf so vorzunehmen oder vornehmen zu lassen, daß ein vertretbares Ergebnis in Form eines angemessenen Kaufpreises erzielt wird. Insofern muß von der erhaltenden Partei verlangt werden, daß sie bei der Auswahl der Verkaufsform sorgfältig die Ertragsmöglichkeiten abwägt. Sofern dies einem Handelsbrauch entsprechen sollte, ist im Einzelfall auch denkbar, daß der Verkauf als Deckungsverkauf gerechtfertigt sein kann[364].

4.6.2.2.5. Rechtsfolgen bei Versäumnissen der erhaltenden Partei

Zunächst fehlt es an einer Voraussetzung für den Selbsthilfeverkauf, wenn der Verkäufer dem Käufer eine Nachfrist gemäß Art. 63 (1) gesetzt hat, die noch nicht abgelaufen ist[365]. Im wesentlichen bestehen hierfür zwei Gründe. Zum einen könnte der Käufer Maßnahmen zur Erfüllung seiner Pflichten eingeleitet haben, was dem Sinne der Nachfrist entsprechen würde, die dann nutzlos würden.

---

359 O.R., S. 400 f., sub. 20 f.; Schlechtriem/Bacher, Art. 88, Rn. 7; Herber/Czerwenka, Art. 88, Rn. 6; Piltz, § 4, Rn. 275; Reinhart, Art. 88, Rn. 3

360 A/Conf. 97/C.1/SR.31, O.R., S. 401, sub. 24; zustimmend Enderlein/Maskow/Strohbach, Art. 88, Anm. 3.1.; Schlechtriem, EUNKR, S. 105; Hammer, S. 91

361 Siehe nur Piltz, § 4, Rn. 275; Schlechtriem/Schlechtriem, Art. 27, Rn. 4

362 Vgl. Schlechtriem/Bacher, Art. 88, Rn. 9; Staudinger/Magnus, Art. 88, Rn. 13; Herber/Czerwenka, Art. 88, Rn. 5

363 So bereits für das EKG: Mertens/Rehbinder, Art. 95, Rn. 6

364 Honsell/Weber, Art. 88, Rn. 10; Herber/Czerwenka, Art. 88, Rn. 7

365 Staudinger/Magnus, Art. 88, Rn. 12; Piltz § 4, Rn. 275; Schlechtriem/Hager, Art. 63, Rn. 4

Zum anderen wäre es widersinnig, wenn der Verkäufer während des Laufes der Nachfrist, die er selbst gesetzt hat, eine ungebührliche Verzögerung annehmen wollte[366]. Dies gilt indes nicht für einen möglichen Notverkauf, der aufgrund eines veränderlichen Zustandes der Güter immer möglich sein muß. Allerdings wird kaum anzunehmen sein, daß ein Verkäufer, bei dem Sachwissen vorauszusetzen ist, bei verderblichen Gütern eine Nachfrist setzt, die über ein mögliches Verfallsdatum hinausreicht.

4.6.2.2.5.1. Rechtsfolgen bei Nichtanzeige oder fehlender 'ungebührlicher Verzögerung'

Das CISG gibt keine Auskunft darüber, welche Rechtsfolgen sich aus einer Nichtanzeige ergeben. Ein Teil der Literatur hält einen Selbsthilfeverkauf ohne eine Anzeige in vernünftiger Weise dem Vertragspartner gegenüber für unwirksam[367]. Dies wurde bereits zum EKG vertreten[368]. Allerdings sollte für den Fall, daß der Selbsthilfeverkauf nicht aus Formalgründen fehlerhaft war, sondern eine unsachgemäße Durchführung des Verkaufs vorlag, zugunsten des Vertragspartners lediglich der Erlös maßgeblich sein, der bei einem korrekten Vorgehen erzielt worden wäre. Dieser Ansatz wird vereinzelt wiederum auf das CISG übertragen[369].

Indes ist hinsichtlich der Rechtsfolgen eine solche Unterscheidung der Fehler entbehrlich. Wenn ein Selbsthilfeverkauf erst einmal, wenn auch fehlerhaft, vorgenommen ist, wird aus sachlichen Gründen ein Ausgleich grundsätzlich allein über den Schadenersatz denkbar sein[370]. Dafür spricht insbesondere, daß den Zweitkäufer im Regelfall nach dem jeweiligen anwendbaren nationalen Recht Gutglaubensvorschriften schützen[371]. Entsprechend wird vielfach keine Unterscheidung mehr getroffen, ob der Selbsthilfeverkauf aus Formalgründen oder aus

---

366 Dazu Enderlein/Maskow/Strohbach, Art. 63, Anm. 5., die von einer konformen Interpretation der Fristenregelungen in Art. 63 und Art. 88 ausgehen

367 vCaemmerer/Schlechtriem/Eberstein, 2. A., Art. 88, Rn.18; Enderlein/Maskow/Strohbach wollen die Entscheidung über Rechtsfolgen eines unberechtigten Geschäftes dem dafür maßgeblichen nationalen Recht entnehmen. Falls der Verkauf als gültig angesehen werde, seien gegebenenfalls Schadenersatzansprüche anzunehmen

368 Hager, Die Rechtsbehelfe des Verkäufers wegen Nichtabnahme der Ware nach amerikanischem, deutschem und Einheitlichem Haager Kaufrecht, S. 202

369 Scheifele, S. 153

370 Schlechtriem/Bacher, Art. 88, Rn. 8; für das EKG Dölle/Eberstein, Art. 94, Rn. 3; Graveson/Cohn/Graveson, S. 106, zu Art. 94 a. E.

371 Siehe Schlechtriem/Bacher, Art. 88, Rn. 15, 16; Witz/Lorenz, Art. 88, Rn. 8

sonstigen Gründen fehlerhaft ist. Vielmehr wird davon ausgegangen, daß ein nicht rechtmäßiger Verkauf zum Schadenersatz verpflichtet[372].

Bei der Bemessung des Schadenersatzes darf aber nicht außer acht gelassen werden, daß der Selbsthilfeverkauf eine Entlastung für die erhaltende Partei bedeuten soll. Dem Pflichtenmaßstab entsprechend, der den Artt. 85 ff. zugrunde gelegt ist, kann die verkaufende Partei nur dann schadenersatzpflichtig werden, wenn sie nicht die verkehrsübliche Sorgfalt walten läßt[373].

4.6.2.2.5.2. Widerspruch der anderen Partei

Für den Fall, daß der andere Teil der Verkaufsabsicht widerspricht, trifft das CISG keine Regelung. Nach h. M. hat ein Widerspruch keine den Verkauf hindernde Wirkung[374]. Lediglich die Erfüllung der zunächst versäumten Vertragspflichten könnte den Verkauf entfallen lassen. Ein Widerspruch wird aber dazu führen, daß der verkaufenden Partei erhöhte Aufmerksamkeit obliegt[375].

4.6.2.3. Der Notverkauf nach Art. 88 Absatz (2)

Die Pflicht zur Durchführung eines Notverkaufs nach Art. 88 (2) entsteht nur, wenn entweder die Ware einer raschen Verschlechterung ausgesetzt ist oder ihre Erhaltung unverhältnismäßige Kosten verursachen würde.

4.6.2.3.1. Rasche Verschlechterung

Einigkeit besteht darüber, daß der physische Verfall verderblicher Ware unter den Begriff der Verschlechterung fällt. Verderbliche Ware kann nach einer kurzen Zeitspanne zu keinem nutzbringenden Zweck mehr verwendet werden oder sich so sehr in ihrer Beschaffenheit und Qualität verschlechtern, daß sie nur noch zu einem stark herabgesetzten Preis veräußert werden kann[376]. Allerdings ist im Einzelfall auch möglich, daß leicht verderbliche Ware durch Einfrieren haltbar

---

372 Staudinger/Magnus, Art. 88, Rn. 9; Herber/Czerwenka, Art. 88, Rn. 7; Soergel/Lüderitz/Dettmeier, Art. 88, Rn. 10

373 Soergel/Lüderitz/Dettmeier, Art. 88, Rn. 10

374 Karollus, S. 98; vCaemmerer/Schlechtriem/Eberstein, 2. A., Art. 88, Rn. 20; Staudinger/Magnus, Art. 88, Rn. 10; Achilles, Art. 88, Rn. 4; Enderlein/Maskow/Strohbach, Art. 88, Anm. 3.3.

375 vCaemmerer/Schlechtriem/Eberstein, 2. A., Art. 88, Rn. 20

376 Schlechtriem/Bacher, Art. 88, Rn. 11

gemacht wird und entsprechend das Merkmal der raschen Verschlechterung entfällt[377].

4.6.2.3.1.1. Wertverlust als Fall der Verschlechterung

Umstritten ist, ob nicht nur der physische Verlust, sondern auch ein finanzieller Wertverlust unter 'Verschlechterung' der Ware zu subsumieren ist und zu einem Verkauf führen kann[378].

Die h. M. in der Literatur, der sich das OLG Braunschweig angeschlossen hat[379], nimmt an, daß eine Verschlechterung sich lediglich auf die Verderblichkeit einer Ware beziehen kann[380]. Dies wird zum einen mit dem Wortlaut des CISG begründet, mit dem ein Wertverlust nicht in Einklang zu bringen sei[381]. Zum anderen wird argumentiert, daß die Einbeziehung eines Wertverlustes im Widerspruch zur Entstehungsgeschichte des CISG stünde[382].

Trotz der Entstehungsgeschichte interpretiert Barrera Graf den Begriff der Verschlechterung oder 'rapid deterioration' so weit, daß er die wirtschaftliche Entwertung umfassen soll[383]. Unter direkter Bezugnahme auf die Entstehungsgeschichte ist auch zu lesen, daß Ware einem schnellen moralischen Verschleiß

---

377 So entschieden durch das OLG Braunschweig, U. v. 28.10.1999, U 27/99, S. 5, für Wildfleisch, welches eingefroren werden kann

378 Im CMR z. B. spielt ein bloßer Wertverlust für das Recht des Frachtführers, einen Selbsthilfeverkauf vorzunehmen, keine Rolle. Dies geht allerdings auch deutlich aus der Wortwahl des Art. 16 (3) CMR hervor. Während im deutschen Text der Begriff 'verderblich' benutzt wird, finden sich im englischen Text 'perishable' und 'condition' und im französischen Text 'périssable' und 'l'état de la marchandise', vgl. dazu Koller, CMR Art. 16, Rn. 8

379 U. v. 28.10.1999 – 2 U 27/99, S. 5, ein nach Weihnachtstagen zu erwartender Preisrückgang von einzufrierendem Wildfleisch wurde in diesem Zusammenhang für unbeachtlich erachtet

380 Schlechtriem/Bacher, Art. 88, Rn. 11; Achilles, Art. 88, Rn. 6; Witz/Lorenz, Art. 88, Rn. 10; Schlechtriem in Int. UN-KaufR., Rn. 340. In Fn. 332 zu dieser Rn. nennt er seine eigene Bemerkung aus Einh. UN-KaufR, S. 105, unzutreffend. Dort hatte er unter Verweis auf den Sekretariatsbericht 197 sub 6. in der Fn. 458 geschrieben, daß Verschlechterungsgefahr nicht nur bei physischer Verschlechterung, sondern auch bei drohendem Preisverfall gegeben sei

381 So auch Herber/Czerwenka, Art. 88, Rn. 4; Neumayer/Ming, Art. 88, Anm. 3; Piltz, § 4, Rn. 274; Reinhart, Art. 88, Rn. 6; Denkschrift DRS 11/3076 zu Art. 88

382 So auch Jan, S. 180; Scheifele, S. 151, 152; Vischer, in Lausanne, S. 184

383 In Bianca/Bonell, Art. 88, Bem. 2.8.; so auch June Sun Choi, S. 133; Vazquez Lepinette, S. 376, 472; Corvaglia, S. 91; Hager, in Einh. KaufR. und nat. OblR., S. 402; Loewe, Art. 88, S. 102 f.: Als Verschlechterungsgefahr sei auch ein bevorstehender Verfall des Preises anzusehen. Dies ergebe sich aus der Entstehungsgeschichte der Bestimmung

ausgesetzt sein oder ein Preisverfall der Ware drohen kann, so daß eine Verkaufspflicht bestehe[384].

Die Autoren, die den Preisverfall erfaßt sehen, beziehen sich hauptsächlich auf eine Passage im Sekretariatskommentar zum Entwurf des CISG von 1978[385], in welchem 'loss' und 'rapid deterioration' nebeneinander genannt wurden. Dort ist zu lesen:

> 6. The most obvious example of goods which must be sold, if possible, because they are subject to loss or rapid deterioration is fresh fruits and vegetables. However, the concept of "loss" is not limited to a physical deterioration or loss of the goods but includes situations in which the goods threaten to decline rapidly in value because of changes in the market.

Nachdem der Ausdruck 'loss' gestrichen worden war, wurden weiter verschiedene Interpretationsmöglichkeiten des Absatzes (2) vertreten[386]. Einige Kommentatoren sahen in dem Ausdruck 'deterioration' einen Hinweis auf die physische Beschaffenheit der Ware, welche zu Erhaltungsmaßnahmen zwinge. Andere interpretierten den Ausdruck so, daß die Erhaltung der Ware sich auch auf den wirtschaftlichen Gehalt (commercial interest), den die Ware repräsentiert, beziehe. Demzufolge müsse die erhaltende Partei den Markt beobachten und die Waren angemessen verkaufen, z. B. wenn der Preis verfalle. Singapur legte daraufhin einen Entwurf für den damaligen Artikel 77 (2) vor[387]. Danach sollte der Text entweder so formuliert werden:

> (2) If the goods are *perishable or their preservation would involve unreasonable expense, a party who is bound to preserve the goods in accordance with article 74 or 75 must take reasonable measures to sell them.*

oder:

> (2) If the goods are *subject to rapid deterioration or their preservation would involve unreasonable expense, a party who is bound to preserve the goods in accordance with article 74 or 75 must take reasonable measures to sell them.*

Damit sollte verdeutlicht werden, daß es nur um den physischen Zustand der Waren geht und nicht um wirtschaftliche Fluktuationen, denen sie unterworfen sein könnten. Derartiges würde einer Partei eine unbillige Verantwortung aufbür-

384 Enderlein/Maskow/Stargardt, Art. 88, Anm. 5

385 Nach Honnold Doc. C(3), S. 404, 453; O.R. 14-66; Commentary on the Draft Convention on Contracts for the International Sale of Goods, prepared by the Secretariat Document A/Conf.97/5, S. 63

386 A/CONF. 97/C.1/SR.37, O.R., S. 430, sub. 92; Honnold, Doc. Hist., S. 651

387 Document A/CONF.97/L.22 vom 9. April 1980; Honnold, Doc. Hist., S. 732

den, da sie so dem Risiko einer falschen wirtschaftlichen Entscheidung ausgesetzt sei[388].

Bei der folgenden Diskussion sah allein der Vertreter Dänemarks eine Ungerechtigkeit darin, daß es keine Bestimmung geben sollte, die auch einen Preisverfall zum Gegenstand hat. Schwere finanzielle Verluste könnten durch Preisverschiebungen hervorgerufen werden. Z. B. könnte Modebekleidung jeglichen Wert verlieren, wenn sie nicht innerhalb einer kurzen Zeitspanne verkauft würde. Dagegen wurde angemerkt, daß es unfair sei, eine unschuldige Partei haften zu lassen, falls diese Marktentwicklungen falsch einschätze[389]. Nachdem sich der zweite gegen den ersten Entwurf durchgesetzt hatte[390], wurde die Änderung des Artikels 77 (2) angenommen[391].

Damit steht außer Frage, daß die Autoren des CISG die 'Verschlechterung der Ware' allein auf den physischen Verderb bezogen.

Trotzdem will Barrera Graf die Vorschrift weit auslegen. Er bezieht sich dabei weiter auf das EKG und verweist darauf, daß auch dessen Art. 95 'Verlust' und 'rasche Verschlechterung' beinhalte. Indes bedeutet auch der Begriff 'Verlust' nicht zwangsläufig, daß ein drohender Preisverfall erfaßt wird. Schon die Kommentarliteratur zum EKG besagt, daß 'Verlust' und 'rasche Verschlechterung' in aller Regel nur bei sogenannter verderblicher Ware gegeben sein werden[392].

Auch andere Autoren versuchen weiterhin, Lösungsmöglichkeiten für einen Preisverfall aufgrund von Marktschwankungen zu entwickeln.

Entsprechend der Auffassung des dänischen Gesandten bei den Beratungen zum CISG vertrat bereits Rabel die Auffassung, daß die Gefahr des Preisrückganges nicht als Verderblichkeit gelte, es sei denn, daß der Preisverfall mit Sicherheit vorauszusehen sei, wie bei Mode- und Saisonwaren[393]. Auch Neumayer/Ming sprechen sich für eine solche Unterscheidung und damit für einen Notverkauf aus, falls Grund für die Annahme bestehe, daß die Ware sonst keinen Abnehmer mehr finden werde[394]. Aber auch diese Ansicht erlegt einer Partei eine unbillige Verantwortung für Marktentwicklungen auf.

---

388 A/CONF.97/SR.11, O.R. S. 227, sub. 39; Honnold Doc. Hist., S. 762

389 So Honnold als Vertreter der USA

390 Dafür 36 Stimmen, dagegen 4, Enthaltungen 4

391 Dafür 46 Stimmen, dagegen 0, Enthaltungen 2

392 Dölle/Eberstein, Art. 95, Rn. 2

393 Das Recht des Warenkaufs, Bd. 2, S. 85; so für das EKG auch Mertens/Rehbinder, Art. 95, Rn. 11, die z. B. bei Saisonware eine analoge Anwendbarkeit des Art. 95 EKG annehmen

394 Art. 88, Anm. 3., S. 573

4.6.2.3.1.2. Wertverlust als Grund für 'unverhältnismäßige Kosten'

Einen anderen Weg, den Preisverfall in eine Regelung einzubeziehen, schlägt Reinhart vor. Er fragt, ob ein drohender wirtschaftlicher Verlust nicht neben den eigentlichen Erhaltungskosten zu 'unverhältnismäßigen Kosten' führen kann, die zu einem Notverkauf verpflichten[395]. Während er selbst diese Möglichkeit mit Hinweis auf den Sinn der Vorschrift negiert, lohnt es sich aber, den Gedanken weiter zu vertiefen, wenn man sich die Definition für unverhältnismäßige Kosten anschaut, die ein Teil der Literatur anbietet.

Danach entstehen unverhältnismäßige Kosten, wenn die Aufwendungen für die Erhaltung den Wert der Ware, aber auch schon den Verlust bei einem Notverkauf deutlich übersteigen[396]. Falls Waren im Preis verfallen, verändert sich das Verhältnis der Erhaltungsaufwendungen gegenüber dem tatsächlichen, sinkenden Wert der Güter. Damit kann eine Situation entstehen, auf die die Definition der 'unverhältnismäßigen Kosten' paßt.

Gegen diesen Ansatz sprechen aber dieselben Gründe, die bereits bei der Entwicklung des CISG genannt wurden. So würde auch hier die erhaltende Partei mit der Verantwortung belastet, Marktschwankungen zu erkennen und ihre Handlungen danach auszurichten. Daß dies nicht gerechtfertigt sein kann, folgt auch aus einer anderen Überlegung: Falls der 'Kurs' weiter steigt, die Partei die Waren jedoch bereits verkauft haben sollte, wäre es vermessen, ihr den Vorwurf zu machen, die Waren vorzeitig abgestoßen zu haben.

Aus diesem Grund verbietet sich auch die Annahme einer Parallele zwischen der Fehleinschätzung der 'Ungebührlichkeit einer Verzögerung' nach Absatz (1), die zum Schadenersatz verpflichtet, und der Fehleinschätzung des Marktes. Von der erhaltenden Partei, die die Ware in Besitz hat, kann erwartet werden, den physischen Zustand in regelmäßigen Abständen zu überprüfen und zum angemessenen Zeitpunkt tätig zu werden. Eine Veränderung droht hier auch nur in eine Richtung, d. h. in Richtung Verfall. Dies ist bei Marktveränderungen aber nicht zwangsläufig der Fall. Hier können Kurse schwanken. Die erhaltende Partei würde also für falsche Prognosen und Umstände, die nicht in ihrer Macht liegen, einstehen müssen. Dies ist jedoch unbillig. Schließlich würde es für den Verkäufer

---

395 Die Literatur, die er für diese Sichtweise angibt, schlägt jedoch vor, den Preisverfall unter den Begriff 'Verschlechterung' zu subsumieren; in seinem Sinne jedoch Schlechtriem/Bacher, Art. 88, Rn. 11, der annimmt, daß eine 'ungebührliche Verzögerung' vorliegen könnte oder 'unverhältnismäßige Kosten' entstehen könnten

396 Staudinger/Magnus, Art. 88, Rn. 16; Soergel/Lüderitz/Dettmeier, Art. 88, Rn. 5; das OLG Braunschweig, U. v. 28.10.1999 – 2 U 27/99, S. 5, erachtet Erhaltungskosten in Höhe von "noch nicht einmal" 10 % des Warenwertes von Wildfleisch als verhältnismäßig

eine übermäßige Belastung bedeuten, zunächst bis zum geplanten Lieferzeitpunkt mit der Obhut, danach mit der Erhaltung der Waren belastet zu sein und zusätzlich noch das Risiko eines Preisverfalls tragen zu müssen. Da der erhaltenden Partei dies nicht zuzumuten ist, ist eine Lösung nicht über die Pflicht zum Notverkauf zu erreichen.

4.6.2.3.1.3. Wertverlust als 'ungebührliches Hinauszögern' nach Art. 88 Absatz (1)

Eberstein und Bacher nehmen schließlich an, daß drohender Wertverfall dazu führen könne, daß schon nach kurzer Zeit eine 'ungebührliche Verzögerung' zu bejahen sei und damit das Recht zum Selbsthilfeverkauf nach Art. 88 (1) entstehe[397].

Dies wird bestritten, da Absatz (1) nur den im Interesse des Erhaltungsverpflichteten gebotenen Verkauf decke[398]. Allerdings wird dabei übersehen, daß ein Verkauf bei Preisverfall auch im Interesse der erhaltenden Partei liegen kann[399]. Zum einen besteht eine Erleichterung darin, nicht mehr für die Waren sorgen zu müssen. Zudem setzt sich der Verkäufer, falls der Vertrag schließlich doch aufgehoben werden sollte, nicht dem Vorwurf aus, den Vertrag zu spät aufgehoben und damit einen rechtzeitigen Deckungsverkauf verhindert zu haben. Dies könnte nämlich zur Folge haben, daß dem Verkäufer ein Verstoß gegen die Schadensminderungspflicht gemäß Art. 77 angelastet wird. Während ein Verkauf aufgrund eines Preissturzes bei den Artt. 85 ff. umstritten ist, soll eine Partei im Einzelfall bei Erfüllungsverweigerung der anderen von dem Vertrag Abstand und ein Dekkungsgeschäft vornehmen müssen, wenn der Preis der Güter verfällt[400]. Obwohl generell das Recht besteht, auf Erfüllung zu beharren, ist die Anwendung des Art. 77 aber ausnahmsweise gerechtfertigt, wenn die Partei ohne 'plausiblen Grund oder in spekulativer Absicht' die Aufhebung verzögert, obwohl ein Deckungsgeschäft möglich und geboten ist[401]. Der nicht belieferte Käufer müßte angesichts steigender Preise einen Deckungskauf und der Verkäufer bei Erfüllungsverweige-

---

397 In vCaemmerer/Schlechtriem/Eberstein, 2. A., Art. 88, Rn. 24 a und Schlechtriem/Bacher, Art. 88, Rn. 11; Enderlein/Maskow/Strohbach, Art. 88, Anm. 4., folgen dem bedingt

398 Herber/Czerwenka, Art. 88, Rn. 4

399 So auch Vischer, Lausanne, S. 184

400 Honsell/Magnus, Art. 77, Rn. 8; Herber/Czerwenka, Art. 77, Rn. 6; Schlechtriem/Stoll, Art. 77, Rn. 10; Ziegler, S. 215 f.; entsprechend argumentiert Soergel/Lüderitz/Dettmeier, Art. 85, Rn. 6: Aus Art. 85 ergibt sich kein Aufschub des Dekkungsgeschäfts

401 Enderlein/Maskow/Strohbach, Art. 77, Anm. 2.; Piltz, § 5, Rn. 457; Neumayer/Ming, Art. 77, Anm. 3; Staudinger/Magnus, Art. 77, Rn. 11, 12

rung des Käufers angesichts fallender Preise einen Deckungsverkauf vornehmen, um den Nichterfüllungsschaden im Rahmen der konkreten Schadensberechnung nach Art. 75 möglichst niedrig zu halten. Damit will man vermeiden, daß der Schadenersatzanspruch durch eine verspätete Vertragsaufhebung infolge der sich verändernden Marktpreise in die Höhe getrieben und so auf Kosten der anderen Partei spekuliert wird. Das wird insbesondere dann gelten, wenn es sich um Saisonartikel handelt. D. h., daß Maßnahmen nach Art. 77 geboten sein können, auch wenn eine vertragliche Verpflichtung hierzu nach den Artt. 85-88 nicht besteht[402]. Die Grenzen von Selbsthilfe- und Deckungsverkauf können somit durchaus verschwimmen, wenn die jeweiligen Voraussetzungen kumulativ erfüllt sind[403]. Dies kann für die verkaufende Partei von Vorteil sein, wenn ein Verkauf, der die Voraussetzungen des Art. 88 nicht erfüllt, als Deckungsverkauf rechtmäßig war[404]. Dies kann aber, wie oben dargestellt, auch zum Nachteil sein.

Die Vornahme eines Verkaufs aufgrund von Preisschwankungen ist somit denkbar. Eine Möglichkeit dazu könnte sich auch aus einem Handelsbrauch gemäß Art. 9 ergeben[405]. Weiter könnten die Parteien einander zu einem Verkauf ermächtigen oder im mutmaßlichen Interesse der anderen Partei handeln[406]. Dies sind aber bereits rechtliche Konstruktionen außerhalb des CISG.

Als Ergebnis bleibt festzuhalten, daß eine Pflicht zum Verkauf aus den Artt. 85 ff. aufgrund eines Wertverlustes allerdings nicht besteht. Damit scheidet auch ein Schadenersatzanspruch aus, der sich darauf stützt, daß eine Partei ihren Erhaltungspflichten nicht angemessen nachgekommen sei, indem sie Preisschwankungen nicht ausreichend berücksichtigt habe.

4.6.2.3.2. Unverhältnismäßige Kosten

Nach der oben bereits erwähnten Definition entstehen unverhältnismäßige Kosten, wenn die Aufwendungen für die Erhaltung den Wert der Ware, aber auch schon den Verlust bei einem Notverkauf deutlich übersteigen[407].

Bei Eberstein ist zu lesen, daß Aufbewahrungskosten dann unverhältnismäßig sind, wenn sie über das sonst übliche Maß hinausgehen[408]. Abhängig von der be-

---

402 Schlechtriem/Stoll, Art. 77, Rn. 9; Schiedsspruch der IntHK Nr. 7197/1992, J.D.I. 1993, 1028, 1035

403 Huber, RabelsZ 43 (1979) 517

404 Herber/Czerwenka, Art. 88, Rn. 7 a. E.

405 Herber/Czerwenka, Art. 88, Rn. 4

406 Enderlein/Maskow/Strohbach, Art. 88, Anm. 4.

407 Staudinger/Magnus, Art. 88, Rn. 16; Soergel/Lüderitz/Dettmeier, Art. 88, Rn. 5; Schlechtriem/Bacher, Art. 88, Rn. 12

408 vCaemmerer/Schlechtriem/Eberstein, 2. A., Art. 88, Rn. 25

sonderen Beschaffenheit der Güter könnten außergewöhnliche Maßnahmen erforderlich sein. Er gibt das Beispiel, daß durch besonders aufwendige Lagerung in vollklimatisierten Räumen und durch spezielle Beobachtung unübliche, unverhältnismäßige Kosten entstehen könnten. An anderer Stelle benutzt er die Begriffe 'sachlich gerechtfertigte Kosten' und 'angemessene Aufwendungen'[409].

M. E. kann ihm nicht gefolgt werden, wenn er Kosten für besondere Maßnahmen generell als unverhältnismäßig ansieht. Dies läßt außer acht, daß für einige sehr empfindliche Waren nur eine besondere Einlagerung in Betracht kommt, da sonst unmittelbarer Verfall zu befürchten steht. Daher müssen die Kosten für eine Einlagerung an dem Wert der Waren ausgerichtet werden[410]. Erst wenn in diesem Verhältnis ein Ungleichgewicht entsteht, kann von unverhältnismäßigen Kosten gesprochen werden.

Zudem läßt Eberstein eine Erklärung vermissen, was unter dem 'sonst üblichen Maß' zu verstehen ist. Gerade bei leicht verderblichen Waren kann darunter wohl nicht die Einlagerung in eine Lagerhalle verstanden werden, die zwar kostengünstig sein mag, den Erfordernissen der Güter jedoch in keinster Weise gerecht wird.

Aus diesen Gründen ist der ersten Definition, die auf das Verhältnis zwischen Wert der Ware und Höhe der Erhaltungskosten abstellt, der Vorzug zu geben.

4.6.2.3.3. Durchführung des Notverkaufs

Art. 88 (2) verlangt nicht ausdrücklich den Verkauf, sondern ein Bemühen darum in angemessener Weise. Damit ist die jeweilige erhaltende Partei nicht zu einem Verkauf um jeden Preis verpflichtet. Dies bedeutet, daß ein Verkauf dann, wenn er möglich und zumutbar ist, stattzufinden hat, wenn er wirtschaftlich unsinnig oder unzumutbar wäre, nicht durchgeführt werden muß. Insbesondere schnell verderbliche Ware wird sich nicht unter allen Umständen weiterverkaufen lassen. Potentielle Zweitkäufer könnten von einem Kauf Abstand nehmen, wenn sie erfahren, daß die Güter bereits einmal nicht abgenommen wurden. Zudem könnte ein Zweitverkauf aufgrund längerer Transportwege entfallen, die einen Verderb der Ware bedeuten würden. Auch ein Verkauf zu ungünstigen Konditionen kann zulässig sein, wenn keine andere Absatzchance besteht und ein Nichtverkauf höheren Schaden wahrscheinlich macht[411].

---

409 2. A., Art. 88, Rn. 26, Art. 87, Rn. 9, 10, Art. 85, Rn. 15 f.
410 Siehe Punkt 4.6.1.
411 Schlechtriem/Bacher, Art. 88, Rn. 14

Während in Art. 95 EKG noch vorgesehen ist, daß die erhaltende Partei die Ware bei einem Notverkauf durch einen Dritten 'verkaufen lassen' muß[412], kann sie nach dem CISG selbst tätig werden. Bei der Beurteilung der Angemessenheit sind auch die Fähigkeiten des Verkaufenden zu bewerten. Je nach seiner Erfahrung oder Professionalität bestimmen sich die an ihn zu stellenden Ansprüche[413]. Wenn er auch grundsätzlich keinen Dritten einschalten muß, so kann dies doch von ihm erwartet werden, falls er selbst keine ausreichende Erfahrung hat.

Art. 88 (2) S. 2 verlangt eine Anzeige der Verkaufsabsicht nur, soweit dies möglich ist. Offengelassen ist, unter welchen Voraussetzungen von einer Möglichkeit auszugehen ist.

Schon für das EKG war diese Frage umstritten. In Art. 95 EKG wird hinsichtlich des Verkaufs lediglich auf Art. 94 EKG verwiesen, der eine Anzeige voraussetzt. In der Literatur dazu wird vertreten, daß dies bedeute, daß a) der Notverkauf einer Anzeige bedürfe[414], b) ein Notverkauf nur dann keiner Anzeige bedürfe, wenn dies untunlich sei[415] oder c) gar keine Anzeige erforderlich sei[416].

Für die Beantwortung der Frage, wann von einer Möglichkeit auszugehen ist, sollte insbesondere auf den Sinn der Anzeige abgestellt werden. Die Bedeutung der Anzeige nach Art. 88 (2) S. 2 liegt nicht allein in dem Zurkenntnisbringen eines bevorstehenden Verkaufes, sondern vor allem darin, der anderen Partei die Möglichkeit zu geben, noch einzuschreiten. Dies wird aber z. B. bei einem unmittelbar bevorstehenden Verfall der Güter nur in Ausnahmefällen erfolgversprechend sein. Damit ist aber auch die Anzeige nur von begrenztem Nutzen und eingeschränkter Bedeutung. Folglich kann der verkaufenden Partei eine fehlende Anzeige nicht vorgeworfen werden. Solange ein rechtzeitiges Eingreifen der anderen Partei auszuschließen ist, gilt dies selbst für den Fall, daß eine Anzeige tatsächlich möglich gewesen wäre.

4.6.2.4. Verwendung des Verkaufserlöses nach Art. 88 Absatz (3)

Ein möglicher Überschuß, der durch den Verkauf erwirtschaftet wird, ist nach Abzug von angemessenen Erhaltungs- und Verkaufskosten dem anderen Vertragspartner gutzubringen.

---

412 Siehe hierzu Dölle/Eberstein, Art. 95, Rn. 4

413 Enderlein/Maskow/Strohbach, Art. 88, Anm. 6.

414 So Dölle/Eberstein, Art. 95, Rn. 4, mit Hinweis darauf, daß dies in nationalen Rechten oftmals anders gehandhabt wird; Stötter, Art. 95, Anm. 2

415 Graveson/Cohn/Graveson, Art. 95, S. 106

416 Mertens/Rehbinder, Art. 95, Rn. 12

4.6.2.4.1. Schick- oder Bringschuld

Umstritten ist, ob es sich dabei um eine Schick- oder Bringschuld handelt. Vertreten wird einerseits, daß der in Art. 57 (1) enthaltene Grundgedanke entsprechend anzuwenden sei[417]. Dieser Artikel bestimmt, daß, falls nichts anderes vereinbart ist, am Ort der Niederlassung des Verkäufers zu zahlen ist und, daß, falls Zahlung gegen Übergabe der Ware bzw. Dokumente vereinbart wurde, der Kaufpreis am Übergabeort zu entrichten ist. In Anlehnung daran soll bei Auskehrung der Restzahlung nach Art. 88 von einer Bringschuld auszugehen sein.

Nach anderer Ansicht liegt der Erfüllungsort für die Restzahlungspflicht am Erfüllungsort der Primärpflicht[418]. Danach bestünde für den Verkäufer gemäß Art. 31 a) im Zweifel eine Schickschuld, ansonsten gemäß b) und c) Holschuld. Der Käufer hätte Zahlungen nach Art. 57 (1) a) am Ort der Niederlassung des Verkäufers und, falls Zahlung gegen Übergabe der Ware oder von Dokumenten zu leisten ist, an dem Ort, an dem die Übergabe stattfindet, zu erbringen.

Beide Ansätze suchen eine Lücke des CISG ohne Rückgriff auf nationales Recht auszufüllen. Dem ist beizupflichten, da eine interne Lücke vorliegt, die gemäß Art. 7 (2) nach den allgemeinen Grundsätzen des CISG geschlossen werden kann.

Allerdings vermag weder der eine noch der andere Ansatz diese Lücke befriedigend zu füllen. Beide führen in Einzelfällen zu ungerechten Ergebnissen, da für unterschiedlich gelagerte Fälle jeweils nur eine Regel zur Lösung angeboten wird. Dies läßt außer acht, daß die Positionen des Verkäufers und des Käufers nicht vollumfänglich vergleichbar sind. Der auf eine Bringschuld abstellende Ansatz führt z. B. dann zu einem unbilligen Ergebnis, wenn der Verkäufer verpflichtet sein soll, dem säumigen Käufer das Geld an dessen Sitz auszukehren, obwohl ursprünglich eine Hol- oder Schickschuld bezüglich der Güter vereinbart war. Den vertragstreuen Verkäufer jetzt mit einem Transport- und Verlustrisiko zu belasten, stellt eine 'Überfürsorge' zugunsten des Käufers dar[419].

Soweit die Gegenansicht darauf abstellt, daß der Erfüllungsort am Lieferort der Primärpflicht liegt, ist dem nur zu folgen, wenn wiederum der vertragstreue Verkäufer die Ware für den säumigen Käufer verkauft. Denn dann unterliegt der Verkäufer denselben Pflichten, die bereits für die Lieferung der Ware bestanden. Damit entstünde dem Verkäufer kein Nachteil.

---

417 vCaemmerer/Schlechtriem/Eberstein, 2. A., Art. 88, Rn. 31

418 Staudinger/Magnus, Art. 88, Rn. 24; Achilles, Art. 88, Rn. 9; Soergel/Lüderitz/Dettmeier, Art. 88, Rn. 7; Schlechtriem/Bacher, Art. 88, Rn. 20; Honsell/Siehr, Art. 88, Rn. 20

419 Soergel/Lüderitz/Dettmeier, Art. 88, Rn. 7, Fn. 17; zu dem Thema 'Leistungsort in der Rückabwicklung' siehe auch Krebs, S. 83 ff.

Wenn aber der Käufer, der die Ware in Besitz hat und ein Zurückweisungsrecht ausüben möchte, einen Verkauf vornimmt, darf nicht auf den Erfüllungsort der Primärpflicht abgestellt werden. Dies würde nämlich bedeuten, daß der Käufer, der den Kaufpreis möglicherweise bereits am Sitz des Verkäufers beglichen hat, auch den Erlös aus dem Verkauf gemäß Art. 88 dort auskehren müßte. Dies würde wiederum eine 'Überfürsorge' darstellen. Daher ist es geboten, eine dem jeweiligen Sachverhalt entsprechende, differenzierende Lösung anzubieten, die sich an den jeweiligen Eigenarten der Einzelfälle messen lassen muß.

4.6.2.4.1.1. Auskehrung des Erlöses durch den Verkäufer

Grundlegend für meinen Ansatz ist, daß durch die Vornahme eines Selbsthilfe- oder Notverkaufs die Ware durch das erlangte Geld ersetzt wird[420]. Mit diesem darf nicht anders als mit der Ware verfahren werden, da die erhaltende Partei sonst mit einem unbilligen zusätzlichen Risiko belastet würde. Wenn dieses Surrogat unter Abzug der entsprechenden Aufwendungen an den säumigen Käufer ausgekehrt werden soll, wäre es unangemessen, eine mögliche Schick- oder Holschuld hinsichtlich der Ware in eine Bringschuld in Anlehnung an Art. 57 (1) a) umzuwandeln. Der Verkäufer müßte nun ein Verlust- oder Verzögerungsrisiko tragen[421], welches für die Ware nicht bestand. Dies würde in der Tat eine unangemessene 'Überfürsorge' für den säumigen Käufer darstellen, dessen Verhalten einen Verkauf nach Art. 88 erst nötig gemacht hat. Auch in Zeiten des bargeldlosen Verkehrs, in welchem manche Risiken ausgeschlossen sind, darf dieser Punkt nicht vernachlässigt werden[422].

Bei einer solchen Sachlage ist daher der Ansicht zu folgen, die auf den Erfüllungsort der Primärleistung abstellt. Der durch den Verkauf erlangte Betrag ist von dem Verkäufer an dem Ort auszukehren, an welchem die Ware hätte geliefert werden sollen. Falls eine Holschuld vereinbart worden war, besteht diese bezüglich des Kaufertrages weiter fort.

Die in der Literatur und Rechtsprechung vertretenen Auffassungen, die sich mit dem Erfüllungsort von Kaufpreisrückzahlungen und Schadenersatz auseinandersetzen, stehen nicht in Widerspruch zu dieser Ansicht. Solche Forderungen sind von der Auskehrung des Erlöses gemäß Art. 88 (3) zu unterscheiden.

---

420 Für Geld als Surrogat der Ware siehe Herber/Czerwenka, Art. 88, Rn. 8; vCaemmerer/Schlechtriem/Eberstein, 2. A., Art. 88, Rn. 32

421 Staudinger/Magnus, Art. 57, Rn. 19; Schlechtriem/Hager, Art. 57, Rn. 4; Bianca/Bonell/Maskow, Art. 57, Anm. 2.5.; Enderlein/Maskow/Strohbach, Art. 57, Anm. 1.2.; ebenso für Art. 59 EKG Dölle/vCaemmerer, Art. 59 EKG, Rn. 12; LG Bückeburg v. 3.9.1982, in Schlechtriem/Magnus, Art. 59 EKG, Nr. 13

422 A. A. Kindler, in Jb It. R. 5 1992, 207

Beispielsweise hat das OLG Düsseldorf am 2.7.1993 entschieden, daß, wenn der den Gerichtsstand begründende Erfüllungsort für den Anspruch auf Zahlung des Kaufpreises gemäß Art. 57 (1) der Ort der Niederlassung des Gläubigers sei, es angemessen erscheine, darin einen allgemeinen Grundsatz für den Erfüllungsort jedweder Zahlungsansprüche nach dem CISG zu sehen[423].

Dieses Urteil steht in einer Reihe von Entscheidungen, die sich mit der Bestimmung des Gerichtsstandes von Erfüllungsorten gemäß § 29 ZPO und insbesondere Art. 5 Nr. 1 EuGVÜ auseinandersetzen[424]. Zur Bestimmung des maßgeblichen Erfüllungsortes wird von den Gerichten weiter die lex causae herangezogen[425]. Solange keine autonome prozessuale Bestimmung des Erfüllungsortes aus dem EuGVÜ stattfindet[426], bleiben danach die Erfüllungsorte des internationalen Einheitsrechts, bei Anwendbarkeit desselben, maßgeblich für die Bestimmung des Gerichtsstandes[427].

Dem OLG Düsseldorf stimmt ein Teil der Literatur zu, die in Sekundär-Zahlungspflichten Bringschulden in Anlehnung an Art. 57 sieht[428]; dies soll Kaufpreisforderungen, entsprechende Rückforderungen und Schadenersatzforderungen beinhalten.

Während einzusehen ist, daß eine allgemeingültige Regel den Vorteil hat, Rechtssicherheit zu schaffen, birgt sie auch die Gefahr in sich, im Einzelfall zu ungerechten Ergebnissen zu führen.

Gegen eine so weitreichende Bedeutung des Art. 59 (1) EKG, dem Vorläufer des Art. 57 CISG, hatten sich bereits der BGH und das OLG Düsseldorf in Ur-

423 RIW 1993, 845, 846, 17 U 73/93

424 BGH, U. v. 4.4.1979 – VIII ZR 199/78, BGHZ 74, 136; U. v. 22.10.1980 – VIII ZR 264/79, IPRax 1981, 129 ff. = BGHZ 78, 257 ff.; U. v. 13.5.1992 – VIII ZR 154/91, EuZW 1992, 518; OLG Düsseldorf 17. ZS. 9.7.1986 – 17 U 162/85, IPRax 1987, 234 ff.

425 In Anlehnung an EuGH, Urteile v. 6.10.1976, Rs 14/76 Bloos/Bouyer und Rs 12/76 Industrie Tessili, NJW 1977, 490, 491; EuGH, Urteil v. 29.6.1994 – Rs. C-288/92, RIW 1994, 676, auf Vorlagebeschluß BGH Beschl. v. 26.3.1992 – VII ZR 258/91, EuZW 1992, 514

426 Schack, Erfüllungsort, Rn. 303 ff., ders. IPRax 1987, 215 ff.; Schlechtriem, IPRax 1981, 113 f.

427 Bereits bei Verhandlung des CISG wurde moniert, daß eine prozeßrechtliche Wirkung des Erfüllungsortes für die Zahlung den Verkäufer unangemessen begünstigen würde. Ein deutscher Antrag, in den Artikel ausdrücklich aufzunehmen, daß aus dem Erfüllungsort am Sitz des Verkäufers kein Gerichtsstand abzuleiten sei, wurde abgelehnt, vgl. O.R. 122, 368

428 Bejahend Schlechtriem, EWiR 1993, 1075; vCaemmerer/Schlechtriem/Herber, 2. A., Art. 7, Rn. 41; Koch, RIW 1996, 381; für das EKG, Schlechtriem IPRax 1981, 115

teilen zur Kaufpreisrückgewähr ausgesprochen[429]. Danach soll eine entsprechende Anwendung des Art. 59 (1) nicht möglich sein, da kein Rückkauf vorliege, ein Vorrang des Verkäufersitzes als Erfüllungsort bestehe und sonst Gerichtsstände für Schadenersatzansprüche und Kaufpreisrückgewähr auseinanderfielen[430]. Während diese Entscheidungen einige kritikwürdige Punkte enthalten[431], ist ihnen insoweit zuzustimmen, als daß nicht alle Geldschulden denselben Erfüllungsort haben. Diese Aussage ist auf das CISG übertragbar. Sie wird auch in unterschiedlichem Ausmaß in der Literatur geteilt[432]. Als Beispiel mag hier genügen, daß bei Schadenersatz zum einen vertreten wird, daß dieser an dem Ort zu erfüllen ist, an dem die verletzte Verpflichtung zu erfüllen war[433], zum anderen, daß sich der Erfüllungsort entsprechend Art. 57 bestimmt[434].

Der im Einzelfall maßgebliche Zahlungsort muß zunächst der jeweils verletzten Verpflichtung oder der eine Zahlung anordnenden Bestimmung entnommen werden. Für den Fall der Auskehrung des Erlöses nach Art. 88 (3) durch den Verkäufer ist aber auf die Verpflichtung abzustellen, die ursprünglich hinsichtlich der Ware galt. In dieser Situation auf die Primärpflicht abzustellen, führt zu einem angemessenen Ergebnis.

4.6.2.4.1.2. Auskehrung des Erlöses durch den Käufer

Anders verhält es sich jedoch, wenn der Käufer ein Zurückweisungsrecht ausüben möchte und nach Art. 86 zur Erhaltung der Ware verpflichtet ist.

Die Zurückweisungsrechte ergeben sich aus den Artt. 49, 51, 72 und 73 für die Fälle, in denen eine Vertragsaufhebung beabsichtigt ist. Zudem sind das Ersatzlieferungsverlangen nach Art. 46 (2) und die Verweigerung einer vorzeitigen oder Zuviellieferung gemäß Art. 52 dazuzuzählen.

In diesen Fällen ist der Käufer verpflichtet, für die Erhaltung der Ware zu sorgen. Wenn ein Notverkauf angezeigt sein sollte, ersetzt das erlangte Geld auch

429 BGH, U. v. 4.4.1979 – VIII ZR 199/78, BGHZ 74, 136; U. v. 22.10.1980 – VIII ZR 264/79, IPRax 1981, 129 ff. = BGHZ 78, 257 ff.; U. v. 13.5.1992 – VIII ZR 154/91, EuZW 1992, 518; OLG Düsseldorf 17. ZS. 9.7.1986 – 17 U 162/85, IPRax 1987, 234 ff.

430 Für Erfüllungsort des Schadenersatzes an dem Ort, an dem die verletzte Verpflichtung zu erfüllen war, BGH U. v. 22.10.1980, VIII ZS. in BGHZ 78, 257

431 Besprechung und Kritik vorgenannter Entscheidungen in Schlechtriem, IPRax 1981, 113 ff.; Schack, IPRax 1987, 215 ff.

432 Honsell/Schnyder/Straub, Art. 57, Rn. 29 ff.

433 Staudinger/Magnus, Art. 57, Rn. 22; für das EKG BGH U. v. 22.10.1980, a. a. O.; U. v. 24.9.1986 – VIII ZR 320/85, BGHZ 98, 263, 272; Dölle/Weitnauer, Vor 82-89, Rn. 78

434 Enderlein/Maskow/Strohbach, Art. 57, Anm. 2.; Herber/Czerwenka, Art. 57, Rn. 14

hier die Ware. Nach meiner Auffassung hat der Käufer mit diesem Geld auf die gleiche Art und Weise zu verfahren, wie er es mit der Ware hätte tun müssen, d. h. daß das Geld an dem Ort zur Verfügung gestellt oder an die Stelle versandt werden muß, an welche auch die zurückgewiesene Ware hätte verbracht werden müssen. Sobald dieser Ort bestimmt ist, ist der Ort für die Restzahlung gefunden. Damit ist auch hier ein Rückgriff auf einen möglicherweise aus Art. 57 zu entnehmenden Grundsatz nicht geboten.

Allerdings ist eine ausdrückliche Regelung für einen Rückgabe- oder Austauschort im Übereinkommen nicht enthalten. Indes beschreiben die Regelungen der Artt. 81 ff. die Wirkungen der Aufhebung. Danach können die Parteien Zug um Zug die Rückgabe der Leistungen gemäß Art. 81 (2) verlangen. Bis auf die Zug-um-Zug-Bestimmung sind diese Regelungen für den Fall eines Ersatzlieferungsverlangens zumindest entsprechend anzuwenden[435].

Die bestehende Lücke hinsichtlich des Rückgabeortes kann als interne Lücke im Rahmen von Art. 7 (2) gefüllt werden[436]. Ein Rückgriff auf nationale Normen ist somit nicht erforderlich. Mit den Artt. 81 ff. existieren Regelungen hinsichtlich der Aufhebung, die den Rahmen für eine Konkretisierung vorgeben.

Die h. M. will die Lücke in der Weise füllen, daß die Regelungen für die Leistungs- und Lieferungsorte der Primärleistungen spiegelbildlich angewendet werden sollen[437]. Dies entspricht der 'Umsteuerung' des Leistungsprogramms in ein Austauschverhältnis mit umgekehrten Vorzeichen. Wenn die Lieferung der Ware nach Art. 31 die Abholung bei der Verkäuferniederlassung bzw. beim Versendungskauf die Übergabe durch den Verkäufer an den Beförderer erforderte, hat der Verkäufer die Ware nun bei dem Käufer abzuholen bzw. der Käufer die Ware zu versenden und hierzu einem Beförderer zur Übermittlung an den Verkäufer zu übergeben.

---

435 Staudinger/Magnus, Vorbem. zu Artt. 81 ff., Rn. 1; Schlechtriem/Leser/Hornung, Vor Artt. 81-84, Rn. 4; Soergel/Lüderitz/Dettmeier, Art. 81, Rn. 9; zum Ausschluß der Zug-um-Zug-Regelung, Staudinger/Magnus, Art. 46, Rn. 49; Schlechtriem/Huber, Art. 46, Rn. 53; Vischer, in Lausanne, 182; Leser, in Einh. KaufR. und nat. Obl.R, 242, Fn. 81; a. A. Herber/Czerwenka, Art. 46, Rn. 7; Karollus, S. 137 f.

436 Für das EKG, Schwenzer, IPRax 1988, 214

437 Staudinger/Magnus, Art. 81, Rn. 19; Schlechtriem/Leser/Hornung, Art. 81, Rn. 17 f.; Leser in Einh. KaufR. und nat. Obl.R, S. 242, 254; Schlechtriem, Int. UN-KaufR., Rn. 331 f.; Piltz, Int. KaufR, § 5, Rn. 92; Weber, in Berner Tage, S. 186; Heilmann, S. 526 f.; abweichend für die Rückzahlung des Kaufpreises Herber/Czerwenka, Art. 81, Rn. 12 und Jan, S. 218 f.; für das EKG Dölle/Weitnauer, Art. 78, Rn. 6; Schlechtriem, IPRax 1981, S. 114

4.6.2.4.1.3. Holschuld bei vertragswidrigem Verhalten der nichterhaltenden Partei

Für den Fall des Vertragsbruchs des Verkäufers wird teilweise eine Versendungspflicht abgelehnt und die Rückgewährpflicht nur als Holschuld zugelassen. In einer Schickschuld für den Käufer wird eine nicht gerechtfertigte Benachteiligung des Käufers gesehen, da ihm unter diesen Umständen nicht auch noch Versendungs- und Rücktransportkosten auferlegt werden dürften[438]. Selbst wenn der Verkäufer diese Kosten später tragen muß, erhöht sich das Risiko des Käufers bei Insolvenz des Verkäufers, weder Kaufpreis noch Transportkosten erstattet zu bekommen. Daher sollte der vertragsbrüchige Teil, der für die Aufhebung verantwortlich zeichnet, stärker belastet werden, indem seine Rückgewährpflicht in eine Bringschuld und seine Rückgewähransprüche in Holschulden umgewandelt werden. In einem solchen Fall kann das Argument der Überfürsorge gegenüber dem Verkäufer nicht mehr gelten.

Für diese Sichtweise kann der Wortlaut der Artt. 86 (2) und 88 (1) herangezogen werden[439]. In Art. 86 (2) wird der Käufer dazu aufgefordert, die Ware in Besitz zu nehmen, um sie erhalten zu können. Nicht enthalten ist die Pflicht, die Ware zurückzusenden oder zurückzutransportieren. Zudem stellt Art. 88 (1) auf eine Rückholpflicht des Verkäufers ab, wenn auf die 'ungebührliche Hinauszögerung der Rücknahme' verwiesen wird. Aus dem Begriff des 'Schuldens' in Absatz (3) allein kann keine Schickschuld entnommen werden.

Dieser Rückgriff auf die Erhaltungspflichten kann allerdings nicht überzeugen. Aus der Nichtregelung eines Rücktransportes an dieser Stelle einen solchen Schluß zu ziehen, ist verfehlt. Bei den Artt. 85 ff. handelt es sich um Regelungen, die allein die Erhaltung der Ware bezwecken und nicht bestimmen sollen, wer einen Rücktransport durchzuführen hat. Dazu kann auch nicht der Wortlaut des Art. 88 bemüht werden. Dieser stellt zwar auf eine ungebührliche Hinauszögerung einer Rücknahme ab. Dadurch wird aber lediglich ein Verkauf für den Fall ermöglicht, daß eine Partei die Ware nicht zurücknimmt, ohne festzulegen, daß dieser Partei grundsätzlich eine Pflicht zum Rücktransport obliegt. Es entspricht nicht dem Zweck der Normen zu bestimmen, wer Rücktransportpflichten hat. Einschränkend ist nur der Fall denkbar, daß in einem Rücktransport die zur Er-

---

438 Schlechtriem, IPRax 1981, S. 113, 115; Schlechtriem, Int. UN-KaufR., Rn. 331; unter Verweis auf von Piltz, NJW 1994, 1105, Fn. 70, erwähntes Urt. des LG Krefeld, v. 24.11.1992 - 12 O 153/92, unveröffentlicht; so ist auch Huber, in Schlechtriem, Art. 46, Rn. 53, zu lesen, der bei einer Ersatzlieferung annimmt, daß die Organisation und die Kosten des Rücktransportes der Erstlieferung Sache des Verkäufers sind

439 Für das EKG, Schlechtriem, IPRax 1981, 115; Schack, IPRax 1987, 216

haltung der Ware angemessene Maßnahme gesehen werden kann. Dies gilt z. B., wenn nur die Container, in denen die Ware geliefert wurde, die Vorrichtungen bieten, die zum Schutz der Güter erforderlich sind, und diese Container unverzüglich zurückgesandt werden müssen.

Doch auch ohne eine Argumentation anhand der Artt. 85 ff. ist die Wertung nachzuvollziehen, daß die vertragsbrüchige Partei stärker belastet werden soll.

Dies gilt auch für den Fall, daß der vertragswidrig handelnde Käufer ursprünglich die Ware zurückzugeben hat. Ihn kann die Pflicht treffen, die Ware an den Sitz des Verkäufers zurückzuschaffen[440].

Im Ergebnis bleibt festzuhalten, daß der Verkäufer, der einen Verkauf nach Art. 88 vornimmt, den Überschuß dort zu erbringen hat, wo er auch die Hauptpflicht hätte erbringen müssen. Für den Käufer, der einen solchen Verkauf vornimmt, ist entweder spiegelbildlich auf diese Verpflichtung abzustellen, oder es ist eine Holschuld des Verkäufers anzunehmen.

4.6.2.4.2. Anspruch auf Rechnungslegung

Es besteht ein Anspruch auf Rechnungslegung[441]. Dem Sekretariatskommentar kann dies allerdings nur bedingt entnommen werden, da dieser den maßgeblichen Satz des Artikels: "He must account to the other party for the balance."[442], lediglich wiederholt.

Man könnte daran denken, diese Pflicht einer allgemeinen Kooperationspflicht zu entnehmen. So wird auch der Auskunftsanspruch nach Art. 32 (3) als Ausdruck der allgemeinen Kooperationspflicht angesehen[443]. Danach muß der Verkäufer dem Käufer Auskunft geben, um den Abschluß einer Transportversicherung für die Güter zu ermöglichen. Bei einem Verstoß stehen dem Käufer die allgemeinen Behelfe der Artt. 45 ff. zu[444]. Die Kooperationspflicht dient allerdings in erster Linie dazu, die ordentliche Durchführung und Erfüllung des Vertrages zu ermöglichen und die Auswirkungen von Störungen möglichst gering zu halten. Eine Rechnungslegung nach einem Selbsthilfe- oder Notverkauf hat aber den Zweck, der anderen Partei ein Kontrollmittel an die Hand zu geben, um Nachforderungen oder – bei einem pflichtwidrigen Verkauf – Schadenersatz fordern zu können. Aufgrund der abweichenden Zielrichtung kann ein Anspruch auf

---

440 Dölle/Weitnauer, Vor Artt. 84-87, Rn. 10

441 Staudinger/Magnus, Art. 88, Rn. 26; Schlechtriem/Bacher, Art. 88, Rn. 19; Herber/Czerwenka, Art. 88, Rn. 8

442 Sekretariatskommentar, Art. 77, Anm. 9

443 Siehe dazu Punkt 4.5.2.5.1.

444 Staudinger/Magnus, Art. 32, Rn. 23; Schlechtriem/Huber, Art. 32, Rn. 33

Rechnungslegung nicht einer allgemeinen Kooperationspflicht entnommen werden.

Während umstritten ist, ob ein Grundsatz besteht, wonach den Parteien eine generelle Informationspflicht obliegt[445], die zur Rechnungslegung zwingen könnte, kann man die Pflicht aber dem Art. 88 (3) selbst entnehmen. Es liegt nahe, dem Gläubiger, wenn ein Verkaufsüberschuß geschuldet wird, die Möglichkeit einzuräumen, diesen in seinem Umfang überprüfen zu können. Dazu erforderliche Informationen sind vom Gläubiger so gut wie nicht zu beschaffen. Nur ein Anspruch auf Rechnungslegung kann Klarheit bringen und unnötige Auseinandersetzungen vermeiden.

4.6.3 Nutzung als angemessene Erhaltungsmaßnahme

Fraglich ist, ob auch die Nutzung der Güter als angemessene Erhaltungsmaßnahme in Betracht kommen kann.

Einer Nutzung durch den Käufer steht zunächst Art. 82 (1) entgegen. Danach kann er das Aufhebungsrecht verlieren, wenn es ihm unmöglich ist, die Ware im wesentlichen in dem Zustand zurückzugeben, in dem er sie erhalten hat.

Zwar gilt dies nach Absatz (2) b) nicht, wenn die Qualität der Ware durch eine gebotene Untersuchung verschlechtert wird[446] und nach Absatz (2) c) nicht, wenn die Ware der normalen Verwendung entsprechend verbraucht oder verändert wird, bevor die Vertragswidrigkeit entdeckt wurde oder hätte entdeckt werden müssen, wobei der Gebrauch einer Sache zwischen Veränderung und Rückgabe der Ware im wesentlichen in dem Zustand, in dem der Käufer sie erhalten hat, anzusiedeln ist[447]. Indes besteht nach Entdeckung des Mangels eine potentielle Rückgabepflicht, mit der sich ein weiterer Gebrauch grundsätzlich nicht vereinbaren läßt. Ab diesem Zeitpunkt entfaltet Art. 82 (1) eine Sperrwirkung[448]. Vom Käufer wird dann ein besonders sorgfältiger Umgang mit der Sache einge-

---

445 Staudinger/Magnus, Art. 7, Rn. 48; Schlechtriem/Ferrari, Art. 7, Rn. 54; siehe auch Punkt 4.5.2.5.

446 Gemäß BGH, NJW, 1997, 3311, 3312 f., U. v. 25.06.1997, VIII ZR 300/96, verliert der Käufer ein Aufhebungsrecht erst recht dann nicht, wenn eine zum Zweck der Untersuchung erfolgte Verarbeitung der Ware dazu führt, daß die Qualität der Ware durch die Verarbeitung sogar noch verbessert wurde

447 Schlechtriem/Leser/Hornung, Art. 82, Rn. 26; zur daneben gegebenen Bagatellregelung vgl. Schlechtriem/Leser/Hornung, Art. 82, Rn. 11; Enderlein/Maskow/Strohbach, Art. 82, Anm. 2.1.; Piltz, § 5, Rn. 168; Schlechtriem, Einh. UN-KaufR., S. 101

448 Schlechtriem/Leser/Hornung, Art. 82, Rn. 27

fordert. Er ist z. B. verpflichtet, auf die Weiterverwendung einer Maschine bei Gefahr ihrer Zerstörung zu verzichten[449].

Allerdings wurde von amerikanischen Gerichten in Entscheidungen, denen der UCC zugrunde lag, unter vergleichbaren Umständen eine weitere Nutzung von Gütern zugelassen. Ähnlich dem Art. 82 CISG darf laut Section 2-602(2)(a) des UCC ein die Annahme ablehnender Käufer keine eigentümergleichen Rechte hinsichtlich der Ware ausüben. Dies beinhaltet sowohl die Benutzung[450] als auch eine Reparatur[451] der Ware. Trotzdem erlaubten Gerichte zunächst das Weiterbewohnen von mangelhaften beweglichen Wohnunterkünften ('mobile homes'), bis der Verkäufer sie ersetzen oder einen monetären Ausgleich schaffen konnte. Begründung hierfür war, daß dies der beste Weg sei, die Substanz zu erhalten und einen unnötigen Verfall auszuschließen[452]. Zudem hätten die Käufer keine angemessene alternative Wohnmöglichkeit. Sie sollten nicht gezwungen sein, noch mehr Kosten durch Anmietung eines weiteren 'mobile home' entstehen zu lassen[453].

Diese Entscheidungslinie wurde auf Fahrzeuge, Maschinen und ärztliche Geräte übertragen[454]. Dort wurde aber zwischen notwendigem und nicht notwendigem Gebrauch abgegrenzt[455]. Weiter wurde einigen Käufern erlaubt, die Ware zu nutzen, wenn dies entweder als angemessen erachtet wurde, um den durch den Verkäufer verursachten Schaden zu mindern[456], oder darin die geeignetste Weise der Erhaltung gesehen wurde. Abweichendes gilt wiederum, wenn es möglich gewesen wäre, in der Nutzungsspanne Ersatz zu beschaffen[457].

---

449 Herber/Czerwenka, Art. 82, Rn. 6

450 Z. B. W.M. Hobbs, Ltd. v. Accusystems of Ga., 177 Ga. App. 432, 339 S.E.2d 646, 42 U.C.C. Rep. Serv. 1296 (1986) (Herstellung von 60.000 Kopien nach dem Widerruf der Abnahme machten den Widerruf nichtig); Wendt v. Beardmore Suburban Chevrolet, 219 Neb. 775, 366 N.W.2d 424, 40 U.C.C. Rep. Serv. 1659 (1985) use of car for 11000 miles after revocation voided revocation

451 Griffith v. Stovall Tire & Marine, 174 Ga. App. 137, 329 S.E.2d 234, 41 U.C.C. Rep. Serv. 1301 (1985)

452 Minsel v. El Rancho Mobile Home Center, 32 Mich. App. 10, 188 N.W.2d 9, 9 U.C.C: Rep. Serv. 448 (1971)

453 Jones v. Abriani, 169 Ind. App. 556, 350 N.E.2d 635, 19 U.C.C. Rep. Serv. 1102 (1976)

454 Vgl. Punkt 6.3.6.3.

455 Johnson v. General Motors Corp., 233 Kan. 1044, 668 P.2d 139, 36 U.C.C. Rep. Serv. 1089 (1983); McCullough v. Bill Swad Chrysler-Plymouth, Inc., 5 Ohio St. 3d 181, 449 N.E.2d 1289, 36 U.C.C. Rep. Serv. 513 (1983)

456 CPC Intl., v. Techni-Chem, Inc., 660 F. Supp. 1509, 4 U.C.C. Rep. Serv. 2d 485 (N.D. Ill. 1987)

457 Computerized Radiological Servs. v. Syntex Corp., 786 F.2d 72, 42 U.C.C: Rep. Serv. 1656 (2d Cir. 1986)

Fraglich ist, ob sich die Grundzüge dieser Entscheidungen auf das CISG übertragen lassen. Zunächst sind die Fälle auszuschließen, bei denen sich die Gerichte von den finanziellen Möglichkeiten der Endkonsumenten haben leiten lassen. So wurde in einigen Fällen Wert darauf gelegt, daß die Käufer sonst keinen Unterschlupf finden oder mit weiteren unzumutbaren Kosten belastet würden. Der UCC ist kein reines Handelsgesetzbuch, sondern er bezweckt auch den Schutz der Käufergruppe der Nicht-Kaufleute. Diese unterliegt jedoch nicht dem Geltungsbereich des CISG. Interessant bleibt aber der Aspekt, daß eine Nutzung angemessen oder sogar notwendig erscheinen kann, um die Ware zu erhalten.

Hier ist beispielsweise an Nutztiere zu denken, die ebenfalls unter den Warenbegriff des CISG fallen[458]; z. B. müssen Milchkühe gemolken und Reitpferde bewegt werden. Allerdings muß diese Nutzung auch als Erhaltung der Ware angesehen werden, da die Tiere ohne diese Maßnahmen Schaden nehmen würden. Damit kann die erhaltende Partei im Einzelfall dazu verpflichtet sein, die Ware zu ihrem eigenen Schutz zu nutzen.

Dies widerspricht nicht dem Regelungsgehalt der Artt. 85 ff., da die dort aufgeführten Maßnahmen nicht abschließend sind[459]. Auch Art. 82 (1) findet keine Anwendung, wenn die Sache gerade durch eine Nutzung im wesentlichen in dem Zustand zurückgegeben werden kann, in dem sie entgegengenommen wurde. Zudem darf eine wesentliche Verschlechterung der Ware gemäß Art. 82 (2) a) weder auf einer Handlung noch auf einer Unterlassung des Käufers beruhen. Mit einer Nutzung der Ware, die als angemessene Erhaltungsmaßnahme anzusehen sein kann, würde sich der Käufer einer Verschlechterung aktiv entgegenstellen.

Damit ist aber eine weitergehende Frage zu stellen: Während Aufwendungen für aktive Erhaltungsmaßnahmen zu ersetzen sind, ist festzustellen, inwieweit aus dem Erhalt ein wirtschaftlicher Vorteil gezogen werden darf oder muß und wie dieser auszugleichen ist. Denn wenn z. B. Pferde bewegt werden müssen, kann daraus ein wirtschaftlicher Vorteil gezogen werden. Ebenso kann die Milch der Kühe verkauft werden, statt sie wegzuschütten. Diese Überlegung berührt den Streit, der hinsichtlich der Ersetzbarkeit von fiktiven Nutzungen geführt wird. Während der Verkäufer nach Art. 84 (1) vom Tag der Zahlung an Zinsen zahlen muß, schuldet der Käufer dem Verkäufer grundsätzlich nach Art. 84 (2) den Gegenwert aller Vorteile, die er aus der Ware oder einem Teil der Ware gezogen hat, wenn er diese zurückgeben muß oder er trotz Untergangs der Ware die Aufhebung des Vertrages erklärt bzw. vom Verkäufer Ersatzlieferung verlangt hat. Der Wortlaut bezieht sich auf Nutzungen, die tatsächlich gezogen wurden. Die-

---

458 Vgl. Staudinger/Magnus, Art. 1, Rn. 48
459 Siehe unter Punkt 4.6.

sen Nutzungsvorteilen können Aufwendungen und Kosten für die Ware entgegenstehen.

Entsprechend ist ein Abzug vorzunehmen, so daß der 'Nettovorteil' als Vermögensüberschuß an die andere Partei ausgekehrt werden muß[460].

Umstritten ist, ob der Käufer weitergehend dafür einstehen muß, daß er Nutzungen nicht gezogen hat, obwohl ihm die Nutzziehung möglich und zumutbar war[461].

Ohne diesen Streit für die Zeit vor dem Erkennen oder der Erkennbarkeit einer Vertragswidrigkeit entscheiden zu wollen, ist die Partei, die die Güter in Besitz hat, spätestens ab diesem Zeitpunkt besonderen Sorgfaltspflichten unterworfen[462]. Unter Zugrundelegung der Artt. 7 (1), 77 und 85 ff. müssen die wirtschaftlich sinnvollsten Maßnahmen getroffen werden, um nicht schadenersatzpflichtig zu werden. Damit hat die erhaltende Partei abzuwägen, ob die reinen Erhaltungsmaßnahmen oder eine auf Gewinn zielende wirtschaftliche Nutzung unter Einbeziehung der notwendigen Aufwendungen im Ergebnis günstiger ist. Dies verlangt von der erhaltenden Partei eine sorgfältige Kalkulation. Unter der Voraussetzung, daß eine Nutzung dem Erhalt der Ware überhaupt zuträglich ist, kann eine wirtschaftliche Nutzung den Vorteil haben, daß damit die zum Erhalt notwendigen Aufwendungen getragen und abgegolten werden. Andererseits läuft die erhaltende Partei Gefahr, sich durch eine übermäßige Nutzung, die zum Verschleiß führt, schadenersatzpflichtig zu machen. Allerdings ist meines Erachtens zumindest aus den Artt. 85 ff. CISG allein keine Verpflichtung zu entnehmen, die zu erhaltenden Waren gewinnbringend zu verwenden. Aus diesen Artikeln folgt grundsätzlich allein die Verpflichtung zur Erhaltung der Ware in dem bestehenden Zustand.

---

460 Staudinger/Magnus, Art. 84, Rn. 17; Schlechtriem/Leser/Hornung, Art. 84, Rn. 20 f.; Weber, in Berner Tage, S. 188; Vischer, S. 182, Fn. 3, der eine Analogie zu Art. 85 ff. sieht; Krebs, S. 75, schließt eine Gewinnhaftung aus

461 Gegen eine hypothetische, fiktive Berechnung: Staudinger/Magnus, Art. 84, Rn. 19; Schlechtriem, Einh. UN-KaufR., S. 102, 103; Neumayer/Ming, Art. 84, Anm. 3; Piltz, § 5, Rn. 290; Vischer, Lausanne, S. 182; Karollus, S. 154; Herber/Czerwenka, Art. 84, Rn. 5 und Enderlein/Maskow/Strohbach, Art. 84, Anm. 4.1., sind grds. gegen eine hyp. Berechnung, halten einen Ausgleich mittels Schadenersatzansprüchen aber nicht für ausgeschlossen; für eine Einbeziehung der fiktiv gezogenen Nutzungen: Weber, Berner Tage, S. 189; Jan, S. 223; Schlechtriem/Leser/Hornung, Art. 84, Rn. 22, der Gedanken des Art. 77 und 85 dienstbar macht

462 Schlechtriem/Leser/Hornung, Art. 82, Rn. 13, befürworten hier eine nicht ausdrücklich geregelte Einstandspflicht für die erhaltene Sache

4.7. Aufwendungsersatz der zum Erhalt verpflichteten Partei

Zu den erstattungsfähigen Auslagen gehören nicht nur die Kosten, die durch eine Einlagerung, ob nun bei der Partei selbst[463] oder bei einem Dritten, entstehen, sondern auch die Aufwendungen, die weiterhin erforderlich und angemessen sind[464]. Darunter sind auch Verpackungs- und Transportkosten sowie Versicherungsprämien zu verstehen[465]. Eine Regelung für den Ersatz von wertsteigernden, nützlichen Verwendungen ist den Artikeln allerdings nicht zu entnehmen[466].

Magnus vertritt die Auffassung, daß der Aufwendungsersatz im Zweifel in der Währung zu zahlen ist, in der er entstanden ist[467]. Unter Beachtung der korrekten Rechnungsstellung und des Währungsrisikos ist dies sinnvoll, aber nicht zwingend.

Falls es zu einer Fremdeinlagerung gekommen ist, wird dies zur Folge haben, daß die einlagernde Partei eine Provision hierfür beanspruchen kann[468]. Aber auch bei Selbsteinlagerung und Selbstverkauf kann ein angemessenes Entgelt verlangt werden. Deswegen kann ein Selbsthilfeverkauf für die ihn vornehmende Partei auch vorteilhafter sein als ein Deckungsgeschäft[469]. Zudem ist der Anspruch nach Art. 78 von dem Zeitpunkt an zu verzinsen, in dem eine Partei in Vorlage getreten ist.

---

463 Enderlein/Maskow/Stargardt, Art. 85, Anm. 2

464 Barrera Graf, in Bianca/Bonell, Art. 88, Anm. 2.10.: "fees or commissions paid to a broker who handles the sale, the freight paid to the carrier when the goods must be shipped to the place of sale or to the domicile of the purchaser; notices and public offers of the goods which may be made; the judicial or administrative expenses incident to the proceedings of sale"; vgl. hierzu die angemessenen Maßnahmen unter Punkt 4.6.

465 Piltz, § 4, Rn. 278

466 So auch Krebs, S. 78; von diesem Punkt zu unterscheiden ist die Frage, ob z.B. eine Einlagerung auch bei unverhältnismäßigen Kosten vorgenommen werden kann, siehe dazu Punkt 4.6.1.1.

467 In Staudinger, Art. 85, Rn. 17

468 Vgl. vCaemmerer/Schlechtriem/Eberstein, 2. A., Art. 85, Rn. 17; dies entspricht dem Provisionsanspruch aus § 354 im deutschen Recht; a.A. Achilles, Art. 85, Rn. 6

469 Huber, RabelsZ 43 (1979) S. 413, 517; Enderlein/Maskow/Strohbach, Art. 88, Anm. 8.; Schlechtriem Einh. UN-KaufR., S. 105

4.7.1. *Abgrenzung zum Schadenersatz*

Der Erstattungsanspruch nach den Artt. 85 ff. ist kein Schadenersatz, sondern ein eigener Ausgleichsanspruch[470]. Die erhaltende Partei kann nach Abschnitt VI CISG Ersatz verlangen, auch wenn die Voraussetzungen für einen Schadenersatzanspruch nicht gegeben sind[471]. Der Aufwendungsersatzanspruch ist aber für einen Schadenersatzanspruch insofern von Bedeutung, als daß bei möglichen Überschneidungen eine Grenze für die Anspruchshöhe gesetzt wird[472]. Ansonsten wäre der Aufwendungsersatzanspruch gegenüber den Schadenersatzregelungen entbehrlich.

Zu Überschneidungen von Aufwendungsersatz und Schadenersatz kann es kommen, da Lager- oder Transportkosten, die z. B. durch die Aufbewahrung von mangelhaften Gütern entstehen, als voraussehbare Schäden auch gemäß der Artt. 74 ff. ersatzfähig sind[473]. Maßstab für die Voraussehbarkeit angemessener Maßnahmen ist dabei die Sichtweise einer verständigen Person unter Beachtung der erkennbaren, konkreten Begleitumstände[474]. Der Schuldner muß z. B. damit rechnen, daß der Gläubiger angemessene Maßnahmen ergreift, um die Ware in eine vertragsgemäße Verfassung zu bringen. Hier ist an eine Reparatur der schadhaften Güter zu denken[475].

Ebenso voraussehbar sind die Begleitschäden, die in Form angemessener Aufwendungen zur Erhaltung der Ware entstehen. Wenn eine vernünftige Person anstelle des Schuldners gemeinhin mit Erhaltungsmaßnahmen in angemessenem Umfang rechnen muß, dann ist eine Voraussehbarkeit auch in diesem Umfang zu bejahen. Damit fällt die durch die Voraussehbarkeitsregel gezogene Haftungsgrenze zusammen mit dem Kriterium der angemessenen Maßnahme.

---

470 Staudinger/Magnus, Vorbem. zu Artt. 85 ff., Rn. 3; Honsell/Weber, Art. 85, Rn. 16

471 Schlechtriem, Int. UN-KaufR., Rn. 336; Enderlein/Maskow/Strohbach, Art. 85, Anm. 7.; zur Anwendbarkeit des Art. 79 auf die Artt. 85 ff. siehe Punkt 4.9.1.1.

472 Staudinger/Magnus, Vorbem. zu Artt. 85 ff., Rn. 3, Art. 74, Rn. 42; ICC-Schiedsspruch 7197/1992 Clunet 1993, 1035; Honsell/Schönle, Art. 74, Rn. 29; andere Autoren sprechen diese Einschränkung nicht an, so Enderlein/Maskow/Strohbach, Art. 74, Anm. 10.; Herber/Czerwenka, Art. 74, Rn. 12; Kranz, S. 218

473 Siehe Schiedsspruch der IHK Nr. 7197/1992, J.D.I. 1993, 1029, 1033 f.; RB Hasselt (Belgien), U. v. 2.9.1995, AR 1849/94, UNILEX; Honsell/Schönle, Art. 74, Rn. 29; Schlechtriem/Stoll, Art. 74, Rn. 18; Kranz, S. 174, 218; Heilmann, S. 574; Corvaglia, S. 119; für das EKG, OLG Koblenz 2 U 938/82, 11.11.83, in Schlechtriem/Magnus, Nr. 7 zu Art. 86, S. 461

474 Staudinger/Magnus, Art. 74, Rn. 35; Bianca/Bonell/Knapp, Art. 74, Anm. 2.8.

475 Schlechtriem/Stoll, Art. 74, Rn. 38

Dementsprechend begrenzt der Maßstab der Angemessenheit in den Artt. 85 ff. auch den Umfang der Schadensminderungspflicht nach Art. 77[476]. Damit kann der Käufer dem erhaltungspflichtigen Verkäufer nicht vorwerfen, daß er gemäß Art. 77 mehr zur Erhaltung hätte unternehmen müssen, als nach den Artt. 85 ff. tatsächlich unternommen hat. Dies gilt allerdings nur für den Fall, daß sich die Anwendungsbereiche in bezug auf die Erhaltung der Ware überschneiden. Ansonsten können gemäß Art. 77 Handlungen erforderlich sein, die über das hinausgehen, was nach den Artt. 85 ff. gefordert wird[477]. Vorstehend wurde bereits auf den Fall hingewiesen, daß unter speziellen Voraussetzungen vom Verkäufer erwartet werden kann, den Vertrag aufzuheben und einen Deckungsverkauf vorzunehmen, falls der Wert der Waren erheblich zu verfallen droht[478].

4.7.2. Vorschußpflicht

Zunächst wird die Partei in Vorlage treten müssen, die für die Erhaltung der Ware zu sorgen hat[479]. Dafür steht dieser Partei ein Erstattungsanspruch gegenüber der jeweils anderen Partei zu. Dies folgt aus den ausdrücklich in den Artikeln des Abschnitts VI CISG gewährten Zurückbehaltungsrechten.

Eberstein geht darüber hinaus auch von einer Vorlagepflicht aus, wenn zu befürchten steht, daß die andere Partei nicht in der Lage sein wird, ihren Erstattungspflichten nachzukommen. Dies sei nicht unbillig, da die jeweils erhaltende Partei die Möglichkeit habe, gemäß Art. 88 (1) einen Selbsthilfeverkauf vorzunehmen und nach Absatz (3) aus dem Erlös dieses Verkaufs den Betrag zurückzuhalten, der den angemessenen Kosten der Erhaltung und des Verkaufs entspreche[480].

Hiergegen wendet Kock ein, daß die weitere Belastung des Verkäufers mit der Erhaltungspflicht und den damit einhergehenden Kosten nicht angemessen sei, wenn ihm ein anderweitiger Verkauf der Ware nicht möglich sei[481]. Der Verkäufer müsse in diesem Fall davon ausgehen, daß er weder den Kaufpreis noch die Erhaltungskosten jemals vom Käufer werde erlangen können. Dem Verkäufer sei daher unbedingt zu empfehlen, die Aufhebung des Vertrages gemäß Art. 64 (1) a) wegen nicht rechtzeitiger Zahlung des Kaufpreises bzw. wegen Nichtab-

---

476 Staudinger/Magnus, Art. 77, Rn. 13
477 Schlechtriem/Stoll, Art. 77, Rn. 9
478 Siehe Punkt 4.6.2.3.1.3.
479 So auch Honnold, Art. 87, Rn. 456
480 vCaemmerer/Schlechtriem/Eberstein, 2. A., Art. 85, Rn. 15; so auch Herber/Czerwenka, Art. 85, Rn. 8; zum EKG Dölle/Eberstein, Art. 91 EKG, Rn. 4
481 Kock, S. 163

nahme zu erklären und Schadenersatz wegen Nichterfüllung gemäß Art. 61 (1) b) zu verlangen.

Diesem Ansatz kann nur in abgemilderter Form gefolgt werden. So wird man von dem Verkäufer erwarten müssen, daß er, nachdem der Käufer nicht abgenommen hat oder seiner Zahlungspflicht nicht fristgemäß nachgekommen ist, nicht unmittelbar den Vertrag aufhebt, weil die Besorgnis besteht, daß der Käufer eventuell nicht zahlungsfähig sein könnte. Dies wird ihm auch in den meisten Fällen gar nicht möglich sein, da die Verletzung der Zahlungs- oder Abnahmepflicht in der Regel nicht unmittelbar zu einer wesentlichen Vertragsverletzung führt, auch wenn dies in Einzelfällen zutreffen kann[482]. Zumindest sollte der Verkäufer dem Käufer aber die Möglichkeit geben, die Besorgnis auszuräumen oder eine Sicherheit für seine Leistung zu gewähren. Dies entspricht Art. 64 (1) b). Danach kann der Verkäufer die Aufhebung des Vertrages erklären, wenn der Käufer nicht innerhalb der vom Verkäufer nach Art. 63 (1) gesetzten Nachfrist seine Pflicht zur Zahlung des Kaufpreises oder zur Abnahme der Ware erfüllt oder wenn er erklärt, daß er dies nicht innerhalb der so gesetzten Frist tun wird. Diese Möglichkeit der Nachfrist bewirkt zweierlei: Zum einen wird dem Käufer eine Chance gegeben, den Vertrag doch noch zu erfüllen. Zum anderen wird dem Verkäufer die Last abgenommen, zu entscheiden, ob z. B. die Nichtabnahme bereits eine wesentliche Vertragsverletzung ist, die zur Aufhebung berechtigt. Spätestens bei Verstreichenlassen der Nachfrist durch den Käufer kommt es auf die Wesentlichkeit einer Verletzung nicht mehr an. Dabei können Fristen auch relativ kurz bemessen sein, wenn der Verkäufer ein dringliches Interesse hat. So sind bei der Frage der Angemessenheit einer Frist auch die Möglichkeit und die Kosten einer Einlagerung sowie auch die Wahrscheinlichkeit der Erstattung zu berücksichtigen[483].

4.8. Zurückbehaltungsrechte

4.8.1. Zurückbehaltungsrechte in den Artt. 85 S. 2, 86 Absatz (2) S. 2

Sowohl Art. 85 als auch Art. 86 enthalten in ihrem ersten Absatz ein Zurückbehaltungsrecht, um die Erstattung der jeweiligen Aufwendungen sicherzustellen.

---

482 Schlechtriem/Hager, Art. 64, Rn. 5, 6; dies wird auch von Kock anerkannt, die darauf in Fn. 46, S. 163 hinweist

483 Enderlein/Maskow/Strohbach, Art. 63, Anm. 3.; vCaemmerer/Schlechtriem/Eberstein, 2. A., Art. 88, Rn. 16

Ein Zurückbehaltungsrecht wird zudem durch Art. 58 (1) S. 2 gewährt, der regelt, daß der Verkäufer die Übergabe der Ware oder der Dokumente von der Zahlung des Kaufpreises abhängig machen kann. Weiter bestimmt Art. 81 (2) S. 2 ausdrücklich, daß wechselseitige Rückgewähransprüche nur Zug um Zug zu erfüllen sind. Schließlich enthält Art. 71 ein Zurückhaltungsrecht für den Fall, daß sich herausstellt, daß die andere Partei einen wesentlichen Teil ihrer Pflichten nicht erfüllen wird[484].

Damit wird den synallagmatischen Leistungen Rechnung getragen. Zum einen soll das Zug-um-Zug-Prinzip gesichert werden, zum anderen soll niemand leisten müssen, sofern die Gefahr besteht, daß die versprochene Gegenleistung ausbleiben wird.

Dies wird zu dem allgemeinen Grundsatz verdichtet, daß in nicht unwesentlichen Fällen konventionsinterner Ansprüche und Pflichten eine den Rechtsbehelfen des CISG angepaßte Zurückhaltung der eigenen Leistung gestattet ist[485]. Zurückbehaltungsrechte können demnach auch bestehen, wenn keine 'Hauptleistung' betroffen ist, sondern eine nicht nur unwesentliche Zusatzpflicht[486]. Dies kann z. B. der Fall sein, wenn eine Partei eine vereinbarte Werbemaßnahme nicht durchführt oder der Verkäufer nicht wie vereinbart in die Bedienung einer Maschine einweist. Aber auch bei einer nicht wesentlichen Pflichtverletzung kommt ein begrenztes Zurückhaltungsrecht in Betracht, wenn die zurückzuhaltende Leistung teilbar ist[487].

Konventionsexterne Ansprüche und Pflichten sind demgegenüber nicht geeignet, ein Zurückbehaltungsrecht aus dem CISG zu gewähren und sind daher nach vom IPR berufenem nationalem Recht zu beurteilen[488].

Eine Kollision des Zurückbehaltungsrechts nach den Artt. 85, 86 mit dem Verbot der Zurückbehaltung einer mangelhaften Erstlieferung, wenn eine Ersatzlieferung nach Art. 46 gefordert wird, ist nicht gegeben.

Dort soll die Rückgabe der zuerst gelieferten Ware nach Auffassung der h. M. nicht von der Lieferung vertragsgemäßer Ware abhängig gemacht werden können, da der Verkäufer ein vitales Interesse an der Verfügungsmöglichkeit haben kann[489]. Ein Zug-um-Zug-Verhältnis wird dabei verneint[490].

---

484 Siehe zu Art. 71 Hammer, Das Zurückhaltungsrecht gemäß Art. 71 CISG

485 Staudinger/Magnus, Art. 4, Rn. 47 a, Art. 58, Rn. 22; Schlechtriem Int. UN-KaufR., Rn. 42; ders. Einh. UN-KaufR., S. 75; Schlechtriem/Hager, Art. 58, Rn. 13; Herber/Czerwenka, Art. 58, Rn. 7

486 Staudinger/Magnus, Art. 58, Rn. 23

487 Schlechtriem, Int. UN-KaufR., Rn. 206, 251

488 Staudinger/Magnus, Art. 4, Rn. 47 a

489 Schlechtriem/Huber, Art. 46, Rn. 53

490 Petrikic, S. 63; siehe dazu bereits Punkt 4.6.2.2.1.

Die Mehrzahl der Kommentatoren bejaht die Möglichkeit, eine Sicherheit hinterlegen zu können[491]. Teilweise wird dies mit einer Analogie zu Art. 71 (3) 2. HS begründet[492]. Dieser besagt, daß eine Partei, die die Erfüllung des Vertrages ausgesetzt hat, diese fortzusetzen hat, wenn die andere Partei für die Erfüllung ihrer Pflichten ausreichende Gewähr gibt.

Gegen eine Analogie spricht sich Loewe aus[493]. Er vertritt die Auffassung, daß mit dem Retentionsrecht zusammenhängende Fragen mangels analogiefähiger Regeln des Übereinkommens nach nationalem Recht beurteilt werden müßten. Dies ist so zu verstehen, daß er unter 'andere Fragen' auch die Möglicheit einer Sicherheitsleistung versteht.

M. E. ist die erste Ansicht vorzugswürdig. Der Gedanke des Art. 71 ist auf diese Konstellation übertragbar. In beiden Fällen würde der Schuldner ohne Sicherheitsleistung das Risiko eingehen, erfüllt zu haben, ohne die Gewähr, daß auch die Gegenleistung als Beitrag des Gläubigers erbracht wird.

Argument für die Ableitung einer Sicherheitsleistung aus dem CISG ist zudem, daß sich dadurch verhindern läßt, daß die Erhaltungskosten allein wegen des Streits um ihre Angemessenheit noch weiter ansteigen[494]. Der Verkäufer, der bei einer Verletzung des Vertrages durch den Käufer nach Art. 77 verpflichtet wäre, den Schaden gering zu halten, müßte folglich eine Sicherheitsleistung akzeptieren. Dies soll auch aus dem Grundsatz von Treu und Glauben nach Art. 7 (1) folgen[495].

Die Sicherheit muß im Umfang der des Art. 71 entsprechen. Dies muß insbesondere dann gelten, wenn der Kaufpreis noch nicht entrichtet wurde. Als ausreichend sind Kreditsicherheiten wie Grundpfandrechte, Pfandrechte, Sicherungsübereignungen, Sicherungszessionen, Bürgschaften, Patronatserklärungen etc. anzusehen[496]. Obwohl einfache Beteuerungen, Absichtserklärungen und Zusagen grundsätzlich nicht genügen sollen, werden sie unter bestimmten Umständen doch als ausreichend angesehen[497].

---

491 Schlechtriem/Bacher, Art. 85, Rn. 17; Achilles, Art. 85, Rn. 7; Enderlein/Maskow/Strohbach, Art. 85, Anm. 6.

492 Staudinger/Magnus, Art. 85, Rn. 18; Herber/Czerwenka, Art. 85, Rn. 6

493 Art. 85, S. 101

494 So Schlechtriem/Bacher, a. a. O.; Kock, S. 164; Herber/Czerwenka, a. a. O.; a. A. Witz/Lorenz, Art. 85, Rn. 11, danach sollte dem Verkäufer nicht die Mühe auferlegt werden, die Freigabe einer Sicherheit erstreiten zu müssen.

495 Bianca/Bonell/Barrera Graf, Art. 85, Anm. 3.1.

496 Vgl. Staudinger/Magnus, Art. 71, Rn. 48, 49; Schlechtriem/Leser/Hornung, Art. 71, Rn. 38, 39; Herber/Czerwenka, Art. 71, Rn. 14

497 Bianca/Bonell/Bennett, Art. 71, Anm. 3.4., der auch annimmt, daß die Partei, die die Erfüllung ausgesetzt hat, der anderen Partei mitteilen sollte, daß sie mit der angebotenen Sicherheit einverstanden ist; Strub, S. 459; Audit, S. 163

Bei der Entscheidung, ob die gestellten Anforderungen erfüllt sind, ist auf den Einzelfall abzustellen. Als Regel kann gelten, daß eine Sicherheit dann ausreichend ist, wenn der Gläubiger bei objektiver Betrachtung sicher sein kann, die versprochene Leistung oder ihren Gegenwert zu erhalten[498]. Dieser Grundsatz sollte sich sowohl auf die Art als auch die Höhe der Gewähr beziehen.

4.8.2. Zurückbehaltungsrecht am Erlös aus Verkauf nach Art. 88

Bereits dargestellt wurde, inwieweit die Parteien Zurückbehaltungsrechte an der verwahrten Ware haben. Fraglich ist, ob sich ein Zurückbehaltungsrecht auch auf den Ertrag, den ein Selbsthilfe- oder Notverkauf nach Art. 88 erbringt, erstreckt. Dies ist der Betrag, den die verkaufende Partei nach Abzug ihrer Aufwendungen auszukehren hat. Unter der Voraussetzung, daß der erwirtschaftete Betrag Surrogat der Ware ist[499], muß gelten, daß er wie die Ware zurückzuhalten ist. Dementsprechend sind Zurückbehaltungsrechte, z. B. gemäß Artt. 58 (1) 2 oder 81 (1) 2, auch hier maßgeblich[500].

Barrera Graf bestreitet ein über den Einbehalt der Aufwendungskosten hinausgehendes Zurückbehaltungsrecht[501]. Danach hätte z. B. der Verkäufer für den Fall, daß der Käufer den Kaufpreis noch nicht gezahlt haben sollte, keine Sicherungsmöglichkeit[502]. Dieser Ansicht ist nicht zu folgen, sie läßt außer acht, daß die Pflichten zur Erhaltung der Ware in den Erfüllungsablauf des Vertrages eingebunden sind. Der Verkäufer, der zunächst das Recht hatte, die Ware zurückzuhalten, sie allerdings dann gemäß Art. 88 verkauft, darf nicht verpflichtet werden, den Kaufpreis ohne Gegenleistung auszukehren. Er würde ungerechtfertigt benachteiligt, wenn er nur die Wahl hätte, sich entweder schadenersatzpflichtig zu machen, weil er seinen Erhaltungspflichten nicht nachkommt, oder sich andererseits einer Sicherung zu berauben, indem er die Ware verkauft. Wenn also ein Zurückbehaltungsrecht an der Ware vor Verkauf bestand, welches entweder den Artt. 85 ff. oder z. B. Art. 58 (1) 2 entsprang, besteht dieses Recht am Erlös fort.

Dieses Ergebnis wird auch von einer systematischen Erwägung gestützt. Wenn die Artt. 87 und 88 die Erhaltungsmöglichkeiten aufzeigen, die gemäß Artikel 85 und 86 ergriffen werden müssen, dann darf dies nicht dazu führen, einge-

---

498 So Staudinger/Magnus, Art. 71, Rn. 49

499 Siehe Punkt 4.6.2.4.1.1.

500 Schlechtriem/Bacher, Art. 88, Rn. 18; Herber/Czerwenka, Art. 88, Rn. 8

501 In Bianca/Bonell, Art. 88, Rn. 2.10., Absatz 4

502 Der Sekretariatsbericht, O.R., S. 63, zu Art. 77, Nr. 9, verweist hier darauf, daß nach nationalem Recht die Möglichkeit bestehen könnte, die Zahlung des Ertrages bis zur Regelung anderer Ansprüche hinauszuschieben

räumte Zurückbehaltungsrechte je nach Wahl der Erhaltungsmaßnahmen wieder aufzuheben.

Unter der Voraussetzung, daß generell Zurückbehaltungsrechte im CISG bejaht werden, müssen sich diese sowohl auf die Ware als auch auf den entsprechenden Geldbetrag beziehen.

Fraglich ist, ob ein Zurückbehaltungsrecht an Geld nach Art. 88 auch dann besteht, wenn der Käufer eine Ersatzlieferung fordert und hinsichtlich der fehlerhaften Erstlieferung entweder einen Selbsthilfe- oder Notverkauf vornimmt. Zu dem Vorangehenden besteht insofern ein Unterschied, als daß eine fehlerhafte Erstlieferung nicht zurückbehalten werden darf[503]. Argument dafür ist, daß der Verkäufer ein Verfügungsinteresse an der Ware haben kann und daß ein Zurückbehaltungsrecht im internationalen Handel unüblich ist. Wenn man die oben dargelegte Argumentationslinie weiterverfolgt, dürfte in diesem Fall auch an dem Geld als Surrogat kein Zurückbehaltungsrecht bestehen.

Indes ist hier eine abweichende Sichtweise angebracht. Die Argumente, die gegen eine Verzögerung der Rückführung der Güter sprechen, finden auf einen Geldbetrag keine Anwendung. Natürlich besteht für die ersatzverpflichtete Partei ein Interesse an der Auszahlung des durch den Verkauf erlangten Betrages. Allerdings ist dieses Interesse nicht mit dem Interesse an der Erstlieferung vergleichbar. Während zudem ein Zug-um-Zug-Austausch der alten gegen die neue Ware unüblich ist und dafür keine kaufmännische Praxis besteht, ist der Austausch Geld gegen Ware die Grundlage eines Kaufvertrages. Dementsprechend ist das erwirtschaftete Geld nach wie vor Surrogat der Ware. Allerdings kann es anders als eine Erstlieferung sehr wohl bis zur Zweitlieferung zurückbehalten werden.

4.8.3. Möglichkeit der Aufrechnung, Verrechnung mit anderen Forderungen oder der Zurückbehaltung des Erlöses aus dem Verkauf gemäß Art. 88 Absatz (3) wegen anderer Forderungen

Umstritten ist, ob eine Partei nach einem Verkauf gemäß Art. 88 aus dem Erlös nur den Aufwendungsersatz einbehalten kann oder auch wegen anderer Forderungen aufrechnen, verrechnen oder ein Zurückbehaltungsrecht geltend machen darf.

In Art. 88 (3) selbst kann nur ein Indiz für die Möglichkeit einer weitergehenden Aufrechnung gesehen werden. Zunächst finden sich dort nicht die Ausdrücke 'aufrechnen', 'set-off' oder 'compenser', sondern 'behalten', 'retain' und

503 Staudinger/Magnus, Art. 46, Rn. 49; siehe dazu Punkt 4.8.1.

'retenir'. Die Kosten der getätigten Aufwendungen sind nicht auf-, sondern anzurechnen oder einzubehalten[504]. Zudem stehen sich nach dem Wortlaut nicht zwei eigenständige Forderungen gegenüber, sondern die Forderung besteht auf den erzielten Betrag, von vornherein nur um die entstandenen Kosten gemindert.

In der Literatur wird trotzdem vertreten, daß sich zumindest konventionsinterne Forderungen entgegenhalten lassen[505]. Andere schließen das nicht aus, sind jedoch der Meinung, daß sich dies allein nach dem jeweils anwendbaren nationalen Recht bestimme[506].

Diesen unterschiedlichen Auffassungen bei Art. 88 liegt die allgemeine Frage zugrunde, ob sich Aufrechnung und Zurückbehaltungsrechte aus dem CISG ergeben oder ob sie generell dem nationalen Recht zu entnehmen sind. Dies muß zunächst geklärt werden, bevor die Frage im speziellen für Art. 88 beantwortet werden kann.

Da die Zurückbehaltungsrechte, wenn sie keine ausdrückliche Regelung im CISG erfahren haben, ähnlich wie die Aufrechnung zu beurteilen sind[507], reicht es aus, sich hier auf letztere zu beschränken.

Das Institut der Aufrechnung ist nicht ausdrücklich im CISG geregelt und richtet sich grundsätzlich nach dem vom IPR berufenen Recht[508]. Umstritten ist, ob sich dieser Grundsatz auch auf Fälle erstreckt, bei denen sich konventionsinterne Ansprüche gegenüberstehen. Hierzu werden unterschiedliche Ansätze vertreten. In einer ersten Gruppe finden sich die Auffassungen, die eine Aufrechnung vom CISG generell als nicht gedeckt ansehen und daher in allen Fällen auf das nationale Recht verweisen[509]. Zu dieser ersten Gruppe möchte ich aber auch diejenigen zählen, die dieser Ansicht zwar grundsätzlich zustimmen, die aber ausnahmsweise im Fall der Rückabwicklung nach den Artt. 81 ff. eine Aufrechnungs- oder Verrechnungsmöglichkeit befürworten[510].

---

504 Zur Anrechnung und zum Einbehalt im deutschen Recht, MüKO/Schlüter, § 387, Rn. 50; Gernhuber, Erfüllung, § 12 I 2

505 Staudinger/Magnus, Art. 88, Rn. 25; Herber/Czerwenka, Art. 88, Rn. 8; Vazquez Lepinette, S. 473

506 Sekretariatskommentar, O.R., S. 63, Art. 77, Nr. 9; Bianca/Bonell/Barrera Graf, Art. 88, Anm. 2.10.; Schlechtriem/Bacher, Art. 88, Rn. 18; Soergel/Lüderitz/Dettmeier, Art. 88, Rn. 7; Enderlein/Maskow/Strohbach, Art. 88, Anm. 9.; Honsell/Weber, Art. 88, Rn. 21; Neumayer/Ming, Art. 88, Anm. 5

507 Staudinger/Magnus, Art. 4, Rn. 47 a

508 Magnus ZEuP 1995, S. 207, 1997, S. 831

509 Schlechtriem, Int. UN-KaufR., Rn. 42, 344; Bianca/Bonell/Tallon, Art. 81, Anm. 2.6.; Karollus, S. 45, 99; Kindler, IPRax, 1996, S. 19; Schlechtriem/Bacher, Art. 88, Rn. 18; Witz/Lorenz, Art. 88, Rn. 15

510 Piltz, § 2, Rn. 148, § 5, Rn. 291, gegen Aufrechnung im CISG in NJW 1996, S. 2770; Enderlein/Maskow/Strohbach, Art. 84, Anm. 1., Art. 88, Anm. 9.; Honsell/

Eine zweite Gruppe differenziert danach, ob es sich um konventionsinterne oder -externe Ansprüche handelt. Während sich die internen Ansprüche aufrechenbar gegenüberstehen sollen, seien konventionsexterne Ansprüche nach dem vom IPR berufenen nationalen Recht zu beurteilen[511].

In der Rechtsprechung werden beide Hauptströmungen in Anlehnung an die Literatur vertreten, ohne daß eine eigenständige dogmatische Herleitung versucht wird[512]. Die unterschiedlichen Positionen in der Literatur werden wie folgt begründet. Die ablehnende Haltung stützt sich darauf, daß sich aus dem CISG keine Regeln entnehmen ließen, auf welche Art und Weise eine Aufrechnung zu erfolgen habe[513]. Weder für eine ipso jure Aufrechnung noch für eine möglicherweise erforderliche Aufrechnungserklärung, Gegenseitigkeit oder Ausnahme fänden sich Regeln, noch bestünden allgemeine Grundsätze, die zur Lückenfüllung herangezogen werden könnten[514]. Weiter wird auf den prozessualen Einschlag der Aufrechnung abgestellt und darauf, daß es nicht erstrebenswert sei, auf verschiedene nationale prozessuale Konzepte einzuwirken[515]. Zudem sei zweifelhaft, ob Rechtsinstitute des allgemeinen Schuldrechts derart eng mit den typischen Vertragspflichten von Kaufvertragsparteien in Zusammenhang stünden, daß sie einer Lückenfüllung nach Art. 7 (2) zugänglich seien[516]. Schließlich ließen sich auch Aufrechnungsverbote nationaler Rechtsordnungen weder ersetzen noch ignorieren[517].

Weber, Art. 81, Rn. 19, Art. 88, Rn. 21; ders. in Berner Tage, S. 186; Schlechtriem/Leser/Hornung, Art. 81, Rn. 16; vgl. Krebs, S. 83, der eine Aufrechnung im CISG nur innerhalb eines Zug-um-Zug Verhältnisses in Betracht zieht.

511 Staudinger/Magnus, Art. 4, Rn. 47, Art. 81, Rn. 15, Art. 88, Rn. 25; Honsell/Siehr, Art. 4, Rn. 20, 21; Herber/Czerwenka, Art. 88, Rn. 8, befürworten eine 'Verrechnung'

512 Gegen eine Aufrechnung im CISG: LG Duisburg, 17.4.1996 – 45(19) O 80/94, RIW 1996, 776; LG Frankfurt a. M. 13.7.1994, 3/13 O 3/94 bei inkonnexen Forderungen, NJW-RR 1994, 1264; für eine Aufrechnung im CISG: LG Trier, 12.10.1995, 7 HO 78/95, NJW-RR 1996, 564; Schiedsgericht der Handelskammer Hamburg, Teil-Schiedsspruch vom 21.3.1996, NJW 1996, 3229; OLG Düsseldorf, 10.2.1994, 6 U 119/93, NJW-RR 1994, 507; OLG München, 2.3.1994, 7 U 4419/93, RIW 1994, 596

513 Schlechtriem, Int. UN-KaufR., Rn. 42

514 Schlechtriem, IPRax 1996, 256 zu OLG Hamm, 9.6.1995 – 11 U 191/94 in IPRax 1996, 269

515 Kindler, IPRax 1996, 19, in Besprechung zu LG München I 20.3.1995 – 10 HKO 23750/94 in IPRax 1996, 31, 33; Kronke, in Besprechung zu OLG Stuttgart, Urt. v. 21.8.1995 5 U 195/94 in IPRax 1996, 139

516 Kindler, a. a. O.

517 Schlechtriem, Int. UN-KaufR., Rn. 42

Für eine CISG-immanente Aufrechnung von zumindest konventionsinternen Ansprüchen werden vor allem die folgenden Argumente herangezogen. Die Aufrechnung stelle nur die Fortsetzung von synallagmatischen Leistungsverpflichtungen und Zurückbehaltungsrechten nach erfolgter Zahlung dar[518]. Die Artt. 58, 81 (2) 2 und 84 (2) seien geeignet, eine ausreichende Herleitung für die Bedingungen der Aufrechnung zu gewähren. Danach werde vorausgesetzt, daß Haupt- und Gegenforderung aus einem dem CISG unterliegenden Vertragsverhältnis stammten und sich als gegenseitige Geldforderungen gegenüberstünden[519]. Für die Auffassung, die Aufrechnung als im CISG geregelt anzusehen, spreche zudem eine systematische Erwägung. In Art. 25 (2) a des UN-Übereinkommens über die Verjährung beim internationalen Warenkauf von 1974 werde bestimmt, daß sich eine Partei ungeachtet des Ablaufs einer Verjährungsfrist auf ihren Anspruch zum Zweck der Aufrechnung berufen könne, wenn beide Ansprüche sich auf denselben Vertrag oder auf mehrere im Rahmen desselben Geschäftes abgeschlossene Verträge bezögen[520].

M. E. ist die zweite Ansicht vorzugswürdig. Es ist konsequent, in der Aufrechnung die Fortsetzung der als CISG-immanent akzeptierten Zurückbehaltungsrechte zu sehen. Zudem trägt die Eingliederung der Aufrechnung in das System des CISG zur Vervollständigung und Abrundung des internationalen Kaufrechts bei. Es ist praxisnah, den Parteien auch diese Institute an die Seite zu stellen, ohne sie wieder auf nationales Recht verweisen zu müssen. Aus diesem Grunde gehen auch die Erwägungen fehl, die den nationalen prozessualen Regelungen Rechnung tragen wollen. Diese Überlegungen können nicht dazu geeignet sein, den Anwendungsbereich des CISG zu bestimmen, da dieser autonom festzulegen ist. Es ist nicht möglich, diesen Bereich mittels eines Ausschlußprinzips zu bestimmen, das danach fragt, welche Regelungsbereiche den nationalen Rechten nicht weggenommen werden dürfen. Zudem ist mit jeder Änderung oder Erschaffung einer materiellen Rechtsordnung die Gefahr von Auswirkungen auf das Prozeßrecht verbunden. Deutlich wird dies an den Bestimmungen des CISG, die unzweifelhaft Wertungen bezüglich der Beweisverteilung enthalten. Daß es hier eine Zone geben mag, in der das CISG auf prozessuale nationale Eigenarten einwirkt, ist unumgänglich. Dies ist von den Staaten hinzunehmen, wenn das Ansinnen der Durchsetzung eines Einheitsrechtes ernstgenommen werden soll. Der Verweis auf das UN-Verjährungsübereinkommen ist ein starkes Indiz für die Aufrechnung im CISG. Als sicherer Nachweis ist die Regelung des Art. 25 (2) a

---

518 Schlechtriem/Leser/Hornung, Art. 81, Rn. 16; Honsell/Siehr, Art. 4, Rn. 20; zu den Zurückbehaltungsrechten Schlechtriem, Int. UN-KaufR., Rn. 42, 206, 250

519 Magnus, ZEuP 1997, 832; Krebs, S. 82

520 Abgedruckt in RabelsZ 39 (1975), 342 ff.

allerdings noch nicht geeignet, da systematische Erwägungen, die sich an unterschiedlichen internationalen Konventionen festmachen, aufgrund der verschiedenen Unterzeichnerstaaten zweifelhaft sind[521]. Da die Entwicklung aber dahin geht, daß mehr und mehr CISG-Staaten auch das Verjährungsübereinkommen ratifizieren, ist die Auslegung im Sinne der zweiten Auffassung vorzuziehen.

Die oben genannten Gründe sprechen zudem dafür, der erhaltenden Partei wegen weiterer konventionsinterner Forderungen eine Aufrechnung, Verrechnung oder ein Zurückbehaltungsrecht an oder mit dem nach Art. 88 erzielten Verkaufserlös zu ermöglichen. Dies entspricht auch den Lösungen, die in den nationalen Rechten angeboten werden.

4.9. Folgen der Verletzung von Erhaltungspflichten

4.9.1. Schadenersatzpflicht gemäß Artt. 74 ff.

Falls eine Partei ihre Erhaltungspflichten verletzen sollte, ist sie dem Vertragspartner zumindest zum Ersatz des dadurch entstehenden Schadens entsprechend Artt. 45 lit b, 61 (1) lit b verpflichtet[522]. Dies ändert nichts am Fortbestehen möglicher Rechtsbehelfe wegen Zahlungs- oder Abnahmeverzugs[523].

4.9.1.1. Befreiung gemäß Art. 79

Art. 79 sieht eine Haftungsbefreiung vor, wenn Hinderungsgründe der Erfüllung entgegenstehen, die außerhalb der Beherrschungsmöglichkeiten des Pflichtigen liegen und für ihn unvermeidbar und unvorhersehbar waren. Grundsätzlich ist dieser Artikel auf alle Pflichten anwendbar, die von einem Kaufvertrag hervorgerufen werden[524].

Für den Bereich der Erhaltungspflichten besteht aber ein besonderer Pflichtenmaßstab, der die uneingeschränkte Anwendung des Art. 79 nicht erlaubt[525]. Dem Erhaltungspflichtigen wird nicht die Erhaltung der Ware als Leistungsziel in

---

521 Vgl. Punkt 2.

522 Sekretariatskommentar Art. 74; Staudinger/Magnus, Art. 85, Rn. 13; Enderlein/Maskow/Strohbach, Art. 85, Anm. 4.; Herber/Czerwenka, Vor Art. 85, Rn. 4; Krebs S. 131, 136; Piltz, § 4, Rn. 279; Soergel/Lüderitz/Dettmeier, Art. 85, Rn. 9; Reinhart, Art. 85, Rn. 5

523 Staudinger/Magnus, Art. 85, Rn. 13; Bianca/Bonell/Barrera Graf, Art. 85, Anm. 2.5.

524 Bianca/Bonell/Tallon, Art. 79, Anm. 2.4.2.1. a. E.; Heilmann, S. 619, 3. Kap., C., II. k) aa); Staudinger/Magnus, Art. 79, Rn. 11; Honsell/Magnus, Art. 79, Rn. 4

525 Staudinger/Magnus, Art. 79, Rn. 13

dem Sinn auferlegt, daß jegliche Änderungen in der Qualität oder Konsistenz zu einem Schadenersatzanspruch führen. Vielmehr wird gefordert, angemessene Maßnahmen zum Zwecke der Erhaltung zu ergreifen. Dementsprechend tritt eine Befreiung des Schuldners bereits dann ein, wenn er solche Maßnahmen getroffen hat, auch wenn die Ware sich im folgenden verschlechtern sollte[526]. Auf eine Befreiung nach Art. 79 kommt es somit nicht an.

Fraglich bleibt aber, ob der Fall, daß der Schuldner bereits an der Ergreifung angemessener Maßnahmen gehindert ist, von dem Regelungsbereich des Art. 79 erfaßt wird. Dies wird nicht einheitlich beantwortet. Während Lüderitz den Art. 79 gar nicht zur Anwendung bringen möchte[527], erkennen andere eine Befreiungsmöglichkeit nach diesem Artikel an[528].

Wie bereits festgestellt, gilt Art. 79 grundsätzlich für alle Vertragspflichten. Neben den Erfolgspflichten sind auch die Pflichten umfaßt, die in der Ausführung einer bestimmten Tätigkeit bestehen[529]. Die Ergreifung angemessener Maßnahmen zur Erhaltung der Ware stellt eine solche Tätigkeit dar. Damit steht einer Anwendung des Art. 79 nichts im Wege.

Die Regelung ist dabei direkt anzuwenden, weil das CISG keine Unterscheidung zwischen den einzelnen Pflichten vornimmt[530].

Somit hat eine Partei für die Nichtergreifung angemessener Maßnahmen nicht einzustehen, wenn die entsprechenden Voraussetzungen des Art. 79 vorliegen.

4.9.1.2. Haftung für Dritte

In dem Umfang, wie die zur Erhaltung der Ware verpflichtete Partei haftet, muß sie auch für Erfüllungsgehilfen einstehen[531]. Entsprechend der vorstehenden Erörterung ist ebenfalls Art. 79 anwendbar.

Umstritten ist allerdings, ob die nach Art. 87 einlagernde Partei auch für Schäden aus der Einlagerung bei Dritten haftbar ist. Die h. M. in der Literatur vertritt, daß die zum Erhalt verpflichtete Partei zwar ein Auswahlverschulden treffe, daß man ihr ein pflichtwidriges Verhalten des Lagerhalters aber nicht ge-

---

526 Soergel/Lüderitz, 12. A. 1991, Art. 79, Rn. 1

527 In Soergel, 12. A. 1991, Art. 79, Rn. 1

528 Staudinger/Magnus, Art. 79, Rn. 13; Schlechtriem/Stoll, Art. 79, Rn. 13; Petrikic, S. 137

529 Schlechtriem/Stoll, Art. 79, Rn. 13; Bianca/Bonell/Tallon, Art. 79, Anm. 2.4.2.1.; Piltz, § 4, Rn. 220; so wohl auch Staudinger/Magnus, Art. 79, Rn. 13; zum EKG Dölle/Stoll, Art. 74, Rn. 47-49

530 Kock, S. 160; a. A. vCaemmerer/Schlechtriem/Eberstein, 2. A., Art. 85, Rn. 14

531 Schlechtriem/Bacher, Art. 85, Rn. 13

mäß Art. 79 (2) zurechnen dürfe[532]. Begründet wird dies zum einen damit, daß der Lagerhalter in Art. 87 nicht unter den Begriff des Dritten nach Art. 79 (2) falle. Der Art. 79 (2) sei in diesem Zusammenhang nicht anwendbar. Die Vorschrift des Art. 87 wäre zudem überflüssig, wenn der Dritte nur Erfüllungsgehilfe des Aufbewahrungspflichtigen wäre.

Einen abweichenden Ansatz verfolgt Kock, die von der Anwendbarkeit des Art. 79 ausgeht[533]. Eine Befreiung der zum Erhalt verpflichteten Partei könne danach nur eintreten, wenn sowohl bei dieser Partei als auch bei dem Dritten Befreiungsgründe vorlägen. Art. 79 beinhalte keine Haftungsbeschränkung für diese Fälle: Durch Art. 79 (2) sei ausdrücklich geregelt, daß für selbständige Erfüllungsübernehmer, denen die Erfüllung einer Vertragspflicht eigenverantwortlich übertragen wurde, gehaftet werde. Damit gebe es keine Beschränkung auf ein Auswahlverschulden.

Ich schließe mich der Meinung an, die den Erhaltungspflichtigen nicht mit der Haftung für Fehler des Lagerhalters belastet. Zuzustimmen ist Kock, wenn sie von einem weiten Anwendungsbereich des Art. 79 ausgeht. Grundsätzlich ist eine Entlastung hinsichtlich aller Vertragspflichten möglich. Damit muß der Schuldner, um der Haftung zu entgehen, entsprechend nachweisen, daß Hindernisse i. S. v. Art. 79 vorgelegen haben, die ihn daran gehindert haben, die Leistungsziele zu erreichen. Wie bereits festgestellt, besteht jedoch für die Erhaltungspflichten ein besonderer Pflichtenmaßstab im CISG[534]. Diese Haftungsbeschränkung ist, wie Kock richtig feststellt, nicht in Art. 79 niedergelegt, dafür aber in den Artt. 85 ff. selbst. Damit erfüllt der Schuldner seine Pflicht, die in der Ergreifung angemessener Maßnahmen liegt, mit der Übergabe der Güter an einen sorgfältig ausgewählten Lagerhalter[535].

---

532 Staudinger/Magnus, Art. 87, Rn. 5; Schlechtriem/Bacher, Art. 85, Rn. 13; Karollus, S. 97; Achilles, Art. 85, Rn. 5, Art. 87, Rn. 1; Soergel/Lüderitz/Dettmeier, Art. 87, Rn. 4; Schlechtriem/Stoll, Art. 79, Rn. 13; /Huber, Art. 31, Rn. 45 a. E., der keine Haftung des Verkäufers für Fehler des Beförderers annimmt, bei dem die Ware, nach einem Aussetzen der Pflichten gemäß Art. 71, zwischenzeitlich eingelagert wurde; für das EKG, Mertens/Rehbinder, Art. 91, 93, Rn. 8; Dölle/Eberstein, Art. 91, Rn. 4

533 S. 159

534 Staudinger/Magnus, Art. 79, Rn. 13

535 So auch Schlechtriem/Huber, Art. 31, Rn. 69, der davon ausgeht, daß ein Lagerhalter nach Gefahrübergang gemäß Art. 69 (2) kein Erfüllungsgehilfe des Verkäufers mehr ist. Der Verkäufer sei nicht mehr in der Lage, über die Ware zu verfügen, so daß ihn keine Erhaltungspflicht treffe. Mit Erfüllung der Lieferpflicht und ohne Erhaltungspflicht habe er den Kaufvertrag vollständig erfüllt. Dies ist m. E. zweifelhaft

Zudem wäre Art. 87 in der Tat überflüssig, wenn die zum Erhalt verpflichtete Partei vollumfänglich haften müßte. Dann bestünde kein Unterschied zwischen Dritten und in die Sphäre des Schuldners integrierten 'Leuten'. Eine solche Trennung wird im CISG aber verschiedentlich mit entsprechenden rechtlichen Konsequenzen vorgenommen[536].

4.9.2. Aufhebung des Vertrages bei Nichterfüllung von Erhaltungspflichten als wesentliche Vertragsverletzung

Ein Recht zur Vertragsaufhebung soll sich aus der Verletzung der Erhaltungspflicht durch den Verkäufer nach der h. M. nicht herleiten lassen. Statt dessen sollen lediglich Schadenersatzansprüche bestehen[537].

Dagegen wollen andere dem Käufer die Rechte aus Art. 45 ff. in vollem Umgang zuerkennen[538] oder zumindest alle Rechte bis auf die Ersatzlieferung[539]. Danach könne die Nichterfüllung der Erhaltungspflichten dazu führen, daß die Ware einen wesentlichen Mangel erleide. Eine solch wesentliche Vertragsverletzung gemäß Art. 25 eröffne dem Käufer alle Rechtsbehelfe des Art. 45 f.

Für dieses Ergebnis wird zunächst Art. 36 (2) herangezogen, wonach der Verkäufer für eine Vertragswidrigkeit haftet, die nach dem Zeitpunkt des Übergangs der Gefahr eintritt, wenn diese auf eine Verletzung einer seiner Pflichten zurückzuführen ist. Alternativ könnte der Käufer auch gemäß Art. 66 von der Kaufpreiszahlung befreit werden, wenn die Ware nach dem Gefahrübergang infolge einer Handlung oder Unterlassung des Verkäufers untergeht oder beschädigt wird. Die Unterlassung liegt dabei in der Nichtvornahme angemessener Erhaltungsmaßnahmen.

Diese Auffassung scheint vom Wortlaut des CISG getragen zu werden. Auch weitere Literatur kann so gelesen werden, daß der geschädigten Partei bei Verletzung der Obhutspflichten nicht nur Schadenersatz zustehen soll. So nimmt Wiegand an, daß in den Artt. 85 ff. gesetzliche Verpflichtungen begründet würden und daß sich die Sanktion einer eventuellen Pflichtverletzung für den Verkäufer nach Art. 45 und für den Käufer nach Art. 61 bestimme[540]. Einschränkend ist bei

---

536 Artt. 31, 68, 79

537 Staudinger/Magnus, Art. 85, Rn. 15; Schlechtriem, in Galston/Smit, S. 11; Herber/Czerwenka, Vor Art. 85, Rn. 4; Enderlein/Maskow/Strohbach, Vor Art. 85, Anm. 3.; Piltz, § 4, Rn. 265: "insbesondere regelmäßig schadenersatzpflichtig"

538 Kock, S. 165 f.

539 Schlechtriem/Huber, Art. 45, Rn. 3 a. E., Rn. 5, Art. 31, Rn. 67, anders für die Ersatzlieferung noch 1. A., Art. 31, Rn. 74

540 In Berner Tage, S. 149

Wiegand aber auch zu finden, daß die Frage am schwierigsten zu beurteilen sei, ob die Verletzung einer sonstigen Pflicht die Vertragsaufhebung rechtfertige. Hier entscheide allein die Interessenabwägung; maßgebend sei insbesondere die Bedeutung, die der sonstigen Pflicht im Gefüge des Vertrages zukomme[541]. Bei Magnus ist zudem zu lesen, daß der Verkäufer für eine nachträglich verursachte Vertragswidrigkeit wie für eine ursprüngliche Vertragswidrigkeit einstehen müsse und entsprechend den Artt. 45 ff. nicht etwa nur auf Schadenersatz in Anspruch genommen werden könne[542].

M. E. wäre es jedoch in der Mehrzahl der Fälle treuwidrig, dem zunächst Vertragsbrüchigen das Recht zur Vertragsaufhebung in die Hand zu geben, falls der Erhaltungspflichtige sich nicht entsprechend sorgfältig verhält. So wäre es unangemessen, den Käufer aus einem Vertrag zu entlassen, an dessen Scheitern er einen nicht unmaßgeblichen Anteil trägt.

Daß die Verletzung der Erhaltungspflichten grundsätzlich nicht zu einer Vertragsaufhebung durch die andere Seite führen darf, kann wie folgt begründet werden:

Die Beispiele, die für eine Verletzung von Zusatzpflichten gegeben werden, haben gemeinsam, daß durch sie die ordnungsgemäße Erfüllung des Vertrages gefährdet wird. Dies gilt für die Versendung der Ware mit einem ungeeigneten Beförderer, Transportmittel, auf einem ungeeigneten Versandweg oder mit mangelnder Instruktion für Entladen, Aufstellung, Handhabung und Gebrauch. Des weiteren fällt hierunter die fehlerhafte Montage oder Wartung[543]. Bei Verletzung einer solchen Pflicht, die eine wesentliche Vertragsverletzung darstellt, ist es gerechtfertigt, daß der bis dahin vertragstreue Vertragspartner das Recht haben soll, den Vertrag aufzuheben.

Anders muß aber die Wertung ausfallen, wenn eine Partei selbst zunächst eine Vertragsverletzung begangen hat. In den Situationen, in denen die Artt. 85 ff. Anwendung finden, liegt bereits ein Hindernis für die Erfüllung des Vertrages vor, welches im Regelfall durch eine Vertragspartei gesetzt wurde, d. h. daß hier

---

541 A. a. O., S. 162

542 Staudinger/Magnus, Art. 36, Rn. 14, dort wird aber auch eingeräumt, daß der Sekretariatskommentar, Art. 34, Bem. 4, allerdings nur Schadenersatz im Auge zu haben scheine; darauf hinzuweisen ist an dieser Stelle, daß umstritten ist, ob Art. 36 (2) Pflichtverletzungen sowohl vor als auch nach Gefahrübergang erfaßt. Anwendbarkeit auch nach Gefahrübergang vertreten Schlechtriem/Schwenzer, Art. 36, Rn. 5; Staudinger/Magnus, Art. 36, Rn. 11; a. A. Enderlein/ Maskow/Stargardt, Art. 36, Anm. 5; Herber/Czerwenka, Art. 36, Rn. 3; dieser Streit muß aber hier nicht entschieden werden

543 Beispiele bei Staudinger/Magnus, Art. 36, Rn. 11; Schlechtriem/Schwenzer, Art. 36, Rn. 5; Bianca/Bonell/Bianca, Art. 36, Anm. 2.3.; Enderlein/Maskow/Strohbach, Art. 36, Anm. 5.; Honnold, Art. 36, Rn. 243; Herber/Czerwenka, Art. 36, Rn. 3

nicht allein eine Zusatzpflicht verletzt wurde, sondern daß beide Parteien sich nicht vertragskonform verhalten haben. Die beiderseitige Verantwortlichkeit sollte sich dann aber auch in den Rechtsfolgen widerspiegeln.

Dem entspricht die Wertung, die in Art. 80 enthalten ist. Danach kann sich eine Partei nicht auf die Nichterfüllung von Pflichten durch die andere Partei berufen, soweit diese Nichterfüllung durch ihre eigene Handlung oder Unterlassung verursacht wurde. Aus dem Grundsatz von Treu und Glauben folgt, daß nicht der, der eine Nichterfüllung verursacht hat, ermächtigt werden darf, daraus Rechte abzuleiten.

Diese Maxime muß auch im vorliegenden Zusammenhang Beachtung finden, obwohl Art. 80 nicht direkt auf die hier zu untersuchenden Fälle anzuwenden ist[544].

Voraussetzung des Art. 80 ist zunächst, daß das Verhalten des Gläubigers kausal dafür ist, daß der Schuldner seine Vertragsverpflichtung nicht erfüllt und eine Vertragsverletzung gleich welcher Art begangen hat. Das Verhalten kann dabei in einer aktiven Handlung oder einem Unterlassen bestehen. Dabei muß es sich nicht zugleich um eine Vertragsverletzung des Gläubigers handeln[545]. Während im einzelnen umstritten ist, auf welche Art der Kausalitätsbegriff gefüllt oder definiert wird[546], sind Unterlassungen zumindest dann kausal, wenn die gebotene Handlung mit an Sicherheit grenzender Wahrscheinlichkeit die Erfüllung ermöglicht hätte[547].

Damit wird deutlich, wieso der Art. 80 hier nicht direkt anwendbar ist: Das Verhalten der vertragsbrüchigen Partei hindert den Vertragspartner nicht daran, seinen Erhaltungspflichten nachzukommen, die ja erst mit einem vertragswidrigen Verhalten entstehen. Obwohl dem Schuldner grundsätzlich nicht zugemutet werden kann, Hindernisse zu überwinden, die der Gläubiger selbst bereitet hat[548], wird von der vertragstreuen Partei doch erwartet, daß sie vom Vertragspartner ausgehende Störungen in handelsüblicher Weise vermeidet oder überwindet[549]. Ein solches Verhalten wird den Parteien durch die Artt. 85 ff. ausdrücklich auferlegt. In eine Gesamtbetrachtung der Situation ist allerdings einzubeziehen, daß

---

544 Zum Ausschluß der Möglichkeit der Vertragsaufhebung, Staudinger/Magnus, Art. 49, Rn. 29, wonach das Aufhebungsrecht auch ausgeschlossen ist, wenn der Käufer selbst die Vertragsverletzung des Verkäufers verursacht hat

545 Schlechtriem/Stoll, Art. 80, Rn. 7; Herber/Czerwenka, Art. 80, Rn. 3; Staudinger/Magnus, Art. 80, Rn. 9; Bianca/Bonell/Tallon, Art. 80, Anm. 2.3.

546 Vgl. Schlechtriem/Stoll, Art. 80, Rn. 9; Staudinger/Magnus, Art. 74, Rn. 28 ff.; Enderlein/Maskow/Strohbach, Art. 80, Anm. 5.1.

547 So Staudinger/Magnus, Art. 80, Rn. 12

548 Stoll, Einh. KaufR. und nat. Obl.R, S. 280; Schlechtriem/Stoll, Art. 80, Rn. 4

549 Enderlein/Maskow/Strohbach, Art. 80, Anm. 3.3.

zusätzliche Pflichten, gegen die die zur Erhaltung verpflichtete Partei verstoßen kann, eben überhaupt erst durch ein Fehlverhalten der anderen Partei entstehen. Bei einem beidseitigen Fehlverhalten muß nunmehr eine Lösung gefunden werden, die diesem Umstand Rechnung trägt.

Eine solche Lösung kann nicht unmittelbar in Anlehnung an Art. 80 gefunden werden, da umstritten ist, ob dieser Artikel auch dann gilt, wenn beide Vertragsparteien die Nichterfüllung verursacht haben. Vertreten wird sowohl, daß der Gläubiger die Nichterfüllung allein verursacht haben muß[550] als auch, daß kumulative Verursachungen unter Art. 80 zu subsumieren sind. Einerseits soll dann aber bei Erfüllungs- und Aufhebungsansprüchen das Hauptgewicht bei dem Gläubiger liegen, um die Rechtsfolgen des Art. 80 auszulösen[551], während bei Ansprüchen auf Schadenersatz, Minderung und Zinsen eine Aufteilung entsprechend der beiderseitigen Ursachenbeiträge möglich sein soll[552]. Andererseits soll selbst bei Erfüllungs- und Aufhebungsansprüchen eine Verteilung mittels Schadenersatzes möglich sein[553].

Während die Meinungen, die eine weite Auslegung des Art. 80 befürworten, zu dem Ergebnis gelangen, daß man einen Ausgleich über die Rechtsfolgen erreichen kann[554], kommen auch die Stimmen, die eine enge Auslegung des Art. 80 fordern, zu einem vergleichbaren, wenn auch dogmatisch anders hergeleiteten Ergebnis. Dieser Ansicht zufolge soll zwar der Art. 80 keine Anwendung finden, eine Lösung aber über Art. 77 gewonnen werden[555]. Aus den Artt. 77 und 80 soll

---

550 Schlechtriem/Stoll, Art. 80, Rn. 5, 6; Piltz, § 4, Rn. 214; so nimmt auch Weber in Berner Tage, S. 172, an, daß Art. 80 für den Fall einer konkurrierenden Verursachung von Leistungsstörungen keine Regelung enthält. Vielmehr soll dann eine Schadensverteilung nach Maßgabe der gegenseitig abzuwägenden Verursacherbeiträge erfolgen

551 Staudinger/Magnus, Art. 80, Rn. 14

552 Honsell/Magnus, Art. 80, Rn. 12; Herber/Czerwenka, Art. 80, Rn. 8

553 Enderlein/Maskow/Strohbach, Art. 80, Rn. 6.; Tallon will z. B. eine Abwägung der Ursachen, die von Schuldner und Gläubiger gesetzt wurden, vornehmen, Bianca/Bonell/Tallon, Art. 80, Anm. 2.5. Er sieht es auch als möglich an, dem Gläubiger statt Erfüllung oder Aufhebung lediglich einen Schadenersatzanspruch zuzugestehen. Dieser Ansatz wird wiederum von Stoll kritisiert, der die Sichtweise Tallons auf ein Mißverständnis des Textes zurückführt, in vCaemmerer/Schlechtriem, 2. A., Art. 80, Rn. 5, in Schlechtriem, Art. 80, Rn. 5, 6; siehe zu verschiedenen möglichen Fallgestaltungen auch Enderlein/ Maskow/Strohbach, Art. 80, Anm. 6., dort insbesondere aa)

554 Wie Tallon, vgl. obige Fn., der z. B. statt Aufhebung geminderten Schadenersatz gewähren möchte

555 So Soergel/Lüderitz/Dettmeier, Art. 80, Rn. 4, mit Verweis auf Art. 77, Rn. 2: Bei einer parallelen Ausdehnung der allgemeinen Kooperationspflicht könnte damit auch eine Beteiligung am Schaden für den Fall gegeben sein, daß die Vertragsver-

zudem der allgemeine Grundsatz abzuleiten sein, daß ein Schaden unter Abwägung der beiderseitigen Verantwortungsbeiträge zu verteilen ist[556].

Unter Beachtung der Vorschläge, die zu Art. 80 gemacht wurden, ist auch für den Fall, daß die erhaltende Partei sich sorgfaltswidrig verhält, eine Aufteilung der Schadensbeiträge vorzunehmen. Dies sollte dergestalt geschehen, daß die Aufhebung des Vertrages durch die andere Partei nur in den Fällen möglich ist, in denen ein eklatantes Fehlverhalten der erhaltenden Partei vorliegt, welches nur noch durch eine Aufhebung ausgeglichen werden kann. Für alle sonstigen Fälle muß ein Ausgleich über den Schadenersatz gesucht werden.

Hintergrund ist dabei auch, daß der Käufer nicht in die Lage versetzt werden darf, durch die Möglichkeit einer Vertragsaufhebung aus einem unliebsamen Vertrag herauszukommen. Ein böswilliger Käufer könnte sonst bei einem Vertrag über eine leicht verderbliche Ware auf die Idee kommen, die Ware einfach nicht abredegemäß abzunehmen, sondern sie in der Obhut des Verkäufers zu belassen. Dieser wäre zur Erhaltung der Ware verpflichtet. Der Käufer könnte damit die Hoffnung verbinden, daß dem Verkäufer aufgrund von logistischen Problemen oder Nachlässigkeiten Fehler unterlaufen, die ersteren wiederum zu einer Vertragsaufhebung berechtigen könnten. Der Käufer darf aber nicht für sein eigenes vertragswidriges Verhalten belohnt werden.

Dem widerspricht wiederum nicht, daß ein Verstoß gegen Erhaltungspflichten grundsätzlich mit Schadenersatz bewehrt ist. Ohne diesen Anspruch der Gegenpartei wären die Erhaltungspflichten nicht mehr als ein gut gemeinter Rat. Um den Erhaltungspflichten eine Wirkung zu verleihen, ist die Schadenersatzdrohung daher unerläßlich.

---

letzung selbst vom Gläubiger mitverursacht wurde, ohne daß die Grenze des Art. 80 erreicht wurde; denn in der Schadenersatzpflicht des Gegners liegt sein vom Gläubiger verursachter Schaden; Staudinger/Magnus, Art. 80, Rn. 14

556 So Staudinger/Magnus für Schadenersatz-, Minderungs- oder Zinsansprüche des Gläubigers, Art. 80, Rn. 15; Stoll vertritt in Schlechtriem, Art. 80, Rn. 6, daß hier auf die allgemeinen Vorschriften über Leistungsstörungen zurückgegriffen werden soll, wenn trotz Gläubigerverursachung eine Verantwortung des Schuldners für die Nichterfüllung verbleibt. Bei Vertragsverletzung durch den Gläubiger und möglichen Schadenersatzansprüchen soll gemäß allgemeiner Grundsätze des CISG eine Schadensverteilung nach Maßgabe der gegeneinander abzuwägenden Verursachungsbeiträge in Betracht kommen

4.9.3. Verlust der Möglichkeit oder des Rechts des Käufers, Aufhebung zu erklären gemäß Art. 82 Abs. (1)

Falls der Käufer seine Erhaltungspflichten in schwerwiegender Art und Weise verletzen sollte, wird er sein Recht zur Vertragsaufhebung oder zu einer Ersatzlieferung gemäß Art. 82 (1) verlieren können[557]. Dies setzt voraus, daß er die Ware nicht mehr in ihrem ursprünglichen Zustand zurückgeben kann. Falls die Verschlechterung der Güter nur unwesentlich sein sollte oder trotz angemessener Erhaltungsmaßnahmen eingetreten ist, kommt weiterhin ein Schadenersatzanspruch in Betracht[558].

4.10. Ende der Aufbewahrungspflichten

Vereinzelt wurde bereits auf die Gründe für die Entbindung von Aufbewahrungspflichten hingewiesen. Diese Gründe lassen sich wie folgt zusammenfassen.

Zunächst bedeuten sowohl Erfüllung als auch der Untergang der Ware ein Ende der Erhaltungspflichten. Der Untergang der Güter hat aber nicht zur Folge, daß vorher getätigte angemessene Aufwendungen nicht ersetzt werden müßten. Denkbar ist, daß eine leicht verderbliche Ware trotz angemessener Lagerung verfällt. Wenn zudem kein Notverkauf möglich war, da selbst bei zumutbaren Anstrengungen kein anderer Abnehmer zu finden war, ist die zum Erhalt verpflichtete Partei ihren Pflichten nachgekommen. Dann muß ihr ein Aufwendungsersatz nach den Artt. 85 ff. oder ein Schadenersatz nach Art. 74 f. zustehen.

Weiter führt die Aufhebung des Vertrages zu einem Ende der Erhaltungspflichten i. S. d. Artt. 85 ff. für den Verkäufer, der die Ware in Besitz hat. Daß der Verkäufer die Ware auch nach Aufhebung des Vertrages nicht einfach verfallen lassen darf, folgt aus Art. 77: Er darf einen Schaden nicht eintreten oder größer werden lassen. Damit ist der Verkäufer weiterhin zur Sorgetragung für die Ware verpflichtet, um gegebenenfalls einen Deckungsverkauf vornehmen zu können.

Falls die Güter bereits an den Käufer geliefert wurden, bestehen die Pflichten für diesen jedoch weiter fort. Der Unterschied erklärt sich durch die Umwandlung des ursprünglichen Vertrages in ein Abwicklungsverhältnis[559]. Nach Art. 81 (1) werden die Parteien von ihren Vertragspflichten befreit. Entsprechend kann

557 Schlechtriem, Einh. UN-Kaufrecht, S. 104; Soergel/Lüderitz/Dettmeier, Art. 86, Rn. 8; Staudinger/Magnus, Art. 86, Rn. 12; Krebs, S. 91 ff.

558 Vgl. hierzu Punkt 4.9. ff.

559 Schlechtriem/Leser/Hornung, Art. 81, Rn. 9

der Verkäufer, der die Ware bisher nicht geliefert hat, mit dieser nach seinem Gutdünken verfahren. Nach Absatz (2) kann aber eine Partei, die den Vertrag ganz oder teilweise erfüllt hat, die Rückgabe des von ihr Geleisteten von der anderen Partei verlangen. Wenn die Ware also in den Besitz des Käufers gelangt ist, muß sie folglich dem Verkäufer wieder zur Verfügung gestellt werden. Bis zum Zeitpunkt der Rücknahme durch den Verkäufer bleibt der Käufer dann grundsätzlich zur Sorgetragung verpflichtet.

Indes besteht für den Käufer bei ungebührlicher Verzögerung der Rücknahme die Möglichkeit, ein Ende der Erhaltung mittels Verkauf nach Art. 88 herbeizuführen. Dies, wie auch die entsprechenden Rechte und Pflichten des Verkäufers nach Art. 88, wurden unter Punkt 4.6.2. diskutiert.

4.11. Beweislastverteilungen

Immer häufiger müssen sich Gerichte mit dem CISG beschäftigen, dabei gewinnt die Auseinandersetzung mit der Beweislastverteilung zunehmend an Gewicht. Fraglich ist, wer für das Bestehen von Erhaltungspflichten, der Kosten notwendiger Aufwendungen oder eines Schadens durch fehlerhaftes Verhalten die Beweislast trägt.

In der umstrittenen Frage, ob die Beweislast überhaupt im CISG geregelt wird, schließe ich mich der Auffassung an, die die Regelung der Beweislast grundsätzlich als Gegenstand der Konvention ansieht[560]. So ist die Beweislast teilweise in einzelnen Artikeln geregelt oder kann sinnvoll nur auf eine bestimmte Weise auf die Parteien verteilt werden[561]. Für eine Einbeziehung spricht auch die Entstehungsgeschichte des CISG[562]. Zwar finden sich in den Materialien Bemerkungen, die, isoliert betrachtet, den Schluß zulassen, daß Beweislastregeln nicht mit Hilfe des CISG gefunden werden sollen[563]. Allerdings sind solche ein-

---

560 Staudinger/Magnus, Art. 4, Rn. 63 ff.; Schlechtriem/Herber, Art. 4, Rn. 48; so auch Schlechtriem/Huber, Art. 45, Rn. 12, abweichend von der ersten Auflage Art. 46, Rn. 22; Herber/Czerwenka, Art. 4, Rn. 8; Soergel/Lüderitz/Fenge, Art. 4, Rn. 11, Fn. 28; zum EKG LG Düsseldorf, U. v. 10.08.1981, 14 O 150/81, in Schlechtriem/Magnus, Art. 8, Nr. 3; Henninger, S. 199; Jung, S. 40; Antweiler, S. 74; a. A. Bianca/Bonell/Khoo, Art. 2, Anm. 3.2.; Ryffel, S. 60, verweist auch darauf, daß eine Aufnahme von Beweislastregeln abgelehnt wurde, Quelle: YB Vol. VIII 1977, 37, Anm. 177 f., bei Honnold Doc. Hist., S. 330 f.

561 Art. 79 (1) enthält eine ausdrückliche Beweislastregel. Weitere Artikel lassen nur eine bestimmte Verteilung zu (Artt. 26, 44, 75, 76), oder legen eine bestimmte Verteilung jedenfalls nahe (Artt. 2 a, 25, 35 (2) b)

562 Siehe Jung, S. 26 ff.; Staudinger/Magnus, Art. 4, Rn. 65; Reimers-Zocher, S. 101 ff.

563 Z. B. in O.R., S. 346, Art. 37, Nr. 12

zelnen Äußerungen nicht geeignet, einen grundsätzlichen Ausschluß von Beweislastregeln im CISG anzunehmen, da andere Gesprächs- oder Entscheidungsaufzeichnungen für eine gegenteilige Sichtweise sprechen[564]. Ausschlaggebend ist m. E., daß eine Anwendung von nationalem Recht aufgrund der engen Verbindung von materiellem Recht und Beweislastverteilung nicht ratsam ist. Eine Beweislastregel bestimmt, ob die tatbestandlichen Rechtsfolgen im Falle des non liquet eintreten. Eine systemkonforme Antwort kann nur der materiellrechtlichen Norm selbst oder ihrem Umfeld entnommen werden. Wenn man Beweislastregeln anwendet, die nicht der lex causae entsprechen, können Ergebnisse folgen, die den Wertungen dieses Rechts widersprechen[565]. Möglich ist auch, daß die einem Recht entnommenen Beweislastregeln keine Lösung für einen Tatbestand anbieten können, da der Tatbestand diesem Recht fremd ist[566].

Diesen Argumenten Rechnung tragend ist die Beweislastverteilung im CISG geregelt, indes, abgesehen von Einzelfällen, in den Normen nicht ausdrücklich entschieden.

Der Grundsatz für die Beweislastverteilung lautet auch im CISG, daß jede Partei für die tatsächlichen Voraussetzungen der ihr günstigen Norm beweispflichtig ist und daß die Partei, die sich auf eine Ausnahmeregel beruft, deren tatsächliche Voraussetzungen beweisen muß; Tatsachen aus dem eigenen Zuständigkeitsbereich, die einer Partei deutlich besser als der anderen bekannt sein müssen, hat diejenige Partei nachzuweisen, die die Herrschaft über diesen Bereich innehat[567].

Trotz der weitgehenden Einigkeit darüber, bestehen bezüglich der Beweislastverteilung in den Artikeln 85 und 86, insbesondere bei der Verletzung von Erhaltungspflichten unterschiedliche Ansichten.

Einerseits wird vertreten, daß, falls der Verkäufer eine seiner Pflichten aus Art. 85 verletzt und der Käufer Schadenersatz geltend macht, der letztere zunächst das Bestehen der Erhaltungspflicht und den Verstoß dagegen beweisen muß[568].

---

564 Z. B. O.R., S. 378, hier wurde bei der Diskussion des Art. 79 (1) der ausdrückliche Verweis auf die Beweislast nicht beanstandet; vgl. auch O.R., S. 296 ff.

565 Vgl. Jung, S. 35

566 Schlechtriem/Huber, Art. 45, Rn. 12

567 Staudinger/Magnus, Art. 4, Rn. 67 ff.; Honsell/Schönle, Art. 66, Rn. 32; Ferrari, JZ 1998, S. 13

568 Honsell/Weber, Art. 85, Rn. 14; Schlechtriem/Huber, Art. 31, Rn. 67 a. E., auch bei der Verletzung einer Schutzpflicht durch den Verkäufer (z. B. Rechtsgüter des Käufers vor Schaden zu bewahren) soll die Beweislast dafür den Käufer treffen, Art. 45, Rn. 13

Demgegenüber nimmt Jung an, daß der Verkäufer beweispflichtig dafür ist, daß er dieser Pflicht nachgekommen ist[569]. Im Rahmen seiner Untersuchung zur Beweislastverteilung beim Streit um das Vorliegen der Vertragserfüllung des Käufers kommt er zu dem Ergebnis, daß zwar das Angreiferprinzip und der Wortlaut des Art. 61 (1) dafür sprächen, daß der Verkäufer stets die Nichterfüllung des Käufers beweisen müsse[570], daß aber trotzdem der Käufer als Schuldner die Beweislast für seine Erfüllung trage[571].

Einer der Gründe hierfür liege in einem allgemeinen Beweislastgrundsatz, der aus Art. 79 (1) abgeleitet werden könne[572]. Demnach seien Tatsachen, die zur Befreiung von einer Verpflichtung führen, von derjenigen Partei zu beweisen, die sich auf sie berufe. Somit befreie die Erfüllung den Käufer von seiner bestehenden Leistungsverpflichtung in derselben Weise wie ein entlastender Hinderungsgrund i. S. d. Art. 79 (1) CISG den Schuldner von seiner bestehenden Schadenersatzpflicht.

Daneben sprächen Beweisschwierigkeiten auf seiten des Verkäufers für eine Beweislast des Käufers[573]. Dieser könnte sonst jedem Rechtsbehelfsanspruch des Verkäufers die angebliche Erfüllung entgegenhalten, ohne ihr Vorliegen beweisen zu müssen. Aufgrund des schwierigen Negativbeweises würde dem Verkäufer die Durchsetzung seiner Ansprüche nahezu unmöglich gemacht, was zu einer Verringerung der außerprozessualen Leistungsbereitschaft des Käufers führen dürfte[574].

Jung, der diese Überlegungen auf die Beweislage bei Art. 85 überträgt, ist zuzustimmen, daß in vielen Fällen die Partei Beweisschwierigkeiten haben wird, die auf eine ordnungsgemäße Erfüllung der anderen Partei angewiesen ist. Erhaltungsmaßnahmen gehören zu der Sphäre der Partei, die diese ergreift. Dies wird auch durch die Ansicht unterstützt, die bei einem Verkauf gemäß Art. 88 einen Anspruch auf Rechnungslegung gewährt[575]. Begründet wird dies damit, daß der anderen Partei ansonsten keine ordnungsgemäße Überprüfung des Verkaufs möglich ist. Vor dieselben Überprüfungsschwierigkeiten ist auch die Partei gestellt, der zwar kein Verkaufserlös zukommen soll, der aber nach zwischenzeitli-

---

569 Jung, S. 275, 276; so auch Achilles, Art. 85, Rn. 8
570 Jung, S. 174
571 Jung, S. 175
572 Jung, S. 181
573 Jung, S. 182
574 Daneben werden Wahrscheinlichkeitsüberlegungen auf S. 184 angestellt, die seine Auffassung weiter stützen sollen; zudem soll dann eine Beweislastumkehr vorliegen, wenn die andere Partei die Leistung als Erfüllung angenommen hat, sonst würde die zunächst verpflichtete Partei in Beweisschwierigkeiten geraten, S. 185
575 Schlechtriem/Bacher, Art. 88, Rn. 19; Herber/Czerwenka, Art. 88, Rn. 8; siehe dazu auch Punkt 4.6.2.4.2.

cher Einlagerung eine beschädigte Ware geliefert wird. Auch hier ist allein die erhaltende Partei in der Lage, den Nachweis zu erbringen, daß eine ordnungsgemäße Einlagerung vorgenommen wurde. Für die Durchbrechung des Angreiferprinzips spricht aber auch, daß eine Parallele zu der Beweislast bei der Erfüllung der Lieferpflicht gezogen werden kann. Daß der Einwand der Erfüllung rechtsvernichtend bzw. rechtshindernd wirkt[576], ist weithin anerkannt. Dementsprechend soll den Verkäufer die Beweislast dafür treffen, daß er überhaupt geliefert und damit erfüllt hat[577] und daß die Ware bei Gefahrübergang vertragsgemäß war[578].

Dies entspricht auch der Beweislastverteilung bei Art. 79. Der Schuldner ist erst dann zur Entlastung verpflichtet, wenn feststeht, daß er seine Verbindlichkeit nicht oder nicht gehörig erfüllt hat. Falls die Erfüllung umstritten sein sollte, hat er grundsätzlich die Erfüllung zu beweisen[579]. Schließlich gilt, daß, falls eine Partei angemessene Maßnahmen zur Erhaltung getroffen hat, eine Entlastung für trotzdem eintretende Verschlechterungen nicht mehr erforderlich ist[580]. Im Gegenzug dafür ist ihr die Beweislast aufzuerlegen, daß sie zumindest der Forderung nach der Ergreifung angemessener Maßnahmen nachgekommen ist.

Aus diesen Gründen hat zwar der Käufer zunächst einen Schaden zu beweisen, der Verkäufer jedoch, daß er angemessene Maßnahmen getroffen hat.

Für Art. 86 stellt sich die Beweislastverteilung spiegelbildlich dar[581]. Die Voraussetzungen für Kostenerstattungsanspruch und Zurückbehaltungsrecht nach den Absätzen (1) und (2) hat der Käufer nachzuweisen, während der Verkäufer die Voraussetzungen eines Schadenersatzanspruches wegen eines Verstoßes gegen die Erhaltungspflichten nachweisen muß[582].

---

576 Henninger, S. 198, 215

577 Schlechtriem/Huber, Art. 45, Rn. 13

578 Huber, a. a. O.; Schlechtriem/Schwenzer, Art. 35, Rn. 49; Herber/Czerwenka, Art. 36, Rn. 5; a. A. Bianca/Bonell/Bianca, Art. 36, Anm. 3.1.

579 Schlechtriem/Stoll, Art. 79, Rn. 50

580 Schlechtriem/Stoll, Art. 79, Rn. 13

581 Staudinger/Magnus, Art. 86, Rn. 24

582 Zu weiteren Fragen der Beweislast, siehe Jung, S. 275 ff.

4.12. Erhaltungs-, Sorgfalts- und Schadensminderungspflichten im CISG neben den Artt. 85 ff.

4.12.1. Schadensminderungspflicht nach Art. 77 CISG

Art. 77 CISG verpflichtet den Schadenersatzgläubiger, den Schaden gering zu halten. Damit konkretisiert der Artikel das allgemeine Gebot des Art. 7 (1) CISG, den guten Glauben im internationalen Handel zu wahren.

Der Art. 77 übernimmt das Rechtsprinzip des Art. 88 EKG. Dies wird jedoch dahingehend präzisiert, daß die Schadensminderungspflicht des Gläubigers sich nicht nur auf einen Vermögensverlust, sondern auch auf den entgangenen Gewinn bezieht. Während es sich bei den Artt. 85 ff. aber um Rechtspflichten handelt, die den Besitzer der Ware treffen, liegt in der Minderungspflicht des Art. 77 eine schadensrechtliche Obliegenheit[583]. Der Grundgedanke ist, daß vermeidbarer Schaden (avoidable loss) nicht entschädigungswürdig ist, solange er durch angemessene Maßnahmen hätte verhütet, verringert oder behoben werden können[584]. Während bei den Artt. 85 ff. die Erhaltung der Güter im Mittelpunkt steht, bezweckt Art. 77 die Minderung jeglicher, auch möglicher zukünftiger Schäden[585]. Damit ist er in seinem Anwendungsbereich weiter gefaßt als die Artt. 85 ff.

Maßnahmen sind zu dem Zeitpunkt zu ergreifen, zu dem die Gefahr der Vertragsverletzung und der möglicherweise daraus resultierende Schaden vorhersehbar sind[586] oder ein Schaden ernsthaft droht[587].

Grundsätzlich muß anhand eines objektiven Maßstabes einer verständigen Person in gleicher Lage bestimmt werden, was angesichts der Umstände des Einzelfalls angemessen ist[588]. Hierbei sind internationale Handelsbräuche oder Ge-

---

583 Audit, Anm. 173, 174; Herber/Czerwenka, Art. 74, Rn. 2; Kranz, S. 227 f.; Neumayer/Ming, Art. 77, Anm. 2; Piltz, § 5, Rn. 465; Ryffel, S. 80; Weber, Berner Tage, S. 205

584 Schlechtriem/Stoll, Art. 77, Rn. 3; Enderlein/Maskow/Strohbach, Art. 77, Anm. 5.; Kranz, S. 228; Neumayer/Ming, Art. 77, Anm. 1; Ryffel, S. 81; Schlechtriem, in Lausanne, S. 169; zum EKG LG Heidelberg v. 30.01.1979, in Schlechtriem/ Magnus, Art. 88 EKG, Nr. 2 = Art. 22 EKG, Nr. 2

585 Honsell/Magnus, Art. 77, Rn. 5; Enderlein/Maskow/Strohbach, Art. 77, Anm. 2.; Soergel/Lüderitz, 12. A. 1991, Art. 77, Rn. 2; Sekretariatsbericht, Art. 73, Anm. 4; Karollus, S. 225

586 Bianca/Bonell/Knapp, Art. 77, Anm. 3.11.; Ryffel, S. 81; Kranz, S. 228, 229; Hutter, S. 196

587 Staudinger/Magnus, Art. 77, Rn. 8; Herber/Czerwenka, Art.77, Rn. 4; Piltz, § 5, Rn. 461; Schlechtriem/Stoll, Art. 77, Rn. 6; sehr weit Weber, Berner Tage, S. 205, wonach die Schadensminderungspflicht während der gesamten Laufdauer des Vertrages besteht

588 Art. 8 (2) CISG

pflogenheiten zu berücksichtigen[589]. Zu den Maßnahmen können z. B. Bergungs- und Werterhaltungsmaßnahmen oder auch die Veräußerung verderblicher Ware gehören, selbst wenn eine vertragliche Verpflichtung dazu nach den Artt. 85 ff. nicht bestehen sollte[590].

Neben den genannten Werterhaltungsmaßnahmen kann im Einzelfall auch der Abschluß einer Betriebsausfallversicherung zu den schadenverhütenden Maßregeln, die der Käufer zu ergreifen hat, gehören[591]. Weiter können rechtzeitige Informationen über besondere Schadensrisiken erforderlich sein[592] sowie die Reparatur geringfügiger Mängel und die Eindämmung von Mangelfolgeschäden[593].

Zudem sind unnötige Aufwendungen und Kosten zu vermeiden[594]. Diese können z. B. dadurch entstehen, daß ein Inkassobüro eingeschaltet wird, obwohl dieses auch keine besseren Eintreibungsmöglichkeiten als der Gläubiger hat[595].

Wie bereits oben dargestellt, kommt vor allem die rechtzeitige Vornahme eines Deckungsgeschäftes in Betracht[596]. Obwohl im CISG grundsätzlich der Erfüllungsanspruch Vorrang genießt, ist ein solches Geschäft angemessen, wenn dadurch Folgeschäden der Nicht- oder Schlechterfüllung des Vertrages, z. B. Haftungsschäden oder Gewinnverluste, abgewendet werden können[597] oder wenn

---

589 Art. 9 CISG; Magnus, in Honsell, Art. 77, Rn. 6; Herber/Czerwenka, Art. 77, Rn. 10; Ryffel, 81; Schlechtriem/Stoll, Art. 77, Rn. 9; Staudinger/Magnus, Art. 77, Rn. 10

590 Schiedsspruch der IntHK Nr. 7197/1992, J.D.I. 1993, 1028, 1035; Herber/Czerwenka, Art. 77, Rn. 6; Kranz, S. 231; Enderlein/Maskow/Stargardt, Art. 77, Anm. 2; Weber, BTJP, S. 205

591 Huber, RabelsZ 43 (1979) S. 471; allerdings verlangen andere einen besonderen Anlaß für den Abschluß einer Versicherung, z. B. den Hinweis des Vertragspartners auf besondere Risiken, so Honsell/Magnus, Art. 77, Rn. 12; Neumayer/Ming, Art. 77, Fn. 18; Schlechtriem/Stoll, Art. 77, Rn. 6

592 Herber/Czerwenka, Art. 77, Rn. 6; Piltz, § 5, Rn. 462; Reinhart, Art. 77, Rn. 5; Schlechtriem/Stoll, Art. 77, Rn. 6; Staudinger/Magnus, Art. 77, Rn. 14 f.; Honsell/Magnus, Art. 77, Rn. 9

593 Audit, Nr. 173; Bianca/Bonell/Knapp, Art. 77, Anm. 2.2.; Enderlein/Maskow/Strohbach, Art. 77, Anm. 2.; Herber/Czerwenka, Art. 77, Rn. 6; Piltz, § 5, Rn. 462; Schlechtriem/Stoll, Art. 77, Rn. 9; Staudinger/Magnus, Art. 77, Rn. 14 f.; Honsell/Magnus, Art. 77, Rn. 10

594 Herber/Czerwenka, Art. 77, Rn. 6; Piltz, § 5, Rn. 463

595 Honsell/Magnus, Art. 77, Rn. 11, nach LG Frankfurt RIW 1991, 952

596 Sekretariatsbericht, Art. 73, Anm. 4; Bianca/Bonell/Knapp, Art. 77, Anm. 2.2.; Enderlein/Maskow/Strohbach, Art. 77, Anm. 2.; Herber/Czerwenka, Art. 77, Rn. 6; Kranz, S. 229 f.; Piltz, § 5, Rn. 462; Reinhart, Art. 77, Rn. 4; Schlechtriem/Stoll, Art. 77, Rn. 10 f.; Staudinger/Magnus, Art. 77, Rn. 11; Audit, Art. 77, Anm. 173; Neumayer/Ming, Art. 77, Anm. 3, Fn. 12; Soergel/Lüderitz/Dettmeier, Art. 77, Rn. 4; Schlechtriem, in Lausanne, S. 169

597 Schlechtriem/Stoll, Art. 77, Rn. 10

bei einem Preisverfall der Nichterfüllungsschaden durch ein zumutbares und mögliches Deckungsgeschäft gemindert werden kann[598]. Unter diesen Umständen soll das Erfüllungsrecht des Gläubigers gegenüber der Schadensminderungspflicht zurücktreten[599].

Ein Beispiel für das Zusammenspiel von Art. 88 (2) und Art. 77 gibt Hellner[600]: In einer Situation, in der verderbliche Ware nicht vom Käufer angenommen oder die Bezahlung verweigert wurde, könnte der Verkäufer nach Art. 88 (2) verpflichtet sein, die Ware zu verkaufen. Falls er sie aber nicht in Besitz hat oder nicht in der Lage ist, über sie zu verfügen, wäre der Artikel nicht anwendbar. Daher soll der Verkäufer den Vertrag aufheben müssen, um wieder die Kontrolle über die Ware zu erlangen[601]. Sonst könne, falls der Verkäufer den Vertrag erst zu einem späteren Zeitpunkt aufhebt und Schadenersatz verlangt, dieser gemäß Art. 77 gemindert werden, da der Schaden nicht in solchem Maße gewachsen wäre, wenn er den Vertrag früher aufgehoben und somit einen besseren Preis für die Ware erzielt hätte. Hier soll der Grundsatz der Artt. 85 ff. Anwendung finden und der Verkäufer zum Handeln gezwungen sein.

4.12.2. Ersatzlieferungsverlangen und Aufhebung nur bei wesentlicher Vertragsverletzung als Mittel zur Schadensminderung

In diesen Zusammenhang gehört auch die gesetzliche Einschränkung von Ersatzlieferungsverlangen und Aufhebungsrechten. Beide können nur beansprucht wer-

598 Siehe dazu Punkt 4.6.2.3.1.3.

599 In einer Entscheidung des OLG Braunschweig, U. v. 28.10.1999 – 2 U 27/99, S. 5, wird zu Art. 77 vertreten, daß im Fall der Erfüllungsverweigerung selbst bei drohendem Preisverfall keine Obliegenheit zum Deckungsverkauf bestehen soll, es sei denn, vom Verkäufer hätte billigerweise längst eine Entscheidung erwartet werden können, ob er Erfüllung verlangt oder Sekundäransprüche geltend machen wird; zum EKG: LG Heidelberg, in Schlechtriem/Magnus, Art. 22, Nr. 2; OLG Düsseldorf, ebd., Art. 85, Nr. 5; Rb Amsterdam NIPR 1985 Nr. 408 = Schlechtriem/Magnus, Art. 88, Nr. 6; a. A. aber OLG Hamm, ebd., Art. 60. Nr. 1: Pflicht zum Deckungsverkauf nur bei entsprechendem Handelsbrauch; im deutschen Recht spielt der Deckungskauf nur eine untergeordnete Rolle, da er nur unter sehr engen Voraussetzungen möglich ist, vCaemmerer/Schlechtriem/Stoll, 2. A., Art. 77, Fn. 29; Lange, S. 347, Fn. 560, Schadenersatz Hdb. des Schuldrechts, Hrsg. v. Gernhuber, Bd. 1, 2. A, Tübingen 1990; Krämer, Der kleine und der große Schadenersatz beim Kauf mangelhafter Ware im amerikanischen und deutschen Recht, Frankfurt 1989, S. 293

600 In FS für Riesenfeld, S. 99

601 Hierzu gibt er das Beispiel, daß bei ‘open account’ alle ‘bill of ladings’ beim Käufer sind

den, wenn die Vertragswidrigkeit der Ware eine wesentliche Vertragsverletzung i. S. d. Art. 25 darstellt. Dem liegt die Überlegung zugrunde, daß die Geltendmachung der Ansprüche für den Verkäufer im internationalen Verkehr zu hohen Kosten führen kann. Beispielsweise müßte der Verkäufer, der einem Ersatzlieferungsverlangen nachkommt, durch den Hin- und Rücktransport der vertragswidrigen Ware und durch die Lieferung der Ersatzware Kosten tragen, die der dreifachen Höhe des zunächst Veranlagten entsprechen. Ohne einen Rücktransport müßte sich der Verkäufer um einen Verkauf der ursprünglich gelieferten Ware am Bestimmungsort kümmern. Dies könnte ihm in einem Land, dessen Handel und Infrastruktur er nicht kennt oder das über kein ausgeprägtes Makler- oder Lagerwesen verfügt, ersichtlich schwerfallen. Zudem besteht die Gefahr, daß die Güter durch Zeitablauf oder Lagerschäden einen zusätzlichen Wertverlust erleiden. Zwar bestehen für den Käufer Erhaltungspflichten nach Art. 86, dabei ist aber nicht sicher, daß der Käufer diesen Pflichten auch nachkommt.

Bei einer unwesentlichen Vertragsverletzung erscheint die Belastung des Verkäufers mit einer Ersatzlieferung unverhältnismäßig. Dies gilt auch deswegen, weil es dem Käufer unter diesen Umständen nicht schwerfallen wird, die Ware, wenn auch zu einem geringeren Preis, loszuschlagen. Er wird mit den örtlichen Gegebenheiten in der Regel besser vertraut sein, so daß ein Weiterverkauf gelingen kann. Seinen Verlust, der durch die Lieferung nicht vertragsmäßiger Ware entstanden ist, kann er als Schadenersatz gemäß Art. 45 (1) b) oder im Rahmen einer Minderung gemäß Art. 50 geltend machen[602]. Somit entstehen zwar auch Schäden und Kosten, diese werden allerdings geringer ausfallen als diejenigen, die bei einem Ersatzlieferungsverlangen entstanden wären.

Aus dieser Überlegung folgt, daß der Gedanke der Schadensminderungspflicht der Beschränkung des Ersatzlieferungsanspruches zugrunde liegt[603].

4.12.3. Schadensminderungspflicht gemäß Art. 7 aus Treu und Glauben

In der Literatur wird verschiedentlich davon ausgegangen, daß die Erhaltungspflichten dem Gebot des guten Glaubens und des redlichen Geschäftsverkehrs entspringen und dieses Gebot konkretisieren[604]. Dementsprechend würden Er-

602 Schlechtriem, Einh. UN-KaufR., S. 67

603 vCaemmerer/Schlechtriem/Huber, Art. 46, Rn. 36; 1. A., Art. 46, Rn. 54; zur beschränkten Aufhebungsmöglichkeit (cancellation) im amerikanischen Recht, Michida, 27 Am. J. Comp. L. (1979), 279-289

604 vCaemmerer/Schlechtriem/Eberstein, 2. A., Vor Artt. 85-88, Rn. 2; Soergel/Lüderitz/Dettmeier, Art. 85, Rn. 1; Staudinger/Magnus, Vor Artt. 85 ff., Rn. 1

haltungspflichten auch dann bestehen, wenn sie nicht ausdrücklich kodifiziert worden wären.

Bereits bei der Beschreibung der Kooperationspflicht wurde auf das Gebot von Treu und Glauben gemäß Art. 7 (1) hingewiesen. Während die Existenz einer Kooperationspflicht von der Literatur aber mit Hinweis auf eine ganze Reihe von Artikeln des CISG begründet wird, ist fraglich, ob allein aus dem Gebot selbst Verhaltenspflichten entnommen werden können[605].

Während der Entstehung des CISG war die Einbeziehung eines Gutglaubensgebots umstritten. Vor allem die Common-law-Staaten hielten das Konzept für zu vage und der Rechtssicherheit abträglich, da unterschiedliche Rechtssysteme verschiedene Vorstellungen von dem Inhalt des Gebots haben[606]. Eine Einigung wurde erreicht, indem man das Gebot lediglich auf die Auslegung des Übereinkommens bezog[607]. Indes erweiterte die überwiegende Zahl der Kommentatoren das Gebot in der Folgezeit über den Wortlaut hinaus auch auf das Verhältnis der Parteien zueinander[608]. Selbst Honnold, der ein enges Verständnis vorzieht, räumt ein, daß eine Unterscheidung in der Anwendung des Gebots bei einem Gesetzeswerk, welches auf die Rechte der Parteien gerichtet ist, kaum möglich ist[609].

Wenn der h. M. gefolgt und eine Geltung des Gebots auch zwischen den Parteien untereinander angenommen wird, bleibt die Frage, welchen konkreten Inhalt das Gebot haben soll. Auch hier werden unterschiedliche Ansätze vertreten. Zumindest soll das Verbot mißbräuchlicher Rechtsausübung sowie des venire contra factum proprium eingeschlossen sein[610]. Eine weitergehende Auffassung sieht darin ein Gebot, die Standards ordentlicher Kaufleute im internationalen Handel zu beachten[611]. Weiter sollen sich Ausformungen des Prinzips aus den dem CISG zugrunde liegenden allgemeinen Grundsätzen ergeben[612].

---

605 Hierzu auch Najork, S. 52 ff.

606 Nicholas, LQRev 105 (1989) 209

607 IX Yb. 66-67, Doc - Hist. 298-299; O.R. 245-259, Doc - Hist. 475-480

608 Schlechtriem/Ferrari, Art. 7, Rn. 24; Staudinger/Magnus, Art. 7, Rn. 10; Enderlein/ Maskow/Strohbach, Art. 7, Anm. 2.1.; Bianca/Bonell/Bonell, Art. 7, Anm. 2.4.1.

609 In Schlechtriem, Einh. KaufR. u. nat. Obl.R, S. 144, Fn. 15

610 Schlechtriem/Ferrari, Art. 7, Rn. 50; Staudinger/Magnus, Art. 7, Rn. 25; Herber/ Czerwenka, Art. 77, Rn. 6; Piltz, § 2, Rn. 170

611 Enderlein/Maskow/Strohbach, Art. 7, Anm. 5., 9.1.; Reinhart, Art. 7, Rn. 5; sehr weit Bianca/Bonell/Bonell, Art. 7, Anm. 2.4.1., der in Treu und Glauben ein generelles Prinzip sieht, welchem das gesamte CISG unterliegt und aus welchem Verhaltenspflichten folgen können, mit Hinweis auf den Sekretariatskommentar, S. 18 zu Art. 6, der feststellt, daß die Beachtung Treu und Glaubens in 14 (2) (b), 19 (2), 27 (2), 35 iVm 44, 38, 45 (2) iVm 60 (2) und 67, 74 bis 77 gefordert ist. Zudem soll

Damit ist entscheidend für die Frage, ob dem Gebot von Treu und Glauben Verhaltenspflichten zu entnehmen sind, die den Erhaltungspflichten der Artt. 85 ff. gleichstehen, welcher Auffassung man folgt. Selbst bei Befürwortung einer engen Auslegung wird man aber über allgemeine Grundsätze, die dem CISG entnommen werden können, zu einer Kooperationspflicht gelangen, die zur Erhaltung der Güter verpflichtet[613].

sich das Prinzip auf alle Aspekte der Auslegung und Anwendung der Regelungen des CISG beziehen .

612 Staudinger/Magnus, Art. 7, Rn. 28; Enderlein/Maskow/Strohbach, Art. 7, Anm. 5.

613 So auch der BGH in U. v. 31.10.2001, VIII ZR 60/01

5. Erhaltungspflichten im Deutschen Recht

5.1. Erhaltungspflichten des Verkäufers

"Die Partner eines gegenseitigen Vertrages sind nach dem Grundsatz von Treu und Glauben zur gegenseitigen Unterstützung auch über den Rahmen der Hauptleistungspflichten verpflichtet, soweit sich Anlaß oder Notwendigkeit dafür aus den besonderen Umständen des Falls ergeben und gleichrangige Eigeninteressen dadurch nicht zurückgestellt werden müssen."[614]

Diese Aussage findet sich so oder mit sinngemäßem Inhalt in Urteilen der Obergerichte[615]. Der Verkäufer ist verpflichtet, die verkaufte Sache zwischen Vertragsabschluß und Übergabe vor Schaden zu bewahren[616]. Ihn treffen Erhaltungs- und Obhutspflichten, die zur Erzielung des Leistungserfolges notwendig sind[617]. Hierzu kann gehören, daß Tiere gefüttert und tierärztlich versorgt werden, daß Maschinen gewartet oder Waren ordnungsgemäß verpackt werden[618].

Die Verhaltensregeln des Verkäufers sind im allgemeinen nur eine einfache Folge der in § 433 (1) BGB normierten Pflicht zur Übergabe der Kaufsache. Als solche stellen sie unselbständige Nebenpflichten dar[619]. Dies gilt insbesondere nach der durch das Gesetz zur Modernisierung des Schuldrechts geltenden Fassung des § 433 (1) 2 BGB n. F., der lautet: Der Verkäufer hat dem Käufer die Sache frei von Sach- und Rechtsmängeln zu verschaffen.

Obhutspflichten bestehen für den Verkäufer aber nicht nur im Vorfeld des Leistungsaustausches, sondern auch dann, wenn der Käufer sich in Annahmeverzug befindet[620]. Der Verkäufer ist aufgrund des Annahmeverzugs nicht von seinen Leistungspflichten befreit und nicht ohne weiteres berechtigt, vom Vertrage

---

614 BGH U. v. 28.1.1987, VIII ZR 46/86, ZIP 1987, 373, 375

615 BGH WM 1968, 1299, 1301, U. v. 12.7.1968 – V ZR 161/66; BGH WM 1976, 540, 541, U. v. 5.3.1976 – V ZR 106/74; RGZ 101, 47, 49, U. v. 03.12.1920, VII 219/20

616 BGH U. v. 8.12.1971, VIII ZR 86/70, DB 1972, 34

617 MüKo/Roth, § 242, Rn. 193

618 Enneccerus-Lehmann, 4 II 2 S. 20; LG Frankfurt, NJW RR 1986, 967, U. v. 18.02.1986, S 191/85

619 Vgl. generell Soergel/Huber, § 433 Anh. I, Rn. 15 ff.; zu den Änderungen gemäß Gesetz zur Modernisierung des Schuldrechts siehe Fn. 87

620 Soergel/Teichmann, § 242, Rn. 162; Soergel/Huber, § 433, Anh I, Rn. 17; Staudinger/Schmidt, § 242, Rn. 867

zurückzutreten oder die Sache preiszugeben. Sonst könnte der Käufer, der an der Annahme der Kaufsache gehindert ist und die Annahme nicht vertragsbrüchig verweigerte, dem vom Verkäufer geltend gemachten Anspruch auf den Kaufpreis die Einrede des nicht erfüllten Vertrages entgegenhalten.

Obwohl der Verzug also nicht zu einem Erlöschen der Übergabepflicht und damit auch nicht zu einem Erlöschen der Nebenpflichten führt, wird es der zum Erhalt verpflichteten Partei ermöglicht, sich unter Wahrung der Belange des Käufers der Obhut der Güter zu entledigen. Möglichkeiten dazu sind teils im BGB, teils im HGB geregelt.

Gemäß § 373 HGB kann der Verkäufer die Güter auf Gefahr und Kosten des Käufers hinterlegen, versteigern oder verkaufen lassen, wenn entsprechende Vorbedingungen erfüllt sind. Auch im BGB bestehen in den §§ 372 ff. Regelungen, nach denen der Verkäufer Ware hinterlegen oder versteigern lassen kann. Die Vorschriften der beiden Gesetzbücher schließen einander nicht aus. Nach § 374 HGB werden durch § 373 HGB die Befugnisse nicht berührt, welche dem Verkäufer nach dem BGB zustehen[621]. Falls die Anwendungsvoraussetzungen beider Gesetze erfüllt sind, kann der Verkäufer nach seiner Wahl Rechte entweder gemäß § 373 HGB oder §§ 293 ff., 372 ff., 382 BGB ausüben[622]. Gleich für die Anwendbarkeit des BGB oder des HGB muß sich der Käufer zunächst im Annahmeverzug befinden. Die Voraussetzungen des Gläubigerverzuges finden sich in den §§ 293 ff. BGB. Gemäß § 294 BGB muß dem Käufer die Leistung des Verkäufers so, wie sie vertragsgemäß zu erbringen ist, angeboten worden sein. Dies beinhaltet, daß die Ware in der richtigen Menge und Beschaffenheit zur rechten Zeit am rechten Ort von der richtigen Person an die richtige Person und darüber hinaus in der rechten Art und Weise angeboten wird. Der Käufer darf die so angediente Ware trotz Aufforderung oder durch Verstreichenlassen eines kalendermäßig vereinbarten Termins nicht angenommen haben oder muß eine ihm obliegende Mitwirkungshandlung unterlassen haben. Unerheblich ist dabei, ob er die Nichtannahme bzw. das Unterlassen der Mitwirkung verschuldet hat oder nicht.

Ein Annahmeverzug liegt dagegen nicht vor, wenn der Verkäufer die Ware bereits durch Willenserklärung dem Käufer übereignet und sie durch ein besonderes Rechtsverhältnis für diesen in Besitz genommen hat, der Käufer sich aber nunmehr weigert, dem Verkäufer die Sache abzunehmen. Unter diesen Umständen muß der Verkäufer aufgrund des besonderen Rechtsverhältnisses vorgehen.

---

621 Eine solche Regelung war im ADHGB nicht enthalten. Dies führte dazu, daß man die Vorschriften des Selbsthilfeverkaufs als ausschließlich geltend ansah, Schlegelberger/Hefermehl, § 374, Rn. 1

622 Heymann/Emmerich, § 374, Rn. 4; Düringer/Hachenburg/Hoeniger, § 374, Rn. 3

Ein Verzug endet für die Zukunft, wenn der Käufer die Leistung annimmt oder die ihm obliegende Mitwirkungshandlung vornimmt. Der Annahmeverzug kann außerdem beendet werden, indem der Anspruch durch Hinterlegung (§ 378 BGB), Aufrechnung (§ 389 BGB) oder Erlaß (§ 397 BGB) erlischt. Zudem könnte die Leistung unmöglich werden oder der Schuldner erklären, daß er sein Angebot zurücknimmt.

5.1.1. Rechtsfolgen des Annahmeverzugs nach BGB

Nach bürgerlichem Recht hat der Verkäufer während der Dauer des Verzugs gemäß § 300 BGB nur Vorsatz und grobe Fahrlässigkeit zu vertreten. Dies gilt auch für das Verschulden seiner Erfüllungsgehilfen nach § 278 BGB. Falls dem Verkäufer eine Leistung während des Annahmeverzugs des Käufers unmöglich geworden ist, behält er gemäß § 324 (2) BGB seinen Anspruch auf den Kaufpreis, auch wenn er die Unmöglichkeit leicht fahrlässig verschuldet haben sollte[623].

Die Haftungserleichterung bezieht sich auch auf die Behandlung oder Verwahrung der Ware oder auf das Unmöglichwerden der Warenlieferung, bezüglich deren sich der Käufer in Annahmeverzug befindet[624].

5.1.1.1. Hinterlegungsrecht gemäß § 372 BGB

Gemäß § 372 S. 1 BGB kann der Schuldner Geld, Wertpapiere und sonstige Urkunden sowie Kostbarkeiten bei einer dazu bestimmten öffentlichen Stelle für den Gläubiger hinterlegen, wenn der Gläubiger in Verzug der Annahme ist[625]. Ein Dritter kann nur hinterlegen, wenn er gemäß § 268 (2) BGB oder aufgrund einer anderen Vorschrift ablösungsberechtigt ist[626].

Ein Hinterlegungsgrund wie der Annahmeverzug muß dabei tatsächlich vorliegen; ein guter Glaube daran reicht nicht aus[627]. Allerdings kann eine Hinterlegung treuwidrig und damit rechtswidrig sein, wenn der Gläubiger die Ordnungs-

---

623 Gemäß Gesetz zur Modernisierung des Schuldrechts wird diese Regelung durch den § 326 (2) n. F. BGB erfaßt

624 Str. vgl. Erman/Battes, § 300, Rn. 3, 9. A., 1993

625 Nach Art. 2 d CISG findet das Übereinkommen keine Anwendung auf den Kauf von Wertpapieren oder Zahlungsmitteln

626 RGZ 120, 205, 211, II. ZS U. v. 24.02.1928, II 420/27; a. A. KG 16. ZS U. v. 09.05.1928, 16 U 14098/27, JW 28, 2563

627 BGHZ 7, 305, U. v. 17.10.1952, I ZR 45/52; OLG Düsseldorf ZIP 1994, 959, 960, U. v. 14.04.1994, 6 U 90/93

gemäßheit der Leistung deshalb nicht überprüfen konnte, weil der Schuldner eine ihm obliegende Auskunftspflicht verletzt hat[628].

Eine Hinterlegung kommt aber auch dann in Betracht, wenn der Schuldner aus einem anderen in der Person des Gläubigers liegenden Grund oder infolge einer nicht auf Fahrlässigkeit beruhenden Ungewißheit über die Person des Gläubigers seine Verbindlichkeit nicht oder nicht mit Sicherheit erfüllen kann. Hier werden z. B. Fälle erfaßt, in denen unklar ist, wer Vertragspartei geworden ist[629]. Dies ist möglich, wenn begründete und verständliche Zweifel bezüglich einer eingetretenen oder behaupteten Rechtsnachfolge bestehen[630].

5.1.1.1.1. Hinterlegung als Erfüllungssurrogat

Die Hinterlegung i. S. d. §§ 372 ff. BGB ist ein Erfüllungssurrogat. Sie ist ein Recht des Schuldners, keine Pflicht[631].

Der Schuldner kann sich dabei endgültig (§ 378 BGB) oder vorläufig (§ 379 BGB) von seiner Verbindlichkeit befreien, je nachdem, ob die Rücknahme ausgeschlossen ist[632]. Bei ausgeschlossener Rücknahme wird der Schuldner durch die Hinterlegung von seiner Verbindlichkeit in gleicher Weise befreit, als wenn er an den Gläubiger geleistet hätte. Bei der nicht ausgeschlossenen Rücknahme kann der Schuldner den Gläubiger auf die Sache verweisen, trägt aber weiterhin die Gefahr.

Die Hinterlegung muß grundsätzlich bei einem Amtsgericht erfolgen[633]. Hier begründet der Rechtspfleger durch die Annahmeverfügung i. V. m. der Übergabe der Sache das Hinterlegungsverhältnis[634]. Durch die Hinterlegung entsteht ein öffentlich-rechtlicher Herausgabeanspruch gegen die Hinterlegungsstelle; Inhaber des Anspruchs ist der Gläubiger, bei einer Mehrzahl von Prätendenten der wahre Berechtigte. Solange der Schuldner zur Rücknahme der hinterlegten Sache befugt ist (§ 376 BGB), kann er jedoch den Herausgabeanspruch des Gläubigers durch Ausübung seines Rücknahmerechtes die Grundlage entziehen.

Die Hinterlegung kann aufgrund einer Parteivereinbarung allerdings auch an dritter Stelle erfolgen. So kann die Hinterlegung beim Notar oder auf einem

628 MüKo/Wenzel, § 372, Rn. 6; Soergel/Zeiss, § 372, Rn. 1
629 BGH WM 65, 1210, U. v. 22.09.1965, VIII ZR 128/63
630 Palandt/Heinrichs, § 372, Rn. 6
631 RGZ 61, 245, 250, III ZS U. v. 19.09.1905, Rep. III. 42/05; BGH NJW 1969, 1662, U. v. 09.06.1969, VII ZR 49/67
632 Huber, Leistungsstörungen, Bd. 1, § 7 II 3, S. 178
633 HintO § 1 (2); zur HintO: Bülow/Mecke/Schmidt, Hinterlegungsordnung
634 § 30 RPflG; HintO § 6

Konto die gleiche Wirkung haben wie die Hinterlegung nach §§ 372 ff. BGB[635]. Auch ein fehlender Hinterlegungsgrund kann durch eine Parteivereinbarung ersetzt werden[636].

5.1.1.1.2. Hinterlegungsfähige Gegenstände

Hinterlegungsfähig ist zunächst Geld als allgemein anerkanntes Zahlungsmittel. § 7 HintO unterscheidet dabei zwischen gesetzlichen, gesetzlich zugelassenen und anderen Zahlungsmitteln. Gesetzliches Zahlungsmittel sind bis zum 31.12.2001 die auf Deutsche Mark lautenden Noten, die von der Bundesbank ausgegeben werden, und die Bundesmünzen[637]. Gesetzlich zugelassene Zahlungsmittel gibt es gegenwärtig nicht[638]. Andere Zahlungsmittel stellen ausländische Geldscheine und Münzen dar[639]. Falls Zahlungsmittel, gleich ob inländisch oder ausländisch, außer Kurs gesetzt sind, können sie lediglich als Kostbarkeiten, in besonderen Fällen auch als Urkunden hinterlegt werden[640].

Ebenfalls hinterlegungsfähig sind Wertpapiere, die als Urkunden ein Recht derart verbriefen, daß dieses Recht ohne die Urkunde nicht geltend gemacht werden kann[641]. Unter die Wertpapiere fallen Namenspapiere[642], Orderpapiere[643]

---

635 BGH NJW 1986, 1038, U. v. 14.02.1985, IX ZR 76/84

636 BGH NJW 1993, 55, U. v. 29.09.1992, XI ZR 9/92

637 § 1 (2) des Währungsgesetzes, vom 20.06.1948, WiGBl. Beilage Nr. 5/1948 S.1, BGBl.III 7600-1-a; §§ 2, 3 des Gesetzes über die Ausprägung von Scheidemünzen, vom 08.07.1950, BGBl.I 323, BGBl.III 690-1; gemäß § 1 des Gesetzes über die Beendigung der Zahlungsmitteleigenschaft der auf Deutsche Mark lautenden Banknoten und der auf Deutsche Mark oder Deutscher Pfennig lautenden Bundesmünzen als Artikel 1 des Gesetzes über die Änderung währungsrechtlicher Vorschriften infolge der Einführung des Euro-Bargeldes (DrittesEuroEG), BGBl. 1999, Teil 1, S. 2402, gilt, daß mit Ablauf des 31.12.2001 die von der Deutschen Bundesbank ausgegebenen, auf Deutsche Mark lautenden Banknoten und die auf Deutsche Mark und Pfennig lautenden Bundesmünzen ihre Eigenschaft als gesetzliches Zahlungsmittel verlieren. Gemäß Artikel 3, § 14 des Gesetzes über die Deutsche Bundesbank, BGBl. 1999, Teil 1, S. 2404, werden die auf Euro lautenden Banknoten das einzige unbeschränkte Zahlungsmittel

638 Hierzu zählten die Rentenbankscheine, § 14 der Verordnung über die Errichtung der Deutschen Rentenbank vom 15.10.1923, RGBl.I 963

639 Bülow/Mecke/Schmidt, § 5, Rn. 4

640 Bülow/Mecke/Schmidt, a. a. O.

641 Vgl. zur Hinterlegungsfähigkeit von Wertpapieren in Sammelverwahrung Bülow/ Mecke/Schmidt, § 5, S. 40, Fn. 5

642 Rektapapiere wie Hypotheken-, Grundschuld- und Rentenschuldbriefe, Konnossemente der Verfrachter, Ladescheine der Frachtführer, wenn die Orderklausel fehlt, vgl. weiter Bülow/Mecke/Schmidt, § 5, Rn. 5

und Inhaberpapiere[644]. Keine Wertpapiere sind Schuldscheine[645] oder einfache Legitimationszeichen[646]. Ob eine Urkunde Wertpapiereigenschaft hat, ist für die Hinterlegungsfähigkeit ohne Bedeutung, da auch 'sonstige Urkunden'[647] hinterlegt werden können. Allerdings kann das materielle Recht vorsehen, daß nur Wertpapiere und nicht sonstige Urkunden hinterlegt werden dürfen; daher bleibt die Abgrenzung wichtig.

Die Frage der Hinterlegbarkeit von Wertpapieren im Zusammenhang mit dem CISG wird sich selten stellen. Gemäß Art. 2 d) CISG findet das Übereinkommen keine Anwendung auf den Kauf von Wertpapieren oder Zahlungsmitteln. Einzig der Kauf von Dokumenten, die die Ware vertreten, fällt nicht unter Art. 2 d). Damit sind Konnossemente, Ladescheine und Orderlagerscheine erfaßt[648].

Kostbarkeiten sind schließlich Gegenstände, deren Wert im Verhältnis zu ihrem Umfang und Gewicht besonders hoch ist[649]. § 6 BayAVHO bestimmt: "Als Kostbarkeiten sind nicht nur Gold- und Silbersachen, Edelsteine, Schmuck, sondern auch andere wertvolle, unverderbliche und leicht aufzubewahrende Gegenstände wie Kunstwerke, kostbare Bücher, Münzen, Wertzeichen und dergleichen anzusehen."

Nicht zu den Kostbarkeiten zählen Schlüssel oder Andenken, die möglicherweise einen subjektiven, aber keinen objektiven Wert haben[650]. Auch die indirekte Hinterlegung solcher Dinge kann nicht erreicht werden, indem sie in einem Schließfach verwahrt werden und der dazugehörige Mietvertrag mit Schließfachschlüssel hinterlegt wird[651].

---

643 Z. B. Wechsel, Schecks ohne Überbringerklausel (Art. 5 I, II ScheckG), die Papiere des § 363 HGB, wenn sie an Order lauten, Namensaktien und Zwischenscheine (§§ 10, 68 AktG), ferner Orderschuldverschreibungen

644 Z. B. Inhaberschuldverschreibungen, § 793 BGB, Inhaberaktien, Zins- und Gewinnanteilscheine, §§ 803 ff. BGB, Schecks mit Überbringerklausel, Art. 5 II ScheckG, Fahr- und Theaterkarten, § 807 BGB

645 §§ 371, 952 (1) BGB

646 Z. B. Gepäckscheine, Garderobenmarken

647 Diese sind keine Wertpapiere, haben aber Beweiswert oder können diesen erlangen. So z. B. Bürgschafts- und Vollmachtsurkunden, Handelsbücher, Handakten, Quittungen, KFZ-Scheine und Briefe, Vollstreckungstitel

648 Staudinger/Magnus, Art. 2, Rn. 41, m. w. N.

649 RGZ 116, 113, I ZS U. v. 09.02.1927, I 332/26

650 Zum Begriff der Kostbarkeit im Hinterlegungsrecht, KG Rpfleger 1976, 316, 1. ZS. Beschluß v. 01.08.1975, I VA 2/75

651 OLG Frankfurt NJW-RR 1988, 443, U. v. 27.05.1987, 6 U 9/87

5.1.1.2. *Versteigerungsrecht gemäß § 383 BGB*

Der Verkäufer kann eine nicht zur Hinterlegung geeignete Sache im Fall des Verzugs des Gläubigers am Leistungsort versteigern lassen und den Erlös hinterlegen. Nicht hinterlegungsfähig sind bewegliche Sachen, die nicht von § 372 BGB erfaßt sind.

Die Versteigerung kann aber auch dann durchgeführt werden, wenn ein Fall des § 372 S. 2 BGB vorliegt und der Verderb einer Sache droht oder die Aufbewahrung unverhältnismäßige Kosten verursachen würde.

Für eine öffentliche Versteigerung zuständig sind die Gerichtsvollzieher (GVGA § 246), die Notare (BNotO § 20 III) und die gemäß § 34 b V GewO bestellten Personen.

Falls die Waren einen Börsen- oder Marktpreis haben sollten, kann der Verkauf gemäß § 385 BGB auch aus freier Hand erfolgen. Befugt hierzu sind die eben genannten Personen wie auch ein öffentlich ermächtigter Handelsmakler.

Grundsätzlich sind die Versteigerung oder der freihändige Verkauf vorher gemäß § 384 BGB anzudrohen. Dies darf nur entfallen, wenn die Güter dem Verderb ausgesetzt sind und mit einem späteren Verkauf der Ware die Gefahr der Verschlechterung oder des Untergangs verbunden ist. Der Selbsthilfeverkauf ist gemäß § 383 (1) BGB am Leistungsort durchzuführen. Absatz (2) ermöglicht nur in Ausnahmefällen, wenn sonst kein angemessener Erfolg zu erwarten ist, den Verkauf an einem anderen Ort.

Ein rechtmäßiger Selbsthilfeverkauf bewirkt, daß der Erlös an die Stelle der ursprünglich geschuldeten Sache tritt und sich der Anspruch des Gläubigers in eine Geldforderung auf den Erlös umwandelt[652]. Wenn das Leistungshindernis in der Zwischenzeit entfallen sein sollte, kann der Schuldner, statt zu hinterlegen, den Erlös an den Gläubiger auskehren[653]. Es ist ihm aber auch möglich, gegen den jetzt auf Geld gerichteten Anspruch des Gläubigers mit Gegenansprüchen aufzurechnen[654].

Die Kosten einer Versteigerung oder eines nach § 385 BGB erfolgten freihändigen Verkaufs fallen gemäß § 386 BGB dem Gläubiger zur Last, sofern nicht der Schuldner den hinterlegten Erlös zurücknimmt.

---

652 Palandt/Heinrichs, § 383, Rn. 6; MüKo/Wenzel, § 383, Rn. 8
653 Staudinger/Olzen, § 383, Rn. 16
654 Soergel/Zeiss, § 383, Rn. 5

5.1.2. Regelung des § 373 Absatz (1) HGB

§ 373 HGB ergänzt und erweitert die Regelungen des BGB bezüglich der Folgen des Annahmeverzugs des Käufers. Damit soll dem Verkäufer im Interesse der Schnelligkeit und Leichtigkeit des Handelsverkehrs die Sorge um die Ware abgenommen werden.

Der Kaufmann ist regelmäßig darauf angewiesen, Lagerbestände schnell umzusetzen und Lagerkapazitäten nicht unnötig einzuschränken[655]. Eine dazu z. B. erforderliche Dritteinlagerung ist nur dann nicht gerechtfertigt, wenn sie mit den dazugehörigen Kosten rechtsmißbräuchlich wäre. Dies könnte der Fall sein, wenn der Verkäufer ersichtlich ausreichende Lagerkapazitäten besitzt und der Verzug des Käufers offenkundig auf eine kurze Zeitspanne begrenzt ist.

Zudem soll dem Verkäufer nicht auferlegt werden, die Ware bis zu dem ungewissen Zeitpunkt der Durchsetzung seiner Rechte vorzufinanzieren und so Liquidität zu binden. Der Käufer ist bezüglich der Ware sowohl Gläubiger als auch Schuldner. Er kann die Lieferung der Ware verlangen, hat die Ware aber auch abzunehmen. § 373 HGB handelt aber nur vom Annahmeverzug, also vom Gläubigerverzug im Sinne des § 293 BGB.

Die Bestimmung des § 373 HGB gilt dabei auch für den einseitigen Handelskauf. Die h. M. vertritt, daß gleichgültig sei, auf welcher Seite die Kaufmannseigenschaft gegeben ist und für welchen Vertragsteil der Kauf ein Handelsgeschäft darstelle[656].

5.1.2.1. Hinterlegung

Gemäß Absatz (1) kann der Verkäufer die Ware auf Gefahr und Kosten des Käufers in einem öffentlichen Lagerhaus oder sonst in sicherer Weise hinterlegen.

Das beschränkte Hinterlegungsrecht des BGB wird durch § 373 HGB auf alle Waren erweitert. Zudem können die Güter bei staatlichen Hinterlegungsstellen, soweit sie unter § 372 BGB fallen, bei öffentlichen Lagerhäusern und bei sonstigen Dritten hinterlegt werden. Wenn der Begriff öffentliches Lagerhaus verwendet wird, bedeutet das nicht, daß dieses öffentlich-rechtlich getragen sein muß.

Ein sonstiger Dritter könnte ein Warenmakler oder ein privater Dritter sein. Für die Hinterlegung bei einer staatlichen Stelle gilt die Hinterlegungsordnung.

---

655 Staub/Koller, § 374, Rn. 1

656 Schlegelberger/Hefermehl, § 373, Rn. 45; dagegen ist K. Schmidt, § 29 II 2. b), S. 785, der Auffassung, daß beim einseitigen Handelsgeschäft die Ausübung der Rechte aus § 373 HGB rechtspolitisch mißlungen sei. Aus Gründen des Konsumentenschutzes rechtfertige sich die einseitige Bevorzugung der Verkäuferinteressen nur bei beiderseitigen Handelsgeschäften

Die Übernahme des Kaufgegenstandes in eigene Verwahrung des Verkäufers wird von § 373 HGB nicht erfaßt. Allerdings hindert den Verkäufer nichts daran, die Ware in eigener Verwahrung zu behalten[657].

Das HGB enthält keine Detailregelungen zur Durchführung einer Hinterlegung. Ob deswegen auf die Bestimmungen der §§ 372-382 BGB zurückgegriffen werden darf, ist umstritten. Hoeniger befürwortet eine unmittelbare Anwendung dieser Vorschriften über Art. 2 EGHGB[658]. Lediglich hinsichtlich des Ortes der Hinterlegung ist auch er der Meinung, daß § 374 (1) BGB keine Anwendung finden könne, da dort auf die landesgesetzlich bestimmte Hinterlegungsstelle abgestellt werde.

Schlegelberger/Hefermehl wenden sich gegen eine direkte Anwendung der Bestimmungen nach Art. 2 EGHGB, da diese auf die Hinterlegung bei einer dazu bestimmten öffentlichen Stelle zugeschnitten seien[659]. Sie stellen darauf ab, daß der Verkäufer die Belange des Käufers zu wahren habe und dafür mit der Sorgfalt eines ordentlichen Kaufmanns einzustehen habe[660]. Allerdings ziehen auch sie die Bestimmungen des BGB zur inhaltlichen Füllung der HGB-Regelungen heran, die nicht speziell oder ausdrücklich auf die Hinterlegung bei einer staatlichen Stelle abstellen[661].

Damit gelangen beide Ansichten im Regelfall zu denselben Ergebnissen. Bis auf die Bestimmungen, die ausdrücklich auf die Hinterlegung bei einer staatlichen Stelle gerichtet sind, werden nach Meinung beider die Vorschriften des BGB entweder direkt oder indirekt herangezogen.

Es wurde bereits darauf hingewiesen, daß der Verkäufer, der die Ware selbst aufbewahrt, gemäß § 300 (1) BGB nur Vorsatz und grobe Fahrlässigkeit zu vertreten hat[662]. Umstritten ist aber, ob die Haftungsmilderung nach § 300 (1) BGB auch hinsichtlich sonstiger Nebenpflichten gilt oder ob ein allgemeiner Verschuldensmaßstab Anwendung findet.

Der h. M. folgend betrifft der nach § 347 (2) HGB auch auf Handelsgeschäfte anwendbare § 300 BGB nur die Vorsorge für den Leistungsgegenstand[663]. Für

---

657 RGZ 45, 300, 302, VII ZS U. v. 02.03.1900, Rep. VI a. 411/99; BGH NJW 1996, 1464, 1465, U. v. 14.2.1996 – VIII ZR 185/94; vgl. Schlegelberger/Hefermehl, § 373, Rn. 13 a. E.

658 Düringer/Hachenburg/Hoeniger, § 373, Anm. 16 a

659 § 373, Rn. 16

660 Schlegelberger/Hefermehl, § 373, Rn. 17

661 In Rn. 18 stellen sie auf § 374 (2) ab

662 Schlegelberger/Hefermehl, § 373, Rn. 17; Huber, Leistungsstörungen, Bd. 1, § 7 II 2. a), d) Fn. 17 a

663 RG U. v. 29.11.1920 – 275/20 VII, JW 1921, 394; BGH U. v. 14.2.1958 – VIII ZR 8/57, LM Nr. 3 zu § 651; Schlegelberger/Hefermehl, § 373, Rn. 17; Düringer/

alle sonstigen Handlungen hafte der Kaufmann nach § 347 (1) HGB. Dies gelte auch für die ihm nach § 373 HGB eingeräumten Rechte zu seiner Entlastung, zu deren Gebrauch er nicht verpflichtet sei. Dementsprechend habe der Verkäufer die Hinterlegungsstelle mit der im Verkehr erforderlichen Sorgfalt gemäß §§ 347 (1) HGB, 276 (1) BGB auszuwählen[664]. Falls der Schuldner einen Selbsthilfeverkauf vornehmen würde, müsse er für jegliche Verletzungen von Verfahrensvorschriften haften.

An dieser Auffassung wird kritisiert, daß sie außer acht lasse, daß die Auswahl einer sicheren Hinterlegungsstelle nur eine Variante der Erfüllung der Obhutspflicht sei[665]. So gelte § 300 (1) BGB allgemein anerkannt auch dann, wenn ein Erfüllungsgehilfe des Verkäufers die Güter verwahre. Zu der Auswahl des Verwahrers kämen schließlich auch die Auswahl und der Abschluß einer Versicherung sowie Anzeigepflichten hinzu. Wenn der Verkäufer dann für leichtfahrlässiges Verhalten einzustehen habe, müsse man ihm zugestehen, die sicherste Lösung zu wählen und die damit verbundenen hohen Kosten ersetzt zu verlangen. Dies führe aber wiederum zur Verschwendung, so daß man eigentlich nur den Betrag ersetzen sollte, den der Verkäufer für erforderlich halten durfte. Wenn man dies befürwortet, wird der Verkäufer aber wiederum nicht mehr die sicherste Lösung wählen, wenn er kein Verlustgeschäft machen will.

Ich schließe mich der herrschenden Meinung an. Generell sind an einen Kaufmann höhere Ansprüche zu stellen als an einen Nicht-Kaufmann. Dies muß auch für den Fall gelten, daß ein Kaufmann von dem Recht Gebrauch macht, die Sorge für die Ware in andere Hände zu geben. Dem Vorteil, sich von einer Belastung befreien zu können, muß als Äquivalent gegenüberstehen, daß dem Vertragspartner ein Höchstmaß an Schutz gewährt wird. Falls eine Hinterlegung unangemessene Kosten zur Folge hätte, muß von dem Kaufmann erwartet werden, einen Selbsthilfeverkauf in Betracht zu ziehen.

Unumstritten ist, daß dem Käufer die Hinterlegung unverzüglich anzuzeigen ist[666]. Dies entspricht den allgemeinen Sorgfaltspflichten des Verkäufers[667]. Ob sich eine mögliche Haftung an § 300 BGB anlehnt, hängt davon ab, welcher der

---

Hachenburg, § 373, Anm. 16 a. E., 22; MüKo/Thode, § 300, Rn. 2; Emmerich, S. 302; Huber, Leistungsstörungen, Bd. 2, § 56 IV, Fn. 160

664 Ensthaler/Achilles, §§ 373, 374 Rn. 4; Baumbach/Hopt, § 373, Rn. 4; Röhricht/Graf von Westphalen/Wagner, § 373, 374, Rn. 10, 18; gemäß Gesetz zur Modernisierung des Schuldrechts wird aus § 276 (1) 2 § 276 (2) n. F.

665 Staub/Koller, § 374, Rn. 30

666 Ensthaler/Achilles, §§ 373, 374, Rn. 5; Baumbach/Hopt, § 373, Rn. 4; Schlegelberger/Hefermehl, § 373, Rn. 18

667 Staub/Koller, § 374, Rn. 32; Röhricht/Graf von Westphalen/Wagner, § 373, 374, Rn. 13

oben dargestellten Meinungen gefolgt wird. Die ungerechtfertigte Unterlassung einer Anzeige verpflichtet den Verkäufer gemäß oder in Anlehnung an § 374 (2) BGB zum Schadenersatz[668].

Während der Käufer die Gefahr trägt, die eine sorgfältige Hinterlegung mit sich bringt, kann der Verkäufer zur Versicherung der Ware verpflichtet sein, wenn dies einem Handelsbrauch oder sonst der Sorgfalt in eigenen Angelegenheiten gemäß § 277 BGB entspricht[669]. Dem Verkäufer ist es nicht möglich, einen Vertrag zwischen Lagerhalter und Käufer im Namen des Käufers zu schließen[670]. Demgemäß erwirbt der Lagerhalter auch keinen Anspruch gegen den Käufer.

5.1.2.2. Kostentragung

Der Käufer trägt die Kosten der Hinterlegung. Bei einer Hinterlegung nach den Vorschriften des BGB regelt § 381 BGB, daß die Kosten dem Gläubiger zur Last fallen. Dies gilt natürlich nur für den Fall, daß der Schuldner die Sache nicht wieder zurücknimmt.

Im HGB folgt ein Kostenanspruch zunächst aus § 373 (1) HGB für die Kosten, die der Verkäufer im Rahmen des Angemessenen für erforderlich halten durfte[671]. Falls der Verkäufer Ware jedoch bei sich eingelagert haben sollte, findet § 373 HGB keine Anwendung. Ein Anspruch auf Aufwendungsersatz folgt dann aus § 304 BGB[672]. Danach kann der Schuldner Ersatz für Mehraufwendungen verlangen, die er für das erfolglose Angebot, die Aufbewahrung und Erhaltung des geschuldeten Gegenstandes, zusätzliche Reisekosten oder Versicherungsprämien machen mußte[673]. Davon werden allerdings nur die tatsächlich entstandenen Mehraufwendungen erfaßt, die objektiv erforderlich waren[674]. Unter

---

668 Düringer/Hachenburg/Hoeniger, § 373, Anm. 16 a a. E.; Schlegelberger/Hefermehl, § 373, Rn. 18; a. A. Makower, § 373 C XIII; Lehmann-Ring, Nr. 15; die letzteren verneinen eine entsprechende Anwendung der §§ 372 ff. BGB überhaupt; für Hoeniger ergibt sich die Geltung der §§ 372 ff. BGB aus Art. 2 EGHGB. Dagegen Schlegelberger/Hefermehl, § 373, Rn. 16, da das BGB auf die Hinterlegung bei einer öffentlichen Stelle abstelle

669 Ensthaler/Achilles, §§ 373, 374, Rn. 5; Staub/Koller, § 374, Rn. 31

670 Schlegelberger/Hefermehl, § 373, Rn. 14

671 Ensthaler/Achilles, §§ 373, 374, Rn. 6; Staub/Koller, § 374, Rn. 30

672 Heymann/Emmerich, § 374, Rn. 8

673 Emmerich, § 26 IV, S. 306, 307; Huber, Leistungsstörungen, Bd. 1, § 7 II 2 d), S. 177; Soergel/Wiedemann, § 304, Rn. 2

674 BGH NJW 1996, 1464, 1465, U. v. 14.02.1996, VIII ZR 185/94; Staudinger/Löwisch, § 304, Rn. 2; Palandt/Heinrichs, § 304, Rn. 1, 2; a. A. Würdinger/

dem Begriff 'machen mußte', ist keine gesetzliche Verpflichtung zu verstehen. Es handelt sich lediglich um einen Ausdruck, der von einer praktischen Notwendigkeit ausgeht[675].

Für Kaufleute gilt jedoch, daß über die tatsächlich entstandenen Kosten hinaus ein örtlich übliches Lagergeld gemäß § 354 (1) 2 HGB verlangt werden kann[676].

Als weitere Bestimmung enthält § 450 (1) BGB die Regelung, daß, falls vor der Übergabe der verkauften Sache die Gefahr auf den Käufer übergegangen ist und der Verkäufer vor der Übergabe Verwendungen auf die Sache macht, die nach dem Übergang der Gefahr notwendig geworden sind, er von dem Käufer Ersatz verlangen kann, als hätte der Käufer ihn mit der Verwaltung der Sache beauftragt[677]. Ein für diese Bestimmung maßgeblicher Gefahrübergang vor Übergabe tritt ein, wenn bei einem Grundstückskauf der Eigentumsübergang im Grundbuch eingetragen wird, bevor das Grundstück übergeben ist, § 446 (2) BGB[678], beim Versendungskauf mit Auslieferung an den Beförderer, § 447 BGB[679], und bei Annahmeverzug des Käufers, §§ 300 (2), 324 (2) BGB[680]. Allerdings ist der Fall des Aufwendungsersatzes für die letztgenannte Möglichkeit grundsätzlich bereits durch § 304 BGB geregelt. Hauptsächlich wird § 450 (1) BGB daher bei Versendungskäufen Anwendung finden. Hinter der Regelung steht in diesem Zusammenhang, daß es unbillig wäre, dem Käufer die Gefahr des zufälligen Untergangs oder der zufälligen Verschlechterung aufzubürden, den Verkäufer aber Aufwendungen tragen zu lassen, die erforderlich sind, um gerade

---

Röhricht, §§ 373, 374, Anm. 26, wonach auch zweckmäßige Aufwendungen ersetzt werden sollen

675 Staudinger/Löwisch, § 304, Rn. 2

676 BGH a. a. O.; RGZ 45, 300, 302, VII ZS U. v. 02.03.1900, Rep. VI a. 411/99; OLG Frankfurt, MDR 1985, 502, U. v. 27.11.1984 – 5 U 66/83; Baumbach/Hopt, § 354, Rn. 4

677 § 450 BGB entfällt mit in Kraft treten des Gesetzes zur Modernisierung des Schuldrechts. In BT-Drs. 14/6040, S. 203 wird festgestellt, daß dieser Regelung keine erkennbare Bedeutung zugekommen ist. Dies gilt insbesondere, weil der Anwendungsbereich durch die Streichung des § 446 (2) BGB zum 01.01.2002 noch weiter eingeschränkt wird. Für die verbleibenden Anwendungsfälle soll sich ein Anspruch des Verkäufers auf Verwendungsersatz dem Vertrag entnehmen lassen. Soweit der Verkäufer Verwendungen auf die Sache während einer Zeitspanne gemacht hat, in welcher der Käufer in Annahmeverzug war, sollen die Regelungen zum Schuldner- und Gläubigerverzug ausreichende Anspruchsgrundlagen bieten

678 Siehe zu dieser Regelung die vorstehende Fußnote

679 Dieser Paragraph gilt gemäß § 474 (2) BGB n. F. nach dem 01.01.2002 mit der Einschränkung, daß er keine Anwendung auf den Verbrauchsgüterkauf findet

680 Der Inhalt des § 324 (2) BGB wird ab dem 01.01.2002 durch § 326 (2) BGB n. F. erfasst

Untergang oder Verschlechterung vorzubeugen. Dementsprechend wird es sich hier um Kosten handeln, die während eines Transportes zur Abwendung von Schäden erforderlich werden.

Für den Fall des Annahmeverzugs kann § 450 (1) BGB eine über § 304 BGB hinausgehende Bedeutung haben, wenn der Verkäufer Aufwendungen zum Zweck der ordnungsmäßigen Bewirtschaftung der Sache macht.

Insgesamt gehören zu den notwendigen Verwendungen daher die Kosten aus der Einlagerung, Umladung oder Umleitung der Ware sowie Versicherungskosten, soweit sie Kosten der ordnungsgemäßen Bewirtschaftung entsprechen[681]. Der in der Bestimmung enthaltene Verweis auf das Auftragsrecht bewirkt, daß der Käufer vor unangemessen hohen, wenn auch objektiv notwendigen Verwendungen geschützt wird. Von Bedeutung sind dabei insbesondere die §§ 670 und 665 BGB. Danach kann der Ersatz notwendiger Aufwendungen verlangt werden, die nach den Umständen erforderlich waren, während Weisungen des Käufers zu beachten und u. U. einzuholen sind. Falls der Verkäufer Aufwendungsersatz geltend macht, ist er selbst nach § 667 BGB zur Herausgabe des mit Hilfe der Aufwendungen Erlangten verpflichtet.

Der Ersatz sonstiger Verwendungen richtet sich gemäß § 450 (2) BGB nach den Regelungen über die Geschäftsführung ohne Auftrag. Damit darf aus der Regelung des Absatzes (1) nicht gefolgert werden, daß der Ersatz von Aufwendungen, die über das erforderliche Maß hinausgehen, generell ausgeschlossen wäre. Bei Absatz (2) handelt es sich um eine Rechtsgrundverweisung. Damit darf sich eine Pflicht, die in Frage stehenden Aufwendungen zu tätigen, nicht bereits aus dem Kaufvertrag ergeben, es muß ein Fremdgeschäftsführungswille vorliegen, und es muß die Maßnahme mit dem Interesse und dem wirklichen oder mutmaßlichen Willen des Käufers übereinstimmen.

Eine weitere Anspruchsgrundlage für tatsächlich entstandene Aufwendungen ist § 286 BGB, wenn sich der Käufer zudem in Schuldnerverzug befindet[682].

Für Kosten steht dem Verkäufer ein Zurückbehaltungsrecht gemäß § 273 BGB oder § 369 HGB zu[683]. Vor Erstattung der Kosten braucht der Verkäufer,

---

681 Soergel/Huber, § 450, Rn. 3, bei Grundstücken gehören hierher die Kosten einer Reparatur, soweit sie erforderlich ist, einer weiteren Verschlechterung vorzubeugen, und allgemein die Kosten einer ordnungsgemäßen Bewirtschaftung, z. B. Erntekosten während des Annahmeverzugs des Käufers

682 BGH, a. a. O.; aufgrund der Änderung des Leistungsstörungsrechts durch das Gesetz zur Modernisierung des Schuldrechts, welches in § 280 BGB n. F. einen einheitlichen Haftungstatbestand für Pflichtverletzungen (insbesondere bei Schlechterfüllung und Verzug) schaffen wird, werden die Sonderregelungen für Schadenersatz bei Verzug entfallen. Der bisherige § 286 (1) geht in § 280 (1) und § 280 (2) i. V. m. § 286 n. F. sowie der bisherige § 286 (2) in § 280 (1) und § 280 (3) i. V. m. § 281 n. F. auf

wenn er nicht vorzuleisten verpflichtet ist, dem Käufer die Ware nicht auszuhändigen[684].

5.1.2.3. Erfüllungswirkung der Einlagerung nach § 373 HGB

Die Hinterlegung nach § 373 HGB soll den Käufer von seiner Aufbewahrungspflicht entlasten, ohne eine Erfüllungswirkung zu haben[685]. Die nach § 378 BGB eintretende Befreiung des Schuldners von seiner Verbindlichkeit bei Ausschluß der Rücknahme ist auf staatliche Hinterlegungsstellen zugeschnitten[686]. Daher ist eine entsprechende Anwendung ausgeschlossen. Indes kann der Verkäufer einen neuerdings abnahmebereiten Käufer entsprechend § 379 BGB auf die Abholung der Ware bei der Hinterlegungsstelle verweisen, wenn er die Güter dort zugunsten des Käufers eingelagert hat[687]. Anderenfalls wird ausreichend sein, daß der Verkäufer seinen Anspruch gegen den Lagerhalter an den Käufer abtritt[688].

5.1.3. Recht des Verkäufers zum Selbsthilfeverkauf gemäß § 373 Absatz (2) HGB

Der Selbsthilfeverkauf, der dem Verkäufer gemäß § 373 (2) HGB bei Verzug der Annahme durch den Käufer ermöglicht wird, kann auf zwei Arten vorgenommen werden: Zum einen kann die Ware öffentlich versteigert werden, zum anderen kann sie, falls die Ware keinen Börsen- oder Marktpreis hat, aus freier Hand verkauft werden.

5.1.3.1. Androhung und Benachrichtigung

Grundsätzlich soll der Verkäufer gemäß Absatz (2) sowohl eine Versteigerung als auch einen Verkauf aus freier Hand vorher androhen. Die Androhung soll den Vertragspartner in die Lage versetzen, seine Vertragspflichten doch noch zu erfüllen und einen Verkauf so unnötig zu machen. Dementsprechend rechtzeitig hat

---

683 Staub/Koller, § 374, Rn. 31; Düringer/Hachenburg/Hoeniger, § 374, Anm. 11 a. E.; Staudinger/Löwisch, § 304, Rn. 9

684 Huber, Leistungsstörungen, Bd. 1, § 7 II 3, S. 178

685 Staub/Koller, § 374, Rn. 32; Heymann/Emmerich, § 374, Rn. 9; Ensthaler/Achilles, § 373, 374, Rn. 7; Schlegelberger/Hefermehl, § 373, Rn. 16; Düringer/Hachenburg/Hoeniger, § 373, Anm. 16; Huber, Leistungsstörungen, Bd. I, § 9 III 1, S. 250

686 Schlegelberger/Hefermehl, a. a. O

687 Huber, a. a. O.

688 Düringer/Hachenburg/Hoeniger, § 373, Anm. 16

sie zu erfolgen. Die Androhung kann frühestens zum Zeitpunkt des Angebots der Ware erfolgen und mit diesem verbunden werden[689]. Eine besondere Form der Androhung ist nicht vorgeschrieben, sie kann dementsprechend auch mündlich erfolgen. Auf die Androhung als Willensäußerung sind die Regelungen über Willenserklärungen entsprechend anwendbar[690]. Indes ist für den Verkaufenden wichtig, daß er für eine erfolgte Androhung beweispflichtig ist. Daher wird allgemein die Androhung mittels Einschreibebrief und Rückschein empfohlen[691].

Die h. M. nimmt an, daß der Androhende nicht mitteilen muß, welche Verkaufsart er wählt[692]. Allerdings soll daraus nicht folgen, daß bei einer allgemeinen Drohung sowohl die Versteigerung als auch der freihändige Verkauf möglich sind. Bei einer Nichtfestlegung soll von einer Versteigerung auszugehen sein, da für den Fall des geplanten freihändigen Verkaufs ein besonderer Hinweis vonnöten sei[693]. Zum einen sei die öffentliche Versteigerung der Regelfall[694]. Zum anderen sei die Notwendigkeit eines besonderen Hinweises für den freihändigen Verkauf dem Wortlaut des § 373 (2) HGB zu entnehmen[695]. Folglich muß zwar nicht mitgeteilt werden, welche Verkaufsart geplant ist, allerdings ergibt sich eine Beschränkung der Möglichkeiten aus der Wortwahl der Mitteilung.

Fraglich ist, ob ausreichend ist, wenn eine Partei damit droht, 'nach Handelsrecht zu verfahren'. Dies wird einerseits bestritten[696], während andererseits vertreten wird, daß diese Drohung ausreichend sei, wenn der Käufer nach Lage des Falls darunter nur einen Selbsthilfeverkauf verstehen konnte und keine Hinterlegung nach § 373 (1) HGB oder einen Verkauf nach BGB[697].

Einigkeit besteht aber dahingehend, daß nach einmal erfolgter Festlegung auf eine Verkaufsart eine wesentliche Änderung nur nach erneuter Androhung oder Benachrichtigung tunlich ist[698]. Weder besteht jedoch die Pflicht, einen angedrohten Verkauf tatsächlich durchzuführen, noch muß sich die verkaufende Partei

---

689 KG OLGE 16, 124, Kammergericht XIII, U. v. 10.06.1907

690 Heymann/Emmerich, § 374, Rn. 13; Staub/Koller, § 374, Rn. 35; Schlegelberger/Hefermehl, § 373, Rn. 32; dagegen nur OLG Hamburg LZ 1910, Sp. 568 f. Nr. 2, U. v. 09.11.1909, II. 92/09

691 Schlegelberger/Hefermehl, § 373, Rn. 32

692 RGZ 109, 134, 135, I ZS U. v. 05.11.1924; Heymann/Emmerich, § 374, 12; Baumbach/Hopt, § 373, Rn. 6

693 RG U. v. 22.11.1924, I 657/23, JW 25, 946, 947; Düringer/Hachenburg/Hoeniger, § 373, Anm. 20

694 Staub/Koller, § 374, Rn. 34; Schlegelberger/Hefermehl, § 373, Rn. 31

695 Ensthaler/Achilles, § 373, Rn. 8; RG U v. 12.12.1924, JW 1925, 946, 947

696 Baumbach/Hopt, a. a. O.; RG U v. 12.12.1924, JW 1925, 946, 947

697 Schlegelberger/Hefermehl, § 373, Rn. 29

698 Baumbach/Hopt, a. a. O.; Ensthaler/Achilles, a. a. O.; RG U. v. 5.11.1924, RGZ 109, 134, 135 f.; OLG Hamburg, U. v. 30.6.1913, SeuffA 69, 108, 110

an einer einmal getroffenen Entscheidung der Verkaufsmodalitäten festhalten lassen[699].

Zudem muß deutlich sein, ob ein Selbsthilfeverkauf gewollt ist oder der Verkauf Zeichen einer Erfüllungsablehnung nach § 326 BGB ist[700].

Nach § 373 (2) S. 2 HGB bedarf es der vorgängigen Androhung nicht, wenn die Ware dem Verderb ausgesetzt und Gefahr im Verzuge ist; dasselbe gilt, wenn die Androhung aus anderen Gründen, wie der Nichterreichbarkeit des Vertragspartners, untunlich ist[701] oder ein rascher Preisverfall unmittelbar bevorsteht[702].

Die Kriterien dem Verderb ausgesetzt und Gefahr im Verzuge müssen kumulativ vorliegen[703]. Die Ware ist dem Verderb ausgesetzt, wenn eine wesentliche Wertminderung zu erwarten steht[704]. Dies kann Zerstörung ihrer objektiven Brauchbarkeit aufgrund ihrer Beschaffenheit oder aufgrund der ihr eigenen rechtlichen Verhältnisse bedeuten[705]. Erforderlich ist nicht, daß eine völlige oder erhebliche Unbrauchbarkeit eingetreten sein muß[706]. Es reicht aus, wenn die Gefahr einer nicht unerheblichen Verschlechterung oder Entwertung besteht[707]. Eine andere Art der Entwertung, die durch eine rückläufige Preiskonjunktur drohen könnte, reicht nicht aus[708].

Neben der Androhung verlangt Absatz (5) im Falle der öffentlichen Versteigerung zudem, daß der Vertragspartner von der Zeit und dem Ort der Versteigerung vorher zu benachrichtigen ist. Die Benachrichtigung kann bereits mit der Androhung verbunden werden und formlos erfolgen[709]. Sie kann gleichfalls entfallen, wenn sie untunlich ist. Hier gelten dieselben Gründe wie für ein Entfallen der Androhung.

Der Käufer ist gemäß Absatz (5) über einen vollzogenen Verkauf jeglicher Art zu unterrichten. Da der Verkäufer die Stellung eines Beauftragten hat, soll ihm nach vollzogenem Verkauf aber nicht nur eine Benachrichtigung obliegen. Vielmehr ist er dazu verpflichtet, gemäß § 666 BGB Rechenschaft über den Ver-

---

699 RG I ZS U. v. 11.12.1907, Rep. I 146/07, LZ 08, 224; RG U. v. 24.9.1921, RGZ 102, 388, 389

700 Umstritten ist, welches im Zweifel anzunehmen ist, nach Hbg OLGE 33, 225, 4. ZS, 30.06.1914, soll im Zweifel von ersterem auszugehen sein; zur Entwicklung des § 326 nach der Schuldrechtsreform siehe Fn. 758

701 Schlegelberger/Hefermehl, § 373, Rn. 34

702 Düringer/Hachenburg/Hoeniger, § 373, Anm. 21

703 Würdinger/Röhricht, § 373, 374, Rn. 39

704 Baumbach/Hopt, § 373, Rn. 6

705 Beispiele sind verfaulende Lebensmittel oder präjudizierte Wechsel

706 Anders JW 1926, 2121, LG Offenburg, U. v. 09.06.1925, ZAV 20/25

707 Staub/Koller, § 374, Rn. 36; Schlegelberger/Hefermehl, § 373, Rn. 33

708 Würdinger/Röhricht, § 373, 374, Rn. 39

709 Ensthaler/Achilles, § 373, Rn. 8

kauf abzulegen[710]. Dies geht über eine Benachrichtigung oder Auskunft hinaus, da eine geordnete Aufstellung von Einnahmen und Ausgaben gefordert ist[711]. Die Benachrichtigungspflichten sind allerdings keine Gültigkeitsvoraussetzungen. Damit macht sich der Verkäufer bei einer Unterlassung derselben auch lediglich schadenersatzpflichtig[712].

5.1.3.2. Öffentliche Versteigerung

Für die öffentliche Versteigerung nach § 373 HGB ist die Regelung des § 383 BGB maßgeblich. Zuständig sind Gerichtsvollzieher gemäß § 246 GVGA[713], Notare gemäß § 20 (3) BNotO und die sonst als Versteigerer bestellten Personen gemäß § 34 b (5) GewO; nicht befugt sind Handelsmakler oder Bahnbeamte.

Zu einer öffentlichen Versteigerung muß grundsätzlich jedermann Zutritt haben. Den Parteien ist das Mitbieten durch Absatz (4) ausdrücklich gestattet. Dies kann auch durch damit beauftragte Dritte geschehen. Vom Mitbieten ausgeschlossen sind die Personen, die durch die Regelung der §§ 456-458 BGB erfaßt sind[714].

5.1.3.3. Verkauf aus freier Hand, wenn Ware Börsen- oder Marktpreis hat

Unter Marktpreis ist der Durchschnittspreis einer Ware am jeweils relevanten Markt zu verstehen[715]. Dieser kann sowohl amtlich als auch außeramtlich durch eine anerkannte Einrichtung festgestellt worden sein[716]. Der Börsenpreis als Unterfall des Marktpreises ist der gemäß § 29 BörsG für den börslichen Handel festgestellte Marktpreis[717].

---

710 Staub/Koller, § 374, Rn. 54
711 Palandt/Sprau, § 666, Rn. 4
712 Staub/Koller, § 374, Rn. 46
713 Geschäftsanweisung für Gerichtsvollzieher
714 Hierzu gehören gemäß § 456 BGB bei der Zwangsvollstreckung die Personen, die mit Leitung und Durchführung derselben beauftragt sind; gleiches gilt nach § 457 BGB, wenn außerhalb einer Zwangsvollstreckung ein Auftrag zu dem Verkauf auf Grund einer gesetzlichen Vorschrift erteilt wurde, die den Auftraggeber ermächtigt, den Gegenstand auf Rechnung eines anderen verkaufen zu lassen (Fälle des Pfandverkaufs, der nach 383, 385 BGB zugelassenen Verkäufe und des Verkaufs durch den Konkursverwalter); die Regelungen nach den §§ 456 – 458 werden sich nach dem Gesetz zur Modernisierung des Schuldrechts mit entsprechendem Inhalt in den §§ 450 (1), (2) und 451 BGB n. F. befinden
715 Baumbach/Hopt, § 253, Rn. 14
716 Schlegelberger/Hefermehl, § 373, Rn. 25
717 Ensthaler/Achilles, § 373, 374, Rn. 12

Der Verkauf muß durch öffentlich ermächtigte Handelsmakler, amtlich bestellte Kursmakler gemäß § 34 BörsG oder durch eine sonst zu öffentlichen Versteigerungen befugte Person durchgeführt werden[718]. Der Verkauf muß dabei zum Durchschnittspreis erfolgen, der an dem Verkaufsort tatsächlich zu erzielen ist. Falls ein solcher Preis z. B. aufgrund der Beschaffenheit der Ware nicht zu erreichen ist, darf der Verkäufer keinen freihändigen Verkauf vornehmen, sondern muß die Güter öffentlich versteigern lassen.

Umstritten ist, ob der Käufer einen Selbsthilfeverkauf gegen sich gelten lassen muß, wenn ein laufender Preis nicht erreicht wird. Es wird sowohl vertreten, daß ein Verkauf dann unwirksam sei[719], als auch, daß der Verkauf gültig sei, wenn den Verkäufer, bei Wahrung der Sorgfalt eines ordentlichen Kaufmanns nach § 347 HGB, an dem Ergebnis unter dem laufenden Preis kein Verschulden treffe. Dann müsse der Verkäufer lediglich die Differenz zum laufenden Preis entrichten[720]. Im Sinne der zweiten Auffassung argumentiert auch Koller[721]. Da der Verkäufer die Personen, die den Verkauf durchführen müßten, nicht frei wählen könne, könnten diese nicht als dessen Erfüllungsgehilfen angesehen werden. Wenn diese Personen sich fehlverhalten sollten, hätte der Käufer daher lediglich einen Anspruch gegen den Verkäufer auf Abtretung der Schadenersatzforderung im Rahmen einer Drittschadensliquidation. Der Verkäufer müsse nicht für eine Differenz einstehen, da der laufende Preis nur eine Zielangabe sei. Nur wenn der Verkäufer selbst fahrlässig handele, indem er die falsche Verkaufsperson auswählt oder falsche Weisungen erteilt, sei der Verkauf ungültig[722].

Ich schließe mich der Meinung an, die darauf abstellt, ob der Kaufmann die im Verkehr erforderliche Sorgfalt beachtet hat. Dabei sind zwei Argumente ausschlaggebend. Zum einen hat der Kaufmann das Verfahren nicht in vollem Umfang in eigenen Händen. Er müßte sich also fremdes Fehlverhalten von gesetzlich vorgesehenen Personen zurechnen lassen, wenn man den Verkauf als ungültig erachten würde. Dies ist unbillig, wenn dem Verkäufer selbst bei der Auswahl dieser Personen kein Fehler unterlaufen ist. Zudem ist es aber auch unbillig, den Verkäufer in einer Situation benachteiligen zu wollen, welche in der Mehrzahl der Fälle durch ein Fehlverhalten der anderen Partei erst entstanden ist. Wenn

---

718 Baumbach/Hopt, § 373, Rn. 8

719 ROHG 7, 66, 69, Sen. I U. v. 10.09.1872, Rep. 398/72; ROHG 8, 99, 101, Sen. II U. v. 27.11.1872, Rep. 684/72; Heymann/Kötter, § 373, Rn. 7

720 ROHG 10, 367 ff, Sen I, U. v. 30.06.1873, Rep. 343/73; RG U. v. 31.01.1880, ZHR 26, 564; Schlegelberger/Hefermehl, § 373, Rn. 26; Würdinger/Röhricht, §§ 373, 374, Anm. 55

721 Staub/Koller, § 374, Rn. 44

722 So auch Ensthaler/Achilles, § 373, Rn. 13; Heymann/Emmerich, § 374, Rn. 19

man dies anders sehen wollte, würde dem Verkäufer ein nicht zu rechtfertigendes Risiko auferlegt.

5.1.3.3.1. Gegenstand des Verkaufs

Verkauft werden kann nur die Ware selbst, nicht jedoch ein Anspruch auf Lieferung durch einen Dritten oder auf Herstellung der Ware[723]. Gegenstand des Verkaufs bei einem Gattungskauf ist Ware in vertraglicher Beschaffenheit, sofern nicht der Käufer ein Interesse an schon ausgesonderter Ware hat[724]. Zum Zeitpunkt einer Versteigerung muß sie grundsätzlich noch nicht ausgesondert sein, aber sich im Besitz des Verkäufers befinden und für ihn ohne weiteres verfügbar sein[725]. Bei der Versteigerung kann daher ein Hinweis auf einen bestimmten, an einem näher bezeichneten Ort bereit gehaltenen Warenvorrat erforderlich sein[726].

Wenn ursprünglich Kasse gegen Dokumente vereinbart war, ersetzen die Dokumente bei dem Verkauf die Güter[727]. Damit steht der Zweitkäufer nicht ungünstiger als der Erstkäufer.

Weiter ist der Verkäufer mit Rücksicht auf § 266 BGB grundsätzlich nicht berechtigt, einen Teilverkauf vorzunehmen. Eine Ausnahme gilt nur für den Fall, daß bei einem Sukzessivlieferungsvertrag eine rückständige Rate zum Verkauf gebracht wird[728]. Falls ein Annahmeverzug mit allen Teillieferungen gegeben sein sollte, kann der Verkäufer die Teile grundsätzlich auch zusammen verkaufen. Eine Ausnahme gilt nur dafür, daß durch einen Gesamtverkauf der Preis zu weit gedrückt würde[729]. In welchen Teilen die Ware verkauft wird, kann auch davon abhängen, was im Handel üblich ist und daher vermutlich auch zu dem besten Ergebnis führt. Nicht möglich ist es, einen Teil der Güter zu verkaufen, einen anderen Teil aber zu hinterlegen.

5.1.3.3.2. Sonstige Bedingungen des Selbsthilfeverkaufs

Der Verkäufer muß sich so verhalten, daß er auch im Interesse des Käufers den nach den Umständen bestmöglichen Preis erzielt. Dabei kann er durchaus von

---

723 RGZ 34, 98, 99, I. ZS U. v. 23.01.1895, Rep. I 351/94; RGZ 35, 1, 3, I. ZS U. v. 20.02.1895, Rep. I 490/94

724 RGZ 91, 109, 112, II. ZS U. v. 06.11.1917, Rep. II. 201/17

725 RG U. v. 23.1.1895, RGZ 34, 98, 99f.; RGZ 45, 29, 30 f., U. v. 8.11.1899, Rep. I 292/99

726 RG U. v. 8.10.1912, JW 1913, 47

727 RG U. v. 24.1.1906, DJZ 1906, 541, 542

728 RG U. v. 17.12.1903, JW 1904, 90

729 Staub/Koller, § 374, Rn. 49

den ursprünglich vereinbarten Vertragsbedingungen abweichen, wenn dies kein Nachteil für den Käufer bedeutet[730].

5.1.3.3.2.1. Verkaufsort

Während der Ort für einen Verkauf anders als nach § 383 BGB nicht vorgeschrieben ist, sondern im Ermessen des Verkäufers steht, darf dieser nicht willkürlich verfahren, sondern muß die Interessen des Käufers wahren[731].

Danach hat der Verkäufer darauf zu achten, an welchem Ort er einen angemessenen Preis für die Ware erzielt und daß keine unnötigen Kosten bei einem Verkauf an einem speziellen Ort entstehen[732]. Folglich wird die Ware generell an dem Ort zu verkaufen sein, an dem sie sich zum Zeitpunkt des Annahmeverzugs befindet[733]. Dies kann nach durchgeführter Versendung der Bestimmungsort sein[734], aber auch ein Ort, an dem sich die Ware während der Versendung befindet. So könnte der Verkäufer verpflichtet sein, den Transport aus Kostengründen zu unterbrechen und die Ware an dem jeweiligen 'zufälligen' Ort zu verkaufen[735]. Denkbar ist aber auch, daß die Ware trotz frühzeitiger Ablehnung durch den Käufer an den Bestimmungsort transportiert wird, um sie dort zu verkaufen, falls der Verkäufer die Versendungskosten vereinbarungsgemäß trägt[736]. Damit würde der Käufer nicht benachteiligt. Allerdings wären die bei einem Selbsthilfeverkauf am Absendeort ersparten Versendungskosten nach § 324 (1) 2 BGB dem Käufer gutzubringen[737].

Wenn sich Ware noch auf dem Seeweg befindet und daher ein Konnossement versteigert wird, soll dies dort geschehen, wo die Ware auszuliefern ist, da dort der günstigere Preis zu erzielen sein wird[738].

---

730 Staub/Koller, § 374, Rn. 50

731 RGZ 110, 268, 270, I ZS U. v. 14.03.1925, I 292/24

732 RGZ 15, 1, 3, I ZS U. v. 07.10.1885, Rep. I 216/85; RG JW 1901, 617, VII ZS U. v. 18.06.1901, Nr. 142/1901

733 vgl. RGZ 50, 211 II. ZS U. v. 15.02.1902, Rep. II 408/01, für Verkauf am Absendeort; Dresden OLGE 13, 28, 29, VIII ZS U. v. 25.04.1906, für Ort, wo Ware sich gerade befindet

734 RGZ 110, 269, 270, I ZS U. v. 14.03.1925, I 292/24

735 Baumbach/Hopt, § 373, Rn. 11

736 RG JW 1901, 756, VII. ZS U. v. 01.10.1901, Nr. 217/1901 VII

737 So im Ergebnis auch Staub/Koller, § 374, Rn. 51; § 324 (1) 2 wird ab dem 01.01.2002 § 326 (2) 2 n. F. entsprechen

738 RG JW 1901, 654, VI ZS 11.07.1901, Nr. 156/1901 VI

5.1.3.3.2.2. Verkaufszeitpunkt

Frühestens kann ein Verkauf am Tag der Fälligkeit der Leistung erfolgen. Dies gilt auch für den Fall, daß der Käufer eine Annahme bereits abgelehnt haben sollte. Nach diesem Zeitpunkt hat der Verkäufer einen Ermessensspielraum, wann er die Ware verkaufen möchte. Ein Endzeitpunkt ist nicht gegeben, da es ihm auf unbegrenzte Zeit möglich ist, die Güter auf Kosten des Käufers zu hinterlegen. Dem Käufer entsteht dadurch kein Nachteil, da er die Ware jederzeit abnehmen könnte. Zwar darf der Verkäufer den Verkauf nicht absichtlich zu einem Zeitpunkt vornehmen, zu dem der Preis sehr niedrig ist, allerdings besteht auch keine Verpflichtung, den Verkauf zu einem Zeitpunkt vorzunehmen, der besonders günstig ist[739].

Falls der Verkauf bereits angezeigt wurde, kann der Zeitpunkt immer noch anders gewählt werden, wenn ein besserer Preis zu erwarten steht. Darüber muß der Käufer aber wiederum benachrichtigt werden[740].

Ein Verkauf zu einem ungünstigen Zeitpunkt macht ihn nicht unwirksam, sondern kann den Verkäufer lediglich zum Schadenersatz verpflichten. Nur unter besonderen Umständen kann eine übermäßige Verzögerung des Verkaufs zu einer Verwirkung des Rechts zum Selbsthilfeverkauf führen[741].

5.1.3.3.3. Rechtsfolgen des Verkaufs

5.1.3.3.3.1. Für Rechnung des Käufers

Der Selbsthilfeverkauf erfolgt gemäß § 373 (3) HGB für Rechnung des Käufers. Durch einen ordnungsgemäß durchgeführten Verkauf erlischt die Lieferschuld des Verkäufers gegenüber dem Käufer[742]. Der Verkäufer muß gemäß § 666 BGB abrechnen und den Verkaufserlös nach § 667 BGB herausgeben. Die fällige Kaufpreisforderung, erhöht durch den Anspruch auf Aufwendungsersatz, kann dabei gegen den Anspruch des Käufers auf Herausgabe des Verkaufserlöses des Selbsthilfeverkaufs gemäß den §§ 667, 389 BGB aufgerechnet werden[743]. Dies ist indes nicht möglich, wenn der Kaufpreis noch nicht fällig ist. Während ein Zu-

---

739 Staub/Koller, § 374, Rn. 53

740 OLG Hamburg, SeuffA 69, 110, Bf. IV 107/13, 30.06.1913

741 RGZ 36, 83, 86 ff., I ZS U. v. 11.12.1895, Rep. I 349/95

742 RG U. v. 19.9.1924, JW 1925, 946, 947: Verkauf ist Erfüllungssurrogat

743 Staub/Koller, § 374, Rn. 55; Baumbach/Hopt, § 373, Rn. 13; Schlegelberger/Hefermehl, § 373, Rn. 40; Ensthaler/Achilles, §§ 373, 374, Rn. 17; Würdinger/Röhricht, §§ 373, 374, Rn. 52

rückbehaltungsrecht nach § 273 BGB nicht in Betracht kommt, könnte aber § 321 BGB einschlägig sein[744].

Ein Betrag, der über den originären Kaufpreis zuzüglich Aufwendungen hinausgeht, muß dem Käufer ausgekehrt werden[745]. Falls der erlöste Betrag geringer ist, besteht der Differenzanspruch als ursprünglicher Kaufpreisanspruch fort, der nicht erloschen ist[746].

5.1.3.3.3.2. Aufwendungsersatz

Der gerade genannte Anspruch des Verkäufers auf Aufwendungsersatz folgt zunächst aus § 670 BGB und beinhaltet Reisekosten, Auslagen für den Warentransport und Porto[747]. Wie bei der Hinterlegung kann ein Anspruch auf Aufwendungsersatz auch aus § 304 BGB folgen[748]. Allerdings werden nur die tatsächlich entstandenen Mehraufwendungen erfaßt, die objektiv erforderlich waren[749].

Während unumstritten ist, daß eine kaufmännische Partei, die die Ware bei sich selbst einlagert, Lagergeld gemäß § 354 (1) 2 HGB verlangen kann[750], wird unterschiedlich beurteilt, ob der Verkäufer bei einem Selbsthilfeverkauf einen Provisionsanspruch gemäß § 354 (1) 1 HGB hat.

Einerseits wird vertreten, daß ein Ausgleich neben der Aufrechnung mit dem Kaufpreis allein auf den Aufwendungsersatz beschränkt sei[751]. Der Verkäufer habe die Wahl, ob er die Ware hinterlege oder ob er sich des Kostenrisikos der Hinterlegung entledige und einen Selbsthilfeverkauf vornehme[752]. Ein solcher Verkauf lediglich im eigenen Interesse reiche nicht aus, einen Provisionsanspruch

---

744 Das Recht zur Leistungsverweigerung nach § 321 wird durch das Gesetz zur Modernisierung des Schuldrechts erweitert auf Fälle der mangelnden Leistungsfähigkeit. Zudem sieht ein Absatz 2 ein Rücktrittsrecht des Vorleistungspflichtigen nach Fristsetzung vor

745 RGZ 102, 388 ff., I. ZS U. v. 24.09.1921, I 24/21

746 RGZ 41, 63, 64, II. ZS U. v. 25.03.1898, Rep. II 13/98; RG U. v. 27.1.1925, RGZ 110, 127, 129 f.

747 Ensthaler/Achilles, § 373, Rn. 17; Schlegelberger/Hefermehl, § 373, Rn. 41; Staub/Koller, § 374, Rn. 55; Heymann/Emmerich, § 374, Rn. 24; Röhricht/Graf von Westphalen/Wagner, § 373, 374, Rn. 22

748 JW 21, 394, OLG Düsseldorf 275/20 VII, 29.11.1920

749 BGH NJW 1996, 1464, 1465, U. v. 14.02.1996, VIII ZR 185/94; Palandt/Heinrichs, § 304, Rn. 1, 2

750 Schlegelberger/Hefermehl, § 354, Rn. 6; Düringer/Hachenburger/Werner, § 354, Anm. 7

751 Ensthaler/Achilles, § 373, 374, Rn. 6, 17; Düringer/Hachenburg/Hoeniger, § 373, Anm. 39; Staub/Koller, § 374, Rn. 55; offengelassen in BGH WM 1984, 165, 166, U. v. 21.11.1983, VIII ZR 173/82

752 Staub/Koller, a. a. O.

nach § 354 HGB zu begründen[753]. Weiter sei eine Provision auch nicht im Fall des Deckungsverkaufs vorgesehen. Andererseits wird ein Provisionsanspruch bejaht[754]. Dabei wird auf die Geschäftsbesorgung für den Käufer verwiesen, die Arbeitskraft und Zeit konsumiere. Dementsprechend sei es sachgerecht, eine Provision zu gewähren, wenn ein Kaufmann den Verkauf im Betriebe seines Handelsgewerbes vornehme[755].

Es ist gerechtfertigt, den Fall der Einlagerung der Ware in eigenen Räumen dem Fall des Verkaufs der Ware gleichzustellen. Beide Maßnahmen geschehen nicht nur im eigenen Interesse, sondern auch im Interesse der Partei, die sich im Verzug befindet. Zwar entledigt sich der Verkäufer mit einem wirksamen Selbsthilfeverkauf seiner Lieferschuld, indes wird mit einem zügigen Verkauf ein möglicher Schaden des Vertragspartners in der Regel geringer sein, als wenn die Ware längere Zeit gelagert und dann verkauft wird. Damit ist ein Verkauf, der auf Kosten der säumigen Partei erfolgt, durchaus in deren Interesse. Insoweit gelten dieselben Überlegungen, die bei § 379 (2) HGB angestellt werden. Dort wird dem Käufer allgemein ein Provisionsanspruch zugestanden, da der Verkauf im Interesse des säumigen Verkäufers erfolgt. Indes erfolgt der Verkauf auch im Interesse des Käufers, da er damit seiner Verwahrungspflicht nach Absatz (1) entbunden wird.

5.1.3.3.3.3. Folgen der Verletzung von Pflichten

Wenn sich der Verkäufer bei der Durchführung des Verkaufes nicht den Anforderungen des Gesetzes gemäß oder sonst sorgfaltswidrig verhält, kann dies unterschiedliche Folgen haben.

Einen Verkauf unter Verletzung zwingender Formvorschriften der § 383 BGB oder § 373 HGB braucht der Käufer nicht gegen sich gelten zu lassen; er ist nicht für seine Rechnung erfolgt. Nicht maßgeblich ist dabei, ob den Verkäufer an der Unrechtmäßigkeit ein Verschulden trifft oder nicht[756]. Falls der Selbsthilfeverkauf für den Käufer unverbindlich sein sollte, hat der Verkäufer seine Lieferpflicht nicht erfüllt. Der Käufer ist weiterhin berechtigt, vom Verkäufer die Lieferung der Ware zu verlangen, sofern dies dem Verkäufer nicht unmöglich geworden ist. Bei einer Gattungsware wird der Verkäufer in der Regel in der La-

---

753 Düringer/Hachenburg/Werner, § 354, Anm. 6

754 Staub/Würdinger/Röhricht, 3. A., § 373, 374, Anm. 52 a. E.; Schlegelberger, § 373, Rn. 41

755 Schlegelberger, a. a. O.

756 Ensthaler/Achilles, Art. 373, 374, Rn. 18

ge sein, neue Güter zu beschaffen[757]. Der Käufer kann Rechte aus §§ 325, 326 BGB geltend machen, wenn der Verkäufer die Ordnungswidrigkeit des Verkaufs verschuldet haben sollte[758].

Ein nicht gemäß § 373 (3) HGB für Rechnung des Gläubigers erfolgter Verkauf kann den Schuldner jedoch dann entlasten, wenn die Voraussetzungen einer GOA vorliegen sollten, die nicht durch § 373 HGB ausgeschlossen wird[759].

Der Käufer muß sich dann so behandeln lassen, als habe der Verkäufer die Ware in seinem Auftrag einem Dritten ausgeliefert und dadurch den Vertrag zum Vollzug gebracht. So kann die Ware in berechtigter GOA aus freier Hand ohne Zuziehung eines Maklers oder Versteigerers auch dann verkauft werden, wenn sie keinen Börsen- oder Marktpreis hat. Dann muß aber deutlich werden, daß der Verkäufer auch im Interesse des Käufers handelt[760]. Den Verkäufer trifft die Beweislast dafür, daß er den Verkauf so durchführte, wie es das Interesse des Geschäftsherrn mit Rücksicht auf dessen wirklichen oder mutmaßlichen Willen erforderte. Schließlich kann dem Verhalten des Käufers eine Zustimmung zu dem Selbsthilfeverkauf zu entnehmen sein, oder der Käufer kann das Geschäft genehmigen[761].

Ein Verkauf unter Verstoß gegen sonstige Bedingungen wird demgegenüber grundsätzlich dazu führen, daß der Gläubiger diesen gegen sich gelten lassen muß, aber zum Schadensausgleich berechtigt sein wird[762]. Obwohl das Gesetz in

---

757 Gemäß Gesetz zur Modernisierung des Schuldrechts entfallen die besonderen Regeln des Gattungskaufs. Der Käufer erhält generell zunächst Rechtsbehelfe, die ihm zur Durchsetzung eines Erfüllungsanspruchs verhelfen sollen. Gemäß §§ 437 Nr. 1, 439 BGB n. F. kann Nacherfüllung in Form der Beseitigung des Mangels oder der Lieferung einer mangelfreien Sache verlangt werden

758 Durch das Gesetz zur Modernisierung des Schuldrechts wird das Rücktrittsrecht gemäß § 325 in § 326 (5) n. F. verankert. Der Schadensersatzanspruch wegen Nichterfüllung bzw. teilweiser Unmöglichkeit wird in § 283 n. F. geregelt. In den §§ 326 (5) i. V. m. 323 (4) 1 n. F. wird der Rücktritt bei Teilunmöglichkeit geregelt. Der bisherige § 326 wird um die Fälle der Schlechterfüllung erweitert. Weiter ist statt der Ablehnungsandrohung gemäß § 326 (1) eine angemessene Nachfrist zu setzen. Danach kann bei verschuldeter Pflichtverletzung Schadenersatz statt der Leistung bzw. unabhängig von dem Verschulden nach § 323 (1) n. F. von dem Vertrag zurückgetreten werden. Daneben wird die Alternativität von Schadenersatz und Rücktritt aufgegeben

759 BGH LM § 325 Nr. 5, U. v. 18.06.1957, VIII ZR 218/56; Staub/Koller, § 374, Rn. 56; Schlegelberger/Hefermehl, § 373, Rn. 43; Gerhard Reinicke, MDR 58, 93 zu BGH U. v. 18.06.1957, VII ZR 218/56; Heymann/Emmerich, § 374, Rn. 26; Würdinger/Röhricht, §§ 373, 374, Rn. 57

760 Baumbach/Hopt, § 373, Rn. 5

761 Heymann/Emmerich, a. a. O.; Staub/Koller, a. a. O.

762 Staub/Koller, § 374, Rn. 59

§ 383 BGB von einer Versteigerung am Leistungsort ausgeht, macht ein Verstoß hiergegen den Verkauf nach h. M. nicht unwirksam[763]. Da das Gesetz in § 373 HGB bezüglich des Ortes und der Zeit des Verkaufs keine Regelungen trifft, steht dem Verkäufer ein breiter Ermessensspielraum zu. Von diesem Spielraum muß der Schuldner aber mit der dem Kaufmann gebotenen Sorgfalt Gebrauch machen. Das bedeutet z. B., daß der Verkäufer bei einem Verkauf an einem ungeeigneten Ort dem Käufer das am geeigneteren Ort zu erzielende Ergebnis gutzubringen hat[764]. Dies gilt für den bürgerlichen und den handelsrechtlichen Verkauf[765].

Oben wurde bereits festgestellt, daß der Verkäufer grundsätzlich frei ist, einen Zeitpunkt für einen Selbsthilfeverkauf festzulegen. Dies wird indes allgemein dahingehend eingeschränkt, daß er den Verkauf zum Schaden des Käufers nicht vorsätzlich dann durchführen soll, wenn ein besonders ungünstiges Ergebnis zu erwarten steht[766]. In Entscheidungen des Reichsgerichts ist eine Haftung des Verkäufers oder Käufers auch auf eine grob fahrlässige Festlegung des Verkaufszeitpunktes ausgedehnt worden[767]. Dies ist aber mit der Literatur abzulehnen, da es dem Verkäufer zu jeder Zeit möglich sein muß, sich der Kosten der Aufbewahrung durch einen Verkauf zu entledigen. Zudem besteht für den Käufer bis zu einem Verkauf der Ware die Möglichkeit, die Güter abzunehmen[768].

Von dem Grundsatz, daß der Vertragspartner einen Verkauf trotz Verstoßes gegen sonstige Bedingungen gegen sich gelten lassen muß, wird eine Ausnahme gemacht: Wenn die verkaufende Partei die Vornahme eines Verkaufs ankündigt, dann aber doch hinauszögert, soll der anderen Seite, die auf den Verkauf vertraut hat, nicht zugemutet werden, den illoyal verzögerten Verkauf gegen sich gelten zu lassen[769].

---

763 RGZ 95, 116, 117 ff., U. v. 18.2.1919, Rep. II 355/18; RGZ 104, 420, 421, U. v. 20.6.1922 – II 599/21; RGZ 110, 268, 270, U. v. 14.3.1925 – I 292/24; Soergel/Zeiss, § 383, Rn. 2; a. A. Staudinger/Kaduk, § 383, Rn. 31 f., 36 ff.; RG JW 04, 560, 561, U.v. 30.9.1904 – 196/04 II

764 Baumbach/Hopt, § 373, Rn.11

765 Schlegelberger/Hefermehl, § 373, Rn. 36, 37, § 374, Rn. 13; RGZ 95, 116 U. v. 18.2.1919, Rep. II 355/18; RGZ 104, 420, II. ZS U. v. 20.06.1922, II 599/21; RGZ 110, 268, 270, I ZS U. v. 14.03.1925, I 292/24; a. A. RG JW 05, 538, U. v. 27.6.1905 – 619/04 II, danach ist es möglich, an unterschiedlichen Orten zu verkaufen, wenn diese gleich geeignet sind

766 Staub/Koller, § 374, Rn. 53

767 RGZ 36, 89, U. v. 14.12.1895 – Rep. I 272/95; RGZ 66, 186, 192, U. v. 7.6.1907 – Rep. II 39/07

768 Staub/Koller, § 374, Rn. 53; Düringer/Hachenburg/Hoeniger, § 373, Anm. 26

769 RGZ 36, 89, U. v. 14.12.1895 – Rep. I 272/95

5.1.3.3.3.4. Haftungsmilderung gemäß § 300 Absatz (1) BGB

Der bereits bei der Hinterlegung geschilderte Streit, ob die Haftung des Verkäufers gemäß § 300 BGB gemildert ist, wird bei dem Selbsthilfeverkauf nach HGB nicht in dem gleichen Umfang geführt.

Grundsätzlich soll sich die Haftungsmilderung nur auf die Sorgfaltspflicht hinsichtlich des Leistungsgegenstandes beziehen[770]. Beispielsweise wird für eine ordnungsgemäße Bekanntgabe eines Selbsthilfeverkaufs nach § 373 HGB die Sorgfalt eines ordentlichen Kaufmanns verlangt und § 300 BGB für nicht anwendbar erachtet[771].

Der Selbsthilfeverkauf stellt eine Möglichkeit des Verkäufers dar, sich der Ware zu entledigen. Dies dient vordringlich seinen Interessen. Um den Käufer, der sich möglicherweise unverschuldet im Annahmeverzug befindet, jedoch nicht völlig schutzlos zu stellen, enthält § 373 HGB Verhaltensmaßregeln für den Verkäufer. Die praktische Bedeutung dieser Regeln wäre bei Haftung nur für Vorsatz und grobe Fahrlässigkeit in Frage gestellt.

Allerdings ist es angemessen, von diesem Grundsatz dann eine Ausnahme zu machen, wenn der Verkäufer einen Notverkauf vornimmt[772]. Da der Verkäufer unter diesen Umständen unverzüglich handeln muß, ist ihm ein leichtes Verschulden, welches im Zusammenhang mit dem gebotenen schnellen Verkauf steht, nachzusehen.

Gegenüber der gerade dargestellten Meinung sah das OLG Köln in einem Urteil vom 6.6.1994 jedoch als anerkannt an, daß der Verkäufer auf Grundlage des Annahmeverzuges nur für grobe Fahrlässigkeit und Vorsatz hafte[773]. Der Schuldner hatte Ware freihändig verkauft, statt damit einen öffentlich ermächtigten Handelsmakler zu beauftragen. Obwohl es sich um einen Selbsthilfeverkauf nach § 383 BGB handelte, ist die Auffassung des OLG hier bedeutsam, da es in seiner Begründung Literatur zitiert, die sich auf das HGB bezieht. Die in der Entscheidung zitierte Literatur hat sich jedoch teilweise gewandelt[774]. Weder

770 Emmerich, S. 302

771 RG U. v. 29.11.1920, 275/20 VII, JW 1921, 394, Nr. 4 unter Hinweis auf die Motive zum BGB II., S. 73

772 Düringer/Hachenburg/Hoeniger, § 373, Anm. 22

773 19 U 150/93, NJW-RR 1995, 53, 54; ebenso RGZ 57, 105, 107, U. v. 23.2.1904 – II 298/03

774 Zumindest hat Palandt/Heinrichs, § 383, Rn. 6, die Anwendung des § 300 BGB nur bis zur 54. Auflage, 1995, befürwortet und danach abgelehnt. Somit war denkbar, daß er die Kommentierung im MüKo, 3. Auflage, 1994, § 383, Rn. 7 a. E., 9, wo er § 300 BGB für anwendbar erklärt, ebenso ändert. Allerdings ist die Kommentierung in der 4. Auflage, 2001, von Wenzel übernommen worden, der die Kommentierung

für das BGB noch für das HGB wird von der h. M. die Haftungsmilderung des § 300 (1) BGB unter den gegebenen Umständen befürwortet. Wie bereits unter Punkt 5.1.2.1. dargestellt, sprechen die besseren Gründe für eine eingeschränkte Anwendung des § 300 (1) BGB.

5.1.3.4. Deckungsverkauf neben Selbsthilfeverkauf

Wenn neben der Annahmeverweigerung zugleich Zahlungsverzug vorliegt, kann der Verkäufer auch die Rechte aus § 326 BGB geltend machen[775]. Er kann nach fruchtlosem Ablauf einer Nachfrist vom Vertrag zurücktreten oder Schadenersatz wegen Nichterfüllung verlangen. Unter diesen Umständen kann er einen Dekkungsverkauf vornehmen. Der Hauptunterschied zwischen der Vornahme eines Deckungsverkaufs und einem Selbsthilfeverkauf besteht darin, daß letzterer die zwangsweise Erfüllung des Kaufvertrages bedeutet. Bei einem Vorgehen nach § 326 BGB ist der Erfüllungsanspruch spätestens im Moment des fruchtlosen Ablaufs der Nachfrist ausgeschlossen[776]. Aus diesem Grund ist es auch nicht möglich, nach Ablauf der Frist einen Selbsthilfeverkauf vorzunehmen oder einen dann vorgenommenen Verkauf als solchen zu behandeln[777].

Andererseits verliert der Verkäufer seine Rechte aus § 326 BGB nicht dadurch, daß er zunächst erklärt hat, er werde den Selbsthilfeverkauf nach § 373 HGB vornehmen. Er kann vom Erfüllungsbegehren, das im Androhen des Selbsthilfeverkaufs enthalten ist, jederzeit dazu übergehen, die Folgerungen aus dem Erfüllungsverzug des Käufers zu ziehen[778].

Selbst wenn er einen Selbsthilfeverkauf bereits vorgenommen hat, kann er diesen, so die Voraussetzungen des § 326 BGB erfüllt sind, als Deckungsverkauf behandeln[779]. Dieses ist zum einen sinnvoll, wenn der Verkauf als Selbsthilfever-

---

an dieser Stelle nicht verändert hat. Daneben stützt allein RGZ 57, 105, 107, II. ZS U. v. 23.02.1904, Rep. II 298/03, diese Auffassung

775 Zur Entwicklung des § 326 nach der Schuldrechtsreform siehe Fn. 758

776 Diese Regelung erfährt eine Änderung durch das Gesetz zur Modernisierung des Schuldrechts. Nach § 281 (4) n. F. geht der Anspruch auf Primärleistung nicht mit dem Ablauf der Frist unter, sondern erst mit der Geltendmachung des Anspruchs auf Schadenersatz, siehe dazu BT-Drs. 14/6040, S. 140 f.

777 Gemäß der in der vorigen Fußnote beschriebenen Änderungen der Regelungen des BGB, wird der Ablauf der Frist als Grenze für die Vornahme eines Selbsthilfeverkaufs entfallen. Da auch nach Ablauf einer Frist an dem Primäranspruch festgehalten werden kann, muß die Möglichkeit zum Selbsthilfeverkauf weiter möglich sein

778 Schlegelberger/Hefermehl, § 373, Rn. 45

779 RG U. v. 5.11.1924 – I 635/23, RGZ 109, 134, 136; RGZ 110, 155, 156 f. VI. ZS U. v. 03.02.1925, VI 274/24; Baumbach/Hopt, § 373, Rn.14; Ensthaler/Achilles,

kauf unwirksam wäre, da der Verkäufer die entsprechende Form nicht eingehalten hat[780]. Zudem hat ein Deckungsverkauf für den Verkäufer den Vorteil, daß er einen über den Vertragspreis hinausgehenden Mehrerlös behalten kann[781].

5.1.4. Regelungen neben § 373 HGB

Die gesetzliche Sonderregelung der Hinterlegung und des Selbsthilfeverkaufs nach § 373 HGB gibt den Beteiligten Befugnisse, deren Ausübung ihnen freigestellt ist. Hieraus folgt, daß auch anderweitige Regelungen zwischen den Beteiligten möglich sind. So kann für den Fall des Annahmeverzugs jede besondere Art der Verwertung der Ware vereinbart werden. Daneben können auch Handelsbräuche gelten[782], die unter Punkt 7. näher erörtert werden.

5.2. Erhaltungspflichten des Käufers

5.2.1. Im BGB

Grundsätzlich kann ein Käufer mangelhafte Ware, die er nicht behalten möchte, zurückgehen lassen. Allerdings kann er die Ware auch bei sich behalten, da sich die Verpflichtung zur Rückgabe aufgrund eines Wandlungsbegehrens auf den Ort beschränkt, wo sich das Gut befindet. In diesem Fall könnte eine Pflicht zur Sorgetragung lediglich aus § 242 BGB, dem Grundsatz von Treu und Glauben, folgen[783]. Der Käufer schuldet dabei die Sorgfalt, die er in eigenen Angelegenheiten anzuwenden pflegt[784]. Keine Pflicht, sondern ein Eigeninteresse wird ihn aber zu einer ordentlichen Verwahrung veranlassen, da er ansonsten seine Wandlungschance gemäß §§ 467 S.1, 351 BGB gefährdet[785] oder sich den §§ 347, 989 BGB

---

§§ 373, 374, Rn. 19; zur Entwicklung des § 326 nach dem 01.01.2002 siehe Fn. 758

780 RGZ 109, 134, 136, U. v. 5.11.1924 – I 635/23

781 RGZ 102, 388, 390, I. ZS U. v. 24.09.1921, I 24/21

782 Schlegelberger/Hefermehl, § 373, Rn. 5

783 Song, S. 67; zum Wegfall des Wandlungsrechts nach dem Gesetz zur Modernisierung des Schuldrechts siehe Fn. 785

784 Analog § 690 BGB

785 Nach dem Gesetz zur Modernisierung des Schuldrechts entfällt das Wandlungsrecht. Durch die Neugestaltung der Käuferrechte in § 437 n. F. kann der Käufer bei einem Mangel von dem Kauf zurücktreten. Gemäß § 346 (1) n. F. sind die empfangenen Leistungen im Fall des Rücktritts zurück zu gewähren. Falls der empfangene Gegenstand sich verändert hat oder untergegangen ist, ist gemäß § 346 (2) 3 n. F.

folgend schadenersatzpflichtig machen könnte[786]. Zudem wird er für den Fall, daß er den Kaufpreis bereits entrichtet hat und Zurückbehaltungsrechte geltend macht, für die Ware Sorge tragen, um sein Druckmittel nicht zu entwerten.

5.2.2. Pflichten des Käufers gemäß § 379 HGB

Falls der Kauf gemäß § 379 HGB für beide Teile ein Handelsgeschäft ist, ist der Käufer verpflichtet, für die einstweilige Aufbewahrung einer Ware zu sorgen, die ihm von einem anderen Ort übersandt wurde und die er beanstandet. Wenn die Güter dem Verderb ausgesetzt sind und Gefahr im Verzug ist, kann er sie entsprechend § 373 HGB verkaufen lassen. Diese Vorschrift, die sich aus Treu und Glauben ergibt[787], beruht darauf, daß Kaufleute untereinander zu kaufmännischer Rücksichtnahme verpflichtet sind, die über die Sorgfalt, die grundsätzlich im BGB verlangt wird, hinausgeht.

Der Käufer hat sich unbedingt um die Aufbewahrung der beanstandeten Güter zu kümmern. Er darf sie weder einfach zurückschicken noch sich ihrer auf sonstige Art und Weise entledigen. Dadurch soll dem Verkäufer eine erforderliche Disposition ermöglicht werden, die in einer Untersuchung, Weiterversendung und auch Rücknahme bestehen kann.

5.2.2.1. Pflichten gemäß § 379 Absatz (1) HGB

5.2.2.1.1. Handelskauf

Vorausgesetzt wird grundsätzlich ein beiderseitiger Handelskauf, das Vorliegen eines Distanzgeschäftes sowie die Beanstandung der Ware durch den Käufer.

---

statt der Rückgewähr Wertersatz zu leisten. Diese Pflicht entfällt gemäß § 346 (3) 3 n. F. wiederum nur, wenn im Fall eines gesetzlichen Rücktrittsrechts die Verschlechterung oder der Untergang beim Berechtigten eingetreten ist, obwohl dieser diejenige Sorgfalt beobachtet hat, die er in eigenen Angelegenheiten anzuwenden pflegt. Aufgrund dieser Neuregelungen wird folglich das Eigeninteresse des Käufers an der Erhaltung der Ware weiter bestehen bleiben

786 BGH U. v. 20.12.1978, NJW 1979, 811, 812; Schmidt, Handelsrecht, § 29 III 7, S. 834; bei der Neugestaltung des Rücktrittrechts für das Gesetz zur Modernisierung des Schuldrechts wurde entschieden, einen Schadenersatzanspruch nicht mehr den Regelungen zum Eigentümer-Besitzer-Verhältnis zu entnehmen, sondern über § 346 (4) n. F. auf die §§ 280 bis 283 n. F. zu verweisen. Grund hierfür ist, daß die Verweisung auf das EBV wenig transparent ist, siehe hierzu BT-Drs. 14/6040, S. 197

787 Schmidt, Handelsrecht, § 29 III, 7., S. 834

Ein beiderseitiger Handelskauf liegt vor, wenn der Kauf von Waren oder Wertpapieren für beide Beteiligte ein Handelsgeschäft ist. Indes können die Folgen des § 379 HGB auch bei einem nichtzweiseitigen Handelskauf vorliegen. Dies ist der Fall, wenn lediglich der Käufer Kaufmann ist. Damit gilt als die geforderte Sorgfalt in eigenen Angelegenheiten die kaufmännische Sorgfalt gemäß § 347 HGB.

Ebenso kann § 379 HGB bei einem beidseitigen Handelskauf Anwendung finden, obwohl die Ware nicht 'an einen anderen Ort übersandt' wurde. Dies ist möglich, wenn der Käufer die Güter nicht, wie es ihm eigentlich möglich wäre, umgehend zurückgehen läßt – was dem Ziel des Handelsrechts, zusätzliche und unnötige Kosten zu vermeiden, widerspräche – sondern sie in seinem Besitz beläßt. Falls er sich hierfür entscheiden sollte, ist er gemäß §§ 242 BGB i. V. m. 347 HGB dazu verpflichtet, dem § 379 HGB entsprechende Maßnahmen zur Erhaltung der Ware zu treffen[788].

5.2.2.1.2. Distanzkauf

Neben dem beiderseitigen Handelskauf muß ein Distanzkauf vorliegen. Die Güter müssen von einem anderen Ort an den Käufer verbracht werden. Grundsätzlich geht man davon aus, daß ein Transport innerhalb einer politischen Gemeinde nicht die Voraussetzung der Übersendung 'an einen anderen Ort' erfüllt. Weiterhin wird nicht an einen anderen Ort übersandt, wenn zwar aus einer anderen politischen Gemeinde gesandt wird, aber eine solche Verwobenheit der Gemeinden besteht, daß von nur einem Handelsplatz auszugehen ist.

Ein Distanzkauf ist aber auch dann zu bejahen, wenn Verkäufer und Käufer ihre Niederlassung am selben Ort haben, die Güter aber direkt an einen Abnehmer des Käufers an einem anderen Ort gesandt werden. Anderes gilt, wenn Verkäufer und Käufer am selben Ort ansässig sind, die Ware aber von dritter Stelle an den Käufer gesandt werden muß. Hier fehlt es an der erforderlichen Distanz zwischen Verkäufer und Käufer[789].

Für das Vorliegen einer Übersendung ist nicht entscheidend, daß diese ursprünglich vereinbart war. Das Gesetz stellt allein darauf ab, daß eine Übersendung tatsächlich stattgefunden hat. Wenn also dem Vertrag zufolge die Ablieferung an der Niederlassung des Verkäufers stattfinden sollte, der Käufer aber

788 Staub/Brüggemann, § 379, Rn. 6, 4, 1; Baumbach/Hopt, § 379, Rn. 2

789 ROHG 13, 389, 392, Sen II U. v. 13.06.1874, Rep. 322/74; OLG Hamburg U. v. 07.07.1887, ZHR 36, 255

nachträglich um eine Übersendung gebeten hat und diese auch vorgenommen wird, findet § 379 HGB Anwendung[790].

Aufbewahrungspflichten für den Käufer nach § 379 HGB bestehen allerdings grundsätzlich nicht, wenn jemandem unbestellte Ware zugesandt wird[791]. Dies muß aber nicht bedeuten, daß damit jegliche Aufbewahrungspflichten ausgeschlossen sind. Diese können sich aus einem für die betreffende Branche geltenden Handelsbrauch ergeben[792]. Ohne auf einen solchen Handelsbrauch abzustellen, entschied der BGH, daß sich aus einem Kaufvertrag über technisches Material konkrete Treu- und Fürsorgepflichten ergaben[793]. Dazu gehörte die selbstverständliche Verpflichtung der Käuferin, im Rahmen des Kaufvertrages versehentlich (oder sogar unberechtigt) mitgelieferte Gegenstände der Verkäuferin alsbald zurückzugeben, sie jedenfalls einstweilen sorgfältig aufzubewahren. Während bei der Mitwirkung von Dritten grundsätzlich eine Übersendung vorliegen wird, gleichgültig ob der Verkäufer oder der Käufer mit diesen Speditions- oder Frachtverträge abgeschlossen hat, ist dies bei einer Beteiligung der Parteien selbst oder der Beauftragung eigener Leute umstritten.

Gegen das Vorliegen einer Übersendung i. S. v. § 379 HGB in einem solchen Fall spricht sich Brüggemann aus[794]. Er beruft sich darauf, daß dem Begriff der Versendung in § 379 HGB die gleiche Bedeutung zukomme wie in § 447 BGB[795]. Im Sinne Brüggemanns wird argumentiert, daß unter Übersendung die Übermittlung durch allein dazu bestimmte Dritte zu verstehen ist[796]. Dementsprechend soll eine Übersendung weder vorliegen, wenn der Käufer beim Verkäufer Ware an sich selbst, seine Leute, seinen Spediteur oder Frachtführer abliefern läßt und sie dann versendet, noch wenn der Verkäufer die Güter selbst oder durch eine Person zur Ablieferung anbietet. Ähnlich stellt auch Makower darauf ab, ob bei Ablieferung die Parteien oder Stellvertreter zugegen sind, die ermäch-

---

790 Staub/Brüggemann, § 379, Rn. 8

791 Schlegelberger/Hefermehl, § 379, Rn. 3

792 Heymann/Emmerich, § 379, Rn. 5, der auf Treu und Glauben gemäß § 242 BGB unter Berücksichtigung der §§ 346, 347 HGB abstellt

793 BGH U. v. 20.12.1977, VersR 1978, 350, 351

794 In Staub, § 379, Rn. 6; so auch Lehmann – Ring, § 379, Nr. 7, mit Verweis auf ROHG 23, S. 59 f. Sen III, U. v. 15.11.1877, Rep. 1364/77; Bolze VI, Nr. 562; XVII, Nr. 470; IX, Nr. 396

795 Allerdings ist auch umstritten, ob bei einem Transport durch den Verkäufer selbst oder seine eigenen Leute der § 447 BGB Anwendung finden kann; für eine Anwendung: Staudinger/Köhler, § 447, Rn. 2, 14; Larenz, II/1 § 42 II c; Esser/Weyers, § 8 III b); gegen die Anwendung: Soergel/Huber, § 447, Rn. 35, 36; Jauernig/Vollkommer, § 447, Anm. 3 b; Medicus, SchR II § 73 III 2 c cc; Hager, 81

796 Ritter, § 379, Anm. 2 d)

tigt sind, eine Erklärung über Annahme der abgelieferten Ware als Erfüllung abzugeben oder entgegenzunehmen[797].

Hoeniger wendet sich gegen diese Auffassungen[798]. Aus dem Zweck der Vorschrift, die Ware vor Nachteilen durch sofortige unerwartete Rücksendung oder völlige Preisgabe zu schützen, ergebe sich, daß lediglich erforderlich sei, daß die Ware in Erfüllung des Kaufvertrages zugesandt sei. So sei der Käufer auch zur Sorgetragung verpflichtet, wenn beide Parteien bei der Ablieferung zugegen seien, der Käufer Mängel aber nachträglich entdecken würde.

Grundsätzlich ist richtig, daß es für die Anwendung des § 379 HGB darauf ankommt, ob die Ware über eine längere Strecke transportiert wurde. Gleichgültig ist dabei, wer den Transport durchgeführt hat. Der Zweck der Vorschrift liegt darin, unnötige Transporte der Ware zu vermeiden. In der Regel wird der Verkäufer versuchen, die Ware vom Ablieferungsort aus weiterzuverkaufen, um Rücksendekosten zu umgehen. Folglich sollten die Güter für eine angemessene Zeit an Ort und Stelle aufbewahrt werden, damit der Verkäufer dahin gehende Dispositionen treffen kann. Bei der Frage, ob eine Übersendung vorliegt, soll entsprechend nur auf das Vorliegen eines tatsächlichen Transportes abgestellt werden. Gleichgültig ist dabei, ob er durch die Parteien selbst, eigene Leute oder Dritte durchgeführt wird. Weiterhin ist auch nicht maßgeblich, ob eine Übergabe der Ware vor oder nach der Übersendung stattgefunden hat[799]. Wenn der Verkäufer die Ware selbst angeliefert und übergeben haben sollte, sich aber erst nach seiner Abfahrt herausstellt, daß die Güter mangelhaft sind, muß der Käufer demnach zu denselben Maßnahmen verpflichtet sein, wie wenn ein Dritter die Ware geliefert hätte, denn die unnötigen Kosten einer Rücksendung hätten dieselbe Höhe, gleichgültig welche Person die Lieferung oder den Transport vornimmt. Dementsprechend ist auch nicht einzusehen, daß einem Käufer, der die Ware bei dem Verkäufer abgeholt hat und an seiner Niederlassung einen Mangel feststellt, erlaubt werden sollte, mit einer Rücksendung nach Gutdünken unnötige Kosten zu produzieren.

Abweichendes gilt dann, wenn der Verkäufer oder ein Stellvertreter die Güter anliefert und der Käufer die Mangelhaftigkeit unmittelbar in deren Anwesenheit erkennt und beanstandet.

In einer solchen Situation spricht nichts dagegen, den Verkäufer mit dem weiteren Schicksal der Ware zu belasten. Zwar liegt auch hier eine Versendung der Ware im gerade dargelegten Sinne vor, indes kann dem Schutzzweck des

797 § 379, I b. 3.
798 In Düringer/Hachenburg, § 379, Anm. 3
799 So auch Düringer/Hachenburg/Hoeniger, § 379, Anm. 5 a. E.

§ 379 HGB entsprochen werden, ohne daß der Käufer mit der Aufbewahrung der Güter im Interesse des Verkäufers belastet werden muß.

Es wäre unverhältnismäßig, den Käufer hier zu zwingen, Kosten für eine Einlagerung bei ihm selbst oder bei Dritten vorschießen zu müssen, wenn der anwesende Verkäufer ebenso in der Lage ist, einen Verwahrungsvertrag an Ort und Stelle abzuschließen. Zudem würde den Käufer bei einer Verpflichtung das Risiko eines Auswahlverschuldens treffen. Dies wäre nicht gerechtfertigt, wenn der Verkäufer unmittelbar weiter über die Güter verfügen kann.

Dem Verkäufer, der weitere Dispositionen bezüglich der Ware am Ablieferungsort treffen soll, kann dementsprechend zugemutet werden, an Ort und Stelle für eine vorübergehende Verwahrung zu sorgen. Hierfür spricht auch, daß der Käufer einer Aufbewahrungspflicht genügt, wenn er die Ware am Ablieferungsort an einen Agenten oder eine Filiale des Verkäufers aushändigt[800]. Nicht einzusehen ist weiter, wieso der Käufer zur Aufbewahrung gezwungen sein soll, wenn der Verkäufer zugegen ist, während eine Aufbewahrungspflicht verneint wird, wenn der Käufer die Ware bei einem Seegeschäft direkt am Kai ablehnt. Bei Anwesenheit beider Parteien und der sofortigen Beanstandung der Ware liegt mithin eine Situation vor, die dem Platzkauf vergleichbar ist, bei dem eine Verpflichtung des Käufers ausgeschlossen wird.

Daher kann man von dem Käufer lediglich verlangen, daß er dem Verkäufer behilflich ist, kurzfristig ein angemessenes Lager für die Ware zu finden.

5.2.2.1.3. Beanstandung der Ware

Der Käufer muß die Ware beanstandet haben. Eine Beanstandung geht nach dem Sinn des § 379 HGB über eine einfache Mängelrüge nach § 377 HGB hinaus. Mit der Beanstandung macht der Käufer deutlich, daß er die Güter nicht behalten will, sondern eine Wandelung oder Nachlieferung durchsetzen möchte. Während eine Mängelrüge gegenüber dem Verkäufer erfolgen muß, kann die Beanstandung auch dem überbringenden Dritten erklärt werden[801].

5.2.2.1.4. Pflicht zur Aufbewahrung

Wie bereits festgestellt, darf der Käufer die Ware nicht einfach sich selbst überlassen oder unmittelbar zurücksenden[802]. Entsprechend ist der Käufer nicht berechtigt, die empfangene Ware an eine dritte Person weiterzuveräußern, nachdem

800 OLG Dresden, U. v. 15.3.1907, 3 O 245/06, SeuffA, 62, 466
801 Staub/Brüggemann, § 379, Rn. 18
802 Mitteilungen der Handelskammer Berlin 1922, VIII, S. 336

er selbst von einem vertraglichen Rücktrittsrecht Gebrauch gemacht hat. In einem solchen Fall sah das OLG Hamm einen Verstoß gegen eine Aufbewahrungspflicht, die sich zum einen aus dem Rückabwicklungsverhältnis und zum anderen aus entsprechender Anwendung des § 379 HGB ergab. Folglich wurde dem ursprünglichen Verkäufer ein Anspruch auf Schadenersatz gemäß §§ 347 S. 1, 989 BGB zuerkannt[803].

Lediglich aus Handelsbrauch könnte sich im Einzelfall die Pflicht zu einer Zurücksendung ergeben, falls der Verkäufer dies verlangt, da er mit der Ware am Ablieferungsort nichts anfangen kann und dies für den Käufer keine unzumutbare Anstrengung bedeutet[804].

Die Aufbewahrungspflicht setzt voraus, daß der Käufer die Ware bereits in Besitz genommen hat. Falls der Käufer die Annahme verweigert und die Ware sofort zurückgewiesen hat, trifft ihn keine Aufbewahrungspflicht[805]: Diese setzt voraus, daß die Güter in den Gewahrsam des Käufers gelangt sind. Konsequenzen können sich dann aus den §§ 419 HGB ergeben[806].

Andererseits darf z. B. unnötig aus einem Waggon entladene Kohle, die so in den Besitz des Käufers gelangt ist, handelsgebräuchlich nicht mehr zur Verfügung gestellt werden[807]. Der Käufer kann nach der Entladung nur noch ein Minderungsrecht geltend machen. Jedoch ist die Zurverfügungstellung dann auch nach der Entladung noch statthaft, wenn die Beschaffenheit der Ware nur durch ganzes oder teilweises Entladen festzustellen ist[808]. Die zur Verfügung gestellten Waggonladungen werden, sofern sie nicht entladen worden sind, im allgemeinen im Gewahrsam der Eisenbahngesellschaft belassen, schon deswegen, damit diese bei einem Notverkauf die Versteigerung vornehmen lassen kann[809].

Bei der regelmäßig anzunehmenden Aufbewahrung ist der Käufer entsprechend nicht verpflichtet, die Ware selbst aufzubewahren. Er genügt seiner Pflicht,

---

803 OLG Hamm U. v. 14.9.1981, MDR 1982, 141; nach dem Gesetz zur Modernisierung des Schuldrechts folgt Schadenersatz gemäß § 346 (4) n. F. aus den §§ 280 bis 283 n. F., siehe hierzu Fn. 87, 682

804 Staub/Brüggemann, § 379, Rn. 23

805 BGH U. v. 20.12.1978, NJW 79, 811, 812; Schlegelberger/Hefermehl, § 379, Rn. 5

806 Röhricht/Graf von Westphalen/Wagner, § 379, Rn. 5; Staub/Brüggemann, § 379, Rn. 19

807 Mitteilungen der Handelskammer Berlin, VI, S. 209; ebenso ein Gutachten der Handelskammer Dortmund v. 1894 (unveröffentlicht). Im Jahre 1889 konnten die Ältesten der Berliner Kaufmannschaft einen Handelsgebrauch dieses Inhalts noch nicht feststellen; s. Sammlung der Gutachten, Bd. I, S. 232

808 Mitteilungen der Handelskammer Berlin 1910, Nr. 1 ff.; Deutsche Kohlen-Zeitung 1911, Nr. 17, S. 197

809 Deutsche Kohlen - Zeitung 1911, Nr. 17, S. 197

wenn er die Hinterlegung bei einer verläßlichen Firma vornimmt[810]. Da ihm lediglich auferlegt wird, für die Aufbewahrung zu sorgen, beschränkt sich seine Haftung auf ausreichende Sorgfalt bei der Auswahl des Lagerhalters[811]. Für ein überseeisches Abladegeschäft wurde entschieden, daß die Einlagerung der Ware in ein Kühlhaus am Ort der Übernahme ausreichend sei; ein Weitertransport war somit entbehrlich[812].

Wenn der Käufer die Güter selbst einlagert, müssen sie vor drohendem Verderb geschützt werden. Daher sind gemäß den Eigenheiten der Waren entsprechende Maßnahmen zu ergreifen. Ob der Käufer bei Selbsteinlagerung eine Versicherung abschließen muß, soll sich je nach Einzelfall bestimmen[813].

Der Käufer ist nur zur einstweiligen Aufbewahrung der Güter verpflichtet. Er soll nur für die Zeit belastet werden, die nötig ist, dem Verkäufer eine Disposition über die Ware zu ermöglichen. Hierfür ist erforderlich, daß der Käufer den Verkäufer von seiner Ablehnung frühestmöglich in Kenntnis setzt[814]. Dies wird von dem Gesetz zwar nicht vorausgesetzt, ist aber im ureigensten Interesse des Käufers, da die Frist für das Eingreifen des Verkäufers erst mit dessen Kenntnis der Sachlage beginnen kann. In einzelnen Branchen wird zum Schutz des Verkäufers eine Pflicht zur Benachrichtigung angenommen[815].

Die Dauer der Aufbewahrung hat sich an den Möglichkeiten des Verkäufers zur Ergreifung von Maßnahmen zu orientieren. Was eine angemessene Zeitspanne ist, wird sich am Einzelfall festmachen müssen[816]. Hier können auch Gepflogenheiten einer Handelsbranche ausschlaggebend sein[817]. Der Käufer hat die Pflicht zur Aufbewahrung erfüllt, wenn die entsprechende Frist abgelaufen ist, während der der Verkäufer Gelegenheit hatte, weitere Vorkehrungen zu treffen[818]. In diesem zeitlichen Gefüge liegt auch eine Begrenzung der erforderlichen Maßnahmen des Käufers. Er hat grundsätzlich nur Sorge zu tragen, daß die Ware in dieser ersten Überbrückungszeit nicht verdirbt[819].

Nach Ablauf dieser Zeit haftet er gemäß § 300 (1) BGB nur noch für Vorsatz und grobe Fahrlässigkeit[820]. Er hat dann die Möglichkeit, die Güter an den Verkäufer zurückzusenden oder, falls die Voraussetzungen des Absatzes (2) gegeben

---

810 RGZ 98, 69, 70, II. ZS U. v. 23.01.1920, II 397/19
811 Schlegelberger/Hefermehl, § 379, Rn. 6; Staub/Brüggemann, § 379, Rn. 22
812 Schiedsgericht der Handelskammer Hamburg v. 19.06.1964 – HSG E 6 b Nr. 14
813 Staub/Brüggemann, § 379, Rn. 21; Schlegelberger/Hefermehl, § 379, Rn. 6
814 Heymann/Emmerich, § 379, Rn. 9; Staub/Brüggemann, § 379, Rn. 24
815 Mitteilungen der Handelskammer Berlin 1919, VI, S. 209 zum Kohlenhandel
816 Schlegelberger/Hefermehl, § 379, Rn. 6, gibt eine Woche an
817 Röhricht/Graf von Westphalen/Wagner, § 379, Rn. 8
818 BGH NJW 1979, 811, U. v. 20.12.1978, VIII ZR 236/77
819 WarnRspr. 1926 Nr. 180, RG U. v. 19.03.1926, VI 472/25
820 Song, S. 134

sind, die Ware einem Notverkauf zuzuführen. Wie eingangs erwähnt, besteht eine Pflicht zur Rücksendung aber nur, wenn der Verkäufer bereit ist, die Kosten zu tragen und der Aufwand dem Käufer nicht unzumutbar ist[821].

Erforderliche Kosten der Aufbewahrung hat zunächst der Käufer auszulegen. Dies ist grundsätzlich auch der Fall, wenn für die Ausgaben keine Deckung besteht oder sonstige Nachteile drohen[822]. Indes ist dies durch Billigkeitsgesichtspunkte begrenzt. Sowohl die zu treffenden Maßnahmen als auch die dadurch entstehenden Kosten müssen dem Käufer zumutbar sein[823].

Gemäß § 354 (2) HGB kann der Käufer Ersatz seiner Kosten zuzüglich Zinsen einfordern. Wenn der Käufer die Güter selbst aufbewahrt, steht ihm gemäß § 354 (1) Halbs. 2 Lagergeld zu. Bei Unterbringung bei einem Dritten kann er Provision gemäß § 354 (1) Halbs. 1 HGB verlangen[824]. Wenn der Verkäufer die Kosten nicht ausgleicht, hat der Käufer ein Zurückbehaltungsrecht an der Ware[825].

Falls der Käufer einen Verstoß gegen die Aufbewahrungspflicht verschuldet, ist er dem Verkäufer gegenüber schadenersatzpflichtig. Schadensposten des Verkäufers können u. a. darin bestehen, daß die Ware durch unangemessene Maßnahmen beschädigt wird, oder vollständig verdirbt oder verlorengeht. Unnütze Transportkosten können weiter entstehen, wenn der Käufer die Ware einfach an den Verkäufer zurücksendet, obwohl der sie am Ablieferungsort hätte weiterverwenden können.

Der verschuldete Untergang der Ware kann auch dazu führen, daß der Käufer ein Wandlungsrecht einbüßt, welches er sich durch rechtzeitige Mängelanzeige offen gehalten hatte[826]. Wenn sich bereits die Zurückweisung der Ware als unberechtigt erweist, gerät der Käufer in Abnahmeverzug, da er die Pflicht aus § 433 (2) BGB verletzt. Wenn er dies zu vertreten hat, hat er den dadurch entstandenen Schaden gemäß §§ 286, 249 BGB zu ersetzen[827].

---

821 Schlegelberger/Hefermehl, § 379, Rn. 5

822 Baumbach/Hopt, § 379, Rn. 4; Staub/Brüggemann, § 379, Rn. 25

823 Heymann/Emmerich, § 379, Rn. 8; Baumbach/Hopt, § 379, Rn. 4

824 Schlegelberger/Hefermehl, § 379, Rn. 6; Heymann/Emmerich, § 379, Rn. 12

825 Staub/Brüggemann, § 379, Rn. 25

826 Staub/Brüggemann, § 379, Rn. 27; siehe zum Wegfall des Wandlungsrechts aufgrund des Gesetzes zur Modernisierung des Schuldrechts Fn. 785

827 Zur Änderung des § 286 aufgrund des Gesetzes zur Modernisierung des Schuldrechts siehe Fn. 682

5.2.2.2. Pflichten gemäß § 379 Absatz (2) HGB

Falls die Ware dem Verderb ausgesetzt ist und Gefahr im Verzuge, können Güter unter Beachtung der Voraussetzungen des § 373 HGB einem Selbsthilfeverkauf zugeführt werden. Das Vorliegen von 'Verderb' und 'Gefahr im Verzuge' ist dabei zwingend erforderlich. Ein bloßes 'Dumpfigwerden' von Roggen reicht z. B. nicht aus[828]. Dies gilt insbesondere dann, wenn eine Verschlechterung durch eine angemessene Aufbewahrung der Güter gemäß § 379 (1) HGB ausgeschlossen werden kann[829].

Weiter genügt nicht, daß der Verkäufer eine Frist hat verstreichen lassen, während der er zu Dispositionen verpflichtet gewesen wäre. Zwar ist der Käufer dann weitgehend von seinen Aufbewahrungspflichten entlastet, indes nicht berechtigt, einen Notverkauf durchzuführen[830].

Das Notverkaufsrecht ist nicht dazu bestimmt, Käuferinteressen zu schützen. Entsprechend darf ein Notverkauf nicht durchgeführt werden, weil die Aufbewahrung zu große Kosten verursacht. Zudem darf der Käufer nicht die Absicht verfolgen, durch einen Verkauf den bereits gezahlten Kaufpreis oder Verwahrungskosten auszugleichen. Für getätigte Aufwendungen ist der Käufer aber zu entschädigen und kann darüber hinaus auch eine Provision gemäß § 354 (1) 1 HGB fordern[831].

Da § 379 HGB den Interessen des Verkäufers dient, hindert dessen Widerspruch einen Selbsthilfeverkauf des Käufers[832]. Bei Vorliegen eines Widerspruchs kann der Käufer sich auch nicht darauf berufen, daß der Verkauf zur Vermeidung größeren Schadens erforderlich gewesen sei[833]. Allerdings ist vom Verkäufer im Fall eines Widerspruchs zu fordern, daß er gleichzeitig Anweisung gibt, was mit der Ware geschehen soll[834]. Ohne Instruktionen würde sich an der Situation der Güter, die zu einem Verkauf berechtigt, nichts ändern. Bei unzulässigem Notverkauf ist der Käufer dem Verkäufer gegenüber ersatzpflichtig und

---

828 Zu den Voraussetzungen von 'Gefahr im Verzuge' und 'Verderben' siehe Punkt 5.1.3.1.; OLG Marienwerder, SeuffA 59, 105, 106, U. v. 27.11.1903, 3 U 230/03

829 OLG Marienwerder, a. a. O.

830 RGZ 43, 28, 32, U. v. 08.12.1898, Rep VI 262/98

831 Staub/Brüggemann, § 379, Rn. 34

832 RG v. 20.11.1920, RGZ 101, 19; RG v. 27.5.1919, RGZ 96, 72; ROHG v. 22.9.1875, ROHGE 18, 229 zu Art. 348 (5) ADHGB; OLG Marienwerder, a. a. O.

833 RGZ 101, 17, 19, VII. ZS U. v. 09.10.1917, Rep. VII 202/17

834 Staub/Brüggemann, § 379, Rn. 29

verliert seinen Wandlungsanspruch[835]. Zudem besteht kein Anspruch mehr auf Nachlieferung oder Ersatz der getätigten Aufwendungen[836].

Umstritten ist, ob der Käufer den rechtmäßigen Notverkauf nicht nur für Rechnung des Verkäufers, sondern immer auch im Namen dessen durchführt. Einerseits wird angenommen, daß der Käufer bei der Veräußerung als Bevollmächtigter des Verkäufers auftritt[837]. Dies wird damit begründet, daß das Gesetz nicht wolle, daß der Käufer dem Dritten, der die Ware ersteigert, haftet.

Hefermehl stützt seine abweichende Ansicht auf eine Reichsgerichtsentscheidung, die die Überprüfung der Versteigerung einer Lieferung schadhafter Eier umfaßte[838]. Er ist der Auffassung, daß sich daraus ergebe, daß eine Befugnis des Käufers, als Vertreter des Verkäufers zu handeln, nur dann gegeben sei, wenn er die Ware selbst ersteigere. Das Gericht betonte, daß aus § 379 (2) HGB und § 373 (4) HGB das Vorliegen eines der in § 181 BGB vorgesehenen Ausnahmefälle herzuleiten sei, in denen dem Vertreter die Vornahme eines Rechtsgeschäftes im Namen des Vertretenen mit sich selbst im eigenen Namen gestattet sei[839].

In der Entscheidung wird damit festgestellt, daß aufgrund der anzuwendenden Vorschriften ein zulässiges Insichgeschäft vorliegt, welches nur ausnahmsweise möglich ist. Indes ist dem Urteil nicht zu entnehmen, daß der Käufer nur unter den gegebenen besonderen Umständen als Vertreter des Verkäufers in dessen Namen handeln darf. Daß der Käufer als Bevollmächtigter den Verkäufer direkt verpflichtet, wird nicht als Besonderheit eines solchen Falles herausgestellt, sondern als grundsätzlich geltend vorausgesetzt.

Daraus folgt, daß der Verkäufer gegen den Ersteigerer unmittelbar Rechte erwirbt, ohne daß es einer vorherigen Abtretung von Rechten seitens des Erstkäufers bedarf. Wenn der Käufer, wie im gerade geschilderten Fall, die Güter selbst ersteigert, liegt darin ein neuer Kaufvertrag[840]. Dementsprechend stehen dem Käufer die Gewährleistungsrechte zu, die jedem anderen Drittkäufer auch eingeräumt werden. Ein neuerlicher Notverkauf gemäß § 379 (2) HGB scheidet aber aus, da nun kein Versendungskauf, sondern ein Platzkauf vorliegt[841].

---

835 Zum Wegfall des Wandlungsrechts nach dem Gesetz zur Modernisierung des Schuldrechts siehe Fn. 785

836 RG v. 1.4.1930, SeuffA. 84 Nr. 150; OLG Marienwerder, a. a. O.; Schlegelberger/Hefermehl, § 379, Rn. 13

837 Staub/Brüggemann, § 379, Rn. 33; so wohl auch Baumbach/Hopt, § 379, Rn. 6

838 In Schlegelberger, § 379, Rn. 12, mit Verweis auf RGZ 66, 186, U. v. 7.6.1907, II. 39/07

839 RGZ, a. a. O., S. 194

840 RGZ, a. a. O.

841 RGZ, a. a. O., S. 196

Falls sich aufgrund neu entdeckter Mängel ein weiteres Wandlungsrecht ergeben sollte, könnte eine nochmalige Versteigerung im Interesse des Verkäufers nach den Vorschriften der GOA erfolgen[842].

5.2.2.3. Folgen der Verletzung von Pflichten

Hier sind zunächst verschiedene Ausgangspositionen zu unterscheiden. Falls die Beanstandung der Ware ohne Grund erfolgt, der Käufer die Ware aber trotzdem einem Notverkauf zuführt, verkauft er die Ware auf seine Rechnung. Der Verkäufer hat folglich erfüllt und weiterhin Anspruch auf einen noch nicht gezahlten Kaufpreis[843].

Bei einer berechtigten Beanstandung ist weiter danach zu unterscheiden, a) ob es an den Voraussetzungen des Notverkaufs fehlt, d. h., die Ware ist weder dem Verderb ausgesetzt noch ist Gefahr im Verzuge oder der Verkäufer widerspricht einem Verkauf oder b) ob Vorschriften hinsichtlich der Durchführung des Verkaufes verletzt wurden. In beiden Fällen handelt es sich jedoch um einen unberechtigten Notverkauf, der die folgenden Rechtsverluste bewirkt.

Zunächst enthält ein auf diese Art vorgenommener Verkauf eine Genehmigung der Ware[844]. Dies bedeutet, daß das Wandlungsrecht und das Ersatzlieferungsverlangen gemäß §§ 467 und 351 BGB sowie der Anspruch auf einen großen Schadenersatz ausgeschlossen werden[845].

Der Verkäufer kann weiter Schadenersatz verlangen, falls er einem Verkauf widersprochen hat und nachweisen kann, daß er die Güter bei Rückgabe an ihn zu einem besseren Preis verkauft hätte. Entsprechendes gilt, wenn der Käufer es unterlassen hat, den Verkäufer pflichtgemäß über die äußeren Umstände eines Verkaufes, wie Ort und Zeit, zu unterrichten und der Verkäufer nachweisen kann, daß bei pflichtgemäßem Verhalten bessere Ergebnisse erzielt worden wären[846].

Während der Käufer unter diesen Umständen auch einen sonst möglichen Provisionsanspruch verliert, bleibt ihm die Möglichkeit, den Kaufpreis zu mindern oder den kleinen Schadenersatz zu verlangen.

---

842 RGZ, a. a. O., S. 197; zum Wegfall des Wandlungsrechts nach dem Gesetz zur Modernisierung des Schuldrechts siehe Fn. 785

843 Staub/Koller, § 379, Rn. 20

844 Heymann/Emmerich, § 379, Rn. 18

845 Staub/Koller, § 379, Rn. 36; siehe zum Wegfall des Wandlungsrechts aufgrund des Gesetzes zur Modernisierung des Schuldrechts Fn. 785

846 Staub/Koller, § 379, Rn. 37

5.2.3. *Verkaufsmöglichkeiten aus GOA*

Neben dem Notverkauf bei Vorliegen der Voraussetzungen des § 379 (2) HGB stehen dem Käufer weitere Verkaufsmöglichkeiten offen. Wie für den Verkäufer festgestellt, kommt auch für den Käufer ein wirksamer Verkauf der Güter nach den Regeln der GOA in Betracht, selbst wenn die Voraussetzungen des § 373 HGB nicht beachtet wurden[847].

Dazu ist erforderlich, daß der Verkauf im Interesse des Verkäufers zwingend geboten und nützlich ist[848]. Dies kann z. B. der Fall sein, wenn Einlagerungskosten in erheblicher Höhe entstehen, während der Verkäufer auf absehbare Zeit nicht erreichbar ist und daher keine Anweisungen eingeholt werden können. Ein Verkauf kann daneben auch dann geboten sein, wenn sich eine besonders vorteilhafte Absatzchance ergibt[849].

In einem Fall sah der BGH in dem Verkauf eines LKW eine berechtigte GOA[850]. Dort liefen enorme Kosten durch Standgeld für den LKW auf, der zudem durch Zeitablauf an Wert verlor.

Abweichend hiervon entschied das OLG Marienwerder Anfang des letzten Jahrhunderts, daß ein Verkauf von Roggen bei rückläufigen Preisen nicht dem wirklichen oder mutmaßlichen Interesse des Verkäufers entspreche und eine GOA daher nicht rechtfertige[851]. Das Gericht sah den Käufer vielmehr verpflichtet, den Roggen gemäß § 379 (1) aufzubewahren.

Obwohl in beiden Fällen der Kaufpreis verfiel, besteht ein Unterschied insoweit, als daß der Roggenpreis sich auch hätte erholen können. M. E. hätte man in diesem Fall wohl auch zu einer anderslautenden Entscheidung kommen können. Das Gericht hätte ein Interesse des Verkäufers an einem Verkauf annehmen können, da die Preise auch weiter hätten fallen und auf diesem Niveau verbleiben können.

Die Vornahme einer GOA bei Widerspruch des Verkäufers verpflichtet den Käufer gemäß § 678 BGB zu Schadenersatz. Ein Widerspruch kann aber mittels einer einstweiligen Verfügung nach §§ 935, 940 ZPO überwunden werden[852].

---

847 RGZ 66, 186, 197, II. ZS U. v. 07.06, Rep. II 39/07

848 RGZ 101, 17, 19, VII. ZS U. v. 09.10.1917, Rep. VII 202/17; OLG Hamburg, U. v. 9.5.1887, ZHR 36, 258, Nr. 206

849 ROHG 12, 131, 132, Sen. II U. v. 26.11.1873, Rep. 602/73; 16, 326; RG Bolze 2, Nr. 1027

850 NJW 1979, 811, 812, U. v. 20.12.1978, VIII ZR 236/77

851 SeuffA 59, 105, 106, U. v. 27.11.1903, 3 U 230/03

852 Staub/Brüggemann, § 379, Rn. 38

5.2.4. Pflichten und Rechte gemäß § 242 BGB

Die das Schuldverhältnis kennzeichnenden Hauptleistungspflichten werden durch Nebenpflichten ergänzt. Diese können sich aus der einzelnen Parteivereinbarung ergeben oder aus den für das Schuldverhältnis geltenden gesetzlichen Vorschriften. Daneben stellt aber vor allem der § 242 BGB die Grundlage für solche Pflichten dar. Obwohl er nach seinem Wortlaut nur die Art und Weise der geschuldeten Leistung enthält, ist seit langem anerkannt, daß diesem Paragraphen der den das gesamte Rechtsleben beherrschende Grundsatz entnommen werden kann, daß jedermann in Ausübung seiner Rechte und Pflichten nach Treu und Glauben zu handeln hat[853].

Auf § 242 BGB werden Nebenpflichten gestützt, die die Erfüllung der Hauptleistung vorbereiten, fördern und sichern sollen. Ohne daß dabei eine präzise Abgrenzung möglich oder erforderlich wäre, wird zwischen Auskunfts-, Aufklärungs- und Rechenschaftspflichten, Beratungspflichten, Obhutspflichten für den Leistungsgegenstand, Mitwirkungspflichten und Unterlassungspflichten unterschieden. Inhalt und Umfang der einzelnen Pflichten richten sich im Einzelfall nach ihrer Notwendigkeit, die Hauptleistung zu sichern oder zu fördern[854].

Bei einem Kaufvertrag geht man zunächst bis zum Gefahrübergang von einer Obhutspflicht für den Leistungsgegenstand aus. Diese Pflicht ergibt sich als unselbständige Nebenpflicht auch aus § 433 BGB selbst[855]. Die Obhutspflicht ist eine Ausprägung der 'im Verkehr erforderlichen Sorgfalt', für die der Verkäufer nach den §§ 276, 278 BGB einzustehen hat. Von einer Partei wird im einzelnen erwartet, Maschinen zu warten, Tiere zu füttern und zu pflegen und Ware bei einem Versendungskauf hinreichend zu verpacken.

Diese Pflichten bestehen aber nach Treu und Glauben auch nach einem Verzug der Abnahme oder einem Rücktritt vom Vertrag weiter[856]. Auf die Folgen der Haftungsmilderung nach § 300 BGB und die unterschiedlichen Möglichkeiten der Verwahrung oder eines Selbsthilfeverkaufes wurde bereits eingegangen.

Wie bereits erwähnt, kann die Obhutspflicht unter diesen Umständen auch auf § 242 BGB gestützt werden. Danach kann die zum Erhalt verpflichtete Partei berufen sein, Gegenstände vor Gefährdungen durch Naturerscheinungen, wie Regen, Hitze, Blitz, Wassereinbruch sowie durch Tiere, zu schützen[857]. Dazu kann

---

853 BGHZ 85, 39, 48, U. v. 23.09.1982, VII ZR 183/80

854 Soergel/Teichmann, § 242, Rn. 164; Song, S. 59

855 Soergel/Huber, § 433, Anh. I, Rn. 15

856 Soergel/Huber, § 433, Anh. I, Rn. 17; Song, S. 58, 59

857 Staudinger/Schmidt, § 242, Rn. 864; ohne daß auf § 242 BGB abgestellt würde, sondern auf Treu- und Fürsorgepflichten, nimmt dies der BGH, U. v. 20.12.1977,

auch gehören, einen Eisenbahnwaggon nicht nur zu plombieren, sondern ihn sicher zu verschließen, um unbefugten Dritten die Entwendung des Waggoninhaltes zu erschweren, auch wenn der Empfänger sich in Annahmeverzug befindet[858]. Soweit der Vertragspartei dies möglich ist, wird der Schutz auch die Abwehr vor rechtlichen Beeinträchtigungen umfassen müssen. Rechtsanmaßungen, Rechtserwerb durch Dritte oder Vollstreckungsmaßnahmen kann entgegenzutreten sein[859].

Nach Enneccerus-Lehmann[860] sind sowohl Handlungen zu unterlassen, die den Obligationszweck vereiteln oder gefährden könnten, wie z. B. eine Überanstrengung eines Pferdes, als auch positive Maßnahmen zur Erhaltung der Leistungsmöglichkeit, z. B. dessen Fütterung, zu ergreifen. Zudem kann es im Einzelfall sogar geboten sein, Sachen zum Zweck ihrer Erhaltung weiterzunutzen. Dies gilt gerade bei Tieren wie Pferden, die, um gesund zu bleiben, bewegt werden müssen[861]. In einem solchen Fall steht der Werterhalt der Ware im Mittelpunkt.

Indes kann es dem Käufer im Einzelfall auch erlaubt sein, die Güter nach Geltendmachung eines Wandlungsbegehrens zu gebrauchen, obwohl damit möglicherweise eine Verschlechterung eintreten kann[862]. In der neueren Rechtsprechung und Literatur wird vertreten, daß der Gebrauch von Fahrzeugen und Maschinen nach der Wandlungserklärung nicht dazu führen muß, daß Gewährleistungsrechte verwirkt werden[863]. In solchen Fällen ist eine Abwägung der Interessen beider Parteien vorzunehmen. Danach wird dem Käufer die bloße, den Rahmen des Üblichen nicht überschreitende Weiterbenutzung nicht als illoyales, widersprüchliches Verhalten vorgeworfen, weil dies günstiger als die Beschaffung einer Ersatzmaschine sein wird[864]. Die Interessen des Verkäufers werden dadurch gewahrt, daß er Anspruch auf Wertersatz für die vom Käufer genossenen Gebrauchsvorteile erheben kann. Lediglich unter besonderen Umständen sollen einer Weiterbenutzung Wandlungs- oder Schadenersatzansprüche entgegenstehen. Besondere Umstände sollen einerseits vorliegen, wenn der Käufer einen PKW nach der Wandlungserklärung für fünfzehn Monate weiterbenutzt und da-

---

VersR 1978, 350, 351, auch bei Waren an, die versehentlich oder sogar unberechtigt an einen Abnehmer versandt wurden

858 RGZ 108, 341, 343, U. v. 5.7.1924, I 547/23

859 Staudinger/Schmidt, a. a. O.

860 I.Teil, § 4 II 2.

861 RGZ 145, 79, 83, U. v. 3.7.1934 – II 43/34

862 Zum Wegfall des Wandlungsrechts nach dem Gesetz zur Modernisierung des Schuldrechts siehe Fn. 785

863 BGH NJW 1992, 170, 171, U. v. 16.10.1991, VIII ZR 140/90; OLG Karlsruhe NJW 1971, 1809, 1810, U. v. 16.6.1971 – I U 163/70

864 Zur Haftung der Parteien bei schuldhaft verursachtem Totalschaden siehe Huber, Leistungsstörungen, Bd II, § 56 IV 4 a), S. 728

bei 50.000 km zurücklegt[865], andererseits sollen sie bei einem Gebrauch von zwölf Monaten und gefahrenen 20.000 Kilometern nicht gegeben sein[866]. Auch ein weiterer Gebrauch einer Maschine nach Behebung von Mängeln durch den Käufer muß kein dem Wandlungsbegehren entgegenstehendes Verhalten sein[867]. Im Einzelfall ist in eine Abwägung einzubeziehen, ob die Reparatur die Feststellung eines etwaigen Mangels erschwert, wie lange und intensiv der Käufer die Maschine weiternutzt, ob die Stillegung des Maschine und die Beschaffung eines Ersatzes möglich und zumutbar ist und ob durch den Weitergebrauch eine wesentliche Verschlechterung der Maschine eintritt.

---

865 OLG Frankfurt NJW-RR 1994, 120, U. v. 23.7.1993 – 24 V 168/92; zum Wegfall des Wandlungsrechts nach dem Gesetz zur Modernisierung des Schuldrechts siehe Fn. 785

866 BGH NJW 1994, 1004, 1005, U. v. 2.2.1994 – VIII ZR 262/92

867 BGH NJW 1984, 1525, 1526, U. v. 8.2.1984 – VIII ZR 295/82

6. Erhaltungspflichten im amerikanischen Recht, insbesondere im Uniform Commercial Code

6.1. Allgemeines

Im folgenden wird vordringlich von Vorschriften des Uniform Commercial Code (UCC) ausgegangen, der im allgemeinen das geltende Fallrecht kodifiziert und in einigen Fällen vereinfacht[868]. Die Bestimmungen dieses Common Law Codes bauen auf den Grundsätzen von law und equity auf, die nach section 1-103 weiter Anwendung finden, wenn sie nicht durch spezielle Regelungen des UCC verdrängt werden[869]. Dementsprechend wird der amerikanische Richter im Einzelfall bereits entschiedene Fälle heranziehen müssen, wenn der Text des UCC oder der zugehörigen Kommentierung die rechtliche Beurteilung eines Sachverhaltes nicht abschließend ermöglicht.

6.2. Pflichten und Rechte des Verkäufers

Für den Verkäufer findet sich in den kaufrechtlichen sections des UCC keine Vorschrift, die ihm eine besondere Sorgfaltspflicht hinsichtlich der Ware als Rechtspflicht auferlegt. Dies liegt zum Teil darin begründet, daß der Verkäufer bei einem vertragswidrigen Verhalten des Käufers nur unter engen Voraussetzungen in der Lage ist, an der Erfüllung des Vertrages mittels einer Kaufpreisklage ('action for the price', section 2-709) festzuhalten[870]. Ursächlich hierfür ist, daß das Leistungsversprechen als Garantieversprechen verstanden wird, den Gläubiger schadlos zu stellen, wenn Leistungsstörungen auftreten[871]. Diese grundsätzliche Haltung zur Erfüllung in Natur spiegelt sich in Art. 28 CISG wi-

868 Hay, 91; das Fallrecht ist darüber hinaus in zwei weiteren maßgeblichen Quellen verwertet. Die Restatements erfassen das Fallrecht systematisch und werden sowohl von Gerichten als auch von Anwälten häufig zitiert. Die American Law Reports Annotated nehmen führende Entscheidungen auf, vergleichen und kommentieren sie, siehe dazu Hay, 14

869 Siehe Punkt 3.2.

870 Auch der Käufer kann nur unter sehr engen Voraussetzungen die Erfüllung des Vertrages und die Herausgabe der Ware durchsetzen (Buyer's right to specific performance or replevin, section 2-716)

871 Vahle, S. 62

der. Dieser Artikel gewährt einem Gericht die Möglichkeit, eine Entscheidung auf Erfüllung in Natur nur zu fällen, wenn eine solche auch nach seinem anzuwendenden eigenen Recht bei gleichartigen Kaufverträgen ergehen würde, die nicht unter das CISG fallen. Damit retteten die Common-law-Länder ihren Ansatz in das CISG hinüber, welcher der Rechtsvereinheitlichung entgegensteht[872].

Ein Ausgleich des gestörten Vertragsverhältnisses wird in den Rechtssystemen, die auf dem common law beruhen, vordringlich über den Schadenersatz gesucht[873]. Wenn der Verkäufer nicht auf Erfüllung beharrt, sondern von dem Vertrag zurücktritt und Schadenersatz verlangt, kann eine Verschlechterung der Ware nicht dem Käufer angelastet werden[874]. Der Verkäufer muß für Mängel, die aus seiner Sphäre stammen, selbst einstehen. Dementsprechend besteht für den Verkäufer eine Obliegenheit, sich darum zu kümmern, einen durch vertragswidriges Verhalten des Käufers eintretenden Schaden zu minimieren[875].

Der Grundsatz, daß bei vertragswidrigem Verhalten ein Ausgleich über den Schadenersatz stattfinden soll, kann jedoch im Einzelfall durchbrochen werden. Zwar verhält sich der Käufer, der seiner Zahlungs- und Abnahmepflicht nach section 2-301 nicht nachkommt, vertragswidrig (wrongful rejection)[876], so daß dem Verkäufer die Rechte bei Vertragsbruch, zu welchen insbesondere der Schadenersatz zählt, zustehen, in der Praxis wird jedoch in der Mehrzahl der Fälle kein Fixtermin vereinbart sein, mit dem das Geschäft steht oder fällt. Daher kann der Verkäufer zumindest für eine angemessene Zeitspanne mit der Aufbewahrung der Güter belastet bleiben. Anläßlich eines Kaufvertrages über Kälber wurde entschieden, daß erst ein Abnahmeverzug von 30 Tagen über den vereinbarten Termin der Lieferung hinaus unverhältnismäßig sei und einen Vertragsbruch darstelle[877]. Dem Verkäufer wurde dementsprechend das Recht zugestanden, von dem Vertrag zurückzutreten ('cancel') und die Tiere an einen Dritten zu veräußern (sections 1-204, 2-703).

Einige der Rechte, von denen der Verkäufer Gebrauch machen kann, wenn der Käufer Ware ohne Rechtfertigung zurückweist, seine Annahme widerruft, eine Zahlung, die vor oder mit der Lieferung hätte erfolgen sollen, nicht erbringt

---

872 Kastely, Unification and Community: A Rhetorical Analysis of the United Nations Sales Convention, 614 f.

873 Siehe Zweigert/Kötz, Bd. 2, S. 192 ff. Zur historischen Entwicklung dieser Regeln vgl. Rheinstein, S. 22 ff., 38 ff. 125 ff., 139 ff.; Zimmermann, S. 776 ff.

874 Honnold, Art. 85, S. 577; Atiyah, 487; Benjamin §§ 1241-1257

875 Zu dieser Pflicht der 'mitigation of damages' siehe Punkt 6.2.5.

876 Desbien v. Penokee Farmers Union Co-op. Ass'n, 1976, 552 P.2d, 917, 220 Kan. 358

877 Ziebarth v. Kalenze, 238 N.W.2d 261 (N.D. 1976)

oder den Vertrag teilweise oder insgesamt ablehnt ('repudiate'[878]) werden in section 2-703 aufgelistet. Danach kann der Verkäufer:

- (a) die Ware zurückbehalten,
- (b) die Lieferung durch einen Verwahrer ('bailee') gemäß section 2-705 stoppen,
- (c) nach section 2-704 vorgehen[879],
- (d) einen Deckungsverkauf vornehmen und Schadenersatz verlangen (section 2-706),
- (e) Schadenersatz für die Nichtabnahme verlangen (section 2-708) oder auf Zahlung des Kaufpreises gemäß section 2-709 klagen oder
- (f) von dem Vertrag zurücktreten[880].

Die Buchstaben (a) und (b) gewähren das Recht, die Erbringung einer Leistung zu unterbrechen[881]. Wenn der Verkäufer z. B. erfährt, daß der Käufer insolvent ist, kann er eine Auslieferung der Ware von einer Zahlung des Kaufpreises, einschließlich aller bis dahin erfolgten Lieferungen, abhängig machen und die Lieferung unterbrechen. Dieses Stoppungsrecht ist in section 2-702 angelegt.

Falls die Ware bereits in Besitz eines 'carriers' oder 'bailees' sein sollte und der Verkäufer von der Insolvenz des Käufers erfährt, gewährt section 2-705 ein Recht, die Auslieferung zu verhindern. Nach dieser section kann er außerdem eingreifen, wenn der Käufer den Vertrag verletzt, seiner Zahlungspflicht nicht rechtzeitig nachkommt oder der Verkäufer ein anderes Zurückbehaltungs- oder Rückforderungsrecht hat. Die Ware muß dabei eine gesamte PKW-, LKW-, Flugzeug- oder Schiffsladung ausmachen. Diese Mindestgrößen dienen dazu, den Transportpersonen keine unangemessenen Mehrbelastungen aufzubürden[882].

---

878 Im Code wird nicht definiert, was unter einer 'repudiation' zu verstehen ist. Man kann hier aber auf den § 250 Restatement 2nd Contracts zurückgreifen. Danach ist eine repudiation die Feststellung durch eine Erklärung oder durch ein Verhalten eines Schuldners gegenüber seinem Gläubiger, daß er seine Vertragspflichten nicht erfüllen wird oder kann. "In general, a repudiation is a manifestation by words or conduct by a promisor to a promisee that he will not or cannot make a future performance under the contract." Dazu auch Meyer/Speidel, S. 159

879 S. 2-704 beinhaltet das Recht, Ware zu konkretisieren und/oder Güter trotz des Verhaltens des Käufers fertigzustellen oder mit der Herstellung aufzuhören und die Ware in diesem Zustand zu verkaufen

880 'Cancel'

881 Nach dem Zurückbehalt der Ware kann der Verkäufer diese gemäß s. 2-704 dem Vertrag zuordnen, sie verkaufen und Schadenersatz gemäß s. 2-708 verlangen. Weiter kann er gemäß s. 2-709 auf den Kaufpreis klagen, wenn die Schadenersatzregelungen keinen aureichenden Schutz gewähren; siehe dazu Hawkland, S. 291

882 Stone, S. 113

Die Möglichkeit, den Weitertransport zu unterbinden, stellt eine Erweiterung des Zurückbehaltungsrechts dar. Diese Erweiterung ist sinnvoll, da eine auf dem Transportweg befindliche Ware nicht direkt von dem Verkäufer zurückbehalten werden kann, da er nicht in Besitz der Güter ist[883].

Neben dem eigentlichen Verkäufer können beispielsweise Banken von dem Recht Gebrauch machen. Dies ergibt sich aus section 2-707, die darüber Auskunft gibt, wer sich in der Position eines Verkäufers befinden kann.

Section 2-705 (2) bestimmt, bis zu welchem Zeitpunkt eine Lieferung gestoppt werden kann. Dies kann bis zur Annahme der Ware durch den Käufer geschehen oder bis zur Anzeige eines Verwahrenden, daß er die Güter für den Käufer in Gewahrsam hat. Darüber hinaus beendet eine Anzeige des 'carriers' bei Zurückverschiffung oder in seiner Eigenschaft als Lagerhalter die Möglichkeit einer 'stoppage'. Schließlich schränkt die Übergabe von Papieren, die das Eigentum verkörpern, die Möglichkeiten des Verkäufers ein.

Nach section 2-705 (3) (b) hat der 'bailee' die Güter den Anordnungen des Verkäufers entsprechend aufzubewahren und zu liefern.

Neben diesen Möglichkeiten gewährt section 2-609 ('Right of Adequate Assurance of Performance') bei Zweifeln an der Erfüllungsbereitschaft des Vertragspartners die Möglichkeit, von der anderen Partei eine angemessene Zusicherung der vertragsgemäßen Leistungserbringung zu verlangen[884].

Bis zum Empfang dieser Versicherung kann die eigene Erfüllung aufgeschoben oder unterbrochen werden, wenn dies nicht unverhältnismäßig ist. Ein Aufschub der Erfüllung scheidet dann aus, wenn die entsprechende Gegenleistung bereits erbracht wurde. Ob begründete Zweifel vorliegen, kann im Einzelfall von unterschiedlichen Faktoren abhängen. Absatz (2) stellt für Kaufleute sowohl bei der Begründetheit von Zweifeln als auch bezüglich der Geeignetheit einer Versicherung auf 'Standards des Handels' ab[885].

---

883 Hawkland, S. 295, dazu: "The right to stop in transit, therefore, is based on the fiction that the seller is still in possession of goods that are being transported by a carrier."

884 Obwohl s. 2-609(1) eine schriftliche Aufforderung verlangt, haben die Gerichte teilweise hiervon abgesehen, AMF, Inc. v. McDonald's Corp., 19 UCC 801 (7th Cir. 1976); anders Continental Grain Co. v. McFarland, 29 UCC 512 (4th Cir. 1980), wonach Schriftlichkeit erforderlich ist; die Aufforderung muß aber unzweideutig formuliert sein, das Verlangen nach einer Aussprache ist nicht ausreichend, Penberthy Electromelt Int'l Inc. v. United States Gypsum Co., 39 UCC 891 (1984)

885 Kunian v. Development Corp., 12 UCC 1125 (1973), der Verkäufer setzte Lieferung von Installations- und Heizungsbaumaterialien rechtmäßig aus, weil der Käufer trotz gegenteiliger Versprechen seiner Zahlungspflicht nicht nachkam; dazu auch In re Amica, Inc., 17 UCC 2d 11 (Bankr.N.D.Ill.1992); Comment 3 zu dieser section verweist in diesem Zusammenhang weiter auf die Pflicht zu 'good faith'

Entscheidend sind dabei Äußerungen und Handlungen der Parteien unter Berücksichtigung von bestehender Übung, die zwischen diesen oder generell in dem betreffenden Handelszweig bestehen[886]. Entschieden wurde beispielsweise, daß solche Unsicherheiten bestehen, wenn bestellte Ware bei anderen Käufergruppen nicht wie vorgesehen funktioniert[887] oder der Verkäufer äußert, daß der Vertragspreis zu niedrig angesetzt ist, um eine Vertragserfüllung zusichern zu können[888]. Eine Unsicherheit kann aber auch entstehen, wenn lediglich der Marktpreis der Ware steigt. Obwohl also der Verkäufer keinen Anlaß zu Zweifeln gegeben hat, ist der Käufer berechtigt, eine Zusicherung der Erfüllung zu verlangen[889].

Eine Zusicherung der Erfüllung ist dann angemessen, wenn sie der einen Partei die Gewißheit bietet, daß ordnungsgemäß erfüllt wird, ohne die andere Partei zu sehr zu benachteiligen. Im UCC finden sich dazu keine Maßstäbe. Allerdings liegt es in der Natur der Sache, daß von der Partei, deren Erfüllung zweifelhaft ist, mehr verlangt werden muß, als zunächst vertraglich vereinbart[890].

Falls nach Zugang einer gerechtfertigten Bitte um die Zusicherung der Leistungsbereitschaft eine solche nicht innerhalb von 30 Tagen gegeben wird, liegt eine 'repudiation' (Erfüllungsverweigerung) des Vertrages vor. Bis die Antwort übermittelt ist, darf ein Verkäufer die Ware nicht anderweitig verkaufen oder umleiten[891].

6.2.1. Klage auf den Kaufpreis ('action for the price', section 2-709)

Section 2-703 (e) verweist auf die Möglichkeit des Verkäufers, gemäß section 2-709 (1) (a) auf Zahlung des Kaufpreises zu klagen, wenn der Käufer die Ware angenommen hat oder die Ware in einer wirtschaftlich angemessenen Zeit untergegangen ist oder sich verschlechtert hat, nachdem die Gefahr auf den Käufer übergegangen war.

Nach section 2-709 (1) (b) ist eine Klage auf den Kaufpreis möglich, wenn die Güter konkretisiert sind und es dem Verkäufer nach angemessener Anstrengung nicht möglich ist, sie zu einem angemessenen Preis zu verkaufen oder nach

886 Kaiser-Francis Oil Co. v. Producer's Gas Co., 8 UCC 2d 1048 (10th Cir. 1989); S & S, Inc. v. Meyer, 17 UCC 2d 137 (Iowa App. 1991)

887 Creusot-Loire Int'l, Inc. v. Coppus Eng'gCorp., 39 UCC 186 (S.D.N.Y.1983)

888 Kaiser-Francis Oil Co. v. Producer's Gas Co., a. a. O.

889 White/Summers, S. 196 ff.

890 So White/Summers, S. 197; anders Pittsburgh-Des Moines Steel Co. v. Brookhaven Manor Water Co., 18 UCC 931 (7th Cir. 1976)

891 Comment 1. zu section 2-705

den Umständen vernünftigerweise davon auszugehen ist, daß solche Anstrengungen aussichtslos sind[892].

Nach Absatz (2) muß der auf Kaufpreiszahlung klagende Verkäufer die Ware, über die er verfügen kann, für den Käufer bereithalten. Auf der anderen Seite hat er aber auch ein Recht, sie zurückzuhalten, bis der Kaufpreis entrichtet ist[893]. Falls jedoch ein Deckungsverkauf doch noch möglich wird, kann dieser noch vor Ergehen eines Urteils vorgenommen werden. Wenn dieser unter Beachtung von 'good faith' und in einer wirtschaftlich sinnvollen Weise durchgeführt wird[894], kann der Verkäufer nach section 2-706 (1) die Differenz von Vertragspreis zu dem Deckungsverkaufspreis zuzüglich eines 'Nebenschadenersatzes' gemäß section 2-710 [895] verlangen. Der Reinertrag ('net proceeds') eines Verkaufs ist nach section 2-709 (2) letzter Satz, an den Käufer auszukehren[896]. Wenn der Käufer seiner Zahlungspflicht nachkommen sollte, hat er Anspruch auf die Ware, die nicht verkauft wurde.

6.2.2. Erhaltungspflichten

In den sections, die dem Verkäufer ermöglichen, die Erfüllung seiner Leistungspflichten aufzuschieben, werden keine Sorgfaltsmaßstäbe hinsichtlich der Aufbewahrung der Güter festgelegt. In section 2-709 wird z. B. nur bestimmt, daß der Verkäufer sie für den Käufer aufzubewahren und bereitzuhalten hat. Daß die Schöpfer des UCC aber davon ausgingen, daß sich der Verkäufer in aktiver Weise um die Ware zu kümmern hat, folgt aus section 2-710. Diese besagt, daß wirt-

---

892 Zu dem Umstand, daß noch nicht fertiggestellte Güter gemäß s. 2-704 zu Ende gefertigt werden müssen, um dann einen Verkauf nach s. 2-709 vornehmen zu können, siehe Henning-Wallach, § 8.03[3], 8-14 f.

893 Royal Jones & Associates, Inc. v. First Thermal Systems, Inc., Fla.App. 1 Dist.1990, 566 So.2d 853

894 Der Verkäufer muß den Vorgaben der section 2-706 unter diesen Umständen nicht genau entsprechen. Der Verkauf soll an den Standards von 'good faith' und 'commercial reasonableness' zu messen sein, Foxco Indus. v. Fabric World, Inc., 595 F2d 976 (5th Cir. 1979); Wolpert v. Foster, 312 Minn. 526, 245 NW2d 348 (1977); diese Sichtweise wird von Henning-Wallach, § 8.03[3], 8-13, kritisiert. Sowohl bei einem Verkauf nach s. 2-706 als auch bei s. 2-709 (2) werde der Verkäufer auf die Differenz zwischen Vertragspreis und Zweitverkaufspreis klagen. Daher sei nicht einzusehen, wieso zwei unterschiedliche Maßstäbe an die Art und Weise des Verkaufs gelegt würden

895 'Incidental damages' nach section 2-710

896 Zu der in s. 2-709 nicht geregelten Frage, ob ersparte Aufwendungen anzurechnen sind, finden sich in den Gerichtsentscheidungen unterschiedliche Auffassungen. Nachweise dazu bei Henning-Wallach, § 8.03[3], 8-13

schaftlich angemessene Kosten oder Provisionen, die durch eine Unterbrechung der Lieferung, Transport, Sorge und Verwahrung der Güter nach dem vertragswidrigen Verhalten des Käufers in Zusammenhang mit der Rücknahme, einem Deckungsverkauf oder sonstwie aus dem vertragswidrigen Verhalten des Käufers resultieren, als Nebenschadenersatz von dem Verkäufer geltend gemacht werden können[897]. In Al Ferro Commodities Corp., S.A. v. Tube City Iron and Metal Co.[898] wurde entschieden, daß dem Verkäufer neben dem Hauptschadenersatz Kosten zu ersetzen sind, die durch zusätzliche Frachtgebühr, Versicherung und Einlagerung vor einem Deckungsverkauf entstanden. Vorangegangen war ein vertragswidriges Verhalten des Käufers, der es pflichtwidrig unterließ, ein Schiff zu benennen, mit welchem die Ware transportiert werden sollte.

Daß der Verkäufer ein Interesse an der Erhaltung der Güter haben muß, ergibt sich weiter daraus, daß er bei Fortführung des Vertrages dazu verpflichtet bleibt, eine dem Vertrag entsprechende mangelfreie Lieferung zu erbringen. Wenn z. B. eine ausreichende Zusicherung nach section 2-609 gegeben wird, ist die Beeinträchtigung des Vertrages ausgeräumt und die Partei, die die Zusicherung verlangt hat, muß vertragsgemäß erfüllen[899].

Während eine dahingehende ausdrückliche Verpflichtung des Verkäufers nicht im UCC zu finden ist, wird in Rechtsprechung und Literatur die Auffassung vertreten, daß ein Verkäufer angemessene Vorsichtsmaßnahmen bezüglich der Güter ergreifen muß, wenn der Käufer diese in vertragswidriger Weise nicht abnimmt[900]. Wenn ein Käufer Ware vertragswidrig nicht zum rechten Zeitpunkt abnimmt, darf ein Verkäufer nicht untätig bleiben und damit einen Verfall der Ware begünstigen. In Beebe v. Cullinane[901] verkaufte der Verkäufer Kartoffeln, die der Käufer im Herbst abnehmen sollte. Aufgrund von schlechtem Wetter und anderen Gründen, die allerdings keine Rechtfertigung boten, nahm der Käufer nicht rechtzeitig ab. Der Verkäufer unternahm keine angemessenen Vorkehrungen, so daß die Kartoffeln im Winter vom Frost geschädigt wurden. Daraufhin wurde von einem Gericht entschieden, daß er kein Recht hatte, von dem Käufer weiterhin die Durchführung und Erfüllung des Vertrages zu verlangen.

---

897 Fall dazu: GNP Commodities, Inc. v. Walsh Hefferman Co., 1981, 51 Ill.Dec. 245, 420 N.E.2d 659, 95 Ill.App.3d 966

898 E.D.Pa.1990, 728 F.Supp. 1158, bestätigt 914 F.2d 241

899 American Bronze Corp. v. Streamway Prods., 37 UCC Rep. Serv. 687 (1982); Lawrence/Henning, § 7.10 [B]; White/Summers, S. 199; Williston on Sales, 4th ed. Vol. 3, § 24-6 zu section 2-705; falls die Zusicherung nicht gegeben wird, liegt eine repuditation mit ihren entsprechenden Rechtsfolgen vor, siehe Cassidy Podel Lynch, Inc. v. Snyder General Corp., 15 UCC Rep. Serv. 2d 1225 (3d Cir. 1991)

900 Williston on Sales, § 306, S. 232

901 214 Mich 37, 181 NW 1016

Auch für den Verkauf von Land und Gebäuden wird vertreten, daß der jeweilige Besitzer, egal ob Käufer oder Verkäufer, vor dem Eigentumsübergang eine verstärkte Verantwortung für Sorge und Erhaltung des Grundstücks trägt[902].

6.2.3. Verkauf der Ware nach section 2-706 ('Seller's resale including contract for resale')

Neben den bereits dargestellten Möglichkeiten gewährt section 2-703 (d) dem Verkäufer die Option eines Deckungsverkaufes nach section 2-706[903]. Diese section stellt das Gegenstück zu section 2-712 dar, die den Deckungskauf des Käufers beinhaltet. Mit Hilfe der Deckungskäufe wird sowohl weiterer Schaden gemindert als auch die Höhe des Schadenersatzes bestimmt. Dieser liegt unter der Voraussetzung, daß der Verkauf in 'good faith' und in einer wirtschaftlichen Art und Weise vorgenommen wurde, in der Differenz des Verkaufs- oder Einkaufspreises zum Deckungskaufpreis plus Aufwendungen abzüglich ersparter Kosten[904].

Section 2-706 beinhaltet relativ detaillierte Vorgaben für einen Verkauf. Dieser kann nach Absatz (2), vorbehaltlich anderer Vereinbarungen, sowohl als privater als auch als öffentlicher Verkauf durchgeführt werden, wobei die Güter in Teilen oder als Gesamtheit verkauft werden können.

Der verkaufenden Partei wird ein breiter Spielraum hinsichtlich der Modalitäten, der Zeit und des Ortes des Verkaufes eingeräumt. Jeder Aspekt des Verkaufes einschließlich der Methode, der Zeit, des Ortes und der Bedingungen muß aber wirtschaftlich angemessen und vernünftig sein. Hierfür sind die Eigenschaf-

---

902 Corbin, 3. A., § 669, 198

903 Diese Regelung ist auch für den Käufer im doppelten Sinne beachtlich. Dies gilt zum einen für den Fall, daß nach section 2-711 (3) ein Sicherungsrecht an der Ware besteht. Dieses entsteht durch erfolgte Zahlungen auf den Kaufpreis und Kosten, die durch eine Untersuchung, Inempfangnahme, den Transport, die Sorge und die Verwahrung in vernünftigem Maße entstanden sind. Dem Käufer wird daraufhin nach ordnungsgemäßer Zurückweisung der Ware oder eines Widerrufs der Annahme ermöglicht, die Ware zu behalten und einen Verkauf im Sinne der section 2-706 vorzunehmen. Daneben wird dem Käufer auch nach section 2-604 ein Verkauf verderblicher Ware ermöglicht, wenn der Verkäufer keine weiterführenden angemessenen Anweisungen trifft. Obwohl ein Verweis auf section 2-706 an dieser Stelle nicht erfolgt, ist sie als Anhaltspunkt für einen ordentlichen Verkauf anzusehen. Siehe dazu Punkt 6.3.8.

904 Zu ersparten Kosten, Publicker Industries, Inc. v. Roman Ceramics Corp., C.A.Pa.1981, 652 F.2d 340

ten der Ware, der betreffende Handelszweig[905] sowie bestehende Handelspraktiken und Handelsbräuche[906] beachtlich. Entschieden wurde beispielsweise, daß ein Verkäufer sich ordnungsgemäß verhielt, indem er ein vom Käufer abgewiesenes Boot in einer Zeitung inserierte und an den Interessenten verkaufte, der das höchste Gebot abgegeben hatte[907]. Dabei war unschädlich, daß bei dem Verkauf mit $ 3.000 ein Preis erzielt wurde, der um $ 1.650 unter dem ursprünglichen Vertragspreis lag.

Zeitlich sollte ein Verkauf grundsätzlich in einer angemessenen Zeitspanne – so früh wie praktisch machbar – nach dem Vertragsbruch erfolgen[908]. Bei einem gewissenhaften und sorgfältigen Vorgehen des Verkäufers liegt die Bestimmung des genauen Verkaufszeitpunktes aber in seinem Ermessen[909].

Sowohl ein privater als auch ein öffentlicher Verkauf muß sich auf den nicht erfüllten Altvertrag beziehen[910]. Erforderlich ist aber nicht, daß die Güter vor dem Vertragsbruch schon hergestellt oder bereits konkretisiert sind. Hier wird auf die Möglichkeit abgestellt, daß der Käufer den Vertrag in einem sehr frühen Stadium bricht[911] und daß ein anerkannter Markt für sogenannte 'futures' gegeben ist[912]. Bei einem privaten Verkauf ist nach Absatz (3) weiterhin erforderlich, daß der ursprüngliche Käufer in angemessener Weise von einer Verkaufsabsicht unterrichtet wird. Keine Auswirkung hat es, wenn ein öffentlicher Verkauf angezeigt, dann aber ein privater Verkauf vorgenommen wird[913].

Für den öffentlichen Verkauf gibt es im UCC keine Definition. Eine Auktion, zu der die Öffentlichkeit zugelassen ist, wird dies Kriterium erfüllen. Nicht abschließend entschieden ist, wie eine Nichtauktion einzustufen ist, zu der die Öffentlichkeit zugelassen ist oder eine Auktion, bei der Teile der Öffentlichkeit ausgeschlossen sind[914]. Der Kommentar zu der section besagt lediglich, daß unter 'public sale' eine Auktion zu verstehen ist[915]. Hier besteht eine Grauzone, die künftig durch die Gerichte durchleuchtet werden muß. White & Summers vertreten die Ansicht, daß die Verkäufe öffentlich sind, bei denen widerstreitende In-

---

905 Servbest Goods, Inc. v. Emessee Industries, Inc., 1980, 37 Ill.Dec. 945, 403 N.E.2d 1, 82 Ill.App.3d 662

906 Comment 4. zu section 2-706

907 Cohn v. Fisher, 1972, 287 A.2d 222, 118 N.J.Super. 286

908 American Nat. Bank and Trust Co. of Chicago v. Weyerhaeuser Co., C.A.Ill. 1982, 692 F.2d 455; Cerutti, S. 425, Rn. 787

909 Jack Richards Aircraft Sales, Inc. v. Vaughn, 1969, 457 P.2d 691, 203 Kann. 967

910 Servbest Goods, Inc. v. Emessee Industries, Inc., a. a. O.

911 'Anticipatory repudiation', siehe Comment 7. zu section 2-706

912 Absatz (4) (a)

913 Afram Export Corp. v. Metallurgiki Halyps, S.A., D.C.Wis.1984, 592 F.Supp. 446

914 So existieren Auktionen, bei denen Autohändler gebrauchte PKW ersteigern können

915 Comment 4. zu section 2-706

teressen aufeinandertreffen, auch wenn Teile der Öffentlichkeit ausgeschlossen sind. Denn dann bestehe im Prinzip kein Unterschied zwischen den genannten Formen des Verkaufs[916].

Der Verkauf muß grundsätzlich an einem für solche Anlässe gewöhnlichen Ort stattfinden. Lediglich für den Fall, daß ein solcher Platz nicht in angemessener Reichweite ist, kann an anderer Stelle verkauft werden, wenn auch dort mit ausreichend Interessenten zu rechnen ist[917].

Der Verkäufer, der selbst mitbieten kann[918], muß die andere Partei auch bei einem öffentlichen Verkauf in angemessener Weise von Zeit und Ort der Auktion benachrichtigen[919]. Die Benachrichtigung dient sowohl dazu, der anderen Partei ein Mitbieten zu ermöglichen, als auch anderen Interessenten Bescheid zu geben[920]. Damit sollen die Chancen eines erfolgreichen Verkaufs erhöht werden[921]. Dazu gehört auch, daß den potentiellen Käufern bekanntgegeben wird, wo die Waren zur Begutachtung lagern[922].

Die Angemessenheit der Benachrichtigung soll sich dabei weniger auf den Inhalt als vielmehr auf die Rechtzeitigkeit beziehen. Beachtlich ist, daß es entscheidend auf ein Absenden der Benachrichtigung ankommt, nicht auf deren Empfang. Bei Verzögerungen oder Verlust der Nachricht ist der Verkäufer grundsätzlich nicht zur Verantwortung zu ziehen[923].

Von der Anzeige der Verkaufsumstände kann die verkaufende Partei jedoch Abstand nehmen, wenn es sich um verderbliche Güter handelt oder um eine Ware, die schnell an Wert zu verlieren droht[924]. Selbst wenn der Verkäufer von den genannten Vorgaben abweichen sollte, erwirbt ein gutgläubiger Zweitkäufer die Ware frei von Rechten des ursprünglichen Käufers[925].

Schließlich bestimmt Absatz (6), daß der Verkäufer einen bei dem Verkauf erzielten Betrag, der über den ursprünglichen Kaufpreis hinausgeht, nicht an den

916 White/Summers, S. 265

917 Comment 9 zu section 2-706

918 Absatz (4) (d)

919 Section 2-706 (4) (b)

920 Comment 8. zu section 2-706

921 Zur Frage, ob weitere Gläubiger des Käufers informiert werden müssen, siehe Robertson, 702 f. Im Ergebnis folgen mögliche Informationspflichten nicht aus dem UCC, können aber vertraglich vereinbart worden sein

922 Absatz (4) (c)

923 Siehe Steelman v. Associates Discount Corp., 121 GA.App. 649, 175 S.E.2d 62, 7 U.C.C. Rep. Serv. 697 (1970). Dort war die Nachricht mit einer Rückmeldung verbunden. Den entsprechenden Coupon hatte die Schwester der anderen Partei gezeichnet. Damit hatte der Verkäufer alles getan, was erforderlich war.

924 Absatz (4) (b)

925 Absatz (5)

ursprünglichen Käufer auskehren muß[926]. Demgegenüber hat ein Käufer, der die Ware ordnungsgemäß zurückgewiesen oder die Annahme widerrufen hat und einen Verkauf nach section 2-711(3) i. V. m. 2-706 vornimmt, einen solchen Betrag dem Verkäufer gutzuschreiben. Dem liegt zugrunde, daß section 2-706 dem Verkäufer ein Recht gewährt, welches von einem möglichen Eigentumsübergang unabhängig ist. Andererseits soll dem Käufer nur die Gelegenheit gegeben werden, sein Sicherungsrecht zu verwirklichen, ohne sich weiter bereichern zu können[927].

6.2.4. Das Recht, Ware nach Vertragsbruch zu konkretisieren oder fertigzustellen (section 2-704)

Nach section 2-704 (1) hat der Verkäufer das Recht, noch nicht konkretisierte Ware zu konkretisieren, wenn er von dem vertragswidrigen Verhalten des Käufers erfährt, oder noch nicht fertiggestellte Ware, die dem speziellen Vertrag zuzuordnen ist, einem Verkauf zuzuführen. Absatz (2) gibt dem Verkäufer dazu die Möglichkeit, noch nicht fertiggestellte Güter in diesem Zustand zu belassen und einem Verkauf zuzuführen oder die Ware fertigzustellen[928].

Der Verkäufer soll eine wirtschaftlich vernünftige Entscheidung treffen, um einen Schaden weitgehend gering zu halten. Er muß abwägen, ob wirtschaftlich weniger Schaden entsteht, wenn er die völlige Herstellung der Ware aufgibt und gemäß section 2-708 (2) Schadenersatz fordert oder ob er die Güter fertigstellt und einem Verkauf nach section 2-706 zuführt. Das Risiko des Verkäufers, eine falsche Entscheidung zu treffen, wird minimiert, indem bei einer Beurteilung auf den Zeitpunkt des Vertragsbruchs abgestellt wird und der Käufer nachweisen muß, daß sich der Verkäufer dann wirtschaftlich unvernünftig verhalten hat.

6.2.5. Schadensminderungspflicht – 'mitigation rule'

Obwohl sowohl der Verkauf als auch die Möglichkeit zur Konkretisierung oder Fertigstellung der Ware Rechte des Verkäufers darstellen, wird ihm doch einschränkend abverlangt, eine wirtschaftlich sinnvolle Entscheidung zu treffen. In American Nat. Bank and Trust. Co. of Chicago v. Weyerhaueser Co., einer Ent-

---

926 Desbien v. Penokee Farmers Union Co-op. Ass`n, 1976, 552 P.2d, 917, 220 Kan. 358; Mott Equity Elevator v. Svihovec, N.D.1975, 236 N.W.2d 900

927 Comment 11 zu section 2-706

928 Bead Chain Co. v. Saxton Products, Inc., 31 UCC 91 (1981), wo eben diese Entscheidungsfreiheit dem Verkäufer zugestanden wurde

scheidung zu section 2-706, wurde festgestellt, daß mit den Forderungen nach 'good faith' und 'commercial reasonableness' gesetzlich verankert ist, daß angemessene Versuche zur Minderung des Schadens zu unternehmen sind[929]. In Elephant Butte Resort Marina, Inc. v. Woolridge[930] wurde entschieden, daß die vertragstreue Partei die Pflicht hat: "... to use 'reasonable diligence' to mitigate damages, and the 'commercially reasonable' standard is applied to resale of the goods".

Diese Sichtweise beruht auf der 'mitigation of damages doctrine'. Zweck der 'mitigation' ist es, die gemeinsamen Kosten des Verkäufers und des Käufers für die gescheiterte Transaktion zu minimieren[931]. Diese Pflicht ist ebenso wie Art. 77 CISG keine Rechtspflicht, sondern eine Obliegenheit[932]. Als klassische Doktrin des common law ist sie auch für den UCC maßgeblich. Eine Ausnahme gilt nur, wenn sie gemäß section 1-103 durch spezielle sections verdrängt werden sollte[933].

Die Partei, die ursprünglich vertragstreu war, hat danach alle zumutbaren Maßnahmen zu treffen, weitere Kosten zu verhindern, um nicht selbst für entstehende Schäden einstehen zu müssen. Wenn der Käufer seinen Zahlungspflichten nicht fristgerecht nachkommt und es dem Verkäufer möglich ist, die Ware weiterzuverkaufen, muß letzterer einen solchen Verkauf vornehmen, um seiner Schadensminderungspflicht gerecht zu werden[934]. Verderbliche Ware muß vor Verfall geschützt, ein Deckungsverkauf vorgenommen oder vertragswidrige Ware so hergerichtet werden, daß sie einem Nutzen zugeführt werden kann[935]. Dabei soll die wirtschaftlich sinnvollste Maßnahme getroffen werden. Dies bedeutet aber nicht, daß diese ex post durch einen Richter festgestellt wird, ohne daß man auf die ex ante Sicht der erhaltenden Partei Rücksicht nehmen oder ihr einen Spielraum einräumen würde[936].

Der Gedanke der Schadensminderung liegt auch § 350 (1) Restatement 2nd Contracts zugrunde, wonach für Schäden aus einem Vertragsbruch kein Ersatz verlangt werden kann, wenn die geschädigte Partei den Schaden ohne ungebührliche Gefahr, Belastung oder Erniedrigung hätte vermeiden können. Wenn eine Partei ihre Pflichten nicht vertragskonform erfüllt, ist die geschädigte Partei nicht immer gehalten, sofort einen Deckungsverkauf vorzunehmen. Dies gilt z. B.

---

929 C.A.Ill. 1982, 692 F.2d 455
930 1985, 694 P.2d 1351, 102 N.M. 286
931 Kraus, 154
932 Farnsworth, § 12.12, 859
933 Kraus, 172
934 In re Rooster, Inc., Bkrtcy. E.D.Pa.1991, 127 B.R.560
935 Kraus, 155
936 Farnsworth, § 12. 12, 860

dann, wenn die vertragsbrüchige Partei anläßlich des Vertragsbruchs zusichert, daß sie ihren Pflichten in unmittelbarer Zukunft nachkommen wird. In einer solchen Situation wird von der geschädigten Partei indes erwartet, daß sie Maßnahmen ergreift, die einen Schaden aufgrund der Erfüllungsverzögerung vermeiden[937]. § 350 (2) sichert die erhaltende Partei dahin gehend ab, daß sie für trotzdem entstandene Schäden nicht geradestehen muß, wenn sie angemessene aber erfolglose Maßnahmen ergriffen hat.

6.2.6. Pflichten aus 'good faith'

Während im deutschen Recht mit § 242 BGB eine Norm existiert, die eine Leistungsbewirkung nach Treu und Glauben mit Rücksicht auf die Verkehrssitte fordert, besteht auch im amerikanischen Recht die Verpflichtung zu einem Verhalten in 'good faith'. Auf 'good faith' wird in über fünfzig sections des UCC abgestellt. Trotzdem ist diese Verpflichtung in ihrer Wirkung nicht mit dem deutschen Prinzip vergleichbar.

Zunächst wird 'good faith' im UCC in zwei unterschiedlichen Bedeutungen gebraucht. Zum einen handelt eine Gruppe von Vorschriften von dem 'good faith purchase'. Damit ist grundsätzlich der Erwerb in gutem Glauben gemeint[938]. Eine andere Gruppe von sections handelt von 'good faith' im Zusammenhang mit der Durchführung eines Vertrages. Dies ist die hier interessierende Variante.

Die grundsätzliche Verpflichtung zu 'good faith' findet sich in section 1-203. Danach gilt, daß jedem Vertrag oder jeder Verpflichtung in diesem Code die Pflicht zu 'good faith' entspringt ('every contract or duty within this code imposes an obligation of good faith in its performance or enforcement')[939]. 'Good faith' wird durch section 1-201 (19) als redliches oder anständiges Verhalten bei der jeweiligen Handlung oder dem jeweiligen Geschäft definiert ('honesty in fact in the conduct or transaction concerned'). Während es sich dabei um ein subjektives Bewertungsmerkmal handelt, gibt es daneben einen besonderen subjektiv-objektiven Maßstab für Artikel des UCC. Section 2-103 (1) (b) bestimmt, daß 'good faith' für einen Kaufmann Redlichkeit und die Beachtung angemessener Standards des Handelsverkehrs bedeutet ('honesty in fact and the observance of

937 § 350 Restatement 2nd Contracts 2nd, Comment g.

938 Siehe z. B. sections 3-205, 3-302, 2-403(1), 7-404; dazu allgemein Gilmore, The commercial doctrine of good faith purchase, 63 Yale L.J. 1057 (1954)

939 Der Inhalt der Vorschrift wird aber nicht als neu gegenüber älterem Fallrecht angesehen, siehe Feld v. Henry S. Levy & Sons, Inc., 335 N.E. 2d 320, 322 (New York 1975); KLT-Industries, Inc. v. Eaton Corp., 505 F. Supp. 1072, 1078 (E.D. Michigan 1981)

reasonable commercial standards of fair dealing in the trade')[940]. In Gerichtsentscheidungen wird durchgängig entschieden, daß jeder Kaufvertrag den Parteien auferlegt, bei seiner Erfüllung und Durchführung in 'good faith' zu handeln und sich fair zu verhalten[941]. Grundsätzlich wird bei einem Verstoß gegen diese Pflicht aber kein eigener unabhängiger Klageanspruch gewährt[942].

Das 'good-faith'-Konzept findet Anwendung, wenn behauptete Änderungen oder Modifikationen eines Vertrages[943] oder die Auslegung einzelner Vertragsbedingungen[944] auf ihre Vereinbarkeit mit dem geschlossenen Vertrag überprüft werden. In einem Fall wurde eine Zurückweisung der Ware aufgrund von unwesentlichen Mängeln als nicht gerechtfertigt angesehen, da das eigentliche Motiv des Käufers darin lag, sich von einem Vertrag über eine Ware zu lösen, deren Marktwert rapide gefallen war[945]. Weiter wurde entschieden, daß ein faires Verhalten die Mitteilung des Verkäufers an den Käufer erfordert, daß eine Lieferung wegen der Insolvenz des Käufers gestoppt wird[946].

Erhaltungspflichten werden von dem 'good faith'-Konzept berührt, indem den Parteien die Minderung des Schadenersatzes auferlegt wird. In Pepper's Steel & Alloys, Inc. v. Lissner Minerals & Metals, Inc.[947] wurde entschieden, daß einen

---

940 So auch festgestellt in Tatum v. Richter, 1977, 373 A.2d 923, 280 Md. 332; eine Definition für 'reasonable commercial standards' findet sich nicht im UCC. Die Pflicht zur Beachtung von 'good faith' ist auch im § 205 Restatement 2nd Contracts niedergelegt. Danach gilt: "Every contract imposes upon each party a duty of good faith and fair dealing in its performance and its enforcement." Diese Norm wurde vom American Law Institute 1970 angenommen und trat 1981 in Kraft

941 Entschieden für die Mehrheit der Staaten, z. B. für Arkansas in Scholtes v. Signal Delivery Service, Inc., D.C.Ark.1982, 548 F.Supp. 487, New York in Matter of Nicfur-Cruz Realty Corp., Brtcy.N.Y.1985, 50 B.R. 162, Wisconsin, Amoco Oil Co. v. Cardinal Oil Co., Inc., D.C.Wis.1982, 535 F.Supp. 661, Kalifornien, In re Carter, C.A.Cal. 1975, 511 F.2d 1203

942 Abramovitz v. Paragon Sporting Goods Co., Inc., N.Y.A.D. 1 Dept.1994, 608 N.Y.S.2d 432, 202 A.D.2d 206; Tanner v. Church's Fried Chicken, Inc., Ala.1991, 582 So.2d 449; Government Street Lumber Co., Inc. v. AmSouth Bank, N.A., Ala.1989, 553 So.2d 68; Management Assistance, Inc., v. Computer Dimensions, Inc., D.C.Ga.1982, 546 F.Supp. 666, bestätigt 747 F.2d 708; Mason v. Farmers Ins. Companies, Minn. 1979, 281 N.W.2d 344; Rigby Corp. v. Boatmen's Bank and Trust Co., Mo.App.1986, 713 S.W.2d 517; anders Palmer v. Safe Auto Sales, Inc., 1982, 452 N.Y.S2d 995, 114 Misc.2d 964; McKay v. Farmers and Stockmen's Bank of Clayton, 92 N.M. 181, 585 P.2d 325

943 White/Summers, S. 34 ff.; Cerutti, S. 101, Rn. 185

944 Baker v. Ratzlaff, 21 UCC 1217 (Kan.App.1977)

945 T.W. Oil, Inc. v. Consolidated Edison Co., 35 UCC 12 (1982)

946 Indussa Corp. v. Reliable Stainless Steel Supply Co., D.C.Pa.1974, 369 F.Supp. 976

947 D.C.N.Y.1979, 494 F.Supp. 487

Verkäufer die grundsätzliche Pflicht trifft, angemessene Anstrengungen zu treffen, um Schaden zu mindern, der durch einen Vertragsbruch des Käufers verursacht wird.

Im einzelnen bleibt aber in der amerikanischen Rechtsprechung und Literatur umstritten, welchen genauen Inhalt das 'good faith'-Konzept hat und welche Rechte und Pflichten daraus für Parteien eines Vertrages folgen[948].

Z. B. stellt Farnsworth die Frage, welcher Standard bei Kaufleuten im Kaufgeschäft anzuwenden ist[949]. Für den Fall, daß in einer section des Art. 2 ausdrücklich auf 'good faith' abgestellt wird, muß section 2-103 (1) (b) maßgeblich sein, die auf die Beachtung von 'reasonable commercial standards' abstellt. Was aber gilt für Pflichten, bei denen nicht ausdrücklich auf 'good faith' abgestellt wird? Ist dann lediglich ein redliches Verhalten ('honesty in fact') verlangt, welches durch section 1-203 vorgeschrieben wird, oder ist die Pflicht zur Beachtung von Handelsstandards in die anwendbaren sections des Art. 2 hineinzulesen?

Während fraglich ist, welcher Standard wann Anwendung findet, ist gleichzeitig auch die inhaltliche Ausformung der Pflichten nicht eindeutig bestimmt. Summers spricht dem 'good faith'-Konzept beispielsweise einen positiven Gehalt ab. Statt dessen soll es lediglich dazu dienen, ein Verhalten in 'bad faith' zu erkennen und abzugrenzen[950].

Burton wiederum möchte 'good faith' in Situationen angewandt wissen, in denen einer Partei ein Ermessensspielraum bei der Erfüllung ihrer Pflichten eingeräumt wird[951]. Ermessen soll im Sinne beider Parteien und normaler wirtschaftlicher Gesichtspunkte ausgeübt werden[952].

Aus der Diskussion um den Inhalt von 'good faith' und den vorliegenden Urteilen folgt, daß eine positive Pflicht, für die Erhaltung der Ware zu sorgen, dem amerikanischen 'good faith'-Konzept nicht entnommen werden kann. Insoweit bleibt die Bedeutung des 'good faith' im Kaufrecht gering[953].

Allerdings wird für die betreffende Partei dann ein Anlaß bestehen, sich der Ware anzunehmen, wenn sie sich sonst dem Vorwurf aussetzen würde, ihrer Schadensminderungspflicht nicht nachgekommen zu sein.

---

948 Bridge, 407; Najork, S. 37 ff., 86 ff.

949 S. 674 f.

950 (1968) 54 Va L.R. 195; diese Abgrenzung findet sich auch in der Kommentierung d) zu § 205 des Restatement 2nd Contracts 2nd

951 Burton, 385

952 Weitere Konzepte bei Lücke, 157 ff., der befürwortet, in good faith einen Rechtsstandard zu sehen, der Pflicht zur Loyalität bedeutet

953 Summers, Va.L.Rev. 54 (1968), 195-219, auch in Speidel/Summers/White, Commercial Transactions, Teaching Materials, 1969, 467, 480

6.3. Pflichten und Rechte des Käufers

Gegenüber den wenigen ausdrücklichen Bestimmungen für den Verkäufer, die sich mit der Erhaltung der Ware befassen, sind im UCC ausführliche Regelungen enthalten, die dem Käufer solche Pflichten auferlegen, wenn er die Lieferung des Verkäufers bemängelt. Zentrale Bestimmungen für die Rechte des Käufers sind die sections 2-601 ff. und 2-711 ff. Die sections 2-601 ff. behandeln grundsätzlich die Rechte und Pflichten des Käufers, dem vertragswidrige Güter angedient werden. Entsprechend kann der Käufer z. B. eine Annahme der Güter ablehnen oder eine zunächst erfolgte Annahme widerrufen.

Demgegenüber enthalten die sections 2-711 ff. eine Reihe von Rechten und Pflichten des Käufers, die sich u. a. auch auf die Nichterfüllung des Vertrages durch den Verkäufer beziehen. Wenn der Verkäufer beispielsweise in vertragswidriger Weise (a) seiner Lieferungspflicht nicht nachkommt oder (b) von dem Vertrag Abstand nimmt, (c) der Käufer die Ware rechtmäßig zurückweist oder (d) die Annahme widerruft, kann der Käufer zunächst von dem Vertrag zurücktreten[954] und einen eventuell bereits gezahlten Kaufpreis zurückverlangen. Daneben oder damit verbunden, kann er u. a. einen Deckungskauf vornehmen und einen entsprechend zu berechnenden Schadenersatz verlangen (section 2-712) oder Schadenersatz wegen Nichterfüllung fordern (section 2-713)[955].

Hauptsächlich von Interesse sind hier die bereits genannten warenorientierten Ablehnungsrechte. Dies ist zum einen das Zurückweisungsrecht ('rejection') und zum anderen das Recht, eine bereits erfolgte Annahme der Güter zu widerrufen ('revocation of acceptance'). Sowohl mit der Zurückweisung als auch mit dem Widerruf der Annahme sind Erhaltungspflichten des Käufers verbunden, so daß beide Rechte darzustellen sind, die sich aus den sections 2-601 und 2-608 ergeben.

---

954 Benutzt wird hier der Ausdruck 'cancellation'. Dieser wird in section 2-106 (4) definiert: 'Cancellation' ist demnach ebenso wie 'termination' eine Form der Vertragsauflösung. Dem Käufer bleiben bei einer 'cancellation' aber sämtliche Sekundäransprüche für Pflichtverletzungen, die sich auf den gesamten Vertrag oder noch nicht ausgeführte Teile beziehen

955 Zum Schadenersatz siehe Anderson, 21 UCC L.J. 1988, 28 f., An Overview of Buyer`s Damage Remedies

6.3.1. *Zurückweisung der Ware ('Manner and effect of rightful rejection', section 2-602)*

Unterschieden wird zwischen Einzelverträgen und Ratenlieferungsverträgen. Bei einem einzelnen Vertrag reicht für eine Zurückweisung ('rejection') grundsätzlich jede Abweichung vom vertraglich Vereinbarten (section 2-601) aus. Falls die Güter oder die Lieferung nicht dem vertraglich Vereinbarten entsprechen, hat der Käufer verschiedene Möglichkeiten. Er kann die gesamte Ladung ablehnen, annehmen oder teilweise annehmen und ablehnen. Daß jegliche Abweichung vom vertraglich Vereinbarten zu einem Zurückweisungsrecht führen soll, geht auf die 'perfect tender rule' zurück. Danach ist die Ware genau in dem vertraglich vereinbarten Zustand und zu der vereinbarten Zeit anzudienen[956].

Bei einem Ratenlieferungsvertrag kann der Käufer eine Rate nur zurückweisen, wenn ein Mangel den Wert der Ware im wesentlichen aufhebt und vom Verkäufer nicht geheilt werden kann[957] oder ein Mangel in den erforderlichen Dokumenten vorliegt. Wenn sich der Mangel nur auf eine Rate bezieht, darf der Käufer zudem nicht zurückweisen, wenn der Verkäufer eine Heilung zusichert (section 2-612 (2)). Wenn der Mangel aber den Wert des gesamten Vertrages im wesentlichen aufhebt, liegt ein Bruch des gesamten Vertrages vor.

Der Unterschied zwischen einem einzelnen Vertrag und einem Ratenlieferungsvertrag ist jedoch nicht so groß, wenn man berücksichtigt, daß im Handelsverkehr mit Toleranzen gearbeitet und einem Verkäufer häufig die Gelegenheit gegeben wird, seine Lieferung nachzubessern. Zudem gilt z. B. auch, daß, wenn der Verkäufer die Verschiffung der Ware übernommen hat, ein mangelhafter Transportvertrag oder ein Versäumnis, den Käufer von der Verschiffung in Kenntnis zu setzen, eine Zurückweisung nur rechtfertigt, wenn ein wesentlicher Verzug oder Verlust die Folge ist (section 2-504, letzter Satz). Damit wird der 'perfect tender rule' ihre Schärfe genommen[958].

Die Ablehnung kann auch erfolgen, wenn die Ware bereits physisch in den Besitz des Käufers gelangt ist. Die Ablehnung muß dann aber gemäß section 2-

---

956 Crandall/Herbert/Lawrence, Vol. 1, § 6.4; Cerutti, S. 372, Rn. 696 ff.

957 Das Heilungs- oder Nachbesserungsrecht findet sich in section 2-508 und 2-612 (2). Danach kann der Verkäufer nachbessern, (1) wenn noch Zeit bis zum eigentlich vereinbarten Lieferzeitpunkt bleibt, (2) der Verkäufer vernünftigerweise glaubte, daß der Käufer eine Lieferung trotz der Mängel als vertragskonform annehmen würde oder (3) der Verkäufer bei einem Ratenlieferungsvertrag mangelhafte Ware lieferte, die nicht den ganzen Vertrag wertlos machte

958 Zur weiteren Aufweichung dieser Regelung siehe Sebert, Rejection, revocation, and cure under Art. 2 of the UCC: Some modest proposals, 84 Nw. U.L. Rev. 375 (1990) und Stone, UCC, S. 93 f.

602 (1) innerhalb einer angemessenen Zeit nach der Lieferung oder dem Angebot erfolgen. Zudem hat der Käufer den Verkäufer hiervon rechtzeitig zu unterrichten[959]. In welcher Art und Weise eine Benachrichtigung zu erfolgen hat, wird von den Gerichten leider nicht einheitlich beurteilt. Vertreten wird, daß die Anzeige schriftlich sein muß, mündlich erfolgen kann oder auch in konkludentem Verhalten liegen kann[960]. Grundsätzlich muß die Anzeige aber klar und eindeutig sein[961].

Mit diesen Pflichten soll dem Verkäufer eine Gelegenheit gegeben werden, Mängel zu beheben und einen möglichen Schaden gering zu halten. Wenn der Verkäufer rechtzeitig informiert wird, kann sich die Gelegenheit bieten, die Ware zu einem besseren Preis weiterzuverkaufen, als wenn sie durch Zeitablauf bereits eine Wertminderung erfahren hat[962]. Falls eine rechtzeitige Anzeige nicht erfolgen sollte, wäre eine Zurückweisung möglicherweise inhaltlich gerechtfertigt, aber unwirksam. Damit wird der Käufer so behandelt, als ob er die Ware angenommen habe und ist zur Zahlung des Kaufpreises verpflichtet[963].

Was unter einem angemessenen Zeitpunkt zu verstehen ist, wird teilweise in section 1-204 geregelt. Danach kann ein solcher Zeitpunkt vertraglich bestimmt werden (Absatz (1)) oder sich aus der Natur, dem Zweck oder den Umständen einer zu treffenden Maßnahme ergeben (Absatz (2)). White & Summers entwik-

---

959 Zu der Beziehung zwischen den verschiedenen Maßnahmen, die zu einem angemessenen Zeitpunkt vorgenommen werden müssen, stellt das Gericht in Miron v. Yonkers Raceway, Inc. fest: "A reasonable opportunity to inspect within meaning of UCC § 2-606 (1) (b) may encompass more than merely a reasonable time to inspect and a reasonable period for rejection under § 2-602 overlaps a reasonable opportunity to inspect. Thus, if inspection discloses a defect, there remains the obligation to reject within a reasonable time. Moreover, where a buyer passes up a reasonable opportunity to inspect, he may thus fail to reject within a reasonable time"; siehe hierzu ausführlich Robertson, S. 668 ff.

960 In Western Conference Resorts, Inc. v. Pease, 36 UCC 134, wurde z. B. entschieden, daß keine konkrete Form vorgeschrieben ist; in Konicki v. Salvaco, Inc. 41 UCC 103, 107, finden sich Auffassungen, die von den Gerichten in Ohio vertreten werden, dazu gehört auch die Annahme, daß eine ausreichende 'notice' in einem bestimmten Verhalten gesehen werden kann, so entschieden in Kabco Equip. Specialists v. Budgetel, Inc. (1981), 2 Ohio App. 3d 58; andere Gerichte lehnen diese weite Auslegung ab, z. B. in Southeastern Steel Co. v. Burton Block & Concrete Co., 26 UCC 1153

961 HCI Chemicals (USA), Inc. v. Henkel KgaA 18 UCC 2d 436 (5th Cir. 1992); eine reine Bemängelung der Lieferung oder Äußerung des Mißfallens reicht nicht aus, Christensen v. McAndrews, 8 UCC 356, Chrysler Corp. v. Adamatic, Inc., 12 UCC 859; zur Anzeige ('notice') generell siehe Dillsaver, Notice in Article 2 of the Uniform Commercial Code, 22 UCC L. J. 1989, 66

962 White/Summers, S. 318

963 White/Summers, S. 321

keln eigene Kriterien zur Feststellung der angemessenen Zeit[964]. Dazu gehören u. a. die Schwierigkeit, einen Mangel zu entdecken, das Verhalten der Parteien bei Durchführung des Vertrages und die Verderblichkeit der betreffenden Ware.

In Figueroa v. Kit-San Co.[965] befanden die Richter, daß die Ware pflichtgemäß einer zweihunderttägigen Untersuchungsphase unterliege und eine Zurückweisung innerhalb von sechs Monaten nach Lieferung angemessen sei. In einem anderen Fall wurde eine Ablehnung der Ware vier Wochen nachdem der Verkäufer eine Nachbesserung angeboten hatte als verfristet angesehen. Dabei wurde auf die Übung in dem betreffenden Handelszweig abgestellt, daß eine Ablehnung bei Lieferung erfolgen muß oder innerhalb eines Zeitrahmens von vierzig Stunden nach Inempfangnahme der Lieferung[966].

Im Hinblick auf die Empfindlichkeit eines Rennpferdes entschied ein Gericht in einem anderen Fall, daß eine Untersuchung des Pferdes an dem auf eine Auktion folgenden Tag verspätet sei und eine darauffolgende Zurückweisung nicht innerhalb angemessener Zeit erfolge[967]. Die Richter verwiesen dabei darauf, daß bei einem Rennpferd bestimmte Knochen sehr leicht brechen würden und weiter auf den Brauch in diesem Handel, eine sofortige Untersuchung vorzunehmen. In einem anderen Fall war zwischen den Parteien vereinbart, daß eine Mängelanzeige bezüglich einer Ladung Tomaten innerhalb von 24 Stunden nach Lieferung durch eine behördliche Inspektion zu bestätigen ist[968]. Nachdem der Käufer dieser Verpflichtung jedoch nicht nachgekommen war und Mängel nur telefonisch mitgeteilt hatte, entschied ein Gericht, daß er die Ware nicht ordnungsgemäß zurückgewiesen habe, somit eine Annahme vorliege und er zur Kaufpreiszahlung verpflichtet sei. Die Richter sahen in der Bedingung einer behördliche Inspektion innerhalb von 24 Stunden aufgrund der Verderblichkeit von Tomaten eine angemessene Bedingung für eine Zurückweisung[969].

---

964 S. 318 ff.

965 20 UCC 2d 799 (Idaho App. 1992)

966 B/R Sales Co., Inc. v. Kantor Corp., N.Y.A.D. 2 Dept. 1996, 640 N.Y.S.2d 204, 226 A.D.2d 328

967 Miron v. Yonkers Raceway, Inc., 5 UCC 673 (2d Cir.1968)

968 In re East Coast Brokers & Packers, Inc., 14 UCC 2d 461 (Bankr.M.D.Fla. 1990)

969 Annahme aufgrund nicht rechtzeitiger Untersuchung auch in Phoenic Eng. & Supply, Inc. v. Universal Elec. Co., Inc., 31 UCC 2d 406 (9th Cir. 1997)

6.3.2. Annahme der Ware ('What constitutes acceptance of goods', section 2-606)

Mit Annahme der Güter scheidet das Zurückweisungsrecht für den Käufer aus. Er kann zwar unter den entsprechenden Voraussetzungen Schadenersatz geltend machen, allerdings kann er von dem Vertrag grundsätzlich nicht mehr zurücktreten. Der Begriff der Annahme darf in diesem Zusammenhang nicht mit der eben dargestellten Inbesitznahme verwechselt werden. Das Abgrenzungskriterium der 'Annahme' ('acceptance') ist ein künstlicher Begriff. Der Käufer nimmt Ware nach section 2-606 an, wenn er nach einer ausreichenden Möglichkeit, die Güter zu untersuchen, dem Verkäufer anzeigt, daß er sie als vertragskonform akzeptiert oder sie trotz ihrer Mängel behält (Absatz (1) (a)). Eine Annahme liegt ebenfalls vor, wenn er unter Vorbehalt einer Untersuchungsmöglichkeit nicht wirksam nach section 2-602 (1) zurückweist. Dazu wurden oben Beispiele gegeben. Schließlich führt ein Verhalten, welches gegen die Eigentumsrechte des Verkäufers verstößt, zu einer Annahme, wenn der Verkäufer dies genehmigt (section 2-606 (1) (c)). Für die Annahme selbst kommt es aber weder auf den Eigentumsübergang[970], noch grundsätzlich auf Gewahrsam an der Ware an[971].

In section 2-607 sind die Folgen der Annahme aufgeführt. Danach hat der Käufer den Kaufpreis zu entrichten[972], und er hat nur eine angemessene Zeitspanne, in der er entdeckte Mängel anzeigen und Rechte deswegen geltend machen kann[973].

6.3.3. Widerruf der Annahme ('Revocation of acceptance in whole or in part', section 2-608)

Ausnahmsweise ist es dem Käufer möglich, gemäß section 2-608 die Annahme zu widerrufen. Vorausgesetzt wird, daß ein Mangel den Wert der Güter für den Käufer im wesentlichen aufhebt, der Käufer in angemessener Zeit nach Entdeckung des Mangels oder nach der Möglichkeit der Entdeckung widerruft, die Güter noch nicht aus vom Mangel unabhängigen Gründen verdorben oder untergegangen sind und dem Verkäufer der Widerruf mitgeteilt wird[974].

---

970 Section 2-401

971 DiRocco v. Michigan Mut. Ins. Co., 7 UCC 2d 1446 (E.D.Pa.1988)

972 Absatz (1)

973 Absatz (3) (a)

974 Wie bei der Zurückweisung ist auch hier eine rechtzeitige und eindeutige Anzeige erforderlich, Luson International Distributors, Inc. v. Fabricating & Prod. Mach. Inc., 18 UCC 2d 134 (1st Cir. 1992); Riley v. Ken Wilson Ford, Inc. 20 UCC 2d 74

Ein Widerruf ist grundsätzlich dann wirksam, wenn (1) der Käufer von der Mangelhaftigkeit bei Annahme wußte, jedoch davon ausgehen mußte, daß der Verkäufer die Mängel beheben würde, was aber nicht geschah, (2) der Käufer die Mängel aufgrund ihrer Eigenart bei Annahme nicht erkannt hat oder (3) er die Mängel nicht erkannte, weil er auf Zusicherungen des Verkäufers vertraute.

Im Unterschied zur Zurückweisung bedarf es für den Widerruf bei jedem Vertrag, ob Einzel- oder Ratenlieferungsvertrag, einer wesentlichen Beeinträchtigung des Wertes für den Käufer[975]. Ihrer Eigenart folgend können die Zeitrahmen, in denen von dem einen oder anderen Recht Gebrauch gemacht werden kann, erheblich voneinander abweichen[976]. Dies kann insbesondere daran liegen, daß ein Mangel nicht früher erkennbar ist[977] oder dem Verkäufer Reparaturversuche eingeräumt werden, bevor der Käufer seine Annahme widerruft. Dies wird von Gerichten auch honoriert, um den Parteien Gelegenheit zu geben, den Vertrag doch noch zu erfüllen. Dementsprechend wurden spät nach Entdeckung eines Mangels erfolgende Widerrufe für wirksam erachtet, weil die Parteien in der Zwischenzeit versuchten, Defekte zu beheben[978]. Allerdings ist es dem Verkäufer

---

(1993); Aluminium Line Prod. Co. v. Rolls Royce Motors 21 UCC 2d 626 (1993); allerdings gibt es auch hier unterschiedliche Meinungen darüber, welche Form die Anzeige haben muß, so soll auch aus einem reinen Verhalten geschlossen werden können, daß widerrufen wird, Fenton v. Contemporary Dev. Co., 16 UCC 414, ein Zurückbringen eines PKW zur Reparatur ist aber nicht ausreichend, Oda Nursery, Inc. v. Garcia Tree & Lawn, Inc., 42 UCC 166; nach Golden Needles Knitting and Glove Co., Inc. v. Dynamic Marketing Enterprises, Inc., W.D.N.C. 1991, 766 F.Supp. 421 sind an einen 'merchant' dabei höhere Ansprüche zu stellen, als an einen 'non-merchant'

975 Die Meinungen gehen darüber auseinander, ob der Nachteil für den Käufer subjektiv oder objektiv zu bestimmen ist, siehe Crandall/Herbert/Lawrence, § 6.6; für eine vermittelnde Meinung, die sowohl eine subjektive als auch objektive Überprüfung vornimmt z. B.: Fullerton Aircraft Sales & Rentals, Inc. v. Page Avjet Corp., 3 UCC 2d 1393 (4th Cir. 1987); North American Lighting, Inc. v. Hopkins Mfg. Corp. 24 UCC 2d 1061 (7th Cir. 1994); Gasque v. Mooers Motor Car Co., 38 UCC 120 (1984)

976 Rutland Music Service, Inc. v. Ford Motor Co., 31 UCC 536, 540 (1980)

977 In Smith v. Penbridge Associates, Inc. 26 UCC 2d 273 (1995), wurde dem Käufer eines Emupaares ein Widerruf nach drei Monaten zugestanden, weil sich aufgrund von Grunzlauten erst dann herausstellte, daß es sich um zwei Männchen handelte und eine Untersuchung vorher zwar theoretisch möglich, aber gefährlich für Mensch und Tier gewesen wäre

978 Bair v. A.E.G.I.S. Corp., 6 UCC 2d 1487 (Fla. App.1988); Fortin v. Ox-Bow Marina, Inc., 12 UCC 2d 691 (1990); Allen v. Rouse Toyota Jeep Inc., 15 UCC 2d 152 (1990); East Side Prescription Center, Inc. v. E.P. Fournier Co., 13 UCC 2d 1062 (R.I. 1991)

nicht möglich, einen Widerruf durch wiederholte Reparaturversuche auszuschließen. Der Käufer muß sich nicht auf unabsehbare Zeit hinhalten lassen[979]

Die Gefahr besteht, daß bei einer langen Wartezeit nicht mehr unterschieden werden kann, worauf Mängel zurückzuführen sind[980]. Diese Schwierigkeit wird aber schon in Absatz (2) der section selbst angesprochen. Danach läuft die Zeit für einen Widerruf ab, wenn die Ware sich in ihrem Zustand wesentlich verändert und dies nicht auf den ursprünglichen Mangel zurückzuführen ist.

6.3.4. Folgen von Zurückweisung und Widerruf

Die Wirkung von Ablehnung und Widerruf ist im wesentlichen dieselbe[981]: Der Käufer wird von seiner Pflicht zur Zahlung des Kaufpreises befreit[982], und er kann bereits erfolgte Zahlungen zurückverlangen[983]. Falls die einzelnen oben genannten Bedingungen jedoch nicht eingehalten werden, begibt sich der Käufer der Möglichkeit der Zurückweisung oder des Widerrufs. Dies bedeutet, daß der Käufer die Ware angenommen hat und den Kaufpreis entrichten muß[984]. Er kann jedoch Schadenersatz für die Mangelhaftigkeit der Ware verlangen[985].

Trotz unterschiedlicher Anwendungsvoraussetzungen bestehen auch hinsichtlich der Behandlung der Ware dieselben Rechte und Pflichten. Dies folgt aus section 2-608, die auf die Vorschriften zur Zurückweisung verweist. In beiden Fällen wird bei der Behandlung der Güter jedoch danach unterschieden, ob es sich bei dem Käufer um einen Endverbraucher oder einen Kaufmann handelt und danach, ob der Käufer an der Ware ein Sicherungsinteresse für einen möglicherweise bereits gezahlten Kaufpreis oder entstandene Kosten besitzt.

---

979 Wilk Paving, Inc. v. Southwort-Milton, Inc., Vt.1994, 649 A.2d 778, 162 Vt. 552

980 kein Recht zur 'revocation' wegen Zeitablaufs: Sobiech v. International Staple & Machine Co., 7 UCC 2d 1487 (2d Cir. 1989); Luddeke v. Amana Refrigeration, Inc., 12 UCC 2d 123 (1990)

981 Wilk Paving, Inc. v. Southwort-Milton, Inc., Vt.1994, 649 A.2d 778, 162 Vt. 552; Doner v. Snapp, Ohio App. 2.Dist.1994, 649 N.E.2d 42, 98 Ohio App.3d 597

982 White/Summers, S. 306

983 Section 2-711 (1)

984 Robertson, S. 671

985 Section 2-607 (2)

6.3.5. Erhaltungspflichten des Käufers bei Zurückweisung der Ware und Widerruf der Annahme (sections 2-602 bis 2-605)

Nach section 2-602 (2) (a) darf der Käufer bei und nach Ablehnung der Waren keine Maßnahmen ergreifen, welche nur einem Eigentümer zugestanden werden[986].

Falls die Ware vor der Ablehnung in den Besitz des Käufers gelangt ist, hat er sie gemäß Absatz (2) (b) unter Beobachtung angemessener Sorgfalt ('reasonable care') für eine ausreichende Zeitspanne für den Verkäufer bereit zu halten, damit dieser sie zurücknehmen kann[987]. Diese Bewahrungspflicht gilt sowohl bei Zurückweisung als auch bei Widerruf der Annahme. Zudem gilt sie vorbehaltlich einer Anwendung der section 2-711 (3), die das Recht des ablehnenden oder widerrufenden Käufers beinhaltet, sich aufgrund eines bereits bezahlten Kaufpreises oder aufgrund sonstiger getätigter Aufwendungen durch einen Verkauf gemäß section 2-706 zu befriedigen. Dieses Recht wird unter Punkt 6.3.8. behandelt.

Über die in section 2-602 enthaltenen Regelungen hinaus bestehen grundsätzlich keine Verpflichtungen des Käufers (Absatz (2) (c)). Die in den folgenden sections enthaltenen Verpflichtungen setzen grundsätzlich voraus, daß der Käufer die besondere Qualität eines 'merchants' aufweist. Der Käufer unterliegt weiter keiner Verpflichtung, wenn der Verkäufer die Ware persönlich andient. Dies gilt insbesondere, wenn der Verkäufer die Ware einfach beim Käufer zurückläßt und eine Zurückweisung ignoriert[988]. So hängt die Wirksamkeit einer Zurückweisung z. B. nicht davon ab, daß der Käufer die Kaufsache an den Verkäufer zurücksendet[989].

Nach section 2-602 ist es ausreichend, ein mangelhaftes Boot in einer Marina bereitzuhalten und eine Versicherung auf das Boot abzuschließen[990] oder einen mangelhaften PKW vor dem eigenen Haus abzustellen[991]. Was unter angemessener Sorgfalt zu verstehen ist, hängt vom Einzelfall ab. Dem Käufer wird grundsätzlich nur ein geringes Maß an Anstrengung abverlangt[992]. Da der Käufer nur

---

986 Dazu Punkt 6.3.6.3.

987 Kysar v. Lambert, Wash.App. Div.2 1995, 887 P.2d 431, 76 Wash.App. 470; Graybar Elec. Co. v. Shook, 17 N.C. App. 81, 193 S.E.2d 392, 11 UCC Rep. Serv. 1189 (1972), bestätigt, 283 N.C. 213, 195 S.E.2d 514, 12 UCC Rep. Serv. 681 (1973)

988 Hawkland, S. 237

989 Paramount Sales Co. v. Stark, 41 UCC 441 (Mo.App.1985)

990 Werner v. Montana, 117 N.H. 721, 378 A.2d 1130, 22 UCC Rep. Serv. 894 (1977)

991 Colonial Dodge, Inc. v. Miller, 116 Mich. App. 78, 322 N.W.2d 549, 34 UCC Rep. Serv. 123 (1982) vacated + rev'd, 420 Mich. App. 452, 362 N.W.2d 704, 40 UCC Rep. Serv. 1 (1984); Yates v. Clifford Motors, Inc., 283 Pa. Super. 293, 423 A.2d 1262, 30 UCC Rep. Serv. 967 (1980)

992 Die Pflicht hierzu bestand bereits im Uniform Sales Act, Official Comment, 2

für einen angemessenen Zeitraum mit der nötigen Sorgfalt agieren muß, nimmt ihm ein Schaden, der danach eintritt und möglicherweise sogar auf einer Fahrlässigkeit beruht, nicht die vorbenannten Rechte[993].

Weiter kann der Käufer nach section 2-604 in Ermangelung rechtzeitiger Anweisungen des Verkäufers die Ware einlagern, zurücksenden oder verkaufen. Auf diese Möglichkeiten, die für Nichtkaufleute wie Kaufleute bestehen[994], wird im Anschluß an die Rechte und Pflichten eines Käufers, der Kaufmann ('merchant') ist, eingegangen.

6.3.6. Pflichten des Käufers als Kaufmann ('Merchant buyer's duties as to rightfully rejected goods', section 2-603)

Gemäß section 2-603 hat ein 'merchant buyer' unter Beachtung eines möglichen Sicherungsrechtes angemessenen Instruktionen des Verkäufers bezüglich der Ware zu folgen, wenn dieser keinen Agenten oder keine Niederlassung am Ort der Ablehnung hat. Die Pflicht, angemessenen Anweisungen zu folgen, soll 'good faith'[995] und den Handelspraktiken entspringen und dem Verkäufer erlauben, vom Käufer die Rücksendung, Lagerung, Lieferung an einen Dritten oder auch den Weiterverkauf zu verlangen[996].

Vorausgesetzt wird weiter, daß der Käufer die Ware nach der Ablehnung in Besitz hat oder in der Lage ist, über sie zu verfügen. Falls keine Instruktionen erfolgen, hat er angemessene Anstrengungen zu unternehmen, die Ware auf Kosten des Verkäufers zu verkaufen, wenn diese verderblich ist oder ihr rascher Wertverfall zu befürchten steht[997]. Anweisungen des Verkäufers sind nicht angemessen, wenn der Käufer auf Verlangen nicht von den entstehenden Aufwendungen freigestellt wird.

Eine Definition des Ausdrucks 'merchant' findet sich in section 2-104 (1). Kaufleute sind danach gewöhnlich damit beschäftigt, Dinge zu kaufen, zu verkaufen oder zu vermieten. Erfaßt werden aber auch Experten, die sich auf einzel-

---

993 Askco Engeneering Corp. v. Mobil Chemical Co., 535 S.W.2d 893, 19 UCC Rep. Serv. 1119 (Tex. Civ. App. 1976); Crandall/Herbert/Lawrence, Vol. 1, § 6.7.1, nehmen an, daß sich der Sorgfaltsmaßstab mit der Zeit auf 'slight care' reduziert

994 S. 2-604, Official Comment, "This is not a merchant's section and the options are pure options given to merchant and non-merchant buyers alike."

995 Siehe dazu Punkt 6.2.6.

996 Comment 1.

997 Kysar v. Lambert, Wash.App. Div. 2 1995, 887 P.2d 431. 76 Wash.App. 470, review denied 894 P.2d 564, 126 Wash.2d 1019; Graaf v. Bakker Bros. of Idaho, Inc., Wash.App.Div. 3 1997, 34 P.2d 1228, 85 Wash.App. 814

nen Gebieten auskennen, beispielsweise Rechtsanwälte, Unternehmensberater oder Auktionsveranstalter[998]. Der Official Comment stellt auf die Professionalität der betreffenden Person ab: "The professional status under the definition may be based upon specialized knowledge as to the goods, specialized knowledge as to business practices, or specialized knowledge as to both and which kind of specialized knowledge may be sufficient to establish the merchant status is indicated by the nature of the provisions"[999]. Kaufmann ist indes nicht, wer nur gelegentlich mit einer Art Güter handelt[1000] oder Waren zwar regelmäßig, aber für den eigenen Verbrauch kauft[1001]. Eine präzisere Definition wird nicht angeboten, so daß auf den Einzelfall abzustellen ist[1002].

Weitere Voraussetzung ist, daß der Verkäufer weder einen Agenten oder Stellvertreter noch eine Niederlassung am Ablehnungsort ('market of rejection') hat, während der Käufer die Möglichkeit besitzt, über die Güter zu verfügen.

Bezüglich der Vertretung des Verkäufers ist in section 1-103 vorgesehen, daß die Grundsätze der Stellvertretung den UCC ergänzen[1003]. Der Käufer ist einer Erhaltungspflicht auch entbunden, wenn eine 'financing agency' vorliegt[1004]. Damit kann selbst eine Bank, die Dokumente andient, ein Vertreter sein[1005].

Der Verkäufer gilt als am Ablehnungsort präsent, wenn die Güter lediglich im Gebiet einer Stadt vom Verkäufer an den Käufer geliefert werden. Dies gilt z. B. für ein Gebiet, welches der Größe New Yorks entspricht[1006]. Weiter ist nicht auf

---

998 Siehe dazu White/Summers, S. 362

999 Comment 2.

1000 Fred J. Moore, Inc. v. Schinmann, 40 Wash. App. 705, 700 P.2d 754, 41 U.C.C. Rep. Serv. 741 (1985); Allen v. Nicole, Inc., 172 N.J. Super. 442, 412 A.2d 824, 28 U.C.C. Rep. Serv. 982 (1980); Bevard v. Ajax Mfg. Co., 473 F. Supp. 35, 27 U.C.C. Rep. Serv. 684 (E.D. Mich. 1979)

1001 Allen v. Nicole, Inc., 172 N.J. Super. 442, 412 A.2d 824, 28 U.C.C. Rep. Serv. 982 (1980); Playboy Clubs Intl. v. Loomskill, Inc., N.Y.L.J., Jan. 9, 1974, at 2, 13 U.C.C. Rep. Serv. 765 (N.Y. Sup. Ct. 1974)

1002 Zu dem Begriff des 'merchant' in Art. 2 UCC: Dolan, The Merchant Class of Art. 2: Farmers, Doctors & Others, 1977 WASH. ULQ. 1

1003 Das Stellvertretungsrecht ist in den USA ein eigenständiges Rechtsgebiet, das in dem Restatement 2nd of Agency zusammengefaßt ist. Dieses Recht hat in den USA einen umfassenderen Wirkungsbereich als der Bereich, der in Deutschland hierunter gefaßt wird. Es ist nicht nur die Begründung und Wirkung der Vertretungsmacht selbst erfaßt, sondern auch das zugrunde liegende Rechtsverhältnis, das meist in einer Geschäftsbesorgung gesehen wird

1004 Sections 4-503 und 5-112 bezüglich der Pflichten von Banken hinsichtlich abgelehnter Dokumente

1005 Hawkland, S. 239

1006 Arkin Imports, Inc. v. Dorothy`s Exclusive Fashions, Inc., 12 UCC Rep.Serv. 871 (NY Civ. Ct. 1973); anders in Traynor v. Walters, 342 F. Supp. 455, 10 UCC Rep.

den Ort abzustellen, von dem der Käufer dem Verkäufer seine Ablehnung anzeigt, sondern auf den Ort, an dem die Güter – möglicherweise bereits in der Obhut des Käufers – tatsächlich lagern. Wenn also Käufer und Verkäufer ihren Hauptsitz in einer Stadt haben, die Ware aber in einer Niederlassung des Käufers lagert, wo der Verkäufer nicht präsent ist, hat der Käufer trotz einer Ablehnung am gemeinsamen Hauptsitz für die Güter zu sorgen[1007]. Dies ist sinnvoll, da es um die faktische Sicherung der Güter geht und nicht um den Ort der Übermittlung von Anzeigen.

Die Ware muß im Besitz oder unter Kontrolle des Käufers sein. Wenn Ware eingelagert wurde und in einem darüber erstellten nicht übertragbaren Konnossement der Verkäufer als Konsignant eingetragen ist, dann fehlt dem Käufer eine Verfügungsmöglichkeit[1008]. Begrenzt wird die Ausübung von Kontrolle durch unzumutbare wirtschaftliche Nachteile[1009]. Wenn diese Voraussetzungen erfüllt sind, hat der Käufer angemessenen Anweisungen des Verkäufers zu entsprechen. Ob Anweisungen der Situation angemessen sind, ist abhängig vom Einzelfall. Ein Kriterium ist die Entlastung des Käufers von auflaufenden Kosten. Ist eine Dekkung nicht gewährleistet, ist der Käufer nicht verpflichtet, den Instruktionen des Verkäufers Folge zu leisten. Ein naheliegender Umkehrschluß, daß den Wünschen des Verkäufers in jedem Fall zu entsprechen ist, wenn ein Ausgleich für die Kosten gewährt wird, ist aber nicht möglich. In Buckeye Trophy, Inc. v. Southern Bowling & Billard Supply Co. bat der Verkäufer den Käufer, die Ware zurückzusenden[1010]; dafür wollte der Verkäufer die Kosten tragen. Der Käufer verweigerte dies jedoch, da hohe Vorbereitungskosten nötig gewesen wären, für die keine Sicherung bestand. Zudem hätte die Ware weitere Schäden erleiden können, die nicht auf der ursprünglichen Mangelhaftigkeit beruhen würden. Durch eine mögliche Überlagerung der Schäden wäre es schwierig geworden, einen Schadenersatzanspruch durchzusetzen.

Wenn Instruktionen fehlen, hat der Käufer angemessene Anstrengungen zu unternehmen, die Ware auf Kosten des Verkäufers zu verkaufen, wenn sie verderblich ist oder schnell an Wert zu verlieren droht[1011].

Serv. 965 (M.D. Pa. 1972), wo mangelhafte Weihnachtsbäume von Pennsylvania nach New York geschafft wurden und der Käufer sich darum kümmern mußte

1007 Robertson, S. 677

1008 Procter & Gamble Distributing Co. v. Lawrence American Field Warehousing Corp., 3 UCC Rep. Serv. 157 (1965)

1009 Comment 2.

1010 3 Ohio App. 3d 32, 443 N.E.2d 1043; 35 UCC Rep. Serv. 140 (1982)

1011 Kleiderfabrik v. Peters Sportswear Co., Inc., D.C.Pa. 1980, 483 F.Supp. 1228; Traynor v. Walters, a. a. O., Verkauf von Weihnachtsbäumen auf Kosten des Verkäufers nach Ablehnung durch Käufer; Kysar v. Lambert, Wash. App. Div. 2 1995, 887 P.2d 431, 76 Wash.App. 470

Da dem Käufer die Pflicht zum Notverkauf auferlegt wird und nicht nur lediglich das Recht dazu eingeräumt wird, wie es im case law der Fall ist, ist die Einschätzung der Verderblichkeit der Güter oder die Festlegung eines Datums für einen Verkauf einschließlich des Orts und der Verkaufsart am Standard des 'good faith' zu messen[1012]. Die Gerichte sind hier großzügig. In J. F. Daley Intern., Ltd. v. Midwest Container and Indus. Supply Co. hatte der Käufer Plastikflaschen in Empfang genommen, die er aufgrund ihrer Mangelhaftigkeit zum Verkäufer hatte zurücksenden wollen, was dieser ablehnte. Daraufhin ließ der Käufer die Flaschen zermahlen, ohne sie vorher zu einem Verkauf anzubieten. Das Gericht sah dies als rechtmäßig an, da der Verkäufer sich zum einen geweigert hatte, für eine Rücksendung der Flaschen aufzukommen und zum anderen, weil er einräumte, daß er die Flaschen im Falle einer Rücksendung selbst zermahlen hätte[1013]. In einem anderen Fall gelang es dem Käufer nicht, einen Notverkauf durchzuführen, obwohl angeblich ein Angebot von dritter Seite vorlag. Trotzdem entschied das Gericht, daß er, in einem Versuch, den Schaden zu minimieren, nach wirtschaftlichen Maßstäben entsprechend 'good faith' gehandelt habe[1014].

Falls der Käufer einen angemessenen Notverkauf nicht vornimmt, macht er sich gemäß des Official Comment zu section 2-603 schadenersatzpflichtig[1015]. Eine Bestimmung zu den Folgen einer Mißachtung von Anweisungen durch den Käufer fehlt. Auch hier ist es indes angebracht, dem Verkäufer Schadenersatz zu gewähren, wenn die Ware an Wert verliert[1016].

6.3.6.1. Optionen des Käufers nach section 2-604

Section 2-604 bestimmt für den Fall, daß der Verkäufer keine Anweisungen innerhalb einer angemessenen Zeitspanne nach der Zurückweisung der Ware erteilt, daß der Käufer die Güter auf Kosten des Verkäufers einlagern, zu ihm zurückschiffen oder auf seine Kosten verkaufen kann. Zwar wird auf die Bestimmungen der section 2-603, die für Kaufleute gelten, Bezug genommen, allerdings ist anerkannt, daß section 2-604 auch für Nicht-Kaufleute Anwendung findet[1017].

1012 Comment 4.

1013 Mo.App. D.1993, 849 S.W.2d 260

1014 Sullivans Island Seafood Co. v. Island Seafood Co., 30 UCC Rep. Serv. 982 (Fla. Dist. Ct. App.1980)

1015 Official Comment Nr. 5

1016 Robertson, S. 678

1017 S. 2-604, Official Comment, "This is not a merchant's section and the options are pure options given to merchant and non-merchant buyers alike."

Obwohl im Official Comment zu lesen ist, daß die Aufzählung der Möglichkeiten nicht abschließend ist, wird unterschiedlich beurteilt, welches Verhalten durch section 2-604 gedeckt wird. Ein Gericht erachtete das Verschrotten von zerkratzten und damit wertlosen Stahlrohren sechzig Tage nach der Ablehnungsanzeige als zulässig[1018]. Dabei sprach es sich für die Anwendung einer 'rule of reasonableness' aus[1019]. Ein weiteres Gericht stimmte der Zulässigkeit einer Entsorgung von gefälschtem Parfum durch den Käufer zu, da dieses absolut wertlos sei[1020]. Andererseits wurde entschieden, daß es dem Käufer nach der Fassung des UCC, die in Virginia angenommen wurde, nicht möglich ist, vertragswidrige Güter zu zerstören oder zu entsorgen[1021].

Entsprechend sah ein anderes Gericht die drei Alternativen der section 2-604 als abschließend an und in einem abweichenden Verhalten eine Annahme der Ware gemäß section 2-606[1022]. Noch weiter gehen Duesenberg & King, die den Käufer sogar verpflichtet sehen, von einer der drei Möglichkeiten Gebrauch zu machen[1023].

Robertson bevorzugt eine weite Auslegung[1024]. Nur wenn der Käufer mit der Ware in einer Art und Weise verfahre, die seiner Mangelanzeige widerspreche, solle er seine Rechte verlieren. Das wäre z. B. der Fall, wenn er Güter ihrem Zweck nach gebrauche, obwohl er ihre Unbrauchbarkeit und Wertlosigkeit bemängelt habe[1025].

Gegen eine enge Auslegung spricht, daß der Official Comment sich gegen eine abschließende Aufzählung wendet und daß in section 2-604 der Ausdruck 'may' verwendet wird.

Ein nach section 2-604 ermöglichter Verkauf kann an die Vorgehensweise nach section 2-706 angelehnt sein. Der Käufer muß sich allerdings dann nicht 'buchstabengetreu' verhalten, wenn er kein Sicherungsrecht an der Ware besitzt. Damit kann er nach seinem Ermessen einen öffentlichen oder privaten Verkauf vornehmen und muß dem Verkäufer nicht anzeigen, daß er einen solchen

1018 Frank's Maintenance & Engineering, Inc. v. C.A. Roberts Co., 86 Ill. App. 3d 980; 408 N.E.2d 403; 30 UCC Rep. Serv. 163 (1980)
1019 A. a. O., 986-87; 408; 171
1020 Model Imperial Supply Co., Inc. v. Westwind Cosmetics, Inc., E.D.N.Y.1993, 829 F.Supp. 35
1021 U.S. for Use and Benefit of Whitaker's Inc. Of Sumter. v. C.B.C. Enterprises, Inc., E.D.Va.1993, 820 F.Supp. 242
1022 Bowen v. Young, 507 S.W.2d 600, 14 UCC Rep. Serv. 403 (Tex. Civ. App. 1974)
1023 Duesenberg & King, § 14.02(1)(c)(i), 14-19
1024 Robertson, S. 674
1025 Robertson, a. a. O.

plant[1026]. Obwohl section 2-604 dem Käufer grundsätzlich ein flexibles und dem Einzelfall angepaßtes Verhalten ermöglicht, ist dieser nicht gänzlich frei in seinen Handlungen. Der Official Comment zu section 2-604 erlegt dem Käufer auf, bei der Erhaltung der Ware in 'good faith' zu handeln. Somit kann zumindest einen Kaufmann in Einzelfällen die Pflicht zum Handeln treffen und nicht nur eine freie Ermessensentscheidung gefordert sein[1027].

6.3.6.2. Entschädigung des Käufers

Wenn der Käufer von seinen Optionen Gebrauch macht, geschieht das auf Rechnung des Verkäufers. Dies wird in den sections 2-603 (2) und 2-604 vorgesehen. Zudem steht dem Käufer eine Entschädigung für angemessene Kosten zu, die durch die Sorge für die Ware oder einen Verkauf angefallen sind[1028]. Falls diese Kosten keine Verkaufskommission beinhalten, kann nach section 2-603 (2) eine solche verlangt werden, die in dem Handelszweig üblich ist, oder, in Ermangelung einer solchen Regelung, eine angemessene Summe, die zehn Prozent des Bruttoerlöses nicht übersteigen darf. Die Ausgleichsregelung nach section 2-603 (2) ist nur erforderlich für einen Verkauf, der nicht aufgrund von Anordnungen durch den Verkäufer erfolgt ist. Dies folgt daraus, daß nach Absatz (1) für Instruktionen des Verkäufers vorausgesetzt wird, daß diese nur dann 'angemessen' sind, wenn Aufwendungsersatz gewährt wird[1029].

Falls ein überschüssiger Erlös erwirtschaftet wird, sollte dieser dem Verkäufer sofort überwiesen werden. Damit entgeht der Käufer der Gefahr, daß ein Gericht annimmt, der Verkauf sei auf eigene Rechnung erfolgt und daher eine Handlung, die gegen die Eigentumsrechte des Verkäufers verstößt. Dies hätte zur Folge, daß nach section 2-606 (1) (c) eine Annahme der Ware durch den Käufer vorliegen würde.

1026 Robertson, S. 675; a. A. North Am. Steel Co. v. Siderius, 75 Mich. App. 391, 403, 254 N.W.2d 899, 905, 22 UCC Rep. Serv. 62, 69 (1977)

1027 ULA, UCC, Master Edition, § 2-604, S. 34

1028 Askco Engeneering Co. v. Mobil Chem. Co, a. a. O.; Pacific Marine Schwabcher, Inc. v. Hydroswift Co., 525 P.2d 615, 15 UCC Rep. Serv. 354 (Utah 1974); Traynor v. Walters, D.C.Pa.1972, 342 F.Supp.455; für den Fall, daß der Käufer Schadenersatz, z. B. gemäß section 2-713 fordern sollte, könnte er gemäß section 2-715 'incidental damages' verlangen, die die genannten Kostenposten umfassen

1029 Comment 3.

6.3.6.3. Verhalten des Käufers nach Zurückweisung der Ware als eigentümerähnliches Verhalten

Nach section 2-602 (2) (a) darf sich der Käufer keine eigentümergleichen Rechte anmaßen. Hierzu stellt section 2-604, letzter Satz, ausdrücklich fest, daß die benannten Alternativen keine Annahme der Güter oder widerrechtliche Aneignung/Veruntreuung (conversion) darstellen. Dementsprechend nimmt ein Käufer von verderblichem Saatgut die Ware durch einen Notverkauf nicht an, wenn er sie vorher ordnungsgemäß abgelehnt hat und keine Anweisungen des Verkäufers ergangen sind[1030].

Erst recht liegt keine Annahme der Güter vor, wenn der Käufer sie auf Anweisung des Verkäufers in Besitz nimmt[1031].

Für Käufer und Verkäufer muß aber deutlich sein, wann die Grenze zu einem eigentümergleichen Verhalten überschritten wird. Hier sind zwei Regelungen von Bedeutung. Zum einen bestimmt section 2-602 (2) (a), daß nach der Ablehnung jede eigentümergleiche Ausübung von Rechten gegenüber dem Verkäufer unrechtmäßig ist. Zum anderen beinhaltet section 2-606 (1) (c), daß der Käufer die Ware annimmt (accepts), wenn er gegen die Eigentumsrechte des Verkäufers verstößt.

Das Verhältnis der beiden Vorschriften zueinander und die Frage, wann der Käufer die Eigentümerrechte des Verkäufers ungebührlich berührt, ist von Bedeutung, da auch Erhaltungsmaßnahmen einen unangemessenen Eingriff in das Eigentum des Verkäufers darstellen können. Bereits unter Punkt 4.6.3. wurde auf die amerikanische Rechtsprechung verwiesen, die die Nutzung der Ware teilweise als geeignete Erhaltungsmaßnahme sieht. Dies ist genauer darzustellen. Eigentümerrechte des Verkäufers werden weder allein durch den Gewahrsam des Käufers an den Gütern noch durch dessen Untersuchung der Ware unrechtmäßig beeinträchtigt. Section 2-606 (1) (b) setzt voraus, daß dem Käufer eine angemessene Gelegenheit zur Untersuchung der Ware zu gewähren ist[1032]. Auch der Gebrauch der Güter vor Erkennen der Mangelhaftigkeit stellt keinen unrechtmäßigen Eingriff dar; vielfach kann nur durch eine Nutzung der Güter überhaupt eine Mangelhaftigkeit festgestellt werden. Dementsprechend stellt section 2-602 (2) (a) auf ein unrechtmäßiges Verhalten des Käufers nach Ablehnung der Ware ab.

1030 Graaf v. Bakker Bros. of Idaho, Inc., Wash.App. Div.3 1997, 934 P.2d 1228, 85 Wash.App. 814

1031 Mitral Corp. v. Vermont Knives, Inc., 10 UCC 2d 1249 (1989)

1032 Dazu Askco Engeneering Co. v. Mobil Chem. Corp., a. a. O. wo dem Käufer erlaubt wurde, geliefertes Polyethylen zu testen; so wurde auch im common law und nach dem Uniform Sales Act entschieden, z. B. Boles v. Merrill, 173 Mass. 491, 53 N.E. 894 (1899); Robinson v. Main, 227 Iowa 1195, 290 N.W. 539 (1940)

Damit ist nur der weitergehende Gebrauch der Güter nach Ablehnung von Interesse. Dazu enthält der UCC keine spezielle Vorschrift. Aufgrund des Wortlauts der oben genannten Vorschriften sind die Gerichte jedoch zunächst davon ausgegangen, daß jeglicher Gebrauch der Güter nach Ablehnung oder Widerruf ipso facto eine Annahme darstellt[1033].

Von dieser Linie wurde Anfang der 1970er Jahre abgewichen. In der Hauptsache handelte es sich dabei um Fälle, in denen Caravans ('mobile homes') gekauft wurden. In Minsel v. El Rancho Mobile Home Center, Inc.[1034] bezog der Käufer eine mangelhafte Unterkunft, welche der Verkäufer innerhalb von sechs Wochen nicht in einen vertragsgemäßen Zustand versetzen konnte. Daraufhin widerrief der Käufer die Annahme, brauchte allerdings noch weitere sechs Wochen, bis er Ersatzwohnraum gefunden hatte. Er verließ die Unterkunft in sauberem Zustand und zahlte die Unterhaltskosten und Standmiete für weitere viereinhalb Monate, bis der Verkäufer den Caravan zurücknahm. Der Käufer verlangte Aufhebung des Vertrages, Rückerstattung seiner Anzahlung und Aufwendungsersatz ('incidental damages'). Dagegen war der Verkäufer der Auffassung, daß das Weiterbewohnen der Unterkunft zu einer Annahme gemäß section 2-606 (1) (c) geführt habe. Das Gericht entschied, daß dem Käufer nach section 2-602 (2) (b) die Pflicht oblag, sich um die Ware zu kümmern. Dieser Pflicht sei er nachgekommen. Darin einen eigentümergleichen Eingriff zu sehen, widerspreche dem Grundsatz der Verhältnismäßigkeit bzw. Angemessenheit ('rule of reasonableness'), die dem UCC durchgängig innewohne. Zudem habe der Verkäufer keinen Nachteil davongetragen.

Weitere Entscheidungen folgten, die mit leicht voneinander abweichenden Begründungen zum gleichen Ergebnis kamen.

Entschieden wurde beispielsweise, daß weiterer Gewahrsam und Gebrauch der Sache der Pflicht zur Lagerung nach section 2-604 entspreche[1035] oder daß ein Weitergebrauch am geeignetsten sei, die Unterkunft vor weiteren Schäden zu schützen[1036]. Zudem verweisen die Gerichte auf die 'rule of reasonableness'[1037], auf die Härte für den Käufer, der sein gesamtes Vermögen in die Unterkunft gesteckt habe[1038], den Druck durch den Verkäufer, der die Ware nicht zurückneh-

---

1033 Waltz v. Chevrolet Motor Div., 12 UCC 874 (Del. Super. Ct. 1973); Bassmann v. Manhattan Dodge Sales, 5 UCC 128, 129 (N.Y. Sup. Ct. 1968)

1034 9 UCC 448 (1971)

1035 Erling v. Homera, Inc., 30 UCC 181, 188 (N.D. 1980)

1036 Mobile Home Sales Management, Inc., v. Brown, 21 UCC Rep. Serv. 1040, 1046 Nr. 2 (1977); Jorgensen v. Presnall, 18 UCC Rep. Serv. 1206, 1212 (1976)

1037 Lawrence v. Modern Mobile Homes, UCC Rep. Serv. 874, 880 (Mo. Ct. App. 1978)

1038 Mobile Home Sales Management, Inc, v. Brown, a. a. O.

me[1039], und darauf, daß der Käufer die Unterkunft als Sicherheit für mögliche Anzahlungen behalten solle[1040].

Obwohl die Gerichte die Weiternutzung nicht als unrechtmäßig qualifizierten, gestanden sie dem Verkäufer doch einen Ersatz für diesen Zeitraum zu, der dem Mietwert angepaßt war[1041]. Da sich diese Folge allerdings nicht ausdrücklich aus dem UCC ergibt, griffen die Gerichte auf das Common Law zurück. Nach section 1-103 UCC kann auf die Prinzipien von 'law und equity' zurückgegriffen werden, so lange diese nicht durch Vorschriften des UCC verdrängt werden[1042]. In Erling v. Homera, Inc.[1043] wandte das Gericht Vorschriften des NDCC (North Dakota Century Code) zur 'rescission'[1044] an, die nicht durch den UCC verdrängt worden waren. Danach hat eine zurücktretende Partei sorgfältig darauf zu achten, daß der Zustand wiederhergestellt wird, der vor der Durchführung des Vertrages bestanden hat. Da auch die andere Partei wertmäßig so gestellt werden muß, wie sie ursprünglich stand[1045], kann von der zurücktretenden Partei verlangt werden, einen angemessenen Ausgleich zu leisten[1046].

Die genannten Entscheidungslinien bezüglich der weiteren Nutzung von Caravans wurden in der Folgezeit auf weitere Güter übertragen.

Bei einem Kauf von Strickmaschinen wurde darauf hingewiesen, daß eine Nutzung auch dem Verkäufer zugute komme, da sie den von ihm zu leistenden Schadenersatz mindere[1047]. In einer Entscheidung ist aber auch zu lesen, daß anderes gelten soll, wenn der Käufer in der Lage gewesen wäre, in der Nutzungs-

---

1039 Jones v. Abriani, 19 UCC Rep. Serv. 1102, 1113 (1976)

1040 Keen v. Modern Trailer Sales, Inc., 24 UCC Rep. Serv. 881, 883 (1978)

1041 Erling v. Homera, Inc., a. a. O., 189-190; Jorgensen v. Pressnall, a. a. O.; für Ersatz vor 'revocation' siehe North American Lighting, Inc., v. Hopkins Mfg. Corp. 24 UCC 2d 1061 (7th Cir.1994)

1042 So auch White/Summers, S. 322, die auf das 'law of restitution' verweisen

1043 A. a. O.

1044 Rescission: Nichtigkeitserklärung

1045 § 9-03-04 NDCC: "Rescission, when not effected by consent or pursuant to sections 9-08-08 abd 9-08-09, can be accomplished only by the use, on the part of the party rescinding, of reasonable diligence to comply with the following rules: ... 2. He must restore to the other party everything of value which he has received from him under the contract or must offer to restore the same upon condition that such party shall do likewise, unless the latter is unable or positively refuses to do so."

1046 § 32-04-23: "On adjudging the rescission of a contract, the court may require the party to whom such relief is granted to make any compensation to the other which justice may require."

1047 Fablok Mills, Inc. v. Cocker Machine & Foundry Co., 13 UCC Rep. Serv. 449 (App. Div. 1973); so auch CPC Intl., v. Techni-Chem, Inc., 4 UCC 2d 485 (N.D. Ill. 1987)

spanne Ersatz zu beschaffen. Dann seien Widerruf oder Zurückweisung nichtig[1048].

Bei der Weiternutzung von PKW wurden unterschiedliche Urteile gefällt. In einigen wird in der Nutzung ein Hinderungsgrund gesehen, an der Ablehnung oder an dem Widerruf festzuhalten[1049], während in anderen ein Weiterbestehen dieser Rechte angenommen wird, so lange die Nutzung angemessen oder verhältnismäßig ist[1050]. In Henderson v. Chrysler Corp. wurde festgestellt, daß eine Nutzung auch dazu dienen kann, Schaden zu mindern[1051]. In letzteren Fällen wird dem Verkäufer lediglich ein Anspruch auf Nutzungsentschädigung gewährt. Der Verkäufer wird hiermit aufrechnen können, wenn der Käufer auf Rückzahlung des Kaufpreises klagt[1052].

Auf die Notwendigkeit, ein unentbehrliches Gerät in einer Arztpraxis zu gebrauchen, stellt Romy v. Picker International, Inc. ab[1053]. Danach soll ein Gericht einen Widerruf nur dann für ungültig erklären, wenn der Weitergebrauch unangemessen erscheint[1054].

Die Weiternutzung eines Computers wurde als für den Widerruf unschädlich erachtet, da die Nutzung vernünftig war[1055].

Für die Meinung, die eine weitergehende Nutzung ablehnt, spricht, daß dies dem Uniform Sales Act gemäß ist, der UCC keine diesbezügliche ausdrückliche Regelung enthält, nach section 2-606 (1) (c) jeder Akt gegen die Eigentümerrechte des Verkäufers zur Annahme führt und schließlich, daß ein widersprüchli-

---

1048 Computerized Radiological Servs. v. Syntex Corp., 42 U.C.C: Rep. Serv. 1656 (2d Cir. 1986)

1049 Waltz v. Chevrolet Motor Div., a. a. O.; Bassmann v. Manhattan Dodge Sales, a. a. O.

1050 Pavesi v. Ford Motor Co., 23 UCC 929 (1978); Johnson v. General Motors Corp., 36 UCC 1089 (1983); Mc Cullough v. Bill Swad Chrysler-Plymouth, 36 UCC 513 (1983)

1051 Mich. App. 1991, 477 N.W.2d 505, 191 Mich. App. 337, Berufung abgewiesen 485 N.W.2d 501, 439 Mich. 1010

1052 Page v. Dobbs Mobile Bay, Inc., 18 UCC 2d 720 (Ala.Civ.App. 1992), Verkäufer konnte mit Entgelt für Nutzung eines PKW durch den Käufer aufrechnen, der seine Annahme widerrufen hatte. Das Gericht stützte sich auch hier auf die Prinzipien von 'law und equity', die den UCC nach section 1-103 ergänzen können; White/ Summers, S. 322

1053 18 UCC 2d 771 (E.D. Pa. 1992), bestätigt, 986 F. 2d 1409 (3rd Cir. 1993)

1054 A. a. O. 774; darauf abstellend auch Hospital Computer Sys., Inc. v. Staten Island Hosp., 18 UCC 2d 140 (D.N.J. 1992)

1055 Triad Systems Corp. v. Alsip, C.A. 10 (Okla.) 1989, 880 F.2d 247; ebenso war der zweifache Einsatz einer Asphaltwalzmaschine nach Widerruf unschädlich, Wilk Paving, Inc. v. Southwort-Milton, Inc., Vt.1994, 649 A.2d 778, 162 Vt. 552

ches Verhalten vorliegt, wenn jemand die Ware als nicht vertragsgerecht ablehnt, sie aber ihrer Bestimmung entsprechend weiternutzt.

Für die Möglichkeit zur weiteren Nutzung spricht wiederum, daß die Käufer im Regelfall keine gangbare wirtschaftliche Alternative besitzen und sie erst durch das Verhalten des Verkäufers in eine solche Lage gekommen sind, der diese zudem durch eine frühzeitige Rücknahme hätte beenden können.

Es existiert ein Ansatz, der beide Positionen einander annähert. Danach ist es möglich, jeden Akt, der ein eigentümerähnliches Verhalten darstellt, als unrechtmäßig anzusehen und deswegen Schadenersatz zu gewähren. Darüber hinaus soll die Geltendmachung von Zurückweisungsrechten aber nur dann abgeschnitten werden, wenn ein Widerspruch zwischen der weiteren Nutzung und der vorher geltend gemachten Vertragswidrigkeit besteht. Diese Konstruktion wird sowohl von der Literatur[1056] als auch von Gerichten vertreten[1057]. Sie hat den Vorteil, daß sowohl der Text der genannten sections als auch auch der Official Comment dazu in Übereinstimmung gebracht werden können. Section 2-602 (2) (a) läßt offen, welche Folge ein unrechtmäßiges Verhalten hat. Somit kommt Schadenersatz oder Verlust der Zurückweisungsrechte in Betracht. Section 2-606 (1) (c) kann des weiteren mit Hilfe des Official Comment[1058] dahin gehend ausgelegt werden, daß nicht jedes unrechtmäßige Verhalten zu einer Annahme der Güter führt, sondern nur das Verhalten, welches im Widerspruch zur Zurückweisung steht.

Ein weiterer Vorteil liegt darin, daß der Widerspruch ausgeräumt ist, der besteht, wenn es für angemessen erachtet wird, dem Verkäufer ein Nutzungsentgelt zu gewähren, obwohl der Käufer selbst sich der Situation gegenüber angemessen verhalten hat. In Page v. Dobbs Mobile Bay Inc. ging das Gericht davon aus, daß ein Verhalten vorlag, welches lediglich 'technically wrongful' war[1059]. Mit diesem Kunstgriff wird dem Gesetz entgegengekommen, ohne daß der Käufer seiner Zurückweisungsrechte verlustig ginge.

Die Bedeutung dieser Entwicklung darf nicht deshalb unterschätzt werden, weil sich die amerikanische Rechtsprechung in der Hauptsache mit Konsumentenkäufen befaßt hat. Zwar stellt sich in einem solchen Bereich die Frage nach den finanziellen Möglichkeiten der Käufer in besonderem Maße, da eine weitere Nutzung für Endkonsumenten die einzig realistische wirtschaftliche Option sein kann, allerdings kann gleiches auch für Wirtschaftsunternehmen gelten. Hingewiesen wurde auf den Kauf von Strickmaschinen, deren teilweise Weiternutzung unumgänglich war, da die Alternative die Einstellung der gesamten Produktion

---

1056 Robertson, 687

1057 Stroh v. American Recreation & Mobile Home Corp., 16 UCC Rep. Serv. 726, 731 (1975)

1058 Section 2-606, Nr. 4

1059 Page v. Dobbs Mobile Bay Inc., a. a. O. 721

gewesen wäre. Zudem gilt auch hier, daß mittels Nutzung der Schadenersatz gemindert wird, den der Verkäufer sonst aufgrund seiner mangelhaften Lieferung zu leisten hätte.

Aufgrund anderer Finanzierungsmöglichkeiten für Ersatzgüter wird man jedoch unter Berücksichtigung des Einzelfalls engere Maßstäbe anlegen müssen.

6.3.6.4. Veränderung und Nachbesserung der Ware durch den Käufer

Wie bereits festgestellt gilt die Regel, daß jede wesentliche Veränderung der Güter ('material alteration') durch den Käufer einen Akt darstellt, der dem Eigentumsrecht des Verkäufers widerspricht und eine Annahme der Ware gemäß section 2-606 (1) (c) zur Folge hat[1060]. Hierfür spricht zum einen section 2-608 (2), die bestimmt, daß ein Widerruf der Annahme erfolgen muß, bevor eine wesentliche Veränderung an dem Zustand der Güter eingetreten ist, die nicht auf deren Mangelhaftigkeit beruht.

Dies ist sinnvoll, da eine Veränderung der Güter Mängel erst bewirkt oder mit zu ihrem Enstehen beigetragen haben könnte. Weiter fordert section 2-602 (2) (b), daß der Käufer die Güter mit angemessener Sorgfalt so lange behandelt, bis der Verkäufer die Gelegenheit hat, sie zurückzunehmen. Damit soll gewährleistet werden, daß der Verkäufer das zurückbekommt, was er geliefert hat. Dies ist nicht der Fall, wenn der Käufer eine wesentliche Veränderung zuläßt.

Von dieser Regel wird aber in Einzelfällen abgewichen, wenn eine Veränderung eintritt, nachdem der Käufer die Ware wegen Mängeln zurückgewiesen hat. Als Grund hierfür wird genannt, daß die Veränderung nicht zu der beklagten Vertragswidrigkeit geführt haben kann und daß den Verkäufer an der Veränderung ein Mitverschulden treffe, da er die Ware nicht rechtzeitig zurückgenommen habe[1061]. Dementsprechend zeigten sich die Gerichte bereit, einen Widerruf der Annahme nicht an nachträglichen Reparaturversuchen scheitern zu lassen, die die Ware verändert hatten[1062]. Die Richter stellten fest, daß der Käufer für einen Nachbesserungsversuch, den er nach Treu und Glauben ('good faith') vornahm, bestraft würde, wenn man ihm das Recht zum Widerruf nehmen wollte. Dies stehe im Widerspruch zur Schadensminderungspflicht und zur Pflicht des 'good faith'[1063]. Für diese Sichtweise spricht zudem, daß sich der Käufer zwar Eigentümerrechte anmaßt, dies aber nicht im Widerspruch zu seiner Bemängelung der

---

1060 Marbelite Co. v. City of Philadelphia , 3 UCC Rep. Serv. 845 (1966); F.W. Lang Co. v. Fleet, 1 UCC Rep. Serv. 177 (1960)

1061 Robertson, S. 690

1062 O'Shea v. Hatch, 33 UCC Rep. Serv. 561 (N.M. Ct. App. 1982); Can-Key Industries, Inc, v. Industrial Leasing Corp., 26 UCC Rep. Serv. 675 (1979)

1063 Can-Key Industries, Inc. v. Industrial Leasing Corp., a. a. O., 684

Güter steht[1064]. Nur wenn er die Güter zwar bemängelt, sie aber dem ordentlichen Geschäftsgang entsprechend verändert und nutzt, besteht ein Widerspruch zu seiner Zurückweisung der Güter. Dann ist es gerechtfertigt, ihm die Zurückweisungsrechte nicht zu gewähren[1065]. Der Fall Borges v. Magic Valley Foods, Inc.[1066] verdeutlicht dies: Der Käufer, der eine mangelhafte Kartoffellieferung ablehnte, folgte zunächst Anweisungen des Verkäufers, die Lieferung durch Beimischung anderer Kartoffeln aufzuwerten. Nachdem dies jedoch fehlgeschlagen war, stellte der Käufer, ohne dazu vom Verkäufer autorisiert zu sein, Kartoffelflocken aus der Lieferung her. Das Gericht entschied, daß der Käufer die Ware durch sein eigenmächtiges Verhalten angenommen habe und danach verpflichtet sei, den Kaufpreis zu entrichten. Das Vorliegen eines Notverkaufs nach section 2-603 wurde verneint, da dieser ein Fehlen angemessener Anweisungen des Verkäufers voraussetzt. Hier war der Käufer aber angewiesen worden und hätte weitere Instruktionen erbitten müssen.

Damit darf der Käufer nach dem UCC also grundsätzlich keine eigentümerähnlichen Handlungen vornehmen, was sowohl die Nutzung[1067] als auch eine Reparatur[1068] einschließt. Allerdings wird diese Regel im Einzelfall entsprechend der obigen Ausführungen sehr moderat gehandhabt und zunehmend aufgeweicht[1069].

6.3.6.5. *Pflicht zur genauen Benennung der Mängel ('Waiver of buyer's objections by failure to particularize', section 2-605)*

Nach section 2-605 kann der Käufer eine Zurückweisung nicht nachträglich mit dem Vorliegen eines bestimmten Mangels rechtfertigen, wenn er diesen vorher

1064 Robertson, S. 691

1065 Ace Chem. Corp. v. Atomic Paint Co., 20 UCC Rep. Serv. 664 (1976); zu den Rechtsfolgen eines ordentlichen Weiterverkaufs der Güter an Dritte oder weiterer Kaufpreiszahlungen an den Verkäufer trotz Bemängelung der Ware, siehe Robertson, S. 691 ff.

1066 29 UCC 1282 (1980)

1067 W.M. Hobbs, Ltd. v. Accusystems of Ga., 42 UCC 1296 (1986), 60.000 Kopien auf einem Kopierer nach Widerruf machen diesen ungültig; weitere Entscheidungen hierzu: Wendt v. Beardmore Suburban Chevrolet, 40 UCC 1659 (1985); United States for the use and benefit of Whitaker's Inc. of Sumpter v. C.B.C. Enterprises, Inc. 22 UCC 2d 501 (E.D. Va. 1993); Sun Hills Indus., Inc. v. Kraftsman Group, Inc. 20 UCC 2d 147 (1992); entsprechend verliert der Käufer das Recht zum Widerruf durch einen Weiterverkauf im ordentlichen Geschäftsgang, dazu Ford v. Starr Fireworks, Inc. 25 UCC 2d 699 (Wyo. 1994)

1068 Griffith v. Stovall Tire & Marine, 174 Ga. App. 137, 329 S.E.2d 234, 41 U.C.C. Rep. Serv. 1301 (1985)

1069 Vgl. Liarikos v. Mello, 418 Mass. 669. 639 N.E. 2d 716 (1994)

hätte erkennen und anzeigen können[1070]. Dies gilt entweder unter der Voraussetzung, daß es dem Verkäufer bei rechtzeitiger Benachrichtigung möglich gewesen wäre, den Mangel zu beheben oder, wenn die Parteien Kaufleute ('merchants') sind, unter der Voraussetzung, daß, der Verkäufer den Käufer gebeten hatte, eine vollständige Mängelliste zu erstellen.

Den Käufer trifft die Obliegenheit, Mängel präzise und rechtzeitig zu benennen, um dem Verkäufer eine Nachbesserung zu ermöglichen. Der 'Official Comment' geht davon aus, daß in einer Zurückweisung ohne Angabe der Gründe wahrscheinlich ein Verhalten in 'bad faith' zu sehen ist und der Käufer vermutlich lediglich nach einer Möglichkeit sucht, aus einem unprofitablen Vertrag herauszukommen[1071]. Wenn allerdings auch eine rechtzeitige Benachrichtigung des Verkäufers keine anderen Folgen gezeitigt hätte, ist eine Säumnis des Käufers ohne Wirkung[1072].

Für den Widerruf einer Annahme ist section 2-605 von geringer Bedeutung[1073]. Grund hierfür ist, daß es dem Verkäufer bei einem Widerruf der Annahme grundsätzlich nicht möglich ist, Mängel noch zu beheben[1074]. Zudem werden einem Widerruf in den meisten Fällen Reparaturversuche und Verhandlungen zwischen den Parteien vorausgehen, in denen die Eigenarten der Mängel eine erhebliche Rolle gespielt haben werden[1075].

6.3.7. Bestehen eines Sicherungsrechtes ('Buyer's remedies in general; buyer's security interest in rejected goods', section 2-711)

Falls ein Käufer berechtigterweise ein Zurückweisungsrecht oder den Widerruf der Annahme erklärt, steht ihm nach section 2-711(1) das Recht zu, von dem Vertrag zurückzutreten ('cancel') und die Rückzahlung des bereits gezahlten Kaufpreises zu fordern[1076].

1070 CMI Corp. v. Leemar Steel Co., 38 UCC 798 (10th Cir. 1984); Tabor v. Logan, 42 UCC 437 (1985)
1071 Comment 2 zu section 2-605
1072 Crandall/Herbert/Lawrence, § 6.7.3
1073 Section 2-608, Comment 5
1074 Crandall/Herbert/Lawrence, § 6.7.3
1075 Jackson v. Rocky Mountain Datsun, inc. 39 UCC 885 (Colo. Ct. App. 1984)
1076 Music Acceptance Corp. v. Lofing, Cal.App. 3 Dist. 1995, 39 Cal.Rptr.2d 159, 32 Cal.App.4th 610

Sowohl für den Kaufpreis als auch für weitere Posten gewährt section 2-711 (3) ein Sicherungsrecht an der Ware[1077]. Bezüglich des Kaufpreises bezieht sich das Sicherungsrecht sowohl auf eine bereits gezahlte Gesamtsumme als auch auf Raten[1078]. Gleichgültig ist weiterhin, ob eine Barzahlung erfolgt ist, Wechsel akzeptiert wurden oder der Preis mittels Scheck beglichen werden sollte. Falls der Käufer bei dem Kauf eines PKW seinen alten Wagen in Zahlung gegeben haben sollte, hat er ein Sicherungsrecht in Höhe des Wertes seines alten Wagens[1079].

Zu den weiteren Posten zählen die angemessenen Kosten, die durch Untersuchung, Empfang, Transport, Pflege und Verwahrung entstanden sind[1080]. Ein Sicherungsrecht besteht auch dann, wenn lediglich Kosten für solche Maßnahmen entstanden sind, ohne daß bereits ein Teil des Kaufpreises gezahlt wurde[1081].

Obwohl der Official Comment besagt, daß die Auflistung in Absatz (3) abschließend sein soll, wurde entschieden, daß auch Reparaturkosten für die Ware ersatzfähig sind[1082]. Durch section 2-711 (3) wird indessen kein Ausgleich für entgangenen Gewinn erfaßt[1083]. Dieser Schadenersatzanspruch kann nicht durch die Zurückhaltung der Ware durchgesetzt werden, sondern muß selbständig verfolgt werden[1084].

Die Angemessenheit von Kosten bewerten die Gerichte unterschiedlich[1085]. Gemeinsam ist den Entscheidungen, daß dem Käufer eine Entschädigung für entstandene Kosten zusteht, so lange die Ware selbst nicht wertlos ist oder die Höhe der Kosten in einem angemessenen Verhältnis zu ihrem Wert steht.

1077 Henderson v. Chrysler Corp., Mich. App. 1991, 477 N.W.2d 505, 191 Mich. App. 337, Berufung abgewiesen, 485 N.W.2d 501, 439 Mich. 1010; Riley v. Ken Wilson Ford, Inc., N.C.App. 1993, 426 S.E.2d 717, 109 N.C.App. 163

1078 Havas v. Love, 13 UCC Rep. Serv. 466 (1973)

1079 Ramirez v. Autosport, 33 UCC Rep. Serv. 134 (1982)

1080 Bevel-Fold Inc. v. Bose Corp., 28 UCC 1333, der Käufer war berechtigt, Kosten für erfolglosen Rücktransport an den Verkäufer zu verlangen

1081 Askco Engeneering Corp. v. Mobil Chemical Corp., 19 UCC Rep. Serv. 1119, 1123 (Tex. Civ. App. 1976)

1082 Lanners v. Whitney, 4 UCC Rep. Serv. 369 (1967)

1083 Section 2-711, Official Comment, Nr. 2

1084 White/Summers, S. 322; dazu McGinnis v. Wentworth Chevrolet Co., 33 UCC Rep. Serv. 1315 (1982), abgeändert: 37 UCC 130 (1983), Käufer hielt als Sicherheit einen PKW für bereits bezahlten Kaufpreis, Aufbewahrungskosten, Mietwagenkosten, Kreditkosten, Zinsen und andere Schäden zurück

1085 In O`Brien v. Wade, 20 UCC Rep. Serv. 386 (Mo. Ct. App. 1976), wurden Unterbringungskosten für einen Hund, dessen Wert $ 50 betrug, in Höhe von $ 3.000 als überhöht angesehen. In Keck v. Wacker, 20 UCC Rep. Serv. 94 (E.D. Ky. 1976), wurden dem Käufer alle Kosten zugestanden, die für Unterbringung eines Pferdes für 2 1/2 Jahre aufliefen, dessen Wert nur ca. 1/4 seines Versteigerungspreises in Höhe von $ 117.000 entsprach

Bei der Bewertung von Maßnahmen, die im Hinblick auf ein Sicherungsrecht getroffen werden, wird auf Art. 9 UCC verwiesen[1086]. Art. 9 behandelt Geschäfte, bei denen die Parteien von Sicherungsrechten Gebrauch machen. In dessen Regelungsbereich fallen grundsätzlich auch Sicherungsrechte nach Art. 2[1087]. Gerichte, die über die Rechtmäßigkeit einer Zurückweisung oder eines Widerrufs zu entscheiden hatten, bewerteten Maßnahmen des Käufers hinsichtlich der Ware nach section 9-207. Diese section bestimmt, daß sich eine gesicherte Partei mit angemessener Sorgfalt um die Aufbewahrung und Erhaltung der Ware zu kümmern hat (Absatz (1)) und das Sicherungsgut nutzen oder betreiben kann, um es selbst oder seinen Wert zu erhalten (Absatz (4)).

Unter Punkt 6.3.6.3. wurde darauf hingewiesen, daß ein Käufer ohne Sicherungsrecht ein Zurückweisungsrecht verlieren kann, wenn er sich eigentümerähnlich verhält. Ein Käufer mit einem Sicherungsrecht befindet sich hier im Vorteil, da er gemäß section 9-207 (4) das Sicherungsmittel nutzen kann, um es selbst oder seinen Wert zu erhalten.

In einigen der oben erwähnten Entscheidungen zu 'mobile homes' befanden die Richter, daß ein Verlassen der Unterkünfte dieselben der Umwelt schutzlos ausgesetzt hätte und eine Einlagerung zu teuer gewesen wäre[1088]. In einer weiteren Nutzung wurde daher der beste Weg gesehen, das Sicherungsgut zu erhalten. In Keen v. Modern Trailer Sales, Inc.[1089] führte das Gericht aus: "For, if a revocation is justifiable, the Code vests the buyer with a security interest in the subject goods and such an interest authorizes continued possession to preserve the collateral, § 9 – 207 (1) and (4), subject to the seller`s right to an offset for the rental value of the possessed goods."

1086 Robertson, S. 699; Stone, S. 375; White/Summers, § 21-9

1087 Gezielt angesprochen wird das Verhältnis zwischen Art. 2 und Art. 9 in section 9-113. Danach gilt für Sicherungsrechte, die allein aus Art. 2 folgen, daß, so lange der Schuldner keinen Besitz an der Ware hat oder diesen rechtmäßig erhält, keine Sicherungsabrede erforderlich ist, keine Finanzierungserklärung zur Gewährleistung des Sicherungsrechts an öffentlicher Stelle eingereicht werden muß und die Rechte des Gläubigers bei Säumnis des Schuldners durch Art. 2 abgedeckt werden. Bei Bestehen eines Sicherungsrechtes nach Art. 9 werden die Rechte zwischen den Parteien nach Teil 5 des Art. 9 bestimmt. Siehe hierzu Crandall/Herbert/Lawrence, § 23:8, 23:28, 23:29, Fn. 3

1088 Jones v. Abriani, a. a. O.; Lawrence v. Modern Mobile Homes, Inc., a. a. O.; Jorgensen v. Presnall, a. a. O., 1212

1089 24 UCC 881, 883 (1978); siehe auch Sepulveda v. American Motors Sales Corp. 1987, 521 N.Y.S. 2d 387, "after justifiable revocation of acceptance, buyer continues to be obligated to exercise reasonable care in holding goods for account of seller, and continues to have a security interest in the goods"

Für den Kauf eines PKW wurde entschieden, daß es angemessen ist, diesen über einen Zeitraum von zwei Jahren in einer Garage abzustellen. Darüber hinaus hielten die Richter es aber auch für geboten, das Fahrzeug über 3.000 Meilen zu benutzen, um zu Reparaturversuchen zum Verkäufer zu gelangen und um mechanische Schäden zu vermeiden, die eine komplette Stillegung bewirkt hätte[1090]. Bei der Bestimmung des angemessenen Sorgfaltsmaßstabes ist aber auf den Einzelfall abzustellen[1091]. Demgemäß wurde in einem anderen Fall die Nutzung eines PKW über 2.600 Meilen allerdings als zur Erhaltung nicht erforderlich und damit als unangemessen bewertet[1092].

Falls der Käufer nicht die zur Erhaltung erforderliche Sorgfalt zeigt, ist er dem Verkäufer zum Schadenersatz verpflichtet. Durch den Eintritt eines Schadens wird das Sicherungsrecht gemäß section 9-207 (3) aber nicht zunichte gemacht. Über einen Schadenersatzanspruch können auch Aufwendungen für Transport, Verwahrung, Sorge etc. gegenüber dem Verkäufer geltend gemacht werden. Section 2-713 als eine Anspruchsgrundlage für Schadenersatz gewährt neben der Differenz von Markt- zu Vertragspreis 'incidental' und 'consequential damages'. Beide Schadensarten werden in section 2-715 definiert. 'Incidental damages', die aus einem Vertragsbruch des Verkäufers resultieren, beinhalten nach Absatz (1) die Kosten, die in vernünftiger Weise durch Untersuchung, Inempfangnahme, Transport, Sorge und Verwahrung der abgelehnten Güter entstehen[1093]. Dies gilt genauso für den Fall, daß der Käufer die Annahme ordnungsgemäß widerrufen sollte[1094]. Weiter werden angemessene Gebühren oder Kommissionszahlungen erfaßt, die im Zusammenhang mit einem Deckungskauf, sonstigem Verzug oder Vertragsbruch anfallen. Die Aufzählung ist aber nicht abschließend zu verstehen, sondern als beispielhaft[1095]. Damit sind auch vergleichbare Kosten durch Absatz (1) erfaßt. Unter 'consequential damages' nach Absatz (2) sind Folgeschäden zu verstehen, deren Ausgleich ebenso im Zusammenhang

---

1090 McGinnis v. Wentworth Chevrolet Co., 33 UCC Rep. Serv. 1315 (1982)

1091 Federal Deposit Ins. Corp. v. Marino Corp., 28 UCC Rep. Serv. 556, 558 (1980)

1092 Gasque v. Mooers Motor Car Co., 38 UCC Rep. Serv. 120, 128 (1984)

1093 In Kirby v. Chrysler Corp., D.C.Md.1982, 554 F.Supp. 743, wurden einem KFZ-Händler z. B. $ 3 Stand- und Aufbewahrungsgebühr pro Tag für einen PKW gezahlt, den der Hersteller vertragsgemäß hätte zurücknehmen müssen

1094 City Nat. Bank of Charleston v. Wells, W. Va., 1989, 384 S.E.2d 717, 109 N.C.App. 163; Gaynor Elec. Co., Inc. v. Hollander, Conn.App. 1993, 618 A.2d 532, 29 Conn.App., 865; Durfee v. Rod Baxter Imports, Inc., Minn., 1977, 262 N.W.2d 349

1095 Rodrigues v. R.H. Macy & Co., Inc., 1977, 391 N.Y.S.2d 44, 8 Misc.2d 985 mit einer Ablehnung der Ware oder einem Widerruf der Annahme verlangt werden kann[1096].

6.3.8. Verkauf der Ware (sections 2-711 (3) – 2-706)

Gemäß section 2-711 (3) kann der gesicherte Käufer die Ware in Gewahrsam halten und sie wie ein Verkäufer nach section 2-706 verkaufen[1097]. Auf die Voraussetzungen wurde bereits unter Punkt 6.2.3. eingegangen. Daneben besteht aber auch die Möglichkeit, absolut wertlose Ware zu entsorgen oder wegzuwerfen[1098]. Hierfür haftet der Käufer nicht.

Während ein Verkäufer, der einen Deckungsverkauf vornimmt, einen Überschuß im Vergleich zum ursprünglichen Kaufpreis behalten kann, gilt anderes für den Käufer. Wenn dieser nach section 2-706 einen Verkauf vornimmt, ist er nach Absatz (6) gehalten, einen Betrag, der über die Summe hinausgeht, für die der Käufer eine Sicherung beansprucht, an den Verkäufer herauszugeben.

Falls der ursprüngliche Verkäufer einen Deckungsverkauf vornimmt, werden die Gerichte die Differenz von Vertragspreis und Deckungsverkaufspreis betrachten, um festzustellen, ob der Verkauf in 'good faith' und nach wirtschaftlichen Gesichtspunkten vorgenommen wurde. Ist die Differenz zu groß, wird der Verkäufer gehindert, seinen Schaden an dieser Differenz zu messen. Statt dessen wird auf den Unterschied zwischen dem tatsächlich erzielten Preis und dem Preis abgestellt, der zum ursprünglichen Lieferungstermin auf dem Markt zu erzielen war[1099]. Diese Berechnungsmethode wird für Verkäufe des geschädigten Käufers abgelehnt[1100]. Zum einen ist grundsätzlich anzunehmen, daß der Käufer einen relativ niedrigen Preis erzielen wird, da er nicht vertragskonforme Ware anbietet,

---

1096 Michiana Mack, Inc. v. Allendale Rural Fire Protection Dist., Ind.App. 3 Dist., 1981, 428 N.E.2d 1367; Seekings v. Jimmy GMC of Tucson, Inc., 1981, 638 P.2d 210, 130 Ariz. 596

1097 Maxwell v. Crabtree Ford, Inc., 10 UCC 2d 783 (N.Y.Just.Ct.1989)

1098 Northrop Corp. v. Litronic Industries, C.A. 7 (Ill.), 1994, 29 F.3d 1173; zu section 2-604 wurde entsprechend entschieden, daß die Entsorgung von gefälschtem Parfum durch den Käufer zulässig sei, da dieses absolut wertlos sei. Andererseits wurde festgestellt, daß es dem Käufer nach der Fassung des UCC, die in Virginia angenommen wurde, nicht möglich sei, vertragswidrige Güter zu zerstören oder zu entsorgen. Siehe hierzu Punkt 6.3.6.1.

1099 Foxco Indus. v. Fabric World, Inc., 26 UCC 694 (5th Cir. 1979); Cole v. Melvin, 22 UCC 1154 (D.S.D. 1977); Lee Oldsmobile, Inc. v. Kaiden, 20 UCC 117 (1976); B & R Textile Corp. v. Paul Rothmann Indus., 27 UCC 996 (N.Y. App. Term. 1979)

1100 Robertson, S. 703 f.

deren Wert gemindert sein wird. Zudem wird er Gewährleistungsrechte so weit wie möglich abbedingen, um nicht in eine mögliche Haftung zu geraten. Auch dies trägt dazu bei, daß der Preis gering ausfallen wird[1101]. Dies gilt natürlich nur unter der Voraussetzung, daß der erzielte niedrige Preis tatsächlich aufgrund der mangelhaften Lieferung zustandekommt. Anders ist der Fall zu beurteilen, wenn der Käufer einen niedrigen Preis erzielt, obwohl er die Lieferung nicht wegen ihrer Mängel abgelehnt hat, sondern weil sie z. B. zu spät erfolgt ist. Hier wird das Verhalten des Käufers nach der Lieferung und bei dem Weiterverkauf genau untersucht werden müssen, da nicht auszuschließen ist, daß die Gründe für den geringen Ertrag in seiner Sphäre zu finden sind.

Bei einem Verkauf durch den Käufer ist auch deswegen nicht auf die Differenz zwischen dem ursprünglichen und dem erzielten Verkaufspreis abzustellen, da diese Differenz nicht die Grundlage für die Berechnung des Umfangs eines möglichen Schadenersatzes darstellt.

Die Gerichte, die sich mit Fällen des Verkaufs durch den Käufer nach section 2-706 auseinanderzusetzen hatten, gelangten zu unterschiedlichen Ergebnissen bei der Feststellung, wann ein unangemessenes Verhalten des Käufers vorliegt. Bei dem Kauf einer LKW-Anhängerkupplung wartete der Käufer nach der Zurückweisung der Ware fast zwei Jahre bis zu einem Verkauf[1102]. In dieser Zeit verschlechterte sich der Zustand des Guts. Während der Verkäufer ursprünglich angeboten hatte, die Sache für $ 22.000 'zurückzukaufen', erzielte der Käufer schließlich nur einen Preis von $ 9.200. Das Gericht entschied daraufhin, daß ein unangemessener Verzug des Verkaufs vorlag, der diesen unwirtschaftlich machte. Dementsprechend wurde dem Käufer die Zahlung der Differenz zu seinem einst gezahlten Kaufpreis nicht gewährt[1103]. Ebenso wurde in Uganski v. Little Giant Crane & Shovel, Inc.[1104] der Verkauf eines Krans, zwei Jahre und zwei Monate nachdem die Annahme widerrufen worden war, für unverhältnismäßig erklärt. Der Kran, der speziell für den Käufer angefertigt worden war, hatte zunächst

---

1101 Dies entspricht der Lage des Verkäufers, der versucht, Ware zu verkaufen, die speziell für den Käufer hergestellt wurde, von diesem aber nicht abgenommen wurde, so der Fall Symonds v. Adler Restaurant Equip. Co., 10 UCC 1179 (Okla. Ct. App. 1971). Dort wurde ein Weiterverkauf zum Preis von $ 800 für angemessen erachtet, obwohl der ursprüngliche Preis $ 3.600 betrug

1102 Deaton, Inc. v. Aeroglide Corp., 35 UCC 130 (1982); mit Verweis auf McMillan v. Meuser Material & Equip. Co., 20 UCC 110 (1976), in diesem Fall verkaufte der ursprüngliche Verkäufer einen Bulldozer 14 Monate nach einem Vertragsbruch des Käufers. Der Verkauf wurde als unangemessen bewertet, da dem Verkäufer bekannt war, daß der Markt für solche Geräte aufgrund einer Rezession des Baugewerbes und steigender Benzinpreise immer schlechter wurde

1103 Deaton a. a. O., 139

1104 10 UCC 57 (1971)

$ 43.000 gekostet. Der Verkauf durch den Käufer erbrachte lediglich $ 8.500. Hier wurde der Käufer aufgefordert, nachzuweisen, daß der Verkaufspreis zu dem späten Zeitpunkt dem Preis entsprach, der zum Zeitpunkt des Widerrufs hätte erzielt werden können[1105].

In einer weiteren Entscheidung zeigte sich das Gericht sehr wohlwollend gegenüber einem Käufer[1106]. Dieser hatte zunächst 9.000 Mäntel zurückgewiesen, die er später einem Verkauf zuführte. Er hatte aber weder den Verkäufer von dem Verkauf informiert[1107] noch einen erzielten Überschuß herausgegeben[1108]. Folglich entschied das Gericht, daß das Verhalten des Käufers über das hinausging, was einem Käufer erlaubt ist, der in Besitz zurückgewiesener Ware ist[1109]. Trotzdem verpflichtete das Gericht den Käufer lediglich, den Betrag auszukehren, der für den Verkauf der Mäntel erzielt worden war. Davon waren allerdings entstandene Kosten und eine angemessene Kommission abzuziehen[1110]. Festgestellt wurde weiterhin, daß der Käufer verpflichtet war, genau über die Verkäufe Buch zu führen. Jegliche Ungenauigkeiten gingen zu seinen Lasten[1111].

1105 10 UCC 57, 59 (1971)
1106 Eska Kleiderfabrik v. Peters Sportswear Co., 29 UCC 534 (E.D. Pa. 1980)
1107 A. a. O., S. 542
1108 A. a. O., S. 543
1109 A. a. O., S. 542
1110 A. a. O., S. 548
1111 A. a. O., S. 544

7. Erhaltungspflichten aufgrund von Handelsbräuchen, Gepflogenheiten oder Einheitsbedingungen einzelner Geschäftszweige

Art und Umfang erhaltender Maßnahmen können sich weiter aus Handelsbräuchen ergeben[1112], deren Bedeutung nicht unterschätzt werden darf[1113]. Es besteht die Auffassung, daß kodifizierte Erhaltungspflichten nur geringe praktische Bedeutung erlangen dürften, da die Voraussetzungen und die Durchführung z. B. eines Selbsthilfeverkaufs durch Handelsbrauch oder die Bedingungen der Warenbörsen und der AGB des Handels oft abweichend von sonstigen Kodifikationen geregelt werden[1114].

Um diesem Umstand Rechnung zu tragen, enthalten die drei hier behandelten Gesetzeswerke Regelungen, die den im Handel entwickelten Bedingungen Geltung verschaffen.

§ 346 HGB beinhaltet, daß unter Kaufleuten hinsichtlich der Bedeutung und Wirkung von Handlungen und Unterlassungen auf die im Handelsverkehr geltenden Gewohnheiten und Gebräuche Rücksicht zu nehmen ist. Damit wird den Handelsbräuchen Vorrang vor dispositiven Regelungen, wie z. B. § 373 HGB, eingeräumt[1115]. In section 1-205 (2) UCC wird 'usage of trade' definiert als "any practice or method of dealing having such regularity of observance in a place, vocation or trade as to justify an expectation that it will be observed with respect to the transaction in question". Im CISG ist es der Artikel 9 (1), der bestimmt, daß die Parteien an die Gebräuche, mit denen sie sich einverstanden erklärt haben, und an die Gepflogenheiten gebunden sind, die zwischen ihnen entstanden sind.

1112 vCaemmerer/Schlechtriem/Eberstein, 2. A., Vor Artt. 85-88, Rn. 19; Herber/Czerwenka, Vor 85, Rn 3; Enderlein/Maskow/Stargardt, Vorbemerkung, S. 162, 2

1113 Bonell, JBl. 107 (1985) 385, 395; ders. in Rabels Z 58, 1994 20, 30, dort verweist Bonell auf eine Aussage von Rabel. Dieser stellte fest: "Wir wollen den Handelsbrauch nicht stören, sondern ihm helfen. Wir haben ihm eine sichere Grundlage zu geben ...", aus: Die Arbeiten zur Vereinheitlichung des Kaufrechts: Jahresbericht der juristischen Gesellschaft zu Berlin 73 (1931) 28 – 45, hier zitiert nach Ernst Rabel, Gesammelte Aufsätze, hrsg. von Hans G. Leser, III: Arbeiten zur Rechtsvergleichung und zur Rechtsvereinheitlichung, 1919-1954, Tübingen 1967, 496-515, 501

1114 Zum EKG Mertens/Rehbinder, Art. 95, Rn. 3; siehe hierzu über die Bedeutung der Regelungen des HGB: Heymann, § 374, Rn. 3

1115 Schlegelberger/Hefermehl, § 373, Rn. 5; Staub/Koller, § 374, Rn. 63

Handelsbräuche werden allgemein als Regeln geschäftlichen Verhaltens definiert, die von den beteiligten Handelskreisen in einer Branche oder an einem Marktort üblicherweise eingehalten werden[1116]. Gepflogenheiten sind Verhaltensweisen, die nicht allgemein, sondern zwischen den Parteien regelmäßig, also mit gewisser Häufigkeit oder Dauer, beachtet werden[1117]. Art. 9 (2) betrifft Handelsbräuche im engeren Sinne, die auch ohne den Willen der Parteien den Vertrag ergänzen und kraft Gesetzes Vertragsbestandteil werden (normative Gebräuche). Die Parteien sind danach an weithin bekannte und beachtete Gebräuche gebunden, wenn sie diese kannten oder kennen mußten. Auch die nach Absatz (2) anzuerkennenden Gebräuche haben Vorrang vor den Regeln der Konvention[1118].

Die Parteien werden nur solche Bräuche zu beachten haben, die im internationalen Handel Verwendung finden, Gebräuche, die nur für Inlandsgeschäfte gelten, scheiden grundsätzlich aus[1119]. Allerdings muß es sich bei ersteren nicht um weltweit verbreitete Gebräuche handeln[1120]. Daher sind auch lokale Handelsbräuche, z. B. der Börsen und Häfen, an denen internationaler Handel getrieben wird und die einen erheblichen Anteil ausländischer Teilnehmer und Nutzer haben, verbindlich, wenn sie den Anforderungen an verbreitete Bekanntheit und Beachtung entsprechen[1121].

Bei den nicht ortsgebundenen Handelsbräuchen geht es vor allem um Handelsbräuche im Importhandel mit Rohstoffen und landwirtschaftlichen Erzeugnissen, wo in den Musterverträgen dieser Branchen (Überseekontrakte) teilweise auch Handelsbräuche festgehalten werden und Branchenschiedsgerichte die kaufmännische Praxis bestätigen[1122]. Die Mehrheit solcher Regelungen hat allerdings den Status von Empfehlungen, die im einzelnen in einen Vertrag ausdrücklich einbezogen werden müssen[1123].

1116 Schlechtriem/Junge, Art. 9, Rn. 2

1117 Herber/Czerwenka, Art. 9, Rn. 3; OLG Düsseldorf, U. v. 12.11.1982 – 16 U 19/82, IPRax 1984, 206; Weitnauer, IPRax 1984, 185

1118 Sekretariatskommentar, Art. 8, Bem. 5; Herber/Czerwenka, Art. 9, Rn. 7

1119 Esser, ZfRvgl 29 (1988), 188

1120 Herber/Czerwenka, Art. 9, Rn. 9; weltweite Gebräuche werden dabei auch eine Ausnahme bilden, siehe Luithlen, S. 34, Fn. 30: "Uns ist von kompetenter Seite für Fragen des autonomen Handelsrechts mitgeteilt worden, daß internationale Handelsbräuche in der Praxis nicht bestehen und sich wahrscheinlich auf Grund der weitverbreiteten Schiedsgerichtsbarkeit auch in Zukunft nicht bilden."

1121 Schlechtriem/Junge, Art. 9, Rn. 9; Herber/Czerwenka, Art. 9, Rn. 11; Honnold, Art. 9, Rn. 120.1

1122 Schlechtriem/Junge, Art. 9, Rn. 10

1123 Ob wirklich ein Handelsbrauch vorliegt, kann im einzelnen umstritten sein. Z. B. haben die Industrie- und Handelskammern Bayreuth, Darmstadt, Düsseldorf, Regensburg, Reutlingen und Wuppertal bejaht, daß die Einheitsbedingungen der Deutschen Textilwirtschaft einen Handelsbrauch darstellen. Einzelne Kammern haben

Exemplarisch werden drei Branchenregelungen bezüglich der in ihnen enthaltenen Erhaltungspflichten vorgestellt[1124].

Die Schlußnoten des Vereins der Getreidehändler der Hamburger Börse, allgemein einfach als Hamburger Schlußnoten bezeichnet, führen ihre Entstehung zurück auf das Jahr der Vereinsgründung, nämlich 1868[1125]. In § 7 des Schlußscheins für Braugerste findet sich die Regelung, daß, falls der Käufer von dem Recht der Rückgabe der Ware Gebrauch macht, der Verkäufer ihm den Kaufpreis, soweit derselbe bereits bezahlt ist, zuzüglich Zinsen zum Reichsbankdiskont unverzüglich zurückzuerstatten hat und außerdem die auf die gelieferte Wa-

---

lediglich einzelne Bestimmungen der Bedingungen als Handelsbrauch anerkannt. Während diese Frage auch zwischen Amts- und Landgerichten umstritten ist, entschied das OLG Düsseldorf, DB 1974, 864, 865, U. v. 11.03.1974, 6 U 197/73, daß die Bedingungen kein Handelsbrauch sind

1124 Zu den Gebräuchen im Kohlenhandel siehe Hans Eckert, Handelsgebräuche im Kohlenhandel (II. Teil): Systematische Darstellung und Untersuchungen über die Handelsgebräuche des inländischen Kohlenhandels, Berlin 1927, S. 55, 56: Ist der Käufer mit der Abnahme in Verzug, so gibt das Gesetz u. a. dem Verkäufer im § 373 (2) HGB das Recht, die Ware öffentlich versteigern zu lassen, nachdem dies, soweit tunlich, dem Käufer vorher angedroht ist. Dieser Fall wird im Kohlenhandel besonders dann praktisch, wenn der Käufer die Annahme der ihm durch die Eisenbahn zugesandten Waren verweigert. Bei Verzug mit den übrigen Abnahmehandlungen pflegt die Ware in der Regel anderweitig verkauft, jedenfalls regelmäßig nicht an den Käufer auf den Weg gebracht zu werden. Hinsichtlich der Versteigerung besteht im Kohlenhandel seit Jahrzehnten der Handelsgebrauch, daß die Versteigerung der Ladung an Ort und Stelle durch die Eisenbahnbehörde selbst aufgrund des § 70 EVO erfolgt (Korrespondenz der Ältesten der Berliner Kaufmannschaft von 1913, XII, S. 325), daß jedenfalls – was auf dasselbe hinausläuft – die von der Eisenbahn vorgenommene Versteigerung eine solche des Verkäufers ersetzt. Dagegen besteht kein Handelsgebrauch, daß diese Versteigerung abweichend von den gesetzlichen Bestimmungen der § 373 HGB und § 383 BGB erfolgen darf (Gutachten der Handelskammer Berlin von 1903, Bd. I, S. 185)

1125 Dr. Willi Skalka, Handelsgebräuche der Hamburger Getreidebörse, 1. A., 1924: Oelsaaten und Oelfrüchte, wie Leinsaat, Raps, Rübsen, Sesamsaat, Erdnüsse usw. wurden früher größtenteils auf englische Kontrakte importiert. Im Laufe der letzten Jahrzehnte ist jedoch Deutschland ein so bedeutender und einflußreicher Konsument dieser Artikel geworden, daß der Gedanke, für diese Artikel einen deutschen Kontrakt zu schaffen, seine volle Berechtigung hatte. Die Vorteile, die der Hamburger Vertrag für die Käufer in sich schließt, sind vor allem, daß Analyse und Arbitrage nicht mehr in London, sondern in Hamburg stattzufinden haben. So betreffen die Schlußnoten Nr. 4 und 4a z. B. die Lieferung ausländischer Getreidesorten, welche seewärts in Hamburg eintreffen, frei ins Fahrzeug im Hamburger Hafen, also zur Weiterverladung in Kähne, Schuten und andere Wasserfahrzeuge. Nr. 16 betrifft die Verladung vom Ausland eintreffender Getreidesorten und verwandter Artikel mit der Eisenbahn von Hamburg ins Inland, wird aber in weiten Kreisen auch für andere Geschäfte benutzt re nachweislich entstandenen und den Ortsverhältnissen entsprechenden Kosten zu ersetzen hat.

Der Käufer ist verpflichtet, für ausreichende Erhaltung der zurückzugebenden Ware zu sorgen, solange dieselbe sich in seinem Gewahrsam befindet. Sind die Einrichtungen des Käufers derart beschaffen, daß bei der Aufnahme gleichzeitig eine Putzung der Gerste stattfindet, so ist er berechtigt, die Gerste in gereinigtem Zustand zurückzugeben, jedoch auf Verlangen des Verkäufers verpflichtet, der Ware den Abfall wieder zuzusetzen.

In § 13 ist weiter bestimmt, daß im Falle der Nichterfüllung dieses Vertrages der Nichtsäumige unter schriftlicher oder telegraphischer Anzeige an den Säumigen berechtigt ist:

a) vom Vertrag zurückzutreten,
b) binnen dreier Geschäftstage freihändig oder öffentlich die Ware für Rechnung des Säumigen zu verkaufen bzw. einen Deckungskauf vorzunehmen, wobei der Selbsteintritt zulässig ist,
c) den Wert der Ware, wie er an dem letzten Erfüllungstag bzw. dem letzten Tag der Nachfrist folgenden Geschäftstage gewesen ist, vom Vorstand des Vereins der Getreidehändler der Hamburger Börse feststellen zu lassen und den sich ergebenden Preisunterschied vom Säumigen sofort zu verlangen.

Wenn der Käufer mit der Abnahme im Verzug ist, steht dem Verkäufer außerdem das Recht zu, die Ware für Rechnung des Käufers einzulagern. Er muß aber, falls der Käufer nach Erhalt der Anzeige dies verlangt, die Ware unverzüglich für Rechnung dessen, den es angeht, auch vom Lager bestmöglich verkaufen.

Das OLG Koblenz[1126] entschied zu den 'Tegernseer Gebräuchen'[1127], die sich mit dem Verkehr von inländischem Rundholz, Schnittholz und Holzhalbwaren befassen, daß diese sowohl als Handelsbrauch als auch als Verkehrssitte zu betrachten sind, die gemäß § 157 BGB bei der Auslegung eines Holzkaufvertrages zu beachten sind.

Nach § 12 Nr. 7 dieser Gebräuche gilt, daß im Fall einer Zurückweisung der Ware der Käufer dennoch verpflichtet ist, die beanstandete Ware, auch wenn bereits anderweitig darüber verfügt ist, mit der Sorgfalt eines ordentlichen Kaufmanns zu behandeln und Kosten nach Möglichkeit zu vermeiden. Sofern ein eigener Lagerplatz nicht zur Verfügung steht, hat der Käufer für sachgemäße Lagerung auf Rechnung dessen, den es angeht, zu sorgen. Nr. 8.: Ist die Ware auf dem Lagerplatz des Käufers eingelagert, so ist dieser berechtigt, sie anderweitig auf Kosten des Verkäufers einzulagern, falls dieser binnen sechs Wochen nach Bean-

---

1126 NJW-RR, 1988, 1306, U. v. 10.3.1988 – 6 U 1286/85
1127 In der Fassung von 1961, dazu BB 1986, 1395 und BB 1982, 80

standung über die Ware nicht verfügt. Nr. 11: Steht endgültig fest, daß der Käufer die Ware nicht abnimmt, so hat er auf Verlangen des Verkäufers die Ware wieder zu verladen und zu versenden, sofern ihm der Verkäufer die vorgelegten Frachten und sonstigen notwendigen Aufwendungen bezahlt. Unaufgefordert darf der Käufer nur dann zurücksenden, wenn er mit Frist von drei Wochen vergeblich zur Verfügung über die Ware aufgefordert hat. Auf Lagergeld in ortsüblicher Höhe hat der Käufer erst Anspruch, wenn feststeht, daß die Ware nicht abgenommen wird und seit diesem Zeitpunkt mindestens acht Werktage verstrichen sind.

In den Handelsgebräuchen der Mitglieder des Vereins Deutscher Holzeinfuhrhäuser e. V. beim Verkauf des aus Europa und Übersee eingeführten Schnittholzes findet sich in Nr. 5. III[1128], daß der Käufer verpflichtet ist, die bemängelte Ware sorgfältig aufzubewahren. Er hat keinen Anspruch auf den Ersatz von Verwahrungs- und sonstigen Kosten.

Gemäß Nr. 9 gilt bei mangelndem Abruf oder nicht erfolgter rechtzeitiger Abnahme des Käufers, daß die verkaufte Ware oder das Rohmaterial alsdann für Rechnung und Gefahr des Käufers lagert. Einlagerungskosten, Lagermiete und Feuerversicherungskosten können berechnet werden. Eine Pflicht zur Versicherung besteht für den Verkäufer nicht. Die Einlagerung erfolgt unbeschadet des Rechts des Verkäufers auf Vornahme eines Selbsthilfeverkaufs. Die Bestimmung des Ortes für diesen steht im freien Ermessen des Verkäufers. Der Selbsthilfeverkauf kann aus freier Hand zum Tagespreis ohne Vermittlung eines öffentlich bestellten Handelsmaklers oder dgl. vorgenommen werden.

1128 Von 1952 in der Fassung vom 1.4.1963, Erster Teil, Allgemeine Bestimmungen, aus Hamburgisches Börsenhandbuch, 12. A., 1969, S. 223, 224

8. Dritte im Verhältnis zwischen Verkäufer und Käufer

Unter Punkt 4.3.4. wurde bereits auf die Frage eingegangen, ob der Verkäufer in der Lage ist, über die Güter zu verfügen, wenn sie bereits aus seiner in die Sphäre Dritter gelangt sind. Fraglich ist aber daneben, welche Verhaltenspflichten für Transportpersonen bei Ablieferungshindernissen bestehen, wenn der Verkäufer noch rechtlich verfügen könnte, aber aufgrund äußerer Umstände nicht erreichbar ist und daher keine Anweisungen eingeholt werden können.

Für diesen Sachverhalt enthält das CISG keine ausdrücklichen Regelungen. Auch die Artt. 85 ff. CISG geben keinen Anhaltspunkt, wie in solchen Fällen zu verfahren ist. Teilweise werden solche Sachverhalte allerdings von anderen Übereinkommen erfaßt, die sich insbesondere mit der rechtlichen Position von Transportpersonen befassen. Dies ist ausschnittweise darzustellen.

8.1. Übereinkommen über den Beförderungsvertrag im internationalen Straßengüterverkehr vom 19. Mai 1956, CMR[1129]

Im CMR wird eine Trennung von Beförderungshindernissen (Art. 14) und Ablieferungshindernissen (Art. 15) vorgenommen. Die Abgrenzung geschieht anhand der Ankunft des Gutes am Bestimmungsort. Ein Beförderungshindernis ist gegeben, wenn durch vorliegende Umstände der Transport innerhalb der vertragsgemäßen Transportzeit unmöglich wird[1130]. Demgegenüber liegt ein hier vordringlich interessierendes Ablieferungshindernis vor, wenn der Empfänger sich weigert, die Ware anzunehmen, die Fracht zu bezahlen oder sonstige bei Ablieferung erforderliche Leistungen Zug um Zug zu erbringen[1131]. Unerheblich ist, ob der Empfänger die Ware verschuldet oder unverschuldet, berechtigt oder unberechtigt zurückweist[1132]. Art. 15 ist schließlich analog heranzuziehen, wenn der Emp-

1129 Convention relative au Contrat de transport international de marchandises par route

1130 OLG München, U. v. 12.4.1990, TranspR 1990, 280, 285; LG Duisburg, TranspR 1989, 268, 270, U. v. 14.12.1989

1131 Loewe, ETR 1976, 503, 548; BGH, U. v. 5.2.1987, VersR 1987, 678, 679

1132 Zu berechtigter Zurückweisung, OLG Düsseldorf, U. v. 15.2.1983, TranspR 1984, 38, 40 fänger die Annahme des Guts vor der Ankunft ernsthaft und endgültig verweigert[1133].

In beiden Hindernisfällen hat der Frachtführer grundsätzlich zunächst Weisungen des Absenders einzuholen. Bis zur Ablieferung oder zum Abladen behält der Frachtführer die volle Verantwortung für das Gut[1134].

Gemäß Art. 16 (2) CMR ist er allerdings auch berechtigt, die Ware auszuladen, ohne vorher Weisungen einzuholen. Er darf die Güter dann aber nicht sich selbst überlassen, sondern muß sie entweder selbst oder durch Dritte verwahren lassen. Falls er die Ware einem Dritten anvertraut, muß er diesen mit der erforderlichen Sorgfalt auswählen. Daraufhin eintretende Schäden hat er dann nicht mehr zu vertreten.

Weiter kann der Frachtführer nach Art. 16 (3) den Verkauf des Gutes veranlassen, wenn es sich um verderbliche Waren handelt, der Zustand des Gutes eine solche Maßnahme rechtfertigt oder wenn die Kosten der Verwahrung in keinem Verhältnis zum Wert des Gutes stehen, ohne Weisungen des Verfügungsberechtigten einzuholen oder deren Eintreffen abzuwarten[1135]. Eine Gefahr der unmittelbaren Zerstörung muß indes nicht vorliegen. Es reicht, wenn sicher damit zu rechnen ist, daß es 'in Bälde' zum Verderb kommen wird[1136]. Ein bloßer Wertverfall oder Wertverlust reicht nicht. Dies folgt sowohl aus dem englischen Text, in dem es 'perishable' und 'their condition' heißt, als auch aus dem französischen Text, der sich 'l`état de la marchandise' liest.

Das Recht zum Verkauf erlischt grundsätzlich, sobald wirksame Weisungen eintreffen, da dadurch das Transporthindernis entfällt[1137]. Ausnahmsweise kann jedoch anderes gelten, wenn Weisungen ergangen sind, die den Frachtführer unbillig belasten.

Die Pflichten aus der Verwahrung, die kraft Gesetzes gegenüber dem Verfügungsberechtigten entstehen, sind anhand des nationalen Rechts zu konkretisieren[1138]. Entsprechend bestimmen sich gemäß Art. 16 (4) Art und Weise des Verkaufs nach den Gesetzen oder Gebräuchen des Ortes, an dem sich das Gut befindet. Durch die Neufassung des HGB gemäß TRG beinhaltet § 419 HGB nun, daß der Frachtführer das Gut gemäß § 373 (2) bis (4) verkaufen lassen kann.

1133 Koller, CMR, Art. 15, Rn. 1
1134 OLG Düsseldorf, U. v. 12.12.1985, VersR 1986, 1069
1135 Helm, VersR 1988, 548, 553
1136 Koller, CMR, Art. 16, Rn. 8
1137 Koller, a. a. O.
1138 Koller, CMR, Art. 16, Rn. 7

8.2. Luftbeförderungsbedingungen der International Air Transport Association (IATA)

Mit dem Ziel der Schaffung einer einheitlichen Betriebsführung auf den Fluglinien der angeschlossenen Gesellschaften von internationaler Bedeutung wurde am 28.8.1919 in Den Haag die International Air Traffic Association (IATA) als Zusammenschluß der wichtigsten europäischen Luftfahrtgesellschaften gegründet, welche nach dem zweiten Weltkrieg am 19.4.1945 in Havanna mit der International Air Transport Association ihre Fortsetzung fand[1139]. Von Anfang an bestand das Ziel darin, einheitliche Beförderungsbedingungen zu schaffen. Unterschieden werden 'Conditions of Contract', 'Conditions of Carriage' und wieder solche für 'Passengers and Baggage' und für 'Cargo'. Von Interesse sind hier die Beförderungsbedingungen für Frachtgut. Gemäß Art. 8 (4) der IATA-Bedingungen gilt:

> 4. (a) Verweigert oder unterläßt der Empfänger die Annahme der Sendung nach ihrer Ankunft am Ablieferungsort, so bemüht sich der Luftfrachtführer – vorbehaltlich der Bestimmungen in Abs. (5) dieses Artikels –, die Weisungen des Absenders auf der Vorderseite des Luftfrachtbriefes zu befolgen. Sind keine solchen Weisungen eingetragen oder können sie vernünftigerweise nicht erfüllt werden, so kann der Luftfrachtführer, nachdem er eine Benachrichtigung von der Unterlassung der Annahme durch den Empfänger an den Absender geschickt hat:
> (i) die Sendung mit seinem eigenen Dienst oder irgendeinem anderen Beförderungsmittel an den Abgangsflughafen zurücksenden, um dort Weisungen des Absenders abzuwarten, oder
> (ii) die Sendung nach mindestens 30tägiger Lagerung privat oder öffentlich im Ganzen oder in mehreren Teilen verkaufen.
> 5. Erleidet eine Sendung, die verderbliche Gegenstände enthält, im Besitz des Luftfrachtführers eine Verspätung, wird sie am Auslieferungsort nicht abgenommen, wird ihre Annahme verweigert oder ist sie aus anderen Gründen vom Verderb bedroht, so kann der Luftfrachtführer unverzüglich Schritte unternehmen, die er zu seinem Schutz oder zum Schutz anderer interessierter Beteiligter für angebracht hält. Er kann, ohne auf diese Maßnahmen beschränkt zu sein, die ganze Sendung oder einen Teil vernichten oder preisgeben, auf Kosten des Absenders Verbindung mit diesem zur Erlangung von

---

1139 Vgl. Schleicher, Reymann, Abraham, Das Recht der Luftfahrt, 3. A., Erster Band, Köln – Berlin, 1960, S. 414 ff.

Weisungen aufnehmen, die Sendung oder einen Teil davon auf Gefahr und Kosten des Absenders einlagern oder über die Sendung oder einen Teil davon im Wege öffentlichen oder privaten Verkaufs ohne Benachrichtigung verfügen. Der Erlös eines solchen Verkaufs soll zur Bezahlung aller aufgelaufenen Gebühren und Ausgaben an den Luftfrachtführer dienen.

8.3. Frachtrecht nach HGB

Der hier interessierende Vierte Abschnitt des Vierten Buches des HGB wurde, wie bereits erwähnt[1140], durch das TRG geändert. Dies betrifft auch die Rechte und Pflichten des beteiligten Frachtführers. Nunmehr beinhaltet § 419 HGB Bestimmungen zu Beförderungs- und Ablieferungshindernissen. In Anlehnung an die Artikel 14 bis 16 CMR stellt § 419 HGB eine Synthese aus den Bestimmungen der §§ 428 (1), 437 HGB, 28 KVO und den §§ 52, 68, 69 BinSchG dar. Gegenüber den Regelungen des CMR sind die unterschiedlichen Hindernisse und deren Rechtsfolgen zusammengeführt worden.

Zunächst hat der Frachtführer gemäß Absatz (1) bei Erkennen von Hindernissen Weisungen des gemäß § 418 HGB Verfügungsberechtigten einzuholen. Falls er solche Weisungen nicht in angemessener Zeit erlangen kann, hat er nach Absatz (3) Maßnahmen zu ergreifen, die im Interesse des Verfügungsberechtigten die besten zu sein scheinen.

Er kann die Waren entladen und verwahren, für Rechnung des Verfügungsberechtigten einem Dritten zur Verwahrung anvertrauen oder sie zurückbefördern. Bei Beauftragung eines Dritten haftet er für die sorgfältige Auswahl. Weiter ist es ihm möglich, die Ware gemäß § 373 (2) bis (4) HGB verkaufen zu lassen, wenn es sich um verderbliche Ware handelt, der Zustand des Gutes eine solche Maßnahme rechtfertigt oder wenn andernfalls entstehende Kosten in keinem angemessenen Verhältnis zum Wert des Gutes stehen. Unverwertbares Gut kann er vernichten. Die Möglichkeiten, die Ware zu vernichten oder zurückzutransportieren, waren im HGB vorher noch nicht enthalten.

Schließlich wird das Recht zum Verkauf sich auch zu einer Pflicht auswachsen können, wenn die Sorgfalt eines ordentlichen Frachtführers dies erfordert[1141].

1140 Punkt 4.3.4.3.
1141 Baumbach/Hopt, 29. A., § 437, Rn. 2

8.4. Stellungnahme

Bei genauer Betrachtung der autonomen Pflichten der Frachtführer nach CMR, IATA-Bedingungen, HGB und die für Spediteure und Parteien des Kaufvertrages bestehenden Regelungen, besteht ein komplexes Sorgfalts- und Erhaltungsgefüge, welches darauf ausgerichtet ist, Schäden möglichst gering zu halten[1142]. Gefordert wird eine enge Kooperation, die sich unter anderem dadurch auszeichnet, daß derjenige, der der Ware körperlich am nächsten steht und somit am schnellsten und effektivsten Maßnahmen ergreifen kann, auch nach den unterschiedlichen Bestimmungen derjenige ist, der verpflichtet wird.

1142 Hofstetter, SJZ 1991, 171, 173, 176, faßt dies wie folgt zusammen: "Treu und Glauben im internationalen Exportgeschäft erfordern dabei eine Zusammenarbeit von Spediteur, Frachtführer, Banken und Exporteur, wobei die Mitwirkungspflichten des Exporteurs angemessen zu beschränken sind."

9. Rechtsvergleich

Im folgenden Teil sind die Regelungsinhalte der behandelten Rechtsordnungen einander direkt gegenüberzustellen.

Grundsätzlich ist ausgehend von der Gesetzessystematik festzustellen, daß allein das CISG Erhaltungspflichten in einem zusammenhängenden Regelungskomplex behandelt. Während die Interessen von Verkäufer und Käufer unter den Umständen, die in den Artikeln 85 und 86 CISG vorausgesetzt werden, in unterschiedliche Richtungen weisen, sind die Parteien in ihrer Sorge um die Ware in einer vergleichbaren Lage und werden entsprechend zu nahezu deckungsgleichen Erhaltungsmaßnahmen angehalten. Aus diesem Grund ist die Zusammenfassung der Erhaltungspflichten von Verkäufer und Käufer, wie sie allerdings auch bereits im EKG vorgesehen wurde, aus systematischen Erwägungen gelungen.

Die Artikel 85 bis 88 CISG enthalten Zusatzpflichten des Verkäufers und des Käufers bezüglich der Ware für den Fall, daß die Vollziehung des Kaufvertrages nicht reibungslos erfolgt. Diese Pflichten entspringen dem Gebot aus Treu und Glauben und stellen zusammen mit Art. 77 den Grundsatz auf, daß Vertragsparteien einander verpflichtet sind, entstehenden Schaden nach Möglichkeit zu vermeiden oder gering zu halten[1143]. Dabei handelt es sich um vertragliche Zusatzpflichten, die nicht zur Kategorie der Obliegenheiten, sondern zu den Rechtspflichten zu zählen sind[1144]. Nicht entscheidend für das Entstehen solcher Pflichten ist, ob bereits ein Eigentums- oder Gefahrübergang stattgefunden hat[1145]. Da der Eigentumsübergang nach nationalem Recht zu beurteilen ist, wäre die Anwendung der Artt. 85 ff. sonst nicht von sachlichen Gegebenheiten, sondern von den jeweiligen rechtlichen Umständen abhängig. Dies ist nicht gewollt[1146]. Ebensowenig würde eine Abhängigkeit der Erhaltungspflichten von der Gefahrtragung dem oben genannten Schutzziel der Artt. 85 ff. gerecht[1147]. Folglich ist diejenige Partei berufen tätig zu werden, die, ungeachtet der Verursachung einer Vertragsstörung oder des Risikobereiches, die beste Möglichkeit hat

1143 Siehe Punkt 4.1.

1144 Siehe Punkt 4.2.; a. A. Neumayer/Ming, Art. 86, Anm. 2, die zumindest in Art. 86 die Kodifizierung einer Obliegenheit sehen, siehe hierzu Punkt 4.2.2.

1145 Siehe Punkt 4.3.3.

1146 Siehe Punkt 4.3.3.1.

1147 A. A. für die Bedeutung des Gefahrübergangs insbesondere Eberstein und Bacher, siehe hierzu Punkt 4.3.3.2. f.

oder 'näher daran ist', die Ware zu schützen[1148]. Damit wird die Last der Erhaltung bei Vorliegen entsprechender Voraussetzungen selbst der vertragstreuen Partei auferlegt, soweit dies zumutbar ist.

9.1. Erhaltungsverpflichtung des Verkäufers

Inhaltlich erlegt Art. 85 CISG dem Verkäufer Erhaltungspflichten in Situationen auf, in denen der Käufer seine Leistungspflichten, den Kaufpreis zu zahlen und die Ware abzunehmen, nicht erfüllt. Erfaßt wird zudem auch der Fall, daß der Käufer einer Vorleistungspflicht in Form der Kaufpreiszahlung vor Lieferung nicht nachkommt[1149]. Erhaltungsmaßnahmen sind weiter dann gefordert, wenn der Käufer erforderliche Mitwirkungshandlungen nicht vornimmt. Für das Entstehen einer Erhaltungspflicht können jedoch nur Mitwirkungshandlungen maßgeblich sein, die in direktem Zusammenhang mit der körperlichen Abnahme der Güter stehen, d. h. Handlungen, mit denen die Lieferung steht und fällt[1150].

Von dem Verkäufer können einschränkend allerdings nur dann Erhaltungsmaßnahmen gefordert werden, wenn er faktisch und rechtlich die Möglichkeit hat, über die Güter Kontrolle ausüben zu können und entsprechende Dispositionen zu treffen. Insbesondere die rechtliche Möglichkeit dazu bestimmt sich nach Übereinkommen wie dem CMR, dem Warschauer Abkommen, aber auch dem HGB. Nach diesen Codices ist es dem Verkäufer möglich, Weisungen auch dann zu erteilen, wenn die Ware bereits durch Dritte transportiert wird und sich nicht mehr in einer Sphäre befindet, in welcher er direkt physischen Einfluß nehmen kann[1151].

Im deutschen Recht findet sich eine ausdrückliche, gesetzlich normierte Pflicht zur Aufbewahrung lediglich in § 379 (1) HGB für den Käufer. Das Hauptaugenmerk der gesetzlich normierten Regelungen liegt für den Verkäufer im deutschen Recht darauf, ihm zu ermöglichen, sich der Güter unter Wahrung der Belange des Käufers zu entledigen (§§ 372 BGB, 373 HGB). Trotzdem existieren auch Aufbewahrungspflichten des Verkäufers bei Annahmeverzug oder Zahlungssäumigkeit des Käufers. Die Verhaltensregeln für den Verkäufer sind als unselbständige Nebenpflichten allgemein einfache Folge der in § 433 (1)

1148 Siehe Punkt 4.3.3.2.3.
1149 A. A. Enderlein/Maskow/Strohbach, Art. 85, Anm. 2., siehe hierzu Punkte 4.3.3.2.1. und 4.3.3.2.3.
1150 Siehe Punkt 4.3.1.
1151 Siehe Punkt 4.3.4.4.

BGB normierten Pflicht zur Übergabe der Kaufsache[1152]. Weitere Grundlage sind § 242 BGB sowie die Gepflogenheiten des Handelsverkehrs. Auch aus § 304 BGB ist diese Pflicht abzuleiten, da dieser einen Ersatzanspruch für Mehraufwendungen beinhaltet, die für die Aufbewahrung der Gegenstände geleistet werden mußten[1153].

Gleich dem deutschen Recht enthält auch der UCC keine Vorschrift, die dem Verkäufer eine besondere Sorgfaltspflicht hinsichtlich der Ware auferlegt. Ursache für das Fehlen einer ausdrücklichen Regelung ist, daß die Erfüllung in Natur im 'common law' in ihrer Bedeutung hinter den Schadenersatzregelungen zurückbleibt[1154]. Der Verkäufer, der die Ware in Besitz hat, ist nur selten dazu berechtigt, die Erfüllung des Vertrags durchzusetzen, sondern wird grundsätzlich darauf verwiesen, Schadenersatz zu verlangen. Hier ist das CISG wesentlich restriktiver. So wird im CISG z. B. keine Vertragsaufhebung bei einer unwesentlichen Vertragsverletzung ermöglicht. Zudem ist im CISG das Institut der Nachfrist enthalten, welches dem deutschen Recht entlehnt wurde und sich nicht im UCC findet[1155]. Neben dem 'Normalfall' im amerikanischen Recht, der Abwicklung über den Schadenersatz, ist der Verkäufer ausnahmsweise und unter den engen Bedingungen der section 2-709 UCC in der Lage, an der Erfüllung des Vertrages mittels einer 'action for the price' festzuhalten[1156]. In den Fällen, in denen die engen Voraussetzungen für eine Kaufpreisklage vorliegen oder bei denen zwischen Verkäufer und Käufer Einverständnis herrscht, daß trotz eines Vertragsverstoßes des Käufers erfüllt werden soll, treffen den Verkäufer Erhaltungspflichten. Nach section 2-709 (2) muß der Verkäufer die Ware für den Käufer verwahren. Um seiner Pflicht zur Lieferung vertragsgemäßer Ware nachzukommen, wird er dazu – vergleichbar dem deutschen Recht – angemessene Erhaltungsmaßnahmen ergreifen müssen[1157]. Daß dem Käufer nicht zugemutet wird einen Schaden zu tragen, der daraus resultiert, daß der Verkäufer die Ware verfallen läßt, da keine Rechtspflicht zur Erhaltung der Güter besteht, folgt aus dem Grundsatz der 'mitigation of damages'. Danach hat die ursprünglich vertragstreu handelnde Partei alle zumutbaren Maßnahmen zur Verhinderung weiterer Kosten zu treffen, um nicht selbst für entstehende Schäden einstehen zu müssen. Dies bedeutet beispielsweise, daß den Verkäufer die Obliegenheit trifft, einen Dekkungsverkauf vorzunehmen, da er den sonst eintretenden Schaden selbst tragen

---

1152 Siehe Punkt 5.1.; gemäß § 433 (1) n. F. besteht die Verpflichtung zur Verschaffung frei von Sach- und Rechtsmängeln

1153 Emmerich, § 26 IV 1., S. 306

1154 Siehe Punkt 6.2.

1155 Honnold, Int. Lawyer, 18, 1984, 27, 28

1156 Siehe Punkt 6.2.

1157 Siehe Punkt 6.2.1. f.

müßte. In einer solchen Situation besteht keine unbedingte Notwendigkeit für Regelungen, die dem Verkäufer den Erhalt von Waren speziell auferlegen, da der Käufer für einen Verlust der Güter nicht aufzukommen hätte[1158]. Ob die Erhaltung der Ware Ergebnis einer Rechtspflicht wie nach dem CISG oder aber einer Obliegenheit ist, muß weder etwas an den tatsächlichen Anforderungen ändern, die an die Parteien gestellt werden, noch muß es zu anderen Ergebnissen führen[1159]. So wurde z. B. entschieden, daß der Verkäufer ein Recht auf die Erfüllung eines Kaufvertrags über Kartoffeln verloren hatte, weil er nach Abnahmeverzug des Käufers keine angemessenen Schutzmaßnahmen getroffen hatte, so daß die Ware Frostschäden erlitt[1160].

Daß sich der Verkäufer in aktiver Weise um die Ware zu kümmern hat, folgt vergleichbar mit § 304 BGB im deutschen Recht weiter aus section 2-710 UCC. Diese section besagt, daß wirtschaftlich angemessene Kosten oder Provisionen, die durch eine Unterbrechung der Lieferung, Transport, Sorge und Verwahrung der Güter nach dem vertragswidrigen Verhalten des Käufers in Zusammenhang mit der Rücknahme, einem Deckungsverkauf oder sonstwie aus dem vertragswidrigen Verhalten des Käufers resultieren, als Nebenschadenersatz durch den Verkäufer geltend gemacht werden können[1161]. Zudem ist es in der Literatur unbestritten, daß den Verkäufer unter solchen Umständen Erhaltungspflichten treffen[1162].

Ich halte es sowohl gesamtwirtschaftlich als auch im Einzelfall für einen Nachteil der deutschen und der amerikanischen Regelungen, daß keine Norm existiert, die den Verkäufer konkret zur Erhaltung der Ware verpflichtet. Nicht in jeder Handelsbranche existieren spezielle Gepflogenheiten, die Erhaltungsmaßnahmen vorsehen und so einer Schadensminimierung dienen. Damit sind Streitigkeiten darüber, ob nun eine Handlungspflicht aufgrund von z. B. § 242 BGB besteht oder ob jemand seinen Oliegenheiten nicht nachgekommen ist und wer den entstandenen Schaden zu tragen hat, Tür und Tor geöffnet. Während dies für den nationalen Bereich noch tolerierbar sein mag, da die Parteien sich aufgrund ihrer Erfahrungen in ihrem Rechtskreis möglicher Folgen bewußt sein werden, wäre dies für den internationalen Verkehr, insbesondere unter der Ägide eines internationalen Abkommens wie dem CISG, schädlich. Wird der Grundsatz des

1158 Siehe Punkt 6.2.5.; Leser, in Schlechtriem, Einheitliches Kaufrecht und nationales Obligationenrecht, Vertragsaufhebung und Rückabwicklung unter dem UN-Kaufrecht, S. 255

1159 Siehe Punkt 6.2.2.

1160 Beebe v. Cullinane, 214 Mich 37, 181 NW 1016

1161 Fall dazu: GNP Commodities, Inc. v. Walsh Hefferman Co., 1981, 51 Ill.Dec. 245, 420 N.E.2d 659, 95 Ill.App.3d 966

1162 Siehe Punkt 6.2.2.

CISG, daß Verträge zu erfüllen sind, ernsthaft verfolgt, müssen die dazu erforderlichen Randbedingungen vorhanden sein. Die Existenz des Art. 28 CISG, der den amerikanischen Interessen als überwiegendes 'Common-law-Land' dient, indem er vorsieht, daß einem Gericht die Möglichkeit gewährt wird, eine Entscheidung auf Erfüllung in Natur nur dann zu fällen, wenn eine solche auch nach seinem eigenen nationalen Recht bei gleichartigen Kaufverträgen ergehen würde, die nicht unter das CISG fallen, ändert nichts an dieser Notwendigkeit[1163]. Die Parteien bedürfen der Sicherheit, daß bei Störungen in der Erfüllung des Vertrages ein geordneter weiterer Ablauf mit dem Ziel der Vertragserfüllung oder der ordnungsgemäßen Rückabwicklung gewährleistet wird. Diesem Bedürfnis wird durch die Existenz von ausdrücklichen Erhaltungspflichten im CISG Rechnung getragen.

9.2. Erhaltungsverpflichtung des Käufers

Anders als für den Verkäufer finden sich in den behandelten unterschiedlichen Rechtssystemen jeweils Normen, die die Pflichten des Käufers bestimmen, falls dieser die Ware als ordnungsgemäße Erfüllungsleistung ablehnt.

Im CISG behandelt der Art. 86 die Pflicht des Käufers, Erhaltungsmaßnahmen für die Ware zu ergreifen. Die in dieser Norm vorausgesetzten Zurückweisungsrechte ergeben sich aus den Artt. 49, 46 (2), 51, 72, 73 und 52 CISG. Ein Zurückweisungsrecht, welches sich als eigener Rechtsbehelf aus Art. 86 selbst ableiten ließe, existiert hingegen nicht[1164]. Denkbar sind jedoch vertraglich vereinbarte Zurückweisungsrechte. Die Wirkungen der Geltendmachung eines Zurückweisungsrechts ergeben sich aus den Artt. 81-84 CISG. Wenn in Art. 81 (1) S. 1 zu lesen ist, daß die Aufhebung des Vertrages beide Parteien von ihren Vertragspflichten mit Ausnahme von Schadenersatzpflichten befreit, heißt dies nicht, daß die Parteien keine Erhaltungsmaßnahmen ergreifen müßten. Neben weiteren Verhaltenspflichten, die die Rückabwicklung des Vertrages betreffen, sind die Pflichten aus den Artt. 85 ff. sowohl bei der als auch nach der Aufhebung des Vertrages zu beachten[1165]. Sie bestehen auch vor Geltendmachung eines Zurückweisungsrechts, wenn die Partei, die ein solches Recht geltend machen könnte, Kenntnisse von den entsprechenden vertragswidrigen Umständen hat[1166].

1163 Kastely, Unification and Community: A Rhetorical Analysis of the United Nations Sales Convention, 614 f.; Punkt 6.2.

1164 Siehe Punkt 4.4.1.; wohl a. A. Barrera Graf, in Bianca/Bonell, Art. 86, Anm. 2.4., 2.4.3. und 2.4.4.

1165 Siehe Punkt 4.4.1.

1166 A. A. Enderlein/Maskow/Strohbach, Art. 86, Anm. 3.2., siehe hierzu Punkt 4.4.2.

Im Vergleich zu den Regelungen des CISG wird in § 379 HGB nicht auf ein Zurückweisungsrecht des Käufers abgestellt, sondern auf die Beanstandung der Ware. Mit einer solchen Beanstandung macht der Käufer allerdings, wie bei der Zurückweisung nach CISG, deutlich, daß er die Güter nicht behalten will, sondern eine Wandlung oder Nachlieferung durchsetzen möchte[1167]. Auch im UCC werden die Maßnahmen des Käufers zum Schutz der Güter oder zur Minderung des entstehenden Schadens an eine Zurückweisung oder Ablehnung der Waren als vertragswidrig bzw. an einen Widerruf der Annahme der Güter geknüpft (sections 2-601, 2-608). Im Ergebnis sind die Rechtsfolgen eines bestehenden Zurückweisungsrechts und einer Beanstandung der Ware vergleichbar.

Art. 86 (1) CISG setzt weiter voraus, daß der Käufer die Güter bereits erhalten und in seinem Besitz hat, bevor er ein Zurückweisungsrecht ausübt, während Absatz (2) die Erhaltungspflicht auf die Fälle ausweitet, bei denen die Ware dem Käufer zu dem Zeitpunkt, zu dem er von einem Zurückweisungsrecht Gebrauch machen möchte, lediglich zugesandt und zur Verfügung gestellt wurde, jedoch noch nicht in seinen Besitz gelangt ist. Daß in Art. 86 Absatz (1) darauf abgestellt wird, daß der Käufer die Ware bereits in seinem Besitz hat, während sie ihm nach Absatz (2) lediglich zur Verfügung gestellt wurde, führt nicht dazu, daß unterschiedliche Erhaltungsmaßnahmen von ihm gefordert würden. Beide Absätze ergänzen sich dahin gehend, daß es nicht ausreicht, die Güter nach Absatz (2) bei einem Distanzkauf in Besitz zu nehmen, sondern daß unter entsprechenden Umständen weitere angemessene Maßnahmen nach Absatz (1) zu treffen sind, um die Ware zu erhalten[1168]. Die Regelung des Art. 86 (1) findet keine ausdrückliche Parallele im deutschen Recht. Im BGB kann eine Pflicht zur Sorgetragung lediglich aus § 242 BGB entnommen werden. Der Zwang, Maßnahmen ergreifen zu müssen, folgt sonst nur aus den Haftungsfolgen, die eintreten, wenn die Ware sich durch Verschulden des Käufers verschlechtert. So kann der Käufer z. B. sein Wandlungsrecht nach §§ 467 S. 1, 351 BGB verlieren oder – im Rahmen eines Rückgewährschuldverhältnisses – zu Schadenersatz nach §§ 347 S. 1, 989 BGB verpflichtet werden[1169]. Daher ist in der Vornahme einer Handlung zur Erhaltung der Ware eine Obliegenheit zu sehen und keine Rechtspflicht[1170]. Ein Vergleich von Art. 86 (1) CISG mit § 379 (1) HGB scheitert daran, daß die deut-

---

1167 Siehe Punkt 5.2.2.1.3.; zum Wegfall des Wandlungsrechts nach dem Gesetz zur Modernisierung des Schuldrechts siehe Fn. 785

1168 Siehe Punkt 4.4.2.

1169 Siehe Punkt 5.2.1.; Song, S. 129; zu Änderungen hinsichtlich des Wandlungsrechts und zu dem Schadenersatzanspruch i. V. m. den Regelungen des Rücktrittsrechts aufgrund des Gesetzes zur Modernisierung des Schuldrechts siehe die Fn. 785

1170 BGH U. v. 20.12.1978, VIII ZR 236/77, NJW 1979, 811, 812; Schmidt, Handelsrecht, § 29 III 7, S. 834

sche Regelung auf einen Distanzkauf abstellt, womit sie inhaltlich eher dem Art. 86 (2) entspricht. Da Art. 86 (1) in einem internationalen Kontext steht, wird jedoch grundsätzlich ein Distanzkauf vorliegen, wenn dieser Artikel zur Anwendung kommt. Sowohl nach § 379 (1) HGB als auch nach Art. 86 (1) wird verlangt, daß der Käufer bereits im Besitz der Ware sein muß, damit eine Aufbewahrungspflicht entsteht. Dies ist vergleichbar mit den Regelungen des UCC. In den sections 2-602 (2) (b) und 2-603 (1) UCC werden dem Käufer Erhaltungspflichten nur dann auferlegt, wenn die zu erhaltende Ware vor der Ablehnung in den Besitz des Käufers gelangt ist oder zumindest seiner Kontrollmöglichkeit unterliegt[1171]. Falls der Käufer die Annahme der Ware im Vorfeld verweigert und die Lieferung sofort zurückgewiesen hat, ist er von der Pflicht zur Aufbewahrung nach § 379 HGB befreit. Demgegenüber reicht es nach Art. 86 (2) CISG für ein Entstehen der Erhaltungspflichten aus, daß die Ware dem Käufer lediglich zur Verfügung gestellt wurde[1172], und nach den oben genannten Regelungen des UCC, daß er zumindest eine Kontrollmöglichkeit besitzt.

Damit bürden die Regelungen des CISG und des UCC dem Käufer im Vergleich zu den Regelungen des deutschen Rechts mehr Verantwortung auf. Daraus resultiert nicht nur eine faktische Mehrbelastung, sondern auch eine mögliche Schadenersatzpflicht, wenn der Pflicht nicht in angemessener Form nachgekommen wird. Dieses 'Mehr' an Verantwortung ist jedoch gerechtfertigt, da zumindest das CISG die rechtliche Grundlage für internationale Käufe darstellt, während die Regelungen des deutschen Rechts grundsätzlich für den nationalen Gebrauch entwickelt wurden. Räumlich wird es einem Verkäufer bei einem Verkauf und Transport der Waren in nationalen Grenzen erheblich leichter fallen, in relativ kurzer Zeit Maßnahmen zum Schutz der Güter zu ergreifen, als daß dies einem Verkäufer im internationalen Bereich möglich und zumutbar wäre. Um den Käufer jedoch nicht unangemessen zu belasten, wird die Inbesitznahme nach Art. 86 (2) CISG im Weiteren davon abhängig gemacht, daß dies ohne Zahlung des Kaufpreises und ohne unzumutbare Unnannehmlichkeiten oder unverhältnismäßige Kosten möglich ist. Hierzu gehört auch, daß dem Käufer nicht zuzumuten ist, vorgesehene Sicherheitsleistungen zu erbringen. Schließlich ist der Käufer bereits von der Pflicht einer Inbesitznahme zu befreien, wenn Kosten vorauszusehen sind, ohne daß die Gewähr für deren Ausgleich besteht[1173]. Ähnlich wird auch im amerikanischen Recht darauf abgestellt, daß ein Ausgleich für die zusätzlichen Kosten gewährleistet sein muß[1174]. Hinsichtlich der Begrenzung des

---

1171 Siehe Punkt 6.3.5. f.

1172 BGH NJW 79, 811, 812, U. v. 20.12.1978, VIII ZR 236/77

1173 Teilweise a. A. Enderlein/Maskow/Strohbach, Art. 86, Anm. 10.3., Art. 88, Anm. 5, siehe hierzu Punkt 4.4.4.

1174 Section 2-603 (1)

Risikos sind diese Vorschriften differenzierter als § 379 HGB. Allerdings wird in der deutschen Regelung, wie dargestellt, vorausgesetzt, daß die Ware bereits in den Besitz des Käufers gelangt ist, so daß die einschränkenden Bedingungen des CISG und des UCC in einem nach deutschem Recht zu beurteilenden Fall keinen zusätzlichen Schutz bieten würden.

Im Zusammenhang mit der Belastung einer Partei ist für die Art. 86 (2) CISG und section 2-603 (1) UCC unbestritten, daß der Käufer von Erhaltungsmaßnahmen befreit ist, wenn der Verkäufer in einer vergleichbar guten Position ist, um solche Maßnahmen zu ergreifen[1175]. Dies wird für das HGB teilweise abgelehnt[1176]. Der Streit wird bei der Frage geführt, ob überhaupt die Voraussetzung einer Übersendung erfüllt ist, wenn der Verkäufer selbst oder eine Person die Ware anbietet, die an Stelle des Verkäufers Willenserklärungen abgeben kann. Meines Erachtens ist bei der Anwesenheit beider Parteien oder von Stellvertretern eine Situation gegeben, die dem Platzkauf vergleichbar ist, bei welchem eine Verpflichtung des Käufers ausgeschlossen wird, wenn dieser die Ware zu diesem Zeitpunkt bereits beanstandet. Es wäre unverhältnismäßig, den Käufer zu Erhaltungsmaßnahmen zu zwingen, wenn die andere Vertragspartei ebensogut in der Lage ist, z. B. einen Verwahrungsvertrag vor Ort abzuschließen. Unter diesen Umständen ist der Käufer zu entlasten und der Verkäufer in die Pflicht zu nehmen.

Allerdings kann dies als Folge bei der Anwesenheit von 'Leuten' des Verkäufers auch gemäß Art. 86 (2) CISG nach meiner Auffassung nur gelten, wenn diese mit Kompetenzen ausgestattet sind, die eine ordnungsgemäße und rechtlich unbedenkliche weitere Behandlung der Ware ermöglichen[1177]. Der Käufer wird sich der Verpflichtung zur Ergreifung von Maßnahmen nicht entziehen können, wenn für jeden objektiven Betrachter ersichtlich ist, daß die Personen, die für den Verkäufer tätig sind, offensichtlich nicht in der Lage oder dazu befugt sind, für die Erhaltung der Güter zu sorgen. In einem solchen Fall würde zudem ein Verstoß gegen die Schadensminderungspflicht nach Art. 77 CISG anzunehmen sein, wenn der Käufer die Obhut einem offensichtlich nicht kompetenten Gehilfen des Verkäufers überlässt.

1175 Siehe für das CISG Punkt 4.4.3.; für den UCC Punkt 6.3.6.
1176 Siehe Punkt 5.2.2.1.2.
1177 Siehe Punkt 4.4.3.

9.3. Einlagerung und Hinterlegung der Ware

Gemäß Artikel 85 und Artikel 86 CISG haben sowohl Verkäufer als auch Käufer die den Umständen entsprechenden angemessenen Maßnahmen zu treffen. Von den in Betracht kommenden Maßnahmen werden die Einlagerung und der Selbsthilfeverkauf in den Artikeln 87 und 88 CISG behandelt. Damit wird jedoch kein abschließender Katalog von Erhaltungsmaßnahmen aufgestellt. Neben genannten Maßnahmen können Überprüfungen, Pflege, Bewachung, Abschluß von Versicherungen, rechtliche Verteidigungsschritte, aber auch das Unterlassen von Einwirkungen auf die Sache gefordert sein[1178]. Abzustellen ist auf einen den jeweiligen äußeren Umständen angepaßten, objektiven Sorgfaltsmaßstab[1179]. Die Angemessenheit einer Maßnahme bestimmt sich dabei zum einen nach der erforderlichen Eingriffsintensität zum Schutz der Güter, zum anderen aber auch nach dem für die erhaltende Partei 'mildesten' Mittel. Letzteres wird besonders deutlich, wenn in Art. 86 (2) CISG darauf abgestellt wird, daß der Käufer die Ware nur in Besitz zu nehmen hat, wenn dies ohne unzumutbare Unannehmlichkeiten möglich ist.

Art. 87 CISG eröffnet die Möglichkeit, die Ware auf Kosten der anderen Partei in den Lagerräumen eines Dritten einzulagern, sofern daraus keine unverhältnismäßigen Kosten entstehen. Dieser Artikel verwehrt aber nicht die Möglichkeit, die Güter gegebenenfalls in eigenen Lagern unterzubringen[1180].

Auch im deutschen Recht wird den Parteien die Möglichkeit eingeräumt, Waren zu hinterlegen. Nach den §§ 372 ff. BGB hat der Schuldner die Möglichkeit, Geld, Wertpapiere und sonstige Urkunden sowie Kostbarkeiten bei einer dazu bestimmten öffentlichen Stelle zu hinterlegen[1181], wodurch er sich unter entsprechenden Umständen gleichzeitig von seiner Verbindlichkeit befreien kann. Weiter gewährt ihm § 373 (1) HGB ebenso wie Art. 87 CISG die Möglichkeit, sonstige Waren, die nicht von den BGB-Regelungen erfaßt werden, auf Gefahr und Kosten des Käufers in einem öffentlichen Lagerhaus oder in sonst sicherer Weise zu hinterlegen. Für den Käufer normiert § 379 (1) HGB die Pflicht, für die einstweilige Aufbewahrung der Güter zu sorgen. Grundsätzlich darf der Käufer die Güter also nicht einfach sich selbst überlassen oder unmittelbar zurücksenden[1182]. Wie im CISG kann die Partei die Güter aber auch in eigene Verwahrung neh-

---

1178 Siehe Punkt 4.6.

1179 A. A. vCaemmerer/Schlechtriem/Eberstein, 2. A., Art. 85, Rn. 11; Honsell/Weber, Art. 85, Rn. 10; Hammer, S. 94; siehe Punkt 4.6.

1180 Siehe Punkt 4.6.1.

1181 Siehe Punkt 5.1.1.1. ff.

1182 Siehe Punkt 5.2.2.1.4., auch zu Ausnahmen von diesem Grundsatz men[1183]. Dies steht nicht im Widerspruch dazu, daß § 373 HGB nicht die Übernahme der Güter in eigene Verwahrung erfaßt. Die Auswahl einer Hinterlegungsstelle hat mit der im Verkehr erforderlichen Sorgfalt gemäß §§ 347 (1) HGB, 276 (1) BGB zu erfolgen[1184].

Im UCC wird dem Verkäufer nur begrenzt ausdrücklich eine Pflicht auferlegt, konkrete Erhaltungsmaßnahmen zu ergreifen. Wie oben erwähnt, treffen den Verkäufer nach den sections 2-709 (2) und 2-710 Aufbewahrungspflichten, wenn er eine Kaufpreisklage erhebt. Wie er dieser Pflicht Rechnung trägt, bleibt ihm überlassen. Dies ist im amerikanischen System gerechtfertigt, da das Risiko auf dem Verkäufer lastet[1185].

Hinsichtlich der Qualität der Maßnahmen, die ein Käufer zu ergreifen hat, wird zunächst danach unterschieden, ob es sich bei ihm um einen 'merchant', also eine mit dem Handelsverkehr vertraute Person handelt oder nicht (sections 2-602, 2-603 f.). Wenn der Käufer weiter keinen Verkauf nach section 2-711 (3) vornimmt, um einen Ausgleich für den bereits geleisteten Kaufpreis und sonstige Aufwendungen zu erhalten, werden in section 2-602 (2) (b) die an ihn gestellten Grundanforderungen normiert. Danach hat der Käufer die Ware lediglich unter Beachtung der angemessenen Sorgfalt für den Verkäufer zur Abholung bereit zu halten[1186].

Ein mit dem Handelsverkehr vertrauter Käufer ('merchant') hat darüber hinaus nach section 2-603 (1) den angemessenen Instruktionen des Verkäufers bezüglich der Ware zu folgen, wenn dieser keinen Agenten oder keine Niederlassung am Ort der Ablehnung hat[1187]. Daraus kann folgen, daß der Verkäufer Rücksendung, Lagerung, Lieferung an einen Dritten oder auch den Weiterverkauf verlangen kann[1188]. Wenn es sich nicht um verderbliche Güter handelt und der Verkäufer keine Instruktionen erteilt, kann der Käufer die Güter auch gemäß section 2-604 einlagern[1189].

Section 2-604 geht über die den Erhalt der Ware betreffenden jeweiligen ausdrücklichen Regelungen des CISG und des BGB/HGB hinaus, wenn sie dem Käufer ausdrücklich erlaubt, die Ware auf Kosten des Verkäufers an diesen zurückzusenden. Auch wenn diese Möglichkeit in BGB und HGB nicht ausdrücklich enthalten ist, ist eine Rücksendung jedoch nicht völlig ausgeschlossen. Ein

1183 Siehe Punkt 5.1.2.1.
1184 Siehe Punkt 5.1.2.1. str., 5.2.2.1.4.; § 276 (1) 2 wird durch das Gesetz zur Modernisierung des Schuldrechts in § 276 (2) n. F. geregelt
1185 Siehe Punkt 6.2.
1186 Siehe Punkt 6.3.6.3.
1187 Siehe Punkt 6.3.6.
1188 Siehe Punkt 6.3.6.
1189 Siehe Punkt 6.3.6.1.

Recht des Käufers hierzu kann z. B. für das deutsche Recht aus § 379 HGB für den Zeitpunkt abgeleitet werden, nachdem er die Ware eine ausreichende Zeitspanne für den Verkäufer aufbewahrt hat. Eine Pflicht zur Rücksendung kann sich demgegenüber nur ergeben, wenn ein Handelsbrauch dies vorsieht und keine unzumutbaren Kosten für den Käufer entstehen[1190]. Ebenso wird eine Rücksendung nach den Regelungen des CISG, neben den Rückgewährpflichten aus Art. 81 nach Aufhebung des Vertrages, nur in engen Grenzen denkbar sein.

Der Vorteil einer ausdrücklichen Regelung im UCC besteht darin, daß der Käufer oder seine Berater in einer Situation, in welcher sie eine Rücksendung der Güter an den Verkäufer für ratsam erachten, erkennen, daß diese Option nicht grundsätzlich ausgeschlossen ist. Damit entsteht Rechtssicherheit. Dies wird zum Teil allerdings dadurch entwertet, daß hinsichtlich der section 2-604 umstritten ist, ob die Optionen des Käufers abschließend aufgezählt sind oder ob der Käufer weitere angemessene Maßnahmen ergreifen kann[1191].

Hinsichtlich der Einlagerung von Waren ist im Vergleich auffällig, daß dem Verkäufer im UCC aufgrund seines Weisungsrechts eine weitreichende Einflußnahme ermöglicht wird. Damit sind einige Vorteile verbunden. Zum einen werden die Parteien gezwungen, sich über das weitere Verfahren auszutauschen. Dadurch wird ein gleichmäßiger Informationsstand gewährleistet, der zumindest dem Ziel der Schadensminderung dienlich sein kann. Zudem entgeht der Käufer in der Befolgung von Verkäuferweisungen dem Vorwurf, sich unangemessen oder fehlerhaft verhalten zu haben. Damit minimiert er ein Risiko, sich Schadenersatzansprüchen auszusetzen. Schließlich muß sich der Käufer keinen Weisungen beugen, die für ihn ein Kostenrisiko bergen. Er wird geschützt, da er lediglich den Anweisungen des Verkäufers zu entsprechen hat, die deswegen angemessen sind, weil ein Kostenrisiko des Käufers ausgeschlossen wird. Der Verkäufer kann damit per Gesetz das Schicksal seiner Güter weiter bestimmen, während der Käufer von der Verantwortung, die richtigen Maßnahmen zur Erhaltung der Waren zu treffen, weitgehend befreit wird.

9.3.1. Kostentragung der Einlagerung und Hinterlegung

Die Einlagerung geschieht in allen Rechtsordnungen grundsätzlich auf Kosten der anderen Partei. Allerdings findet diese Kostenübernahme eine Begrenzung durch die Vornahme einer angemessenen Einlagerung. Wenn z. B. in section 2-604 UCC keine Regelung zur Begrenzung der Einlagerungskosten enthalten ist,

---

1190 Siehe Punkt 5.2.2.1.4.
1191 Siehe Punkt 6.3.6.1.

ergibt sich eine solche für den Käufer aus der Verweisung auf section 2-603. Nach section 2-603 (2) kann der Käufer nur den Ersatz angemessener Kosten verlangen. Vergleichbar können im deutschen Recht die objektiv erforderlichen Mehraufwendungen nach § 304 BGB, notwendige Verwendungen nach § 450 (1) BGB[1192] und gemäß § 354 (1) HGB Provisionen und Lagergeld nach Ortsbrauch, hilfsweise nach Angemessenheit verlangt werden[1193]. Entsprechend wird als Hindernis einer Einlagerung in Art. 87 CISG das Entstehen unverhältnismäßiger Kosten normiert. Allerdings wird man nicht sagen können, daß die Dritteinlagerung generell nur dann vorgenommen werden darf, wenn ein ausgewogenes Verhältnis zwischen entstehenden Kosten und Warenwert besteht[1194]. In vielen Fällen wird der erhaltenden Partei, die aufgrund einer Wertfeststellung keine andere Wahl hat, als die Güter zu verkaufen, nichts anderes übrig bleiben, als die Ware bis zu einem möglichen Verkauf an dritter Stelle einzulagern, um sie nicht bereits bis zu dem Verkaufszeitpunkt verderben zu lassen. Die zum Erhalt verpflichtete Partei wird mit der Entscheidung belastet, die kostengünstigste Alternative zu finden, ohne zugleich selbst gegen Erhaltungspflichten oder Schadensminderungsobliegenheiten zu verstoßen. Folgende Kriterien sind beispielhaft in eine Entscheidungsfindung einzubeziehen: Günstigste Einlagerungsalternative, ausreichender Schutz der Waren, Kosten einer Einlagerung im Vergleich zum Verkauf, Verfallenlassen der Güter als günstigste Option. Damit wird die Frage nach dem Verhältnis zwischen Einlagerungskosten und Warenwert nur im konkreten Fall beantwortet werden können.

9.3.2. Erfüllungswirkung der Einlagerung und Hinterlegung

Die Frage nach der Erfüllungswirkung der Einlagerung ist aus dem CISG dahin gehend zu beantworten, daß die einlagernde Partei von ihren Leistungspflichten grundsätzlich nicht befreit wird. Anderes gilt nur dann, wenn die Einlagerung bei einem Dritten zwischen den Parteien zur Erfüllung des Vertrages vereinbart war. Dann kann der Verkäufer seiner Lieferpflicht nach Art. 31 b) oder c) nachkommen, indem er einen Herausgabeanspruch abtritt oder z. B. Eigentum verschaffende Dokumente überträgt[1195]. Während eine Hinterlegung nach BGB eine Erfüllungswirkung haben kann, soll die Hinterlegungsmöglichkeit nach § 373 HGB

1192 § 450 wird durch das Gesetz zur Modernisierung des Schuldrechts aus dem BGB gestrichen, siehe hierzu Fn. 677

1193 Siehe Punkt 5.1.2.2., 5.2.2.1.4.

1194 Teilweise a. A. Piltz, § 4, Rn. 276; Herber/Czerwenka, Art. 87, Rn. 2; Reinhart, Art. 87, Rn. 2; siehe Punkt 4.6.1.1.

1195 Siehe Punkt 4.6.1.2.

den Käufer lediglich von seinen Aufbewahrungspflichten entlasten. Eine Erfüllungswirkung tritt damit nicht ein[1196]. Indes kann der Verkäufer einen später abnahmebereiten Käufer entsprechend § 379 BGB auf die Abholung der Ware bei der Hinterlegungsstelle verweisen. Auch die Regelungen des UCC beinhalten keine Erfüllungswirkung einer Einlagerung.

9.4. Selbsthilfe- und Notverkauf

Alle untersuchten Rechtsordnungen ermöglichen den 'Selbsthilfeverkauf' der Ware. Ein solcher Selbsthilfeverkauf erfüllt grundsätzlich zwei Funktionen: Der zum Erhalt der Ware Verpflichtete wird nicht übermäßig lang mit der Aufbewahrung der Güter belastet, und die Ware wird davor bewahrt, durch Lagerung Werteinbußen zu erleiden. Entsprechend der drohenden Folgen wird danach unterschieden, ob der erhaltenden Partei das Recht zur Vornahme eines Selbsthilfeverkaufs zusteht oder ob sogar die Pflicht zur Vornahme eines Verkaufs besteht. Im einzelnen werden in den verschiedenen Rechtsordnungen die folgenden Regelungen getroffen:

Während in Art. 88 (1) CISG ein Recht zum Verkauf normiert wird, enthält Absatz (2) die Pflicht zum Verkauf. Das Recht zum Verkauf besteht, wenn die andere Partei die Inbesitznahme bzw. die Rücknahme der Ware oder die Zahlung des Kaufpreises oder der Erhaltungskosten ungebührlich hinauszögert. Auch die nicht rechtzeitige Rückzahlung des Kaufpreises vom Verkäufer an den Käufer, wenn dieser die Ware z. B. gemäß Art. 86 (2) CISG in Besitz genommen hat, ist von der Regelung erfaßt. Nicht zu diesen Handlungen zählt dagegen die verzögerte Ersatz- oder Nachlieferung des Verkäufers, nachdem der Käufer eine solche verlangt hat. Obwohl hier auch eine gegenteilige Auffassung vertreten werden kann, ist der Ansicht, die die verzögerte Ersatz- oder Nachlieferung nicht in Art. 88 einbezieht, aus Gründen der Praktikabilität und der Handelsüblichkeit der Vorzug zu geben[1197].

Die vorausgesetzte Verzögerung ist ungebührlich, wenn unter Beachtung der Umstände des Einzelfalls die Zeitspanne eines ordnungsgemäßen Geschäftsgangs zuzüglich Nachfrist unzumutbar überschritten wird. Diese Definition bedient sich wiederum ausfüllungsbedürftiger Begrifflichkeiten. Verwiesen wird auf die Definition, die zur Angemessenheit gegeben wurde[1198]. Der Verzögerung steht die

---

1196 Siehe Punkt 5.1.2.3.

1197 A. A. Herber/Czerwenka, Art. 46, Rn. 7; Karollus, S. 137, 138; Schlechtriem/Bacher, Art. 88, Rn. 4; siehe Punkt 4.6.2.2.1.

1198 Siehe Punkt 4.6.

endgültige Leistungsverweigerung gleich, gleichgültig ob diese vor oder nach Fälligkeit der betreffenden Pflichten erklärt wird[1199].

Nicht möglich ist in diesem Zusammenhang, aufgrund von Befürchtungen hinsichtlich der finanziellen Leistungsfähigkeit der anderen Vertragspartei die Erhaltungsmaßnahmen bezüglich der Waren gemäß Art. 71 CISG auszusetzen[1200]. Dieser Artikel bezieht sich lediglich auf Pflichten und Ausgaben, die sich direkt auf die Erfüllung des Vertrages beziehen und entsprechend ausgesetzt werden können, nicht jedoch auf die Erhaltungspflichten. Vielmehr treffen die Erhaltungspflichten gerade denjenigen, der von Art. 71 CISG Gebrauch macht und seine Haupterfüllungspflichten aussetzt[1201].

Nach Absatz (2) hat sich die erhaltende Partei um einen Verkauf zu bemühen, wenn die Ware einer raschen Verschlechterung ausgesetzt ist oder ihre Erhaltung unverhältnismäßige Kosten verursachen würde. Rasche Verschlechterung bezieht sich dabei auf den physischen Verfall der Ware[1202]. Ein Wertverlust oder Preisverfall führt hingegen nicht zu einer Verkaufspflicht nach Absatz (2), da er nicht von dem Begriff der raschen Verschlechterung gedeckt ist[1203]. Auch kann ein solcher Preisverfall nicht über die Verursachung unverhältnismäßiger Kosten[1204] zu einer Verkaufspflicht führen[1205]. Die erhaltende Partei soll nicht für Umstände eintreten müssen, die nicht in ihrer Macht liegen. Es wäre unbillig, diese Partei mit der Obhut und Erhaltung der Ware zu belasten und sie zusätzlich das Risiko des Preisverfalls tragen zu lassen. Eine Verkaufsmöglichkeit könnte schließlich entweder daraus folgen, daß eine ungebührliche Verzögerung einer Handlung gemäß Absatz (1) vorliegt oder daß sich eine Partei gemäß Art. 77 CISG zur Schadensminderung veranlaßt sieht[1206]. Dem Verkauf nach Absatz (1) liegt allerdings ein Recht hierzu zugrunde, während die Pflicht zur Schadensminderung nach Art. 77 eine Obliegenheit darstellt. Eine Verkaufspflicht ist folglich hier nicht vorgesehen.

Im deutschen bürgerlichen Recht wird dem Schuldner nach § 383 (1) S. 1 BGB das Recht zur Versteigerung einer beweglichen Sache gewährt, wenn die

---

1199 Siehe Punkt 4.6.2.2.2.

1200 A. A. Herber/Czerwenka, Art. 85, Rn. 2, 8; Kock, S. 163; siehe Punkt 4.6.2.2.2.

1201 Siehe Punkt 4.5.2.2.

1202 Siehe Punkt 4.6.2.3.1.

1203 A. A. Bianca/Bonell/Barrera Graf, Art. 88, Anm. 2.8.; June Sun Choi, S. 133; Corvaglia, S. 91; Loewe, Art. 88, S. 102 f.; siehe Punkt 4.6.2.3.1.1.

1204 Die Erhaltung verursacht unverhältnismäßige Kosten, wenn die Aufwendungen für die Erhaltung den Wert der Ware, aber auch schon den Verlust bei einem Notverkauf deutlich übersteigen, siehe Punkt 4.6.2.3.2.

1205 Siehe Punkt 4.6.2.3.1.1. und 4.6.2.3.1.2.

1206 Siehe Punkt 4.6.2.3.1.3.

geschuldete Sache nicht hinterlegbar ist[1207]. Die Möglichkeit einer Versteigerung besteht auch dann, wenn der Schuldner gemäß § 372 S. 2 i. V. m. § 383 (1) S. 2 BGB aus Gründen, die nicht in seinem Verantwortungsbereich liegen, seine Verpflichtung nicht mit Sicherheit erfüllen kann und der Verderb der Ware zu besorgen oder die Aufbewahrung mit unverhältnismäßigen Kosten verbunden ist. In Erweiterung dieser Regelungen auf den handelsrechtlichen Verkehr eröffnet § 373 (2) HGB dem Verkäufer die Möglichkeit, bei Annahmeverzug des Käufers oder in dem Fall, daß die Güter dem Verderb ausgesetzt sind, die Ware einem Selbsthilfeverkauf auch dann zuzuführen, wenn sie hinterlegbar wären. Entsprechend enthält § 379 (2) HGB für den Käufer das Recht zum Notverkauf für den Fall, daß die Ware dem Verderb ausgesetzt und Gefahr im Verzuge ist[1208]. Eine Pflicht zum Verkauf kann sich in den vorgenannten Fällen lediglich aus § 242 BGB oder aus Handelsbrauch ergeben.

Im UCC wird dem Verkäufer die Möglichkeit des Deckungsverkaufs der Güter gemäß der sections 2-703 und 2-706 eingeräumt. Voraussetzung für einen Verkauf ist, daß sich der Käufer vertragswidrig verhalten hat, indem er z. B. die An- und Abnahme der Ware in vertragswidriger Weise abgelehnt oder eine Zahlungsverpflichtung vor oder bei Lieferung der Ware verletzt hat. Durch die Vornahme eines Deckungsverkaufs soll zum einen weiterer Schaden ausgeschlossen und zum anderen die Höhe eines Schadenersatzanspruches bemessen werden[1209]. Für den Käufer ist der Verkauf gemäß der Regelungen der sections 2-603, 2-604 oder 2-711, 2-706 UCC möglich. Nach den sections 2-603, 2-604 hat der Käufer zunächst den möglichen Anweisungen des Verkäufers Folge zu leisten, soweit diese angemessen sind. Fehlen angemessene Anweisungen, ist der Käufer verpflichtet, Anstrengungen zu einem Verkauf der Güter zu unternehmen, falls diese verderblich sind oder ein rascher Wertverlust zu erwarten steht[1210]. Ein solcher Verkauf ist in Anlehnung an die Regelungen der section 2-706 vorzunehmen[1211]. Falls der Käufer ein Interesse an den gelieferten Gütern als Sicherheit für geleistete Zahlungen hat, kann er die Güter gemäß 2-711 (3), 2-706 einem Verkauf zuführen.

Bevor auf die Modalitäten der Verkäufe eingegangen wird, ist als Zwischenergebnis festzuhalten, daß alle Rechtsordnungen den Verkauf der Güter zur eigenen Entlastung und auch zur Vermeidung weiteren Schadens kennen und kodifizieren. Während sich die Möglichkeit des Verkäufers zur Vornahme eines Selbsthilfeverkaufs nach dem HGB auf den Fall des Verzugs des Käufers be-

---

1207 Siehe Punkt 5.1.1.2.
1208 Siehe Punkt 5.2.2.2.
1209 Siehe Punkt 6.2.3.
1210 Siehe Punkt 6.3.6., 6.3.6.1.
1211 Siehe Punkt 6.3.8.

schränkt, ermöglicht Art. 88 (1) CISG einen Verkauf bei ungebührlicher Verzögerung der Annahme oder der Rücknahme der Sache oder der Zahlung des Kaufpreises oder der Erhaltungskosten. Damit wird im CISG ein größerer Bereich abgedeckt und der obhutspflichtigen Partei per Gesetz die zeitliche Begrenzung der Erhaltungspflichten verdeutlicht. Im deutschen Recht kann lediglich aus der Formulierung des § 379 HGB für den Käufer eine zeitliche Begrenzung der Erhaltungspflichten abgeleitet werden, da er zur einstweiligen Aufbewahrung verpflichtet ist. Damit wurde durch die Formulierung in Art. 88 (1) CISG eine größere Transparenz für den Rechtsanwender geschaffen.

Eberstein stellt einen weiteren Unterschied zwischen § 373 HGB und Art. 88 CISG fest, da die obhutspflichtige Partei im CISG nicht die Wahl zwischen Aufbewahrung und Selbsthilfeverkauf wie nach deutschem Recht habe, sondern auf jeden Fall erst die in Art. 85 aufgeführten Erhaltungsmaßnahmen treffen müsse und anschließend dann zum Selbsthilfeverkauf des Art. 88 (1) übergehen könne[1212]. Auch wenn die Artikel in diesem Sinn gelesen werden können, kann eine Zeitspanne für die Vornahme sonstiger Erhaltungsmaßnahmen je nach Sachverhalt jedoch so kurz zu bemessen sein, daß ein Unterschied zwischen den Regelungen des HGB und des CISG zu vernachlässigen ist. Unterschiede bestehen schließlich hinsichtlich der ausdrücklichen Festlegung einer Pflicht zur Vornahme eines Verkaufs bei Verderb der Ware und bei Gefahr im Verzuge. Während dies im UCC und im CISG konkret geregelt ist, wird im deutschen Recht auf den § 242 BGB verwiesen. Mit jeder ausdrücklichen Normierung einer Pflicht wird ein möglicher Diskussionsspielraum hinsichtlich der Gebotenheit eines Verkaufs eingeengt. Dies trägt zur Rechtssicherheit bei, so daß ich die Bestimmungen des UCC und des CISG als vorteilhaft erachte. Auf der anderen Seite wird die erhaltende Partei mit ausdrücklichen Pflichten zusätzlich belastet und einem finanziellen Risiko ausgesetzt, namentlich einer Schadenersatzklage, wenn von ihr verlangt wird, zusätzliche Leistungen im Sinne der vertragsbrüchigen Partei zu ergreifen. Letzteres gilt allerdings unabhängig davon, ob es sich bei einer Pflicht um eine kodifizierte Pflicht handelt oder um eine Pflicht, die aus einer Generalklausel folgt. Folglich ist dieser Nachteil im vorliegenden Rahmen zu vernachlässigen.

1212 In vCaemmerer/Schlechtriem, 2. A., Art. 88, Rn. 13

9.4.1. Verkaufsmodalitäten

Nachdem der bevorstehende Verkauf der anderen Partei in vernünftiger Weise angezeigt wurde[1213], kann er gemäß Art. 88 (1) CISG auf jede geeignete Weise vorgenommen werden. Der Verkauf nach Absatz (1) ist jedoch dann nicht möglich, wenn der Partei, die sich in Verzug befindet, eine Nachfrist eingeräumt wurde, die noch nicht verstrichen ist[1214]. Wenn diese Einschränkungen nicht vorliegen, kann die Ware, gleich ob sie einen Börsen- oder Marktpreis hat, sowohl öffentlich durch zugelassene Versteigerer oder Makler an Warenbörsen verkauft oder versteigert als auch durch die erhaltende Partei selbst aus freier Hand veräußert werden[1215]. Von der verkaufenden Partei wird allerdings verlangt, daß sie bei der Auswahl der Verkaufsform ein vertretbares Ergebnis in Form eines angemessenen Kaufpreises erzielt.

Hinsichtlich des Verkaufs der Ware nach Art. 88 (2) CISG wird verlangt, daß sich die den Verkauf vornehmende Partei um einen solchen in angemessener Weise bemüht. Je nach der Erfahrung und Professionalität des Verkäufers bestimmen sich die an ihn zu stellenden Anforderungen[1216]. Hinsichtlich einer Verkaufsanzeige, die soweit möglich abzugeben ist, ist darauf abzustellen, ob sie der säumigen Vertragspartei die Möglichkeit gibt, einzugreifen. Wenn dies ausgeschlossen ist, wird man der verkaufenden Partei nicht vorwerfen können, daß sie eine Anzeige unterlassen hat, obwohl ausreichend Zeit gewesen wäre[1217]. Section 2-706 UCC enthält zwar im Vergleich zu Art. 88 CISG einen relativ ausführlichen Katalog hinsichtlich der Durchführung eines Verkaufs, läßt dem Verkäufer aber innerhalb dieses Rahmens vergleichbare Freiheiten. So wird der verkaufenden Person ein breiter Spielraum hinsichtlich der Verkaufsart, der Zeit und des Ortes des Verkaufs eingeräumt. Der Verkauf hat jedoch unter angemessenen und vernünftigen Bedingungen stattzufinden. Diese Bedingungen gelten auch für den Käufer, der einen Verkauf gemäß section 2-711 (3) i. V. m. section 2-706 oder gemäß sections 2-603, 2-604 vornimmt[1218].

Nach § 383 (1) BGB ist die Ware grundsätzlich am Leistungsort zu versteigern. Davon abweichend kann sie an einem geeigneteren Ort versteigert werden, wenn am Leistungsort kein angemessener Erfolg zu erwarten steht (§ 383 (2) BGB). Nach den Regelungen des HGB hat der Verkäufer darauf zu achten, daß er einen Ort auswählt, an dem er einen angemessenen Preis für die Ware erzielt,

---

1213 Siehe Punkt 4.6.2.2.3.
1214 Siehe Punkt 4.6.2.2.5.
1215 Siehe Punkt 4.6.2.2.4.
1216 Siehe Punkt 4.6.2.3.3.
1217 Siehe Punkt 4.6.2.3.3.
1218 Siehe Punkt 6.3.6.1., 6.3.8.

ohne unnötige Kosten zu verursachen[1219]. Ab dem Tag der Fälligkeit steht der Zeitpunkt des Verkaufs im Ermessen des Verkäufers. Abweichend von CISG und UCC wird im deutschen Recht zwischen Waren unterschieden, die einen Börsen- oder Marktpreis haben und denjenigen, für die ein solcher Preis nicht existiert. Der unterschiedlichen Einordnung der Ware entsprechend differieren die Versteigerungsarten. Für den ersten Fall ist der Verkauf aus freier Hand durch eine öffentlich dazu bestellte Person möglich, während für den zweiten Fall lediglich die öffentliche Versteigerung der Ware zulässig ist. Diese Unterscheidung, die noch in den Entwürfen zum EKG enthalten war, wurde später sowohl für EKG als auch CISG zugunsten einer weiten Formulierung aufgegeben[1220]. Während im UCC die Möglichkeiten des 'privaten' und 'öffentlichen' Verkaufs unterschieden werden und im HGB die öffentliche Versteigerung und der Verkauf aus freier Hand, wird im CISG nur auf geeignete Maßnahmen abgestellt. Dadurch leidet die Vorschrift aber nicht an fehlender Genauigkeit, da die jeweilige verkaufende Partei in unterschiedlichen Ländern nach Maßgabe der regional bestehenden Möglichkeiten selbst die Entscheidung treffen muß, auf welche Art ein angemessener Verkauf durchgeführt werden kann.

9.4.2. Mitteilungspflichten

In allen angesprochenen Rechtsordnungen bestehen Mitteilungs- oder Anzeigepflichten bezüglich eines Verkaufs gegenüber der anderen Vertragspartei oder interessierten Dritten.

Die Regelungen des UCC verpflichten den Käufer, vernünftigen Anweisungen des Verkäufers zu folgen. Voraussetzung hierfür ist, daß dem Verkäufer eine Ablehnung der Güter überhaupt zur Kenntnis gebracht wurde. Entsprechend enthält section 2-602 (1) S. 2 für die 'rejection' und section 2-608 (2) S. 2 für die 'revocation' die Regelung, daß sich der Käufer nicht auf sie berufen kann, so lange er den Verkäufer hiervon nicht in Kenntnis gesetzt hat. Dies entspricht dem § 377 (1) HGB sowie Art. 39 CISG.

Konkrete Mitteilungsverpflichtungen für den Selbsthilfeverkauf der Güter finden sich ebenso in allen hier untersuchten Rechtsordnungen. So ist die Person, die einen Verkauf nach Art. 88 CISG vornimmt, verpflichtet, die Verkaufsabsicht in vernünftiger Weise anzuzeigen. Damit soll die Partei, die sich in Verzug befindet, die Chance erhalten, einen Verkauf durch Erfüllung ihrer Pflichten abzu-

---

1219 Siehe Punkt 5.1.3.3.2.1.

1220 Denkschrift zu den Übereinkommen BT Drucksachen, VI / 3772, S. 73, VII / 115, S. 74, jeweils zu Artikel 94 wenden oder zumindest zu gewährleisten, daß ihre Rechte gewahrt bleiben. Aus diesem Grund enthält auch § 373 (2) HGB die Anforderung, sowohl eine Versteigerung als auch einen Verkauf aus freier Hand vorher anzudrohen[1221]. Beachtlich ist in diesem Zusammenhang, daß ein Widerspruch des ursprünglichen Verkäufers den Käufer an einem Selbsthilfeverkauf im deutschen Recht hindert. Dies folgt daraus, daß § 379 HGB den Interessen des Verkäufers dient[1222]. Die Möglichkeit zum Widerspruch erinnert an die Möglichkeit des Verkäufers im amerikanischen Recht, eine Anweisung zur weiteren Behandlung der Ware zu erteilen. Da ein Widerspruch ohne Maßgaben, wie mit den Waren weiter zu verfahren ist, nicht zur Erhaltung der Ware beiträgt, wird allerdings auch im deutschen Recht verlangt, daß weiterführende Anweisungen des Verkäufers hinsichtlich der Behandlung der Ware erforderlich sind, um einen Verkauf durch den Käufer wirksam zu unterbinden[1223]. Ein Widerspruch wird für das CISG anders bewertet. Danach hat dieser keine den Verkauf hindernde Wirkung, sondern verlangt lediglich eine erhöhte Aufmerksamkeit hinsichtlich der Belange der anderen Partei[1224]. Dadurch wird zunächst der Eindruck erweckt, daß der Partei, die mit der Bewahrung der Güter belastet ist und die durch einen Verkauf zu ihrem Vorteil entlastet werden soll, nach dem CISG eine größere Freiheit und ein erweiterter Spielraum eingeräumt wird. In allen Rechtsordnungen wird allerdings im Ergebnis auf die Vornahme einer angemessenen Maßnahme abgestellt. Ob dies aufgrund einer geeigneten Weisung des Verkäufers erfolgt oder aufgrund einer angemessenen Überlegung des Käufers, sollte im Ergebnis zu keinen erheblichen Differenzen führen. Richtig ist, daß der Käufer, die augenblickliche Situation, in der sich die Ware befindet, sowohl hinsichtlich ihrer Beschaffenheit als auch der äußeren Umstände im internationalen Verkehr besser einschätzen kann als der Verkäufer. Entsprechend ist es vernünftig, daß er in seiner Entscheidung frei sein soll, welche angemessenen Maßnahmen er zu ergreifen gedenkt. Falls der Verkäufer ein geeignetes weiteres Verfahren aufzeigen sollte, kann der Käufer diesen Weg einschlagen. Ein reiner Widerspruch ohne einen weiterführenden Vorschlag kann jedoch nicht beachtlich sein, da eine Ware aufgrund eines reinen Unterlassens grundsätzlich nicht besser erhalten wird als durch geeignete aktive Maßnahmen.

Wie bereits festgestellt, wird dem Verkäufer im amerikanischen Recht ermöglicht, Anweisungen zu erteilen. Falls jedoch keine angemessenen Anweisungen zur weiteren Verfahrensweise erfolgen, kann der Käufer die Waren nach den

1221 Siehe Punkt 5.1.3.1.
1222 Siehe Punkt 5.2.2.2.
1223 Siehe Punkt 5.2.2.2.
1224 Siehe Punkt 4.6.2.2.5.2.

Regelungen der sections 2-603 und 2-604 UCC verkaufen. Nachdem der Käufer eine Ablehnung der Ware mitgeteilt hat, soll die Initiative folglich von dem Verkäufer ausgehen. Eine zusätzliche Anzeige wird daher für entbehrlich gehalten. Abweichend hiervon bestimmt section 2-706, auf die section 2-711 (3) verweist, daß der anderen Partei sowohl ein privater als auch ein öffentlicher Verkauf auf dieser Grundlage anzuzeigen ist. Bei einem öffentlichen Verkauf wird zusätzlich verlangt, daß Ort und Zeit des Verkaufs bekanntgegeben werden und eine Begutachtung der Güter vor dem Verkauf ermöglicht wird.

Nach Art. 88 (2) S. 2 CISG und damit vergleichbar section 2-706 (4) (b) UCC wird eine Anzeige nur verlangt, soweit dies möglich ist. Ebenso kann die Anzeige nach § 373 (2) S. 2 HGB unterbleiben, soweit die Ware dem Verderb ausgesetzt und Gefahr im Verzuge ist oder die Androhung z. B. aus Gründen der Nichterreichbarkeit des Vertragspartners untunlich ist. Dahinter steht der Gedanke, daß eine vorherige Anzeige unter Zeitmangel nur sinnvoll ist, wenn der anderen Partei durch sie ein Einschreiten in angemessener Form ermöglicht wird[1225]. Damit besteht diesbezüglich ein Einklang der Regelungen. Bei Verstößen gegen die Mitteilungspflichten folge ich der Meinung, daß solche im CISG lediglich einen Schadenersatzanspruch für die andere Vertragspartei auslösen und den Verkauf nicht unwirksam machen[1226]. Dies ist zumindest für den internationalen Verkehr die praktikabelste Lösung. Demgegenüber führt ein Verstoß gegen die Pflicht zur Androhung eines Verkaufs nach den Kommentierungen im deutschen Handelsrecht zur Rechtswidrigkeit des Verkaufs[1227]. Dies gilt, soweit eine Androhung aufgrund der unmittelbaren Verschlechterung der Ware nicht untunlich ist. Ein Verstoß gegen die Anzeigepflicht nach § 373 (5) HGB, der die Bekanntgabe von Zeit und Ort einer öffentlichen Versteigerung sowie die Nachricht über den vollzogenen Verkauf betrifft, führt dagegen lediglich zu einer Schadenersatzverpflichtung[1228]. Für die Regelung in section 2-706 UCC bestimmt die Kommentierung, daß die Benachrichtigung eine Vorbedingung für den Verkauf darstellt[1229]. Ohne eine Benachrichtigung ist eine Bestimmung des Schadenersatzes nicht nach section 2-706, sondern lediglich nach section 2-708 UCC möglich, die vorsieht, daß der Schaden nach der Differenz des Marktpreises zum vertraglich vereinbarten Preis zu berechnen ist [1230].

1225 Siehe Punkt 4.6.2.3.3.
1226 A. A. insbesondere vCaemmerer/Schlrechtriem/Eberstein, 2. A., Art. 88, Rn. 18; siehe Punkt 4.6.2.2.5.1.
1227 Siehe Punkt 5.1.3.3.3.3.
1228 Siehe Punkt 5.1.3.1.
1229 Dillsaver zu section 2-706
1230 Siehe Comment 2 zu section 2-706

In allen Fällen folgt aus dem Versäumnis einer rechtzeitigen Benachrichtigung die Beschneidung eigener Schadenersatzansprüche oder die Begründung von Schadenersatzansprüchen der anderen Partei. Eine Abwicklung über den Schadenersatz ist meines Erachtens zumindest im internationalen Bereich sinnvoller als die Rückabwicklung eines rechtswidrigen Selbsthilfeverkaufs. In vielen Fällen werden bei Verkäufen, insbesondere durch den Käufer zugunsten des Zweitkäufers, Gutglaubensvorschriften eingreifen, die eine Rückabwicklung ausschließen. So wird zum Beispiel ein gutgläubiger Käufer gemäß section 2-706 (5) UCC die Ware frei von Rechten Dritter erstehen. In einem solchen Fall sollten die nationalen Rechtsvorschriften nicht bemüht werden müssen, soweit eine ausgleichende Lösung über den Schadenersatz gefunden werden kann.

Um einen abschließenden finanziellen Ausgleich zwischen den Parteien zu gewährleisten, sind Abrechnungen über die jeweiligen Aktivitäten zu erstellen. Die Notwendigkeit einer Rechnungslegung ist für das CISG aus Art. 88 (3) abzuleiten[1231]. Für das deutsche Recht ergibt sich dies aus § 666 BGB[1232]. Ebenso wird man einen Anspruch der Parteien im UCC auf Offenlegung der entsprechenden Zahlen bejahen müssen. Dies ist unentbehrlich, da auf Grundlage eines solchen Wertes weitere Schadenersatzansprüche berechnet werden können und müssen sowie möglicherweise von den Erlösen Aufwendungs- und Kostenersatz abzurechnen sind. Ohne eine Wertfeststellung wird es den Parteien nahezu unmöglich sein, einen weiteren Ausgleich für den nicht ordnungsgemäß erfüllten Vertrag zu erzielen.

9.4.3. Verteilung des Verkaufserlöses

In allen Fällen, bei denen eine Partei die Ware auf Rechnung der anderen Vertragspartei veräußert, ist der Verkaufserlös grundsätzlich an die andere Partei abzuführen. Unter diesen Umständen wird der obhutspflichtigen Partei, die einen solchen Verkauf vornimmt, zugestanden, angemessene Aufwendungen und Kosten, die durch den Erhalt der Ware und den vorgenommenen Verkauf entstanden sind, aus den Erlösen einzubehalten. Bevor auf die damit verbundenen sonstigen Zurückbehaltungsrechte eingegangen wird, ist kurz darzulegen, wie der Verkaufserlös in den einzelnen Rechtsordnungen verteilt wird.

Der ordnungsgemäße Verkauf, durch den die Lieferschuld des Verkäufers erlischt[1233], erfolgt gemäß § 373 Abs. (3) HGB für Rechnung des Käufers. Der

1231 Siehe Punkt 4.6.2.4.2.
1232 Siehe Punkt 5.1.3.1.
1233 Siehe Punkt 5.1.3.3.3.1.

Verkaufserlös ist nach § 667 BGB an den Käufer herauszugeben. Eine fällige Kaufpreisforderung kann, erhöht durch den Anspruch auf Aufwendungsersatz nach den §§ 373 (1) HGB, 304 BGB für das erfolglose Angebot sowie die Aufbewahrung und Erhaltung des geschuldeten Gegenstandes und entstandene Versicherungsprämien, gegen den Anspruch des Käufers auf Herausgabe des Verkaufserlöses aufgerechnet werden. Hinzu kommt, daß der Verkäufer ein über die tatsächlich entstandenen Kosten hinaus örtlich übliches Lagergeld gemäß § 354 (1) 2 HGB verlangen kann, falls eine Einlagerung vorgenommen wurde[1234]. Ist der erlöste Betrag geringer als der ursprüngliche Kaufpreisanspruch, besteht dieser Anspruch in entsprechendem Umfang fort.

Der Käufer wiederum, der einen Verkauf gemäß § 379 (2) i. V. m. § 373 (2) HGB durchführt, hat den Verkaufserlös abzüglich der Kosten für Aufwendungen und einer Provision gemäß § 354 (1) S. 1 auszukehren. Er kann dem Verlangen des Verkäufers auf Herausgabe des Erlöses einen bezifferbaren Wandlungs- oder Schadenersatzanspruch entgegenhalten[1235]. Ausgeschlossen ist allerdings, zu diesem Zeitpunkt ein Minderungsverlangen geltend zu machen. Während es dem Verkäufer im deutschen Recht allerdings möglich ist, einen Selbsthilfeverkauf durchzuführen, um sich der Erhaltungskosten zu entledigen, darf der Käufer einen Notverkauf aus diesem Grund nicht vornehmen. Zwar geht die Gefahr nach einer ausreichenden Zeitspanne, in der der Verkäufer die Ware hätte zurücknehmen oder auf sonstige Art über sie hätte verfügen können, auf den Verkäufer über[1236], allerdings hat der Käufer grundsätzlich keine Möglichkeit, sie zu seinen Gunsten zu verkaufen. Nur ausnahmsweise werden die Voraussetzungen einer GOA oder bereits ein vollstreckbarer Titel vorliegen, der zum Verkauf zu eigenen Gunsten berechtigt (§ 371 HGB). Insoweit ist das CISG, aber auch der UCC wesentlich käuferfreundlicher, da nach beiden dem Käufer unmittelbarere Möglichkeiten gegeben sind, um Ausgleichsansprüche gegenüber dem Verkäufer geltend zu machen.

Gemäß Art. 88 (3) CISG ist ein Verkaufsüberschuß dem jeweiligen Vertragspartner nach Abzug von angemessenen Erhaltungs- und Verkaufskosten gutzubringen. Nach der herrschenden Meinung, welcher ich mich anschließe, kann ein Verkäufer nach Art. 88 CISG den Verkaufserlös darüber hinaus auch wegen weiterer unter der Konvention begründeter Forderungen einbehalten[1237]. Da hinsichtlich der Frage, ob es sich bei dem auszukehrenden Erlös nach den Regelungen des CISG um eine Schick- oder eine Bringschuld handelt, Streit besteht, ist

---

1234 Siehe Punkt 5.1.2.1.

1235 Ensthaler/Achilles, § 379, Rn. 8; zum Wegfall des Wandlungsrechts nach dem Gesetz zur Modernisierung des Schuldrechts siehe Fn. 785

1236 Staub/Koller/Brüggemann, § 379, 24

1237 Str. siehe hierzu Punkt 4.8.2., 4.8.3. und folgend 9.5.

kurz ein Lösungsansatz darzulegen, der m. E. vorzugswürdig ist. Anzunehmen ist, daß der Erlös des Verkaufs ein Surrogat der verkauften Ware darstellt[1238]. Unter dieser Voraussetzung gelten folgende Regelungen: Falls der Verkäufer einen Erlös auszukehren hat, wäre es unangemessen, eine mögliche Schick- oder Holschuld hinsichtlich der Ware in eine Bringschuld bezüglich des Geldes in Anlehnung an Art. 57 (1) a) CISG umzuwandeln, da er sonst Verlust- und Verzögerungsrisiko tragen müßte. In diesem Fall ist auf den Erfüllungsort der Primärleistung abzustellen. Der Erlös ist an dem Ort auszukehren, an dem auch die Ware hätte ausgeliefert werden sollen.

Wenn der Käufer dem Verkäufer einen Erlös gutzubringen hat, ist das Geld an dem Ort zur Verfügung zu stellen bzw. an den Ort zu versenden, an den auch die zurückgewiesene Ware hätte verbracht werden müssen. Der Rückgabeort kann mit Hilfe der Artt. 81 ff. CISG bestimmt werden. Die Regelungen, die dort vorgegeben sind, können hinsichtlich der Leistungs- und Lieferungsorte spiegelbildlich angewandt werden. Wenn die Lieferung der Ware nach Art. 31 CISG die Abholung bei der Verkäuferniederlassung bzw. beim Versendungskauf die Übergabe durch den Verkäufer an den Beförderer erforderte, hat der Verkäufer die Ware nun bei dem Käufer abzuholen bzw. der Käufer die Ware zu versenden und hierzu einem Beförderer zur Übermittlung an den Verkäufer zu übergeben. Letzteres kann lediglich dann modifziert werden, wenn ein Vertragsbruch des Verkäufers vorliegt[1239]. Unter diesen Umständen, die vielfach den Normalfall darstellen werden, ist eine Holschuld des Verkäufers anzunehmen, um den Käufer nicht ungerechtfertigt zu benachteiligen.

Nach dem UCC besteht für den Verkäufer lediglich die Möglichkeit, einen Deckungsverkauf vorzunehmen. Dies entspricht dem Grundkonzept im UCC, nach welchem der Schadenersatzanspruch im Mittelpunkt steht. Demgemäß kann ein Verkäufer, der einen Deckungsverkauf vornimmt, einen Überschuß im Vergleich zum ursprünglichen Kaufpreis behalten, während der Käufer nach section 2-706 (6) gehalten ist, einen Betrag, der über die Summe hinausgeht, die jegliche Kaufpreiszahlungen oder jegliche Kosten zur Erhaltung der Ware beinhaltet, für die der Käufer eine Sicherung beansprucht, an den Verkäufer herauszugeben. Auch wenn der Käufer von den Möglichkeiten der sections 2-603 und 2-604 Gebrauch macht, geschieht dies auf Rechnung des Verkäufers. Hier ist vorgesehen, daß der Käufer zum einen nur den Anweisungen des Verkäufers folgen muß, die einen Aufwendungsersatz für den Käufer sicherstellen, und daß der Käufer zum anderen einen Anspruch auf Aufwendungsersatz gegenüber dem Verkäufer geltend machen oder sich aus dem Verkaufserlös befriedigen kann. Zudem erhält er

1238 Zu dem Streitstand siehe Punkt 4.6.2.4.1. ff.
1239 Siehe Punkt 4.6.2.4.1.3.

eine übliche Provision für den Verkauf oder, falls eine solche nicht existiert, 10 % des Bruttoerlöses.

Im Ergebnis wird in den drei Rechtsordnungen auf vergleichbare Art und Weise sichergestellt, daß der jeweiligen obhutspflichtigen Partei aus den Verkaufserlösen zumindest ein Ersatz für durch die Erhaltung der Güter entstandene, angemessenen Aufwendungen und Kosten gewährt wird.

9.5. Zurückbehaltungsrechte

Ein Ausgleich der Kosten wird aber nicht nur sichergestellt, indem ein Einbehalt aus Verkaufserlösen ermöglicht wird, sondern auch dadurch, daß den Parteien diesbezüglich Zurückbehaltungsrechte an der Ware eingeräumt werden. Die Artikel 85 ff. CISG sehen einen Ersatz angemessener Aufwendungen der erhaltenden Partei vor, welche sowohl den Ausgleich für eigene Tätigkeiten als auch den Ausgleich für Kosten, die durch die Einschaltung Dritter entstehen, beinhalten. Dabei wird von der erhaltenden Partei grundsätzlich verlangt werden können, bezüglich der angemessenen Aufwendungen in Vorlage zu treten[1240]. Die erhaltende Partei ist jedoch berechtigt, Zinsen gemäß Art. 78 für den Ersatzanspruch zu verlangen. Durch die in den Artikeln 85 S. 2 und 86 (2) S. 2 enthaltenen Zurückbehaltungsrechte wird gewährleistet, daß die erhaltende Partei ihre Aufwendungen ersetzt bekommt. Aus diesen Artikeln sowie den Regelungen der Artt. 84 (2), 58, 81 (2) CISG wird ein allgemeiner Grundsatz abgeleitet, wonach in wesentlichen Fällen konventionsinterner Ansprüche und Pflichten eine Zurückhaltung der eigenen Leistung möglich ist[1241]. Um eine dauernde Zurückbehaltung abzuwenden, ist es der anderen Partei jedoch gestattet, eine Sicherheit zu hinterlegen, die in Art und Höhe geeignet sein muß, ausreichenden Schutz zu bieten[1242].

Bei einem Verkauf der Ware gemäß Art. 88 CISG besteht, wie oben festgestellt, neben dem Einbehalt einer Summe für die angemessenen Kosten der Erhaltung auch ein Zurückbehaltungsrecht an dem sonstigen Verkaufserlös[1243]. Der Verkäufer, der gemäß der Artikel 85 und 86 zunächst ein Zurückbehaltungsrecht an der Ware hatte, muß auch ein Zurückbehaltungsrecht an dem Erlös als Surrogat der Güter haben.

Meines Erachtens wäre es zudem widersprüchlich, wenn abhängig davon, ob eine Partei eine Einlagerung oder einen Selbsthilfeverkauf als angemessene

---

1240 Siehe Punkt 4.7.2.

1241 Vgl. Staudinger/Magnus, Art. 4, Rn. 47 a

1242 A. A. Loewe, Art. 85, S. 101; siehe Punkt 4.8.1.

1243 Siehe Punkt 4.8.2.; a. A. Barrera Graf, in Bianca/Bonell, Art. 88, Anm. 2.10., Absatz 4

Maßnahme wählt, ein Zurückbehaltungsrecht besteht oder untergeht. Dies würde lediglich dazu führen, daß alle obhutspflichtigen Parteien die Waren möglichst lange einlagern, um ein Zurückbehaltungsrecht nicht zu verlieren, obwohl dies nicht die wirtschaftlichste Option ist.

Ein Zurückbehaltungsrecht besteht an dem Erlös auch dann, wenn die erhaltende Partei eine Ersatzlieferung fordert und einen Verkauf der ursprünglich gelieferten Ware vornimmt. Während das CISG meiner Auffassung nach keine Grundlage dafür bietet, daß eine fehlerhafte Erstlieferung zurückbehalten werden darf, da ein Zug-um-Zug-Austausch der fehlerhaften Ware gegen die Ersatzlieferung unüblich ist[1244], gilt bei dem Surrogat Geld anderes. Hier besteht kein Interesse des ursprünglichen Verkäufers mehr an der Verfügungsmöglichkeit über die Erstlieferung, da diese einem Verkauf zugeführt wurde. Damit ist das Interesse des Käufers an dem Geld als Sicherheit schützenswerter als das Interesse des Verkäufers an einer Herausgabe des Geldes[1245].

Zwischen Aufwendungsersatzanspruch und Schadenersatzforderungen kann es zu Überschneidungen kommen. Der Erstattungsanspruch ist allerdings ein eigener Anspruch, der auch dann bestehen kann, wenn die Voraussetzungen für einen Schadenersatzanspruch nicht vorliegen[1246]. Ein Zusammenhang zwischen den unterschiedlichen Ansprüchen besteht aber dahin gehend, daß die Höhe des Aufwendungsersatzes für angemessene Maßnahmen eine diesbezügliche Schadenersatzforderung in ihrer Höhe begrenzt. Entsprechend bestimmt der Maßstab des Aufwendungsersatzes unter diesen Umständen auch den Umfang einer Schadensminderungspflicht nach Art. 77 CISG[1247]. Der erhaltenden Partei kann nach Ergreifen angemessener Maßnahmen nach den Artikeln 85 ff. nicht vorgeworfen werden, daß sie nach Art. 77 mehr zum Schutz der Waren hätte unternehmen müssen.

Im deutschen Recht sind Zurückbehaltungsrechte u. a. in den §§ 273 BGB, 320 BGB und 369 HGB[1248] geregelt. Diese stehen sowohl dem Verkäufer als auch dem Käufer für erforderliche Mehraufwendungen zu, die durch Erhaltung und Aufbewahrung entstehen.

Der Käufer kann darüber hinaus z. B. im Rahmen des kaufmännischen Zurückbehaltungsrechts zu einem Verkauf, der kein Notverkauf ist, berechtigt sein.

1244 A. A. Herber/Czerwenka, Art. 46, Rn. 7; Karollus, S. 137, 138; Schlechtriem/Bacher, Art. 88, Rn. 4; siehe Punkt 4.6.2.2.1.

1245 Siehe Punkt 4.8.2.

1246 Siehe Punkt 4.7., 4.7.1.

1247 Siehe Punkt 4.7.1.

1248 Siehe Punkt 5.1.2.2., 5.2.2.1.4.

Zwar hat er entsprechend seines Wandlungsbegehrens[1249] die Ware zurückzugeben, er ist aber berechtigt, wegen seiner Forderung auf Rückerstattung des bereits ausgekehrten Kaufpreises oder von aufgewendeten Erhaltungs-, Lagerkosten und Zinsen ein Zurückbehaltungsrecht auszuüben, sobald seine Aufbewahrungspflicht endet, die nur für begrenzte Zeit erforderlich ist. Allerdings ist ein Verkauf der Ware unter diesen Umständen nur wirksam, wenn er zuvor gemäß § 371 (3) HGB einen vollstreckbaren Titel erlangt hat.

Im UCC enthalten u. a. die sections 2-711 (3) und 2-703 Zurückbehaltungsrechte[1250]. Section 2-711 (3) bezieht sich auf den Käufer. Dieser muß, wenn er die Güter zurückgewiesen oder eine Annahme widerrufen hat, die Ware nicht herausgeben, sondern kann sie einem Verkauf gemäß section 2-706 zuführen, um einen Ausgleich für den bereits gezahlten Kaufpreis oder sonstige Aufwendungen durch Untersuchung, Inempfangnahme, Transport, Erhaltung und Bewahrung zu erzielen. Dem Verkäufer eröffnet section 2-703 (a) bei vertragswidrigem Verhalten des Käufers die Möglichkeit, Lieferungen der Ware zurückzuhalten. Unter den engen Voraussetzungen der Kaufpreisklage nach section 2-709 (1) kann der Verkäufer auch einen Schadenersatz nach section 2-710 gelten machen, der die Kosten erfaßt, die durch die Erhaltung der Ware entstanden sind.

Neben diesen Regelungen folgt auch aus section 2-603 (1) letzter Satz ein Recht, welches sich wie ein Zurückbehaltungsrecht auswirken kann. Danach braucht der Käufer Anweisungen des Verkäufers nicht Folge zu leisten, wenn er auf sein Verlangen nicht von den Kosten, die durch ein Befolgen der Anweisungen entstehen würden, freigehalten wird.

Damit wird allgemein in allen hier diskutierten Rechtsordnungen ein Zurückbehaltungsrecht als Sicherung für den Ausgleich der Kosten angenommen, die in angemessener Höhe durch die Erhaltungsmaßnahmen entstanden sind oder weiter entstehen werden.

9.6. Maßnahmen neben den gesetzlich normierten Regelungen

Alle angesprochenen Rechtsordnungen stellen regelmäßig ausdrücklich auf geeignete und angemessene Maßnahmen zur Erhaltung der Ware ab. Die vorgesehenen Handlungen stellen aber keinen abschließenden Katalog denkbarer Maßnahmen dar. Als eine weitere sinnvolle Erhaltungsmaßnahme kommt z. B. die

---

1249 zum Wegfall des Wandlungsrechts nach dem Gesetz zur Modernisierung des Schuldrechts siehe Fn. 785

1250 Siehe Punkt 6.3.7.

angemessene Nutzung der Ware in Betracht[1251]. Zwar kann der Käufer gemäß Art. 82 (1) CISG ein Aufhebungsrecht verlieren, wenn es ihm unmöglich ist, die Ware im wesentlichen in dem Zustand zurückzugeben, in dem er sie erhalten hat, allerdings ist eine Nutzung der Ware dann unschädlich, wenn die Sache gerade durch die Nutzungshandlungen in dem geforderten Zustand erhalten wird. Ein prägnantes Beispiel hierfür ist die artgerechte Haltung von Nutztieren, die entsprechend ihres Zwecks behandelt werden müssen. Eine solche Maßnahme ist auch auf der Grundlage des UCC und der deutschen Regelungen denkbar. Insbesondere im amerikanischen Recht existiert hierzu eine reichhaltige Rechtsprechung[1252]. Diese gründet zum Teil auf section 9-207 (4), nach welcher ein Käufer einen Sicherungsgegenstand auch nutzen kann, um ihn selbst oder seinen Wert zu erhalten. Abgesehen von den Fällen, für die section 9-207 (4) unmittelbar anwendbar ist, standen zunächst vielfach schützenswerte Konsumenteninteressen im Mittelpunkt der Entscheidungen. Auch wenn diese Rechtsauffassung mittlerweile auf andere Bereiche, wenn auch auf Einzelfälle begrenzt, ausgedehnt wurde, wird jeder Fall genau zu untersuchen sein, so daß hier nicht von einer gefestigten Rechtsprechung die Rede sein kann. Solche Entscheidungen wurden aufgrund der Regelungen des CISG noch nicht gefällt. Da Ausgangspunkt für die amerikanische Rechtsprechung der Konsumentenkauf war, wird es möglicherweise für das CISG keinen vergleichbaren Anstoß für eine solche Rechtsprechung geben. Ausgeschlossen ist aber nicht, daß ein Käufer, wie oben erwähnt, z. B. Nutztiere belasten muß, um sie selbst und ihren Wert zu erhalten.

Eine Maßnahme, die nicht erhaltend ist, die aber dennoch angemessen sein kann, ist die Entsorgung einer Ware, die weder in sinnvoller Weise genutzt noch in einer Weise verkauft werden kann, die allein die Kosten eines solchen Verkaufs ausgleichen würde. In einem amerikanischen Fall wurde zum Beispiel gefälschtes Parfum geliefert. Das hiermit befaßte Gericht entschied, daß dem Käufer kein Vorwurf zu machen war, der die wertlosen Flüssigkeiten entsorgt hatte[1253]. Ein anderes Gericht erachtete das Verschrotten von zerkratzten und damit wertlosen Stahlrohren sechzig Tage nach der Ablehnungsanzeige als zulässig[1254], dabei sprach es sich für die Anwendung einer 'rule of reasonableness' aus[1255].

1251 Siehe Punkt 4.6.3.

1252 Siehe Punkt 6.3.6.3.

1253 Model Imperial Supply Co., Inc. v. Westwind Cosmetics, Inc., E.D.N.Y. 1993, 829 F.Supp. 35; gegenteilige Entscheidung: Entsorgung (destruction) als Option nicht vom UCC Virginia umfaßt, U.S. for Use and Benefit of Whitaker's Inc. Of Sumter v. C.B.C. Enterprise, Inc., E.D.Va 1993, 820 F.Supp. 242

1254 Frank's Maintenance & Engineering, Inc. v. C.A. Roberts Co., 86 Ill. App. 3d 980; 408 N.E.2d 403; 30 UCC Rep. Serv. 163 (1980); siehe Punkt 6.3.6.1.

1255 A. a. O. 986-87; 408; 171

Diesbezüglich ist vorstellbar, daß eine Partei auf Grundlage des CISG Güter entsorgen kann, wenn der Vertrag aufgehoben wurde und die andere Partei sich weigert, diese zurückzunehmen. Eine solche Rechtsfolge ist nach meiner Auffassung nicht durch die Regelungen der Artt. 85 bis 88 CISG gedeckt[1256], da alle den anderen Vertragsteil schädigenden Einwirkungen auf die Sache zu unterlassen sind[1257]. Allerdings enthält der § 419 (3) HGB mittlerweile die Regelung, daß ein Frachtführer, der auf Beförderungs- und / oder Ablieferungshindernisse stößt und keine angemessenen Weisungen der beteiligten Parteien erhalten kann, unverwertbares Gut vernichten darf. Da diese Option in das deutsche Recht ausdrücklich aufgenommen und aus dem CMR als einem internationalen Übereinkommen abgeleitet wurde, ist es denkbar, daß diese Handlungsweise in Einzelfällen auch für die Parteien als angemessen erachtet wird. Dies gilt sowohl für das deutsche als auch für das internationale Recht.

In den Übereinkommen nicht ausdrücklich genannt sind rechtliche Schritte, die zum Schutz der anderen Partei unternommen werden können. So können z. B. einstweilige rechtliche Schritte gegenüber einem Frachtführer angemessen sein, wenn sich die Ware bei Anlieferung in einem erkennbar mangelhaften oder unvollständigen Zustand befindet, der auf Fehler beim Transport hinweist. Unter diesen Umständen hatte ein Käufer z. B. gemäß § 438 HGB in der alten Fassung Rechte gegen den Frachtführer durch die Geltendmachung eines Schadensvorbehalts wahrzunehmen[1258]. Ohne einen solchen Vorbehalt erloschen Forderungen aus dem Frachtvertrag gegenüber dem Frachtführer, wenn das Frachtgut angenommen wurde und die Forderungen des Frachtführers beglichen waren[1259]. Der § 438 HGB in der neuen Fassung besagt, daß, wenn ein Verlust oder eine Beschädigung des Gutes äußerlich erkennbar ist und der Empfänger oder Absender dem Frachtführer Verlust und Beschädigung nicht spätestens bei Ablieferung des Gutes anzeigt, vermutet wird, daß das Gut in vertragsgemäßem Zustand angeliefert wurde. Diese Regelung folgt weitgehend CMR 30 (1), wonach bei vorbehaltloser Annahme der Ware ohne Überprüfung durch den Empfänger bis zum Beweis des Gegenteils vermutet wird, daß der Empfänger das Gut in dem im Frachtbrief beschriebenen Zustand erhalten hat. Eine vorbehaltlose Annahme bedeutet keinen Rechtsverlust, sondern eine Verschlechterung der Beweislage. Diese Verschlechterung der rechtlichen Situation, die sowohl dem Empfänger als auch dem Absender zum Nachteil gereichen kann, sollte vermieden werden.

1256 Siehe Punkt 4.6.

1257 vCaemmerer/Schlechtriem/Eberstein, 2. A., Vor Artt. 85-88, Rn. 19, dazu auch Rabel, Bd. 1, S. 518

1258 Vgl. ROHG 2, 317, 328, U. v. 26.05.1871; MüKo Westermann, § 433, Rn. 84; Düringer/Hachenburg/Hoeniger, § 379, Anm. 10

1259 MüKo zum HGB, Bd. 7 Transportrecht, §§ 407-457, § 438, Rn. 1, 10

Auch wenn diese rechtlichen Anforderungen an eine Partei nicht zu dem Kerngebiet der im Gesetz vorgesehenen Erhaltungsmaßnahmen zu zählen sind, ergibt sich doch aus dem Grundsatz, der den Artt. 85 bis 88 in Verbindung mit Art. 77 CISG zugrunde liegt, daß der jeweiligen Vertragspartei, die die Möglichkeit der Schadensanzeige hat, die Pflicht obliegt, diese entsprechend zu erstatten oder abzugeben.

9.7. Folgen der Verletzung von Erhaltungspflichten

Teilweise wurde bereits auf die Folgen der Verletzung von Erhaltungspflichten eingegangen. Grundsätzlich läßt sich feststellen, daß eine solche Verletzung im CISG Schadenersatzansprüche gemäß Artt. 45 lit b i. V. m. 74 ff. auslöst. Eine Haftungsbefreiung nach Art. 79 tritt ein, wenn die obhutspflichtige Partei angemessene Maßnahmen zur Erhaltung getroffen hat, auch wenn sich die Ware im Folgenden verschlechtern sollte, und wenn die Partei aus Gründen, die nach Art. 79 nicht in ihrer Sphäre liegen, an der Ergreifung von Maßnahmen gehindert ist. Die obhutspflichtige Partei trifft z. B. in diesem Zusammenhang lediglich ein Auswahlverschulden hinsichtlich eines Lagerhalters[1260].

Neben einer Schadenersatzforderung kann in den Fällen, in denen die entsprechenden sonstigen Voraussetzungen vorliegen, die Aufhebung des Vertrages durchgesetzt werden. Unter Beachtung der Wertungen, die in Art. 80 CISG enthalten sind, kommt eine Aufhebung dann in Betracht, wenn ein wesentliches Fehlverhalten der obhutspflichtigen Partei vorliegt, welchem nur mit einer Vertragsaufhebung begegnet werden kann[1261]. In allen sonstigen Fällen ist ein Ausgleich über den Schadenersatz zu suchen. Hintergrund ist, daß die Partei, die ein Hindernis für die ordnungsgemäße Abwicklung des Vertrags bereitet hat, sich nicht aufgrund von leichten Verstößen der anderen Partei, die mit der Erhaltung der Ware belastet ist, von der vertraglichen Bindung befreien können soll. Andererseits kann aber die Partei, die in schwerwiegender Weise gegen die Erhaltungspflichten verstößt, ihr Recht zur Vertragsaufhebung oder Ersatzlieferung gemäß Art. 82 (1) verlieren[1262].

Im deutschen Recht führt ein Verstoß gegen die zwingenden Regelungen der §§ 383 BGB, 373 HGB grundsätzlich dazu, daß der Käufer einen Verkauf nicht gegen sich gelten lassen muß und der Verkäufer entsprechend weiter zur Liefe-

1260 A. A. Kock, S. 159; siehe Punkt 4.9.1.2.
1261 Siehe zu abweichenden Ansätzen Punkt 4.9.2.
1262 Siehe Punkt 4.9.3.

rung verpflichtet bleibt[1263]. Dies gilt insbesondere, wenn eine gebotene Androhung unterbleibt. Allerdings wird ein Ausgleich über den Schadenersatz gesucht, soweit der Verkäufer sonstige Verkaufsbedingungen nicht angemessen erfüllt oder wählt, zu denen ein angemessener Ort, ein geeigneter Zeitpunkt, aber auch die Benachrichtigung nach § 373 (5) HGB zählen[1264]. Wenn bei einem Verkauf, der durch Dritte vorgenommen wird, ein laufender Preis nicht erreicht wird, der Verkäufer sich aber gemäß § 347 HGB sorgfältig verhalten hat, ist er nur zum Ausgleich der Differenz zum laufenden Preis verpflichtet[1265]. Eine Haftungsmilderung gemäß § 300 (1) BGB kann in diesen Fällen überhaupt nur dann eingreifen, wenn ein Notverkauf vorgenommen wird[1266]. Weiter hat der Verkäufer, der die Ware nach § 373 (1) HGB hinterlegt, die Hinterlegungsstelle mit der erforderlichen Sorgfalt gemäß §§ 347 (1) HGB auszuwählen. Eine Haftungsmilderung gemäß § 300 (1) BGB findet keine Anwendung[1267]. Eine Verletzung der Aufbewahrungspflicht des Käufers nach § 379 (1) HGB führt zu einem Ausgleich über den Schadenersatz. Bei einem unberechtigten Notverkauf gemäß § 379 (2) HGB verliert der Käufer ein etwaiges Wandlungs- oder Nachlieferungsrecht gemäß der §§ 467, 351 BGB sowie das Recht auf 'großen' Schadenersatz[1268]. Demgegenüber kommt allerdings ein Schadenersatzanspruch des Verkäufers in Betracht, wenn bei ordnungsgemäßer Durchführung des Verkaufs ein höherer Preis hätte erzielt werden können.

Im amerikanischen Recht wird der Verkäufer zunächst bei einem Verstoß gegen die einzuhaltenden Bedingungen der section 2-706 UCC auf einen Schadensausgleich nach der section 2-708 verwiesen. Diese sieht vor, daß der Schaden nach der Differenz des Marktpreises zum vertraglich vereinbarten Preis zu berechnen ist. Falls der Verkäufer nach section 2-709 auf den Kaufpreis klagt, wird er sich Ansprüchen des Käufers ausgesetzt sehen, falls er die Ware nicht im vertragsgemäßen Zustand ausliefern kann. Auch der Käufer ist Schadenersatzansprüchen ausgesetzt, wenn er den ihm obliegenden Erhaltungspflichten nicht in ordnungsgemäßer Weise nachkommt[1269]. Darüber hinaus kann ein Fehlverhalten des Käufers als eigentümerähnliches Verhalten gewertet werden, so daß der Käufer seine Rechte aus einer 'rejection' oder 'revocation' (sections 2-602 (2) (a), 2-606 (1) (c), 2-608 (3)) verliert. Dies ist vergleichbar einem Verlust des Wand-

1263 Siehe Punkt 5.1.3.3.3.3.
1264 Siehe Punkt 5.1.3.1.
1265 Siehe Punkt 5.1.3.3., str.
1266 Siehe Punkt 5.1.3.3.3.4., str.
1267 Siehe Punkt 5.1.2.1., str.
1268 zur Aufhebung des Wandlungsrechts aufgrund des Gesetzes zur Modernisierung des Schuldrechts siehe Fn. 785
1269 Siehe Punkt 6.3.7.

lungsrechts nach dem deutschen Recht[1270] oder einem Verlust eines Ersatzlieferungs- oder Aufhebungsrechts nach Art. 82 CISG. In der Mehrzahl der Fälle wird in den dargestellten Rechtsordnungen ein Ausgleich über den Schadenersatz vorgesehen. Dies entspricht der Interessenlage der Parteien, insbesondere beim internationalen Kauf. Ebenso wird regelmäßig ein Verlust von Rechten mit der Verletzung von Erhaltungspflichten einhergehen. Daraus folgt eine grundsätzliche Vergleichbarkeit der Rechtsfolgen bei der Verletzung von Erhaltungspflichten.

1270 zum Wegfall des Wandlungsrechts nach dem Gesetz zur Modernisierung des Schuldrechts siehe Fn. 785

10. Bewertung und Ergebnis

Aufgrund der gewonnenen Ergebnisse ist festzustellen, daß in allen angesprochenen Regelungswerken das Ziel verfolgt wird, einen drohenden finanziellen Schaden, der mit einem Verfall oder Untergang von Gütern einhergeht, möglichst gering zu halten. Falls dies nicht gelingt, wird zumindest derjenige, der durch eine Unterlassung dazu beiträgt, daß ein größerer finanzieller Schaden entsteht, mit den daraus resultierenden Folgen belastet. Beispielsweise wird ein Verkäufer, der bei Verzug des Käufers keine Erhaltungsmaßnahmen ergreift, seiner Schadensminderungspflicht als Obliegenheit gemäß UCC nicht nachkommen oder eine Rechtspflicht nach den Regelungen des CISG verletzen. Im ersten Fall wird der Anspruch auf Schadenersatz gegenüber dem Käufer gemindert, im zweiten Fall setzt sich der Verkäufer möglichen Schadenersatzansprüchen des Käufers aus. Der Grundgedanke ist jedoch vergleichbar. Entsprechend ist im Report der American Bar Association an das House of Delegates zum CISG folgendes vermerkt: "The Convention articles governing the rights and obligations of a buyer or seller to preserve the goods when the other party has breached the contract also have their analogues in the Uniform Commercial Code and are compatible with the needs of parties dealing in international trade (see sections 2-603, 2-604, 2-706, 2-711 (3))."[1271] Trotzdem bleibt an dieser Stelle festzuhalten, daß der Verkäufer nach dem UCC selbst für seine Interessen zu sorgen hat, ohne daß ihm diesbezüglich vom Gesetzgeber eine Pflicht auferlegt würde. Ebenso wird man bei Anwendung des deutschen Rechts grundsätzlich zu vergleichbaren Ergebnissen gelangen. Im Gegensatz zum CISG wird allerdings im HGB lediglich in § 379 (1) eine Pflicht zur Aufbewahrung normiert, was inhaltlich mit der Struktur des UCC vergleichbar ist. Auch wenn in vielen Fällen bei Anwendbarkeit des deutschen Rechts eine Pflicht zur Erhaltung aus § 242 BGB abzuleiten sein wird und im amerikanischen Recht der Grundsatz der 'mitigation of damages' gilt, ist der aus-

1271 In 18 International Lawyer 1984, 49; derselbe Wortlaut in Magraw/Kathrein, S. 23; im Letter of submittal an den Präsidenten, in Galston/Smit, App. I - 22, ist zu lesen, daß: "Section VI, Preservation of the Goods (Arts. 85-88), is designed to prevent the waste of deterioration of goods that have been rejected. (Cf. UCC 2-602(2)(b), 2-603, 2-604)"; Bonell in RabelsZ 58 (1994) 35: "... insbesondere die jeweiligen Rückgewähransprüche bzw. Obhutspflichten der Parteien, sind übereinstimmend geregelt (siehe Artt. 81-88 bzw. sections 2-602 - 2-605)."

drücklichen Normierung von Erhaltungspflichten im CISG zu entnehmen, daß die Parteien grundsätzlich ein erhöhtes Risiko zu tragen haben.

Damit ist die Frage aus der Einleitung dieser Arbeit zu wiederholen und zu beantworten, ob den Parteien mittels der Erhaltungspflichten in den Artt. 85 bis 88 CISG nicht eine Überfürsorge auferlegt wird. Nach der Grundidee der Artt. 85 bis 88 CISG ist die Partei zur Erhaltung der Ware berufen, die ungeachtet der Verursachung der Vertragsstörung 'näher daran ist'[1272] und somit die beste Möglichkeit hat, die Ware zu schützen. Allein die Heranziehung des Prinzips des 'Näherdran' ist allerdings als Erklärung für eine Verteilung der Lasten, wie die Artt. 85 bis 88 sie zwischen den Parteien vornehmen, unbefriedigend. Es bedarf eines deutlich nachvollziehbaren Kriteriums, aus welchem Grund die dargestellten Zusatzpflichten als Erweiterung des Schuldprogramms gerechtfertigt sind[1273].

Aufgabe des Rechts sollte es grundsätzlich sein, Regelungen bereitzuhalten, die sowohl dem Individualnutzen als auch der allgemeinen Wohlfahrt dienlich sind. Zur Feststellung, ob eine Regelung dieser Forderung gerecht wird, müssen entsprechende ökonomische Zumutbarkeits- und Effizienzbetrachtungen angestellt werden. Selbstverständlich dürfen Rechtsregeln grundsätzlich nicht nur danach beurteilt werden, wie sie das wirtschaftliche Risiko verteilen. Allerdings kann eine wirtschaftliche Beleuchtung von Rechtsregeln zum einen zu ihrer Erklärung beitragen, zum anderen ist insbesondere im Bereich des CISG, als einem Übereinkommen, welches die rechtlichen Grundlagen für den Handelsverkehr der beteiligten Wirtschaftskreise im internationalen Bereich schaffen soll, die Frage zu stellen, ob das Recht gemessen an seinen Steuerungszielen effizient ist.

Festgestellt wurde, daß zunächst diejenige Partei finanziell durch Erhaltungsmaßnahmen belastet wird, die die Ware in Besitz oder in ihrem Kontrollbereich hat oder die über die Ware verfügen kann. Begrenzt werden die Kosten dadurch, daß nur angemessene Maßnahmen zu ergreifen sind und keine unverhältnismäßigen Kosten entstehen dürfen. Erreicht wird somit, daß derjenige, der unmittelbaren Zugriff auf die Ware hat, entsprechende Erhaltungsmaßnahmen ergreift. Diese Partei wird kostengünstigere Maßnahmen ergreifen können, als dies jemandem möglich wäre, der weder mit der örtlichen Infrastruktur vertraut ist, noch möglicherweise über entsprechende Kontakte verfügt, um überhaupt weitere Maßnahmen ergreifen zu können. Auf diese Weise einen Schaden zu vermeiden, wird grundsätzlich gesamtökonomisch vorteilhafter sein, als den Verursacher eines Erfüllungshindernisses im Nachhinein mit Schadenersatzpflichten zu belasten[1274].

1272 Staudinger/Magnus, Art. 86, Rn. 14; ähnlich Schlechtriem/Bacher, Art. 86, Rn. 8
1273 Esser/Schmidt/Schmidt, Bd. 1, AT, § 2 III 2., S. 37
1274 Esser/Schmidt/Schmidt, Bd. 1, AT, § 2 IV 6., S. 43

Um einen Ausgleich für die auferlegte zusätzliche tatsächliche und finanzielle Belastung zu gewähren, enthalten die Artt. 85 ff. Ersatzansprüche für angemessene Aufwendungen gegenüber der anderen Partei, die durch Zurückbehaltungs- und Verwertungsrechte an der Ware abgesichert sind. Damit wird der Partei die abschließende Kostentragung auferlegt, deren Sphäre, ob beherrschbar oder nicht[1275], das Hindernis für eine ordnungsgemäße Vertragsabwicklung zuzurechnen ist und die dieses Hindernis grundsätzlich eher als der Vertragspartner beseitigen kann.

Einzuräumen ist allerdings, daß ein Verstoß gegen die Zusatzpflicht zur Folge haben kann, daß nicht nur Schadenersatzansprüche der anderen Partei entstehen können, sondern daß die obhutspflichtige Partei sogar einen Ersatzlieferungsanspruch oder ein Aufhebungsrecht verlieren kann. Damit besteht ein nicht unwesentliches finanzielles Risiko, welches durch die im CISG niedergelegten Erhaltungspflichten normiert wird.

Eine Regelung ist allerdings nicht ausgewogen und wird auf Widerstand der beteiligten Kreise stoßen, wenn sie allein gesamtökonomische Interessen verfolgt, ohne einen Ausgleich für diejenigen zu schaffen, deren schuldrechtliches Pflichtenprogramm durch die Erhaltung der Ware erweitert wurde. Einer Auffassung, daß der erhaltenden Partei möglicherweise keine Überfürsorge, immerhin aber ein nicht vertretbares finanzielles Risiko bei einem Verstoß gegen Erhaltungspflichten auferlegt wird, ist jedoch entgegenzutreten. Zwar darf die Sichtweise, daß es sich bei einem Schuldverhältnis um ein komplexes Gefüge von Einzelpflichten gleich einem Organismus handelt, nicht überbetont werden, da sich im wesentlichen eine Hauptforderung und eine Gegenforderung gegenüberstehen, allerdings ist nicht von der Hand zu weisen, daß der vertraglich angestrebte Erfolg bei Komplikationen zeitweilig von einer Seite allein nicht erreicht werden kann und daß ohne eine Mitwirkung des anderen der Leistungsaustausch gefährdet wird. Entsprechend sind die Parteien gerade im internationalen Handel auf Kooperation angewiesen. Daher wird durch die Erhaltungspflichten im CISG keine Überfürsorge und kein damit verbundenes übermäßiges finanzielles Risiko kodifiziert, wenn angemessene Maßnahmen gegen Aufwendungsersatz gefordert werden und lediglich bei einem eklatanten Verstoß gegen diese Vorschriften die aus den nationalen Rechten bekannte Folge eines Rechtsverlustes oder eines Schadenersatzanspruches eintreten kann. Die Zusatzpflichten dienen in erster Linie der weiteren Durchführung oder ordnungsgemäßen Rückabwicklung des Vertrages und fördern nicht einseitig nur die Interessen der Partei, aus deren

1275 Zu den Prinzipien abstrakter Beherrschbarkeit, Koller: Die Riskikozurechnung bei Vertragsstörungen in Austauschverträgen, 3. Kap.

Sphäre das Hindernis herrührt. Letzteres ist meines Erachtens ein wesentlicher Punkt für die Bewertung von Zusatzpflichten generell.

Durch die deutliche gesetzlich vorgenommene Verteilung der Rechte und Pflichten werden die Risiken für die Vertragsparteien zudem von vornherein überschaubar gehalten. Auch wenn angemessener Ersatz geleistet werden muß, ist dies im Normalfall nicht nur für die Allgemeinheit, sondern auch für die einzelne Partei vorteilhafter, als die Güter ganz abschreiben zu müssen. Schließlich erhalten die Parteien Gelegenheit, in Kenntnis möglicher Folgen rechtzeitig entsprechende Versicherungen abschließen zu können.

Insoweit sind die Regelungen über Pflichten und Rechte im Hinblick auf die Erhaltung der Ware im CISG gelungen. Für den internationalen Verkehr sind die möglichen Folgen und Risiken auf diese Weise besser zu kalkulieren als z. B. nach dem deutschen Recht. Dort wird es in vielen Fällen dem Gerechtigkeitssinn der Gerichte überlassen bleiben, ob nach § 242 BGB eine Zusatzpflicht besteht oder nicht oder wer einen eingetretenen Schaden zu vertreten hat.

Das CISG jedoch als das für diesen Bereich 'beste' Regelungswerk zu küren, wäre nicht sachgerecht. Honnold formuliert: "Comparing rules of law prepared for international sales with rules prepared for domestic sales is like comparing horses with camels. Who can say which is better? The two creatures were developed for different purposes."[1276]

Trotz dieser Einschätzung liefert ein Rechtsvergleich Erkenntnisse, die für den Rechtsverkehr nützlich sein können. Schließlich beschränken sich die drei Gesetzeswerke nicht auf einen jeweils begrenzten Rechtsraum, sondern können bei einem international gelagerten Sachverhalt durchaus in Konflikt geraten. Für den Rechtsanwender ist in so einem Fall von untergeordneter Bedeutung, ob eine Regelung einen juristisch gelungenen Spagat zwischen kontinentaleuropäischen und anglo-amerikanischen Rechtsformen darstellt, wichtig ist vielmehr, ob sie den Bedürfnissen der betroffenen Handelskreise im internationalen Verkehr gerecht wird. Nicht auszuschließen ist, daß ein Kodex, der für den internationalen Verkehr geschaffen wurde, weniger angemessene Entscheidungen erlaubt als ein Gesetzeswerk, welches zur Regelung nationaler Fragen berufen ist. Gerade bei den Verhandlungen zum CISG bestand die Gefahr, daß, nur um einen Ausgleich zwischen den Vertretern verschiedener Rechtssysteme zu schaffen, Regelungen entworfen werden, die für die Praxis unannehmbar sind.

Honnold betont in dem Artikel, aus dem das obige Zitat stammt, die Gemeinsamkeiten zwischen UCC und CISG. Damit will er Rechtsanwendern verdeutlichen, daß für den Fall, daß beim Abschluß internationaler Verträge das eigene Recht als anwendbares Recht nicht durchzusetzen ist, das CISG jedem fremdlän-

1276 18 International Lawyer 1984, 28

dischen Recht vorzuziehen ist. Die Überlegung, die Honnold für das gesamte CISG anstellt, ist auf den Abschnitt, der die Erhaltungspflichten beinhaltet, ohne weiteres übertragbar. Bei Betrachtung der Vorschriften, die sich Kaufleute selbst in Form von Bräuchen, Usancen und Geschäftsbedingungen gegeben haben, ist festzustellen, daß ein Bedürfnis der Parteien zur Minimierung drohenden Schadens und damit zur Erhaltung der Waren besteht[1277]. Genau dies wird mit einer gerechten Verteilung der Lasten und Risiken in den Artikeln 85 bis 88 CISG niedergelegt.

1277 Siehe Punkt 7.

11. Ausblick

Wie die bestehenden offenen und umstrittenen Fragen zeigen, wird es der Literatur und vor allem den Gerichten überlassen bleiben, strittige Punkte aufzuklären. Dazu zählt auch die Frage, inwieweit ein Zusatzpflichtennetz neben den Vorschriften des CISG etabliert werden kann und muß[1278]. Über die Grenzen der einzelnen Rechtsordnungen hinaus besteht Einigkeit, daß nicht alle denkbaren Sachverhaltsgestaltungen vom Gesetzeswortlaut abgedeckt werden können.

Die Entwicklung eines zusätzlichen Plichtennetzes steht auch in keinem Widerspruch zum anglo-amerikanischen Rechtskreis. Obwohl das CISG mit dem UCC grundsätzlich vereinbar ist und sich eine Vielzahl von Regelungen in den Gesetzeswerken deckt[1279], besteht hier ein struktureller Unterschied zwischen CISG und UCC. Das UCC stellt 'statutory law' dar, welches grundsätzlich Regelungen für bestimmte Situationen trifft, nicht jedoch als Quelle allgemeiner Grundsätze angesehen wird[1280]. Somit wird dieser Code restriktiv ausgelegt. Falls keine Vorschrift Anwendung findet, wird die Lücke mittels Grundsätzen geschlossen, welche dem common law entnommen werden[1281]. Das CISG wurde ins Leben gerufen, um einen Rückgriff auf weiterbestehende nationale Rechte weitgehend unnötig zu machen. Damit ist es nur konsequent und folgerichtig, Lösungen aus dem CISG selbst zu gewinnen. Allein dies kann zur Förderung einheitlicher Anwendung, wie sie in Art. 7 (1) gefordert wird, beitragen[1282]. Allerdings sollte man sich dabei vor einem Fehler hüten, wie er nach der Auffassung von Robertson zum Nachteil der Rechtssicherheit im UCC, insbesondere im Bereich der Rechte und Pflichten des Käufers nach Zurückweisung der Ware, gemacht wurde. Er kritisiert, daß: "Unfortunately, courts interpreting these provisions have not developed a coherent analysis, which has resulted in essentially irreconcilable results and an almost total lack of predictability"[1283].

1278 Siehe hierzu Punkt 4.5.2.5.

1279 Bonell, in RabelsZ 58 (1994), 22, Verweis auf letter of submittal App 1-5, "...the Convention embodies the substance of many of the important provisions of the UCC and is generally consistent with its approach and outlook."

1280 Ferrari, in Uniform Interpretation of Uniform Sales Law, S. 221

1281 Vgl. dazu auch Bianca/Bonell, Art. 7, Anm. 2.3. f.

1282 So auch Honnold, Art. 7, Rn. 102

1283 Robertson, S. 663

Vielfach aufgrund einer entsprechenden Unsicherheit der Kaufleute bezüglich der Rechtsfolgen des CISG, die allerdings in den meisten Fällen aus einer mangelnden Auseinandersetzung der Rechtsberater mit dem CISG herrührt, und weil in einigen Fällen spezielle Branchenlösungen gefunden wurden, ist es im Handel nach wie vor üblich, das CISG abzubedingen oder von dem Gesetzeswortlaut abweichende Regelungen in Allgemeinen Geschäftsbedingungen zu treffen[1284]. Beispielsweise findet sich in dem Mustervertrag No. 5 der International General Produce Association Ltd[1285] für Pfeffer unter Nr. 27 ein Ausschluß der 'EKG/EAG, CISG, The United Nations Convention of Prescription (Limitation) in the International Sale of Goods of 1974 and the amending Protocol of 1980' sowie der Incoterms. Ebenso beinhalten die Vertragsformulare der European Coffee Federation eben Ausschlüsse u. a. des CISG[1286].

Damit muß die Frage erlaubt sein, ob die Mühe, ein Übereinkommen wie das CISG zu schaffen und weiterzuentwickeln, überhaupt erforderlich war und ist. Schließlich ist auch sehr erfolgreich vor Geltung des CISG Handel betrieben worden. Allerdings weist die stetig steigende Anzahl von Gerichtsentscheidungen, die auf dem CISG als Rechtsgrundlage basieren, darauf hin, daß immer mehr Kaufleute dieses Übereinkommen akzeptieren[1287]. Dies gilt ungeachtet der Tatsache, daß sicherlich ein gewisser Anteil von Anwendungsfällen des CISG darauf beruht, daß die Parteien es im Vorfeld versäumt haben, eine Rechtswahl zu treffen. Sie werden erst bei Entstehung eines Streitfalls überhaupt von der Existenz des CISG erfahren und dessen Anwendung möglicherweise akzeptiert haben, da keine Partei mehr in der Lage war, das 'eigene' nationale Recht durchzusetzen.

Neben der steigenden Zahl von Gerichtsentscheidungen weltweit, die auf der Grundlage des CISG ergehen, ist zudem unverkennbar, daß international ein Bestreben existiert, Recht zu vereinheitlichen[1288]. In der Vergangenheit diente der

---

1284 Koch, NJW, 2000, S. 910 ff.; Heymann/Emmerich, § 374, Rn. 3; Piltz, TranspR-IHR-2-99, S. 14

1285 Revised and effective from 6th April 1996

1286 Art. 25 (c) des European Contract for Coffee (E.C.C.); Art. 20 (c) des European Delivery Contract for Coffee (E.D.C.C.); Art. 22 (c) des European Contract for Spot Coffee (E.C.S.C.) und Art. 25 (c) des European Contract for Coffee in Bulk (E.C.C.B.)

1287 So wurde auf die Regelung des Art. 88 CISG im 'Iran – US claims tribunal' verwiesen. Der Artikel war zwar nicht direkt anwendbar, wurde aber als übereinstimmend mit anerkannten Grundsätzen des internationalen privaten Handelsrechts angesehen. Siehe Unilex D. 1989-3

1288 Schmidt-Jortzig, AnwBl. 2/98, S. 63 ff.; Grundmann, Europäisches Schuldvertragsrecht, NJW 2000, S. 14 ff.; Magnus, Die Gestalt eines Europäischen Handelsgesetzbuches, in FS Drobnig, Fußnote 2 mit Literaturhinweisen

Vorläufer des HGB, das ADHGB, der Rechtsvereinheitlichung für den deutschen Raum[1289]. Der UCC wurde entworfen, um Rahmenbedingungen für ein in den USA einheitliches Recht zu schaffen[1290]. Das CISG als Nachfolgekonvention zu den Haager Übereinkommen dient dazu, den Rechtsverkehr international zu erleichtern. Insbesondere die Wirtschaftskreise zeigen ein Interesse an einheitlichen Regelungen; auf diejenigen für einzelne Branchen, z. B. im Kaffeehandel, wurde gerade verwiesen. Zu solchen Bestrebungen sind aber auch die Erschaffung der Regelungen der IHK zu nennen, zu denen die Incoterms, die einheitlichen Richtlinien für Dokumentenakkreditive (ERA), die Richtlinien über Inkassi (ERI) und die Richtlinien über Vertragsgarantien zu zählen sind.

Für den internationalen Bereich wurden von UNIDROIT 'Principles for International Commercial Contracts' aufgestellt. Ebenso existieren als Europäische Grundsätze die 'Principles of European Contract Law'[1291]. Die Europäischen Prinzipien gehen dabei weiter als die UNIDROIT-Regelungen, da sie sich nicht nur auf internationale Handelsverträge beziehen[1292]. Beide Regelungswerke gleichen in ihren Lösungsansätzen denen, die dem CISG zugrunde liegen. Allerdings finden sich in beiden Fällen auch Unterschiede zum CISG. So enthalten die Prinzipien Bestimmungen zur Gültigkeit von Verträgen oder abweichende Regelungen zu Treu und Glauben oder der Erfüllung in Natur[1293].

Weder die UNIDROIT-Prinzipien noch die Europäischen Grundsätze sind aber dafür vorgesehen, bindendes Recht darzustellen[1294]. Allerdings können sie dazu dienen, den Gerichten, die sich mit internationalen Fällen auseinanderzusetzen haben, für die Anwendung z. B. des CISG Interpretationshilfen anzubieten. Weiter können sie die Gesetzgebung in Bereichen befruchten, für die das CISG nicht gilt. Möglich ist auch, daß Vertragsparteien diese Prinzipien ihrem Verhältnis zugrunde legen und mögliche Dispute vor einem Schiedsgericht mittels dieser Bestimmungen gelöst wissen wollen.

1289 Schmidt-Jortzig, AnwBl. 2/98, S. 64

1290 Zur Entstehungsgeschichte und der Mitarbeit von Kaufleuten und Juristen bei der Entwicklung des UCC siehe Summers, ZeuP 1999, 201 ff.

1291 Lando/Beale, Principles of European Contract Law (1995); dazu Drobnig/Zimmermann, ZeuP 1995, 864 ff.

1292 Zu den Parallelen und Abweichungen zwischen UNIDROIT- und Europäischen Prinzipien zum CISG siehe Hartkamp, 119

1293 Dazu Hartkamp, The UNIDROIT Principles for International Commercial Contracts and the United Nations Convention on the International Sale of Goods, in: Comparability and Evaluation, Essays in Comparative Law and International Commercial Arbitration in Honour of Dimitra Kokkini-Iatridou, 1994, 85-98; Bonell, The UNIDROIT Principles of International Contracts and CISG – Alternatives or Complementary Instruments? Uniform Law Review 1996, 26-39

1294 Hartkamp, in Toward a European Civil Code, 105, 109

Schließlich ist ein Bedürfnis für eine Rechtsvereinheitlichung gerade im europäischen Bereich durch eine Resolution des Europäischen Parlaments vom 26.05.1989 deutlich gemacht worden, die den Mitgliedsstaaten aufgab, die für die Errichtung eines einheitlichen Europäischen Privatrechtsgesetzes notwendigen Arbeiten aufzunehmen[1295].

Bisherige Entwicklungen zur Regelung und zum Schutz des privatrechtlichen Bereichs bezeugen u. a. die EG-Richtlinien über den Verbrauchsgüterkauf[1296], Haustürgeschäfte[1297] und den Fernabsatz[1298] sowie die AGB-Richtlinie[1299]. Insbesondere bei der Richtlinie über den Verbrauchsgüterkauf ist das Motiv erkennbar, sich dem CISG anzunähern und sich in Teilen von dem Übereinkommen leiten zu lassen[1300]. Als ein bedeutendes Beispiel sei der Begriff der Vertragsmäßigkeit genannt, der weitgehend dem Art. 35 CISG nachgebildet ist[1301]. Als einzige Maßnahme im Bereich der Handelsverträge wurde jedoch bisher die EU-Handelsvertreterrichtlinie verabschiedet[1302]. Allerdings ist Magnus zuzustimmen, wenn er feststellt, daß die "Zeit der lediglich pointillistischen Angleichung vorüber ist; das Funktionieren eines echten Binnenmarktes ist nur gewährleistet, wenn zu einer flächigeren Angleichung derjenigen Rechtsgebiete übergegangen wird, die die wirtschaftlichen Freiheiten berühren. Hierzu gehört primär das Recht der Handelsverträge"[1303].

Eine für alle beteiligten Kreise akzeptable Lösung könnte entsprechend auf der Grundlage des CISG gefunden werden. Ermittelt werden muß dazu aber, welche unabdingbaren Voraussetzungen die einzelnen Rechtskreise oder Rechtsordnungen enthalten und wie eine Annäherung der Systeme betrieben werden kann, ohne daß oder gerade indem die Beteiligten ihre unverrückbaren Grundsät-

---

1295 OJ C 158/401 vom 26.06.1989; eine weitere Resolution mit demselben Ziel wurde 1994 verabschiedet, A3-0329/94

1296 Richtlinie 1999/44/EG, ABlEG Nr. L 171 v. 7.7.1999, 12; abgedruckt auch in NJW 1999, 2421

1297 Richtlinie 85/577/EWG des Rates v. 20.12.1985 betreffend den Verbraucherschutz im Falle von außerhalb von Geschäftsräumen geschlossenen Verträgen, ABlEG 1985 Nr. L 372, S. 31

1298 Richtlinie 97/7/EG des Europäischen Parlaments und des Rates v. 20.5.1997 über den Verbraucherschutz bei Vertragsabschlüssen im Fernabsatz, ABlEG 1997, Nr. L 144, S. 19

1299 Richtlinie 93/13/EWG des Rates v. 5.4.1993 über mißbräuchliche Klauseln in Verbraucherverträgen, ABlEG 1993, Nr. L 95, S. 29; zu weiteren Entwicklungen siehe Grundmann, NJW 2000, 14 ff.

1300 Siehe zu der Richtlinie 1999/44/EG: Schmidt-Räntsch, ZEuP 1999, 294 ff.; Staudenmayer, NJW 1999, 2393 ff.; Reich, NJW 1999, 2397 ff.; Grundmann, a. a. O.

1301 Näher hierzu Staudenmayer, NJW 1999, 2393, 2394

1302 EG-Richtlinie vom 18.12.1986, Abl EG 1986, Nr. L 382/17

1303 Magnus, FS für Drobnig, S. 64

ze aufgeben müssen. Daß zumindest von der deutschen Seite Bereitschaft besteht, sich einem anderen Rechtssystem anzunähern, wird durch das am 01.01.2002 in Kraft tretende Gesetz zur Modernisierung des Schuldrechts deutlich. In der BT-Drs. 14/6040 wird darauf verwiesen, daß das Leistungsstörungsrecht des UN-Kaufrechts viele Mängel vermeidet, die dem Leistungsstörungsrecht des BGB anhaften[1304]. Über die Umsetzung der Verbrauchsgüterkaufrichtlinie hinaus werden Regelungen des BGB in entsprechend vielen Fällen an das UN-Kaufrecht angelehnt[1305].

Trotz des zitierten Vergleichs Honnolds wird folglich weiter untersucht, inwieweit UCC oder CISG als Vorlage für ein zu schaffendes europäisches Recht dienen können[1306]. Neben den bereits vorgenommenen Annäherungen auf dem Gebiet des Verbrauchsgüterkaufs sind meines Erachtens zumindest die Regelungen hinsichtlich der Erhaltung der Ware in den Artt. 85 ff. des CISG konsensfähig.

1304 Siehe BT-Drs. 14/6040, S. 86; zu den positiven Folgen einer Angleichung an das UN-Kaufrecht für das deutsche Recht als Vertragsstatut im internationalen Handel siehe Däubler-Gmelin, NJW 2001, S. 2289

1305 Hierzu auch Schlechtriem, IHR 2001, S. 12 ff.

1306 Hyland, in Towards a European Civil Code, S. 55, 56 ff.; dort auch Ferrari, S. 363, 364 ff.; Herber in "Internationales Handelsrecht", IHR 2001, S. 3; Summers ZeuP 1999, 201 ff.

12. Kurzzusammenfassung

Die Artikel 85 bis 88 CISG kodifizieren Zusatzpflichten des Verkäufers und des Käufers zur Erhaltung der Ware für den Fall, daß die Vollziehung des Kaufvertrags nicht reibungslos erfolgt. Sie entspringen dem Gebot aus Treu und Glauben und stellen zusammen mit Art. 77 CISG den Grundsatz auf, daß Vertragsparteien einander verpflichtet sind, entstehenden Schaden nach Möglichkeit zu vermeiden oder gering zu halten[1307]. Dies geschieht mittels vertraglichen Zusatzpflichten, die nicht zur Kategorie der Obliegenheiten, sondern zu den Rechtspflichten zu zählen sind[1308]. Nicht entscheidend für das Entstehen solcher Pflichten ist, ob bereits ein Eigentums- oder Gefahrübergang stattgefunden hat[1309].

Vergleichbare Regelungen sind im UCC in den sections 2-602 bis 2-604 sowie in den sections 2-703 bis 2-709 enthalten. Das deutsche Handelsrecht regelt dieses Rechtsgebiet vornehmlich in den §§ 373 und 379 HGB. Das CISG allein behandelt Erhaltungspflichten für Verkäufer und Käufer in einem zusammenhängenden Regelungskomplex und schafft damit Transparenz und Rechtssicherheit. Trotz der unterschiedlichen Ansätze der behandelten Rechtsordnungen, die ihren Ursprung in der Tradition des 'civil law'-Systems und des 'common law'-Systems haben, ist inhaltlich festzustellen, daß die tatsächlichen Anforderungen, die an die Parteien gestellt werden, wie auch die angestrebten Ergebnisse vergleichbar sind[1310]. Dies gilt unabhängig davon, ob es z. B. dem Verkäufer nach den Regelungen des amerikanischen Rechts obliegt, einen Schaden zu mindern (Doktrin der 'mitigation of damages') oder ob den Verkäufer nach Art. 85 CISG oder nach § 242 BGB die Rechtspflicht trifft, Güter nicht verfallen zu lassen.

Art. 85 CISG enthält die Verpflichtung des Verkäufers zur Erhaltung der Ware in Situationen, in denen der Käufer seinen Leistungspflichten nicht nachkommt. Zu diesen Leistungspflichten gehören die Kaufpreiszahlung, die Abnahme der Ware, die Vornahme von Mitwirkungshandlungen oder die vereinbarte Vorleistung des Kaufpreises vor Lieferung[1311]. Eine Art. 85 CISG entsprechende

1307 Siehe Punkt 4.1.

1308 Siehe Punkt 4.2.; a. A. Neumayer/Ming, Art. 86, Anm. 2, die zumindest in Art. 86 die Kodifizierung einer Obliegenheit sehen, siehe hierzu Punkt 4.2.2.

1309 Siehe Punkt 4.3.3.

1310 Siehe Punkt 6.2.2.

1311 A. A. Enderlein/Maskow/Strohbach, Art. 85, Anm. 2., siehe hierzu Punkte 4.3.3.2.1. und 4.3.3.2.3.

Regelung fehlt in den deutschen und amerikanischen Regelungen. Obwohl auch den Verkäufer nach letzteren Bestimmungen eine Obliegenheit oder Pflicht treffen kann, z. B. nach § 242 BGB, ist die Bestimmung im CISG vorteilhaft, da Pflichten und Risiken ausdrücklich per Gesetz bekanntgemacht sind.

Art. 86 CISG, der mit § 379 HGB und den sections 2-602 bis 2-604 UCC vergleichbar ist, bestimmt, daß den Käufer Erhaltungspflichten grundsätzlich dann treffen, wenn er die Ware zurückweisen möchte, ein eigenständiges Zurückweisungsrecht ist aus Art. 86 allerdings nicht abzuleiten[1312]. Nach Art. 86 (2) CISG reicht es für ein Entstehen der Erhaltungspflichten aus, daß die Ware dem Käufer lediglich zur Verfügung gestellt wird[1313]. Damit bürdet die Regelung des CISG dem Käufer im Vergleich zu den Regelungen des deutschen Rechts mehr Verantwortung auf. Dieses 'Mehr' an Verantwortung ist jedoch gerechtfertigt, da das CISG die rechtliche Grundlage für internationale Käufe darstellt, bei denen von den Parteien erhöhte Kooperationsfähigkeit erwartet werden muß, um die Erfüllung von Verträgen zu gewährleisten. Zur Risikominimierung ist der Käufer allerdings von der Pflicht zur Inbesitznahme befreit, wenn Kosten vorauszusehen sind, ohne daß die Gewähr für deren Ausgleich besteht[1314].

Art. 87 CISG regelt die Möglichkeit, die zu erhaltende Ware einzulagern. Vergleichbare Regelungen finden sich insbesondere in den §§ 373 (1), 379 (1) HGB und in section 2-604 UCC. Im Vergleich ist zu erwähnen, daß dem Verkäufer nach section 2-603 UCC ein Weisungsrecht bezüglich der Behandlung der Ware eingeräumt wird. Vorteilhaft werden die Parteien hierdurch gezwungen, sich über das weitere Verfahren auszutauschen; dies kann dem Ziel der Schadensminimierung dienlich sein.

Regelungen zum Selbsthilfe- und Deckungsverkauf finden sich vergleichbar im UCC in den sections 2-706, 2-603 (1) und 2-711 (3) und im HGB in den §§ 373 (2), 379 (1). Im CISG wird in Art. 88 (1) ein Recht zum Verkauf und in Absatz (2) die Pflicht zum Verkauf normiert. Das Recht zum Verkauf besteht, wenn die andere Partei die Inbesitznahme bzw. die Rücknahme der Ware, die Zahlung des Kaufpreises oder der Erhaltungskosten ungebührlich hinauszögert. Auch die nicht rechtzeitige Rückzahlung des Kaufpreises vom Verkäufer an den Käufer, wenn dieser die Ware z. B. gemäß Art. 86 (2) CISG in Besitz genommen hat, ist von der Regelung erfaßt. Damit deckt Art. 88 (1) CISG einen weit größeren Bereich ab als vergleichbare Regelungen in den anderen Rechtsordnungen und ver-

1312 Siehe Punkt 4.4.1.; wohl a. A. Barrera Graf, in Bianca/Bonell, Art. 86, Anm. 2.4., 2.4.3. und 2.4.4.

1313 BGH NJW 79, 811, 812, U. v. 20.12.1978, VIII ZR 236/77

1314 Teilweise a. A. Enderlein/Maskow/Strohbach, Art. 86, Anm. 10.3., Art. 88, Anm. 5., siehe hierzu Punkt 4.4.4.

deutlicht der obhutspflichtigen Partei zudem per Gesetz die zeitliche Begrenzung der Erhaltungspflichten.

Die erhaltende Partei ist zu einem Verkauf nach Art. 88 (2) CISG verpflichtet, wenn die Ware einer raschen Verschlechterung ausgesetzt ist oder ihre Erhaltung unverhältnismäßige Kosten verursachen würde. Die rasche Verschlechterung der Ware bezieht sich lediglich auf den physischen Verfall[1315]. Ein Wertverlust oder Preisverfall der Ware führt nicht zu einer Verkaufspflicht nach Absatz (2), da er nicht von dem Begriff der raschen Verschlechterung gedeckt ist[1316]. Während die ausdrückliche Festlegung einer Pflicht zur Vornahme eines Verkaufs bei drohendem Verderb zwar teilweise auch im UCC ausdrücklich geregelt ist (section 2-603(1)), wird im deutschen Recht wiederum auf § 242 BGB verwiesen.

Mit der in Art. 87 CISG geregelten Einlagerung der Ware und den in Art. 88 CISG enthaltenen Verkaufsmöglichkeiten wird kein abschließender Katalog von Erhaltungsmaßnahmen aufgestellt. Neben diesen Maßnahmen können Überprüfungen, Pflege, Bewachung, Abschluß von Versicherungen, rechtliche Verteidigungsschritte und auch das Unterlassen von Einwirkungen auf die Sache gefordert sein[1317]. Abzustellen ist auf einen den jeweiligen äußeren Umständen angepaßten, objektiven Sorgfaltsmaßstab[1318].

Die Artt. 85 bis 88 CISG stellen einen Regelungskomplex dar, durch dessen deutlich vorgenommene Verteilung von Rechten und Pflichten Risiken für die Vertragsparteien vorhersehbar sind. Neben den systematischen und inhaltlichen Vorzügen entsprechen diese Regelungen einem Bedürfnis der Praxis. Kaufleute haben zur Minimierung drohenden Schadens vergleichbare Regelungen zur Erhaltung von Waren innerhalb von Bräuchen, Usancen und Geschäftsbedingungen aufgestellt[1319]. Besonders die Parteien im internationalen Handel bedürfen aufgrund der zu überwindenden Entfernungen und der damit verbundenen fehlenden Kontrollmöglichkeiten der Sicherheit, daß bei Störungen hinsichtlich der Erfüllung des Vertrages ein geordneter weiterer Ablauf mit dem Ziel der Vertragserfüllung oder der ordnungsgemäßen Rückabwicklung gewährleistet wird. Diesem Bedürfnis wird durch die Formulierung von ausdrücklichen Erhaltungspflichten im CISG Rechnung getragen. Die Erhaltungspflichten erweitern zwar den Kreis

---

1315 Siehe Punkt 4.6.2.3.1.

1316 A. A. Bianca/Bonell/Barrera Graf, Art. 88, Anm. 2.8.; June Sun Choi, S. 133; Corvaglia, S. 91; Loewe, Art. 88, S. 102 f.; siehe Punkt 4.6.2.3.1.1.

1317 Siehe Punkt 4.6.

1318 A. A. vCaemmerer/Schlechtriem/Eberstein, 2. A., Art. 85, Rn. 11; Honsell/Weber, Art. 85, Rn. 10; Hammer, S. 94; siehe Punkt 4.6.

1319 Siehe Punkt 7.

der vertraglichen Pflichten[1320] und beeinflussen und verlagern die Risikoverteilung im Austauschverhältnis[1321], dadurch wird allerdings keine 'Überfürsorge' kodifiziert. Den Parteien, die im besonderen Maß auf gegenseitige Kooperation angewiesen sind, werden in diesem Zusammenhang unter Ausschluß unzumutbarer Belastungen lediglich angemessene Maßnahmen bei Sicherstellung eines Aufwendungsersatzes abverlangt. Grundsätzlich wird der Partei die abschließende Kostentragung auferlegt, deren Sphäre das Hindernis für eine ordnungsgemäße Vertragsabwicklung zuzurechnen ist und die dieses Hindernis grundsätzlich eher als der Vertragspartner beseitigen kann.

1320 Piltz, § 4, Rn. 265
1321 Wiegand, in FS für Gagnér, S. 589

Literaturverzeichnis

Achilles, Wilhelm-Albrecht: Kommentar zum UN-Kaufrechtsübereinkommen (CISG), Neuwied 2000

Anderson, Roy Ryden: An overview of buyer's damage remedies, 21 UCC L.J. 1988, 28-60

Antweiler, Clemens: Beweislastverteilung im UN-Kaufrecht, insbesondere bei Vertragsverletzungen des Verkäufers, Frankfurt a. M., Berlin, Bern, New York, Paris, Wien 1995

Atiyah, Patrick S.: The Sale of Goods, bearbeitet von John N. Adams, 10th ed., Edinburgh 2001

Audit, B.: La vente internationale de marchandises Convention des Nations – Unies du 11 avril 1980, Paris 1990

Baumbach/Hopt: bearbeitet von Klaus J. Hopt, Handelsgesetzbuch, 30. Auflage, München 2000

Benjamin, Judah Philip: Benjamin's Sale of Goods, 4th ed., London 1992

Bianca, Cesare Massimo/*Bonell,* Michael Joachim: Commentary on the International Sales Law. The 1980 Vienna Sales Convention, 1987

Bolze, Albert: Die Praxis des Reichsgerichts in Civilsachen, Leipzig

Bonell, Michael Joachim.: UN-Kaufrecht und das Kaufrecht des Uniform Commercial Code im Vergleich, RabelsZ 58, 1994, 20-39

ders.: Die Bedeutung der Handelsbräuche im Wiener Kaufrechtsübereinkommen von 1980, JBl. 107 (1985), 385-395

ders.: The UNIDROIT Principles for International Contracts and CISG –Alternatives or Complementary Instruments? Uniform Law Review 1996, 26-39

Bracker, Jacobus: Das künftige Transportrecht – Bericht über ein Seminar der deutschen Gesellschaft für Transportrecht, Transp. Recht 1997, S. 410

Braham, Thomas J.: Commercial Law in Campbell, D/Hepperle W. (Hrsg.): The U.S. Legal System, The Hague, Boston, London 1983

Bridge: Does Anglo-Canadian contract law need a doctrine of good faith ? (1984) 9 Can. Bus.L.J. 385

Bucher, Eugen (Hrsg.): Berner Tage für die juristische Praxis, Wiener Kaufrecht, Der schweizerische Außenhandel unter dem UN-Übereinkommen über den internationalen Warenkauf, Bern 1991

Bülow, Arthur/*Mecke*, Friedrich/*Schmidt*, Jürgen: Hinterlegungsordnung mit Nebenbestimmungen, München 1993

Burton, Steven J.: Breach of contract and the common law duty to perform in good faith, (1980) 94 Harvard Law Review, 369-404

von Caemmerer/Schlechtriem: Kommentar zum Einheitlichen UN-Kaufrecht, Das Übereinkommen der Vereinten Nationen über Verträge über den internationalen Warenkauf – CISG Kommentar – Hrsg. von Peter Schlechtriem: 1. Aufl. München 1990; 2. Aufl. München 1995, (zit. vCaemmerer/ Schlechtriem/Bearbeiter)

Cerutti, Romeo: Das U.S. amerikanische Warenkaufrecht – mit rechtsvergleichenden Hinweisen auf das schweizerische und das deutsche Recht, das CISG sowie die UNIDROT Principles, Zürich 1998

Choi, June-Sun: Rechtsvergleichende Untersuchung der Gefahrtragungsregel im angloamerikanischen und im UN-Kaufrecht, Dissertation, Marburg 1991

Clifford, Donald F. Jr.: Non-UCC Statutory Provisions Affecting Warranty Disclaimers and Remdies in Sales of Goods, 71 N.C.L. Rev. (1993), 1011

Cohn, E.J.: The Defence Of Uncertainty: A Study In The Interpretation Of The Uniform Law On International Sales Act 1967, ICLQ 23 (1974) 520-538

Corbin, Arthur Linton, by Joseph M. Perillo: On Contracts, Rev. ed., St. Paul, Minnesota

Corvaglia, Stefano: Das einheitliche UN-Kaufrecht – CISG, Bern 1998

Crandall, Thomas D./*Herbert*, Michael J./*Lawrence*, Lary: Uniform Commercial Code, Volume I, Boston Toronto London 1993 ff.

Czerwenka, G. Beate: Rechtsanwendungsprobleme im internationalen Kaufrecht. Das Kollisionsrecht bei grenzüberschreitenden Kaufverträgen und der Anwendungsbereich der internationalen Kaufrechtsübereinkommen, Berlin 1988

Däubler-Gmelin, Herta: Die Entscheidung für die so genannte Große Lösung bei der Schuldrechtsreform, NJW 2001, 2281 - 2289

Diedrich, Frank: Autonome Auslegung von Internationalem Einheitsrecht: Computersoftware im Wiener Kaufrecht, Baden-Baden 1994

ders.: Anwendbarkeit des Wiener Kaufrechts auf Softwareüberlassungsverträge, zugleich ein Beitrag zur Methode autonomer Auslegung von Internationalem Einheitsrecht, RIW 1993, 441-452

Dillsaver, Joe D.: Notice in Article 2 of the Uniform Commercial Code, Uniform Commercial Code Law Journal, Vol. 22 : 66 1989

Dölle, Hans (Hrsg.): Kommentar zum Einheitlichen Kaufrecht: Die Haager Kaufrechtsübereinkommen vom 1. Juli 1964, München 1976

Dolan, John F.: The Merchant Class of Art. 2, 1977 Wash. ULQ

Düringer Hachenburg: Das Handelsgesetzbuch vom 10. Mai 1897, V. Band/1. Hälfte, 3. Aufl., erläutert von James Breit und Viktor Hoeniger, Mannheim, Berlin, Leipzig 1932

Duesenberg, Richard W./*King*, Lawrence P.: Sales & bulk transfers under the uniform commercial code, New York, N.Y., 1968 ff.
Elsing, Siegfried H.: US-amerikanisches Handels- und Wirtschaftsrecht, 2. A., Heidelberg 1999
Emmerich, Volker: Das Recht der Leistungsstörungen, 4. A., München 1997
Enderlein, F./*Maskow*, D./*Strohbach*, H.: Internationales Kaufrecht, Kaufrechtskonvention, Verjährungskonvention, Vertretungskonvention, Rechtsanwendungskonvention, Berlin 1991
Enderlein, F./*Maskow* D./*Stargardt*, M.: Kommentar; Konvention der Vereinten Nationen über Verträge über den internationalen Warenkauf; Konvention über die Verjährung beim internationalen Warenkauf; Protokoll zur Änderung der Konvention über die Verjährung beim internationalen Warenkauf, Berlin 1985
Ennecerus, Ludwig: Lehrbuch des Bürgerlichen Rechts, 2. Band, Recht der Schuldverhältnisse, 15. Bearbeitung von Heinrich Lehmann, Tübingen 1958
Ensthaler: Gemeinschaftskommentar zum Handelsgesetzbuch, 6. Aufl., Hrsg. Jürgen Ensthaler, Berlin 1999
Erman: Handkommentar zum Bürgerlichen Recht, Herausgeber Harm Peter Westermann, 1. Band, 9. Aufl., Münster 1993; 1. Band, 10. Aufl., 2000
Esser, Michael J.: Die letzte Glocke zum Geleit? Kaufmännisches Bestätigungsschreiben im internationalen Handel: Deutsches, Französisches, Österreichisches und Schweizerisches Recht und Einheitliches Recht unter der Kaufrechtskonvention von 1980, ZfRvgl 29 [1988] 167-193
Esser/Weyers: Schuldrecht, Band II, Besonderer Teil, Teilband 1, Verträge, begr. von Josef Esser, fortgeführt von Hans Leo Weyers, 8. Aufl., Heidelberg 1998
Esser/Schmidt: Schuldrecht, Band I, Allgemeiner Teil, Teilband 1, Entstehung, Inhalt und Beendigung von Schuldverhältnissen, begr. von Josef Esser, fortgeführt von Eike Schmidt, 8. Aufl., Heidelberg 1995
Farnsworth, E. Allan: Good Faith Performance and commercial Reasonableness under the Uniform Commercial Code, UCLRev. 1963, 666
ders.: The Vienna Convention: History and Scope, in: Symposium, International Sale of Goods, International Lawyer Vol.18 I, 1984, p. 17
ders./McCormack, Alfred: Contracts, 1982
Fastenrath, Ulrich: Lücken im Völkerrecht: zu Rechtscharakter, Quellen, Systemzusammenhang, Methodenlehre und Funktionen des Völkerrechts, Berlin 1991
Ferrari, Franco: Uniform Interpretation of the 1980 Uniform Sales Law, in Georgia Journal of International and Comparative Law, Vol. 24, 1994, 183-228

ders.: Das Verhältnis zwischen den UNIDROIT-Grundsätzen und den allgemeinen Grundsätzen internationaler Einheitsprivatrechtskonventionen; Zugleich ein Beitrag zur Lückenfüllung durch staatliche Gerichte, JZ 1998, 9-17

ders.: Anmerkungen anläßlich eines italienischen Urteils (Trib. Vigevano, 12.7.2000), IHR 2001, 56 - 60

Fischer, Jörg: Die Unsicherheiteneinrede. Eine rechtsvergleichende Untersuchung über die Rechte eines Vertragspartners bei Vermögensverschlechterung der anderen Partei zum deutschen und US-amerikanischen Recht sowie zu den Einheitlichen Kaufrechten, Diss., Frankfurt a. M. 1988

Galston Nina M./*Smit*, Hans (Hrsg.): International Sales, The United Nations Convention on Contracts for the International Sale of Goods, New York 1984

Geist, Reinhard: Die Gefahrtragung nach dem UN-Übereinkommen über den internationalen Warenkauf, WBl. 1989, 349-356

Gernhuber, Joachim: Die Erfüllung und ihre Surrogate sowie das Erlöschen der Schuldverhältnisse aus anderen Gründen, 2. Aufl., Tübingen 1994, Band 3 aus der Reihe Handbuch des Schuldrechts in Einzeldarstellungen, Hrsg. Joachim Gernhuber

ders.: Schadenersatz, Band 1, 2. Aufl., Tübingen 1990

Gilmore, Grant: The commercial doctrine of good faith purchase, 63 Yale L.J. 1057-1122 (1954)

Grundmann, Stefan: Europäisches Schuldvertragsrecht; Struktur und Bestand, NJW 2000, 14-23

Graveson, R.H./*Cohn*, E.J./*Graveson*, Diana: The Uniform Laws on International Sales Act 1967, A Commentary, London 1968

Hager, Günter: Die Rechtsbehelfe des Verkäufers wegen Nichtabnahme der Ware nach amerikanischem, deutschem und Einheitlichem Haager Kaufrecht, Frankfurt am Main 1975

ders.: in Einheitliches Kaufrecht und nationales Obligationenrecht (Hrsg. Schlechtriem): Gefahrtragung nach UN-Kaufrecht im Vergleich zu EKG und BGB, 387-411

Hammer, Wolf-Henning: Das Zurückhaltungsrecht gemäß Art. 71 CISG im Vergleich zu den Kaufgesetzen der nordischen Staaten unter Einbeziehung transportrechtlicher Aspekte, Diss. Iur. Hamburg, 1998, Frankfurt am Main 1999

Happ, Richard: Anwendbarkeit völkerrechtlicher Auslegungsmethoden auf das UN-Kaufrecht, RIW 1997, 376-380

Hartkamp, Arthur S., *Hondius*, Ewoud H. u.a. (Hrsg.): Towards a European Civil Code, Nijmegen 1994

Hartkamp, Arthur S.: Principles of Contract Law, in Towards European Civil Code, 37-50

Hawkland, William D.: A Transactional Guide to the Uniform commercial code, Volume 1, Philadelphia (Pa.) 1964

Hay, Peter: Einführung in das amerikanische Recht, 4. Auflage, Darmstadt 1995

Heilmann, Jan: Mängelgewährleistung im UN-Kaufrecht, Voraussetzungen und Rechtsfolgen im Vergleich zum deutschen internen Kaufrecht und zu den Haager Einheitlichen Kaufgesetzen, Berlin 1994

Hellner, Jan: Gap-Filling by Analogy: Art. 7 of the U.N. Sales Convention in its Historical Context, 219-233, in Studies in International Law, Festskrift till Lars Hjerner, Hrsg. Ramberg, Stockholm 1990

ders.: The U.N. Convention on International Sales of Goods – an outsider's View, S. 71-102 in Ius Inter Nationes, Festschrift für Professor Stefan A. Riesenfeld, Hrsg. von Erik Jayme, Gerhard Kegel, Marcus Lutter, Heidelberg 1983

Helm, Georg: Probleme der CMR: Geltungsbereich – ergänzendes Recht – Frachtbrief – Weisungsbefugnis – aufeinanderfolgende Frachtführer, VersR 1988, 548-556

Henniger, Michael: Die Frage der Beweislast im Rahmen des UN-Kaufrechts, zugleich eine rechtsvergleichende Grundlagenstudie zur Beweislast, München 1995, zugl. Diss., München, 1994

Henning, William H./*Wallach*, George I.: The law of Sales under the Uniform Commercial Code, Boston 1992 ff. (Cumulative Supplement)

Herber, Rolf: „Internationales Handelsrecht" – Gedanken zu der neuen Zeitschrift und ihrem Gegenstand, IHR 2001, 1 - 5

Herber, Rolf /*Czerwenka*, Beate: Internationales Kaufrecht: Kommentar zu dem Übereinkommen der Vereinten Nationen vom 11. April 1980 über Verträge über den internationalen Warenkauf, München 1991

Heuer, Klaus: Das künftige deutsche Frachtrecht, Transp. R. 1998, 45 ff.

Heuzé, Vincent: La vente internationale de marchandises – Droit uniforme, Paris 1992

Heymann: Handelsgesetzbuch (ohne Seerecht): Kommentar von Volker Emmerich, Ernst Heymann, Norbert Horn, 2. Aufl., herausgegeben von Norbert Horn, Berlin 1989

Höß, Stefan: Der gegenständliche Anwendungsbereich des UN-Kaufrechts - Contracts to which the CISG is applicable- Diss. Kempten (Allgäu), 1995

Hofstetter, Karl: Nachwirkende Nebenpflichten des schweizerischen Exporteurs nach Absendung und Bezahlung der Ware? SJZ 1991, 171-176

Honnold, John O.: The new uniform law for International Sales and the UCC: A Comparison in: Symposium, International Sale of Goods, International Lawyer Vol.18 I, 1984, 21 *ders.*: Uniform Law for International Sales under the 1980 United Nations Convention, 3rd ed., The Hague 1999 (zit. Honnold, Art...)

ders.: mit William A. *Schnader*: Uniform Words and Uniform Application. The 1980 Sales Convention and International Juridical Practice, S. 115-147, in Einheitliches Kaufrecht und nationales Obligationenrecht, Hrsg. P. Schlechtriem, Baden-Baden 1987

ders.: Documentary History of the Uniform Law for International Sales; The studies, deliberations and decisions that led to the 1980 United Nations Convention with introductions and explanations, Deventer 1989

Honsell, Heinrich (Hrsg.): Kommentar zum UN-Kaufrecht, Berlin Heidelberg 1997

Hoyer, Hans/*Posch*, Willibald: Das Einheitliche Wiener Kaufrecht, Neues Recht für den internationalen Warenkauf, Wien 1992

Huber, Ulrich: Der UNCITRAL – Entwurf eines Übereinkommens über internationale Warenkaufverträge, RabelsZ 43 (1979), 413-526

ders.: Leistungsstörungen, Bd. 9, in Handbuch des Schuldrechts in Einzeldarstellungen/hrsg. von Jochim Gernhuber; Bd. 9,1. Die allgemeinen Grundlagen – Der Tatbestand des Schuldnerverzuges – Die vom Schuldner zu vertretenden Umstände; Bd. 9,2. Die Folgen des Schuldnerverzuges – Die Erfüllungsverweigerung und die vom Schuldner zu vertretende Unmöglichkeit, Tübingen 1999

ders.: Das Einheitliche Gesetz über den internationalen Kauf beweglicher Sachen (II): Die Haftung des Verkäufers bei nicht vertragsgemäßer Ware, DB 1975, 1637-1639

Hutter, Max: Die Haftung des Verkäufers für Nichtlieferung bzw. Lieferung vertragswidriger Ware nach dem Wiener UNCITRAL-Übereinkommen über internationale Warenkaufverträge vom 11. April 1980, Diss. Regensburg 1988

Imberg, Alexander: Die Verteilung der Beweislast beim Gefahrübergang nach UN-Kaufrecht, Diss. Iur. Mainz 1997, Frankfurt am Main 1998

Jauernig, Othmar (Hrsg.): Bürgerliches Gesetzbuch mit Gesetz zur Regelung des Rechts der Allgemeinen Geschäftsbedingungen, 9. Auflage, München 1999

Jan, Sheng-Lin: Die Erfüllungsverweigerung im deutschen und im UN-Kaufrecht, Frankfurt a. M., Berlin, Bern, New York, Paris, Wien 1992

Jung, Reinhard: Die Beweislastverteilung im UN-Kaufrecht insbesondere beim Vertragsschluß, bei Vertragsverletzungen des Käufers, bei allgemeinen Bestimmungen sowie bei gemeinsamen Bestimmungen über Verkäufer- und Käuferpflichten, Frankfurt a. M., Berlin, Bern, New York, Paris, Wien 1996, Dissertation

Karollus, Martin: UN-Kaufrecht, Eine systematische Darstellung für Studium und Praxis, Wien, New York 1991

Kastely, Amy H.: Unification and Community: A Rhetorical Analysis of the United Nations Sales Convention, in: Symposium – Reflections on the international unification of sales law, Northwestern Journal of International Law & Business, 1988, 531, 574

Kindler, Peter: Einige Hauptfragen des CISG im Spiegel der neueren deutschen Kommentarliteratur, Jahrbuch für Italienisches Recht, Band 5, 201-224, Heidelberg 1992

ders: Sachmängelhaftung, Aufrechnung und Zinssatzbemessung: Typische Fragen des UN-Kaufrechts in der gerichtlichen Praxis, zu LG München I, 20.3.1995 – 10 HKO 23750/94 IPRax 1991, 16-22

Koch, Robert: Der besondere Gerichtsstand des Klägers/Verkäufers im Anwendungsbereich des UN-Kaufrechts, zugleich Anmerkung zum Urteil des EuGH vom 29.6.1994 – Rs.C-288/92- Custom Made Commercial Ltd./Stawa Metallbau GmbH, RIW 1994, S. 676 f., RIW 1996, 379-382

ders.: Wider den formularmäßigen Ausschluß des UN-Kaufrechts NJW 2000, 910-915

Kock, Annette: Nebenpflichten im UN-Kaufrecht: Dargestellt am Beispiel der Pflichten des Verkäufers, Regensburg 1995

Koller, Ingo: Die Risikozurechnung bei Vertragsstörungen im Austauschverhältnis: Eine Untersuchung zur Rechtsfortbildung auf dem Gebiet der materiellen Leistungserschwerung, Zweckstörung sowie Schadenersatzhaftung bei Sach- und Dienstleistungen, München 1979

ders.: Transportrecht, Kommentar zu Spedition, Straßen und Lufttransport, 4. Auflage, München 2000

Krämer: Der kleine und große Schadenersatz beim Kauf, Frankfurt am Main 1989

Kranz, Norbert: Die Schadensersatzpflicht nach den Haager Einheitlichen Kaufgesetzen und dem Wiener UN-Kaufrecht, Dissertation, Frankfurt a. M. 1989

Kraus, Jody S.: Decoupling sales law from the acceptance – rejection fulcrum, 104 Yale L.J. (1994) 129-205

Krebs, Markus: Die Rückabwicklung im UN-Kaufrecht, München 2000

Kritzer, Albert H. (Hrsg.): Guide to Practical Applications of the United Nations Convention on Contracts for the International Sale of Goods (1989-1994), Deventer Boston

Kronke, Herbert: Anmerkung zu OLG Stuttgart U. v. 21.08.1995 5 U 195/94, IPRAX 1996, 139

Kropholler, Jan: Europäisches Zivilprozeßrecht, Kommentar zu EuGVÜ und Lugano-Übereinkommen, 6. Aufl., Heidelberg 1998 (zit. Europ. ZPR)

ders.: Internationales Einheitsrecht: Allgemeine Lehren, Tübingen 1975 (zit. Int. Einh.R.)

ders.: Internationales Privatrecht, 4. Auflage, Tübingen 2001 (zit. IPR)
Krüger, Ulrich: Modifizierte Erfolgshaftung im UN-Kaufrecht, Bremen 1999
Lando, Ole/*Beale*, Hugh: Principles of Europan Contract Law: Part 1, Performance, Non-performance and Remedies, prepared by the Commission on European Contract Law, Dordrecht 1995
Lange, Hermann: Handbuch des Schuldrechts in Einzeldarstellungen, Hrsg. Joachim Gernhuber, Bd. 1, Schadenersatz, 2. Aufl., Tübingen 1990
Larenz, Karl: Lehrbuch des Schuldrechts, II. Band: Besonderer Teil, 1. Halbband, 13. Aufl., München 1986
Lawrence, William H./ *Henning*, William H.: Understanding sales and leases of goods, Irwin 1996
Lehr, Wolfgang: Die neuen Incoterms 2000, VersR 2000, 548-557
Lehmann/Ring: Kommentar zum Bürgerlichen Gesetzbuch und seinen Nebengesetzen – Das Handelsgesetzbuch für das deutsche Reich, 1. A., Bd. II, Berlin 1901
Leser, Hans G.: Vertragsaufhebung und Rückabwicklung unter dem UN-Kaufrecht, 225-256, in Einheitliches Kaufrecht und nationales Obligationenrecht, (Hrsg.) Peter Schlechtriem, Baden-Baden 1987
ders.: Die Vertragsaufhebung im Einheitlichen Kaufgesetz, in: Das Haager Einheitliche Kaufgesetz und das Deutsche Schuldrecht, Kolloquium zum 65. Geburtstag von Ernst von Caemmerer, 1-19, (Hrsg.) Leser/v. Marschall, Karlsruhe 1973
Loewe, Ronald.: Internationales Kaufrecht: Wiener UN-Kaufrechtsübereinkommen vom 11. April 1980 und New Yorker UN-Verjährungsübereinkommen vom 14. Juni 1974 samt Protokoll vom 11. April 1980, Wien 1989
ders.: Erläuterungen zum Übereinkommen vom 19.05.1956 über den Beförderungsvertrag im internationalen Straßenverkehr (CMR), ETR 1976, 503
Lücke, H. K.: Good faith and contractual performance in Essays on Contract, 155-182, Hrsg. P.D. Finn, London 1987
Lüderitz, Alexander: Pflichten der Parteien nach UN-Kaufrecht im Vergleich zu EKG und BGB, in Schlechtriem, Hrsg., Einheitliches Kaufrecht und nationales Obligationenrecht, Baden-Baden 1987
Luithlen, Wolfgang: Einheitliches Kaufrecht und autonomes Handelsrecht, Freiburg/Schweiz 1956
Magnus, Ulrich: Währungsfragen im Einheitlichen Kaufrecht zugleich ein Beitrag zu seiner Lückenfüllung und Auslegung, RabelsZ 53 (1989), 116-143
ders.: in Staudinger, Kommentar zum BGB mit Einführungsgesetz & Nebengesetzen – Wiener UN-Kaufrecht (CISG) – Neubearbeitung 1999 (zit. Staudinger/Magnus)
ders.: Aktuelle Fragen des UN-Kaufrechts, ZEuP 1993, 1, 79-99

ders.: Stand und Entwicklung des UN-Kaufrechts, ZEuP 1995, 3, 202-215

ders.: Das UN-Kaufrecht: Fragen und Probleme seiner praktischen Bewährung, ZEuP 1997, 5, 823-846

ders.: Die Gestalt eines Europäischen Handelsgesetzbuches, in Festschrift für Drobnig 57-80, Hrsg. Jürgen Basedow, Klaus J. Hopt, Hein Kötz, Tübingen 1998

Magraw, Barstow D./*Kathrein*, Reed R.: The Convention for the International Sale of Goods: A Handbook of Basic Materials, 2nd. ed. 1990

Makower: Handelsgesetzbuch mit Kommentar, Zweiter Band, Buch III (Handelsgeschäfte), 13. Auflage, Berlin 1907

Malcolm, Walter D.: The Uniform Commercial Code in the United States 12 ICLQ (1963), 226-246

Medicus, Dieter: Schuldrecht II, Ein Studienbuch, 10. A., München 2000

Mertens, Hans-Joachim/*Rehbinder*, Eckard: Internationales Kaufrecht; Kommentar zu den Einheitlichen Kaufgesetzen, Frankfurt am Main 1975

Meyer, Alfred W./*Speidel*, Richard E.: Sales and leases of goods, St. Paul/Minnesota 1993

Michida, Shinichiro: Cancellation of Contract, 27 Am. J. Comp. L. (1979), 279-289

Münchener Kommentar: zum Bürgerlichen Gesetzbuch, hrsg. von Kurt Rebmann: Teil: Bd. 2., Schuldrecht, Allgemeiner Teil: (241-432), FernAbsG, 4. Aufl., München 2001
Teil: Bd. 3., Schuldrecht, Besonderer Teil; I (433-606): Finanzleasing, Verbraucherkreditgesetz, Haustürwiderrufgesetz etc., 3. Aufl., 1995

Münchener Kommentar: zum Handelsgesetzbuch, Hrsg. Karsten Schmidt, München 1996, Teil: Bd. 7, Viertes Buch, Handelsgeschäfte: 407-457, Transportrecht, Jürgen Basedow, 1997

Najork, Eike Nikolai: Treu und Glauben im CISG, Diss. Bonn 2000

Neumayer, Karl H./*Ming*, Catherine: Convention de Vienne sur les contrats de vente internationale de marchandises – Commentaire, Lausanne 1993

Nicholas, Barry: The Vienna Convention on International Sales Law, The Law Quarterly Review, Vol 105, 1989, 201-243

Palandt, Bürgerliches Gesetzbuch, 60. Auflage, München 2001

Piltz, Burghard: Internationales Kaufrecht, Das UN-Kaufrecht (Wiener Übereinkommen von 1980) in praxisorientierter Darstellung, München 1993

ders.: Internationales Kaufrecht, NJW 1989, 615-621

ders.: Neue Entwicklungen im UN-Kaufrecht, NJW 1994, 1101-1106

ders.: Neue Entwicklungen im UN-Kaufrecht, NJW 1996, 2768-2773

ders.: Entscheidungen des BGH zum CISG, Beilage zu der Zeitschrift Transportrecht; TranspR – IHR 2-99, 13-18

ders.: in Schütze, Münchner Vertragshandbuch, Band 3, 2. Halbband, 1997
ders.: Incoterms 2000 – ein Praxisüberblick, RIW 2000, 485-489
Petrikic, Radivoje: Das Nacherfüllungsrecht im UN-Kaufrecht – Grundprobleme der Leistungsstörungen, Wien 1999
Rabel, Ernst: Das Recht des Warenkaufs, Eine rechtsvergleichende Darstellung, Band 1, Berlin Leipzig 1936, Berlin 1957
Band 2, Berlin Tübingen 1958
Reich, Norbert: Die Umsetzung der Richtlinie 1999/44/EG in das deutsche Recht, NJW 1999, 2397-2403
Reimers-Zocher, Birgit: Beweislastfragen im Haager und Wiener Kaufrecht, Frankfurt a. M., Berlin, Bern, New York, Paris, Wien 1995, Dissertation
Resch, Reinhard: Zur Rüge bei Sachmängeln nach UN-Kaufrecht, ÖJZ 1992, 470-479
Reinhart, Gert: UN-Kaufrecht; Kommentar zum Übereinkommen der Vereinten Nationen vom 11. April 1980 über Verträge über den internationalen Warenkauf, Heidelberg 1991
ders.: Die Haager Konferenz über die internationale Vereinheitlichung des Kaufrechts vom 2. bis 25. April 1964, Verlauf der Konferenz und Ergebnisse hinsichtlich der materiellen Vereinheitlichung des Kaufrechts, RabelsZ 29 (1965), 1 f.
Rheinstein, Max: Einführung in die Rechtsvergleichung, herausgegeben von Reimer von Borries, 2. Auflage, München 1987
Riese, Otto: Die Haager Konferenz über die internationale Vereinheitlichung des Kaufrechts vom 2. bis 25. April 1964, Verlauf der Konferenz und Ergebnisse hinsichtlich der materiellen Vereinheitlichung des Kaufrechts, RabelsZ, 29/1965, 1-100
Ritter, Carl: Kommentar zum Handelsgesetzbuch, 2. A., München, Berlin 1932
Robertson jr., R.J.: Rights and obligations of buyers with respect to goods in their possession after rightful rejection or justifiable revocation of acceptance, 60 Indiana Law Journal 1985, 663-719
Röhricht/Graf von Westphalen: Kommentar zu Handelsstand, Handelsgesellschaften, Handelsgeschäften und besonderen Handelsverträgen (ohne Bilanz-, Transport- und Seerecht), hrsg. von Volker Röhricht, Friedrich Graf von Westphalen, Köln 2001
Rummel, Peter: Schadenersatz, höhere Gewalt und Fortfall der Geschäftsgrundlage, in Hoyer/Posch (Hrsg.), Das einheitliche Wiener Kaufrecht, 177-193
Ruprecht, Ingeborg: Das Recht des Warenkaufs im Amerikanischen Uniform Commercial Code, RabelsZ 19 (1954), 427

Ryffel, Gritli: Die Schadenersatzhaftung des Verkäufers nach dem Wiener Übereinkommen über internationale Warenkaufverträge vom 11. April 1980, Bern, Frankfurt a. M., New York, Paris, Wien 1992

Sarcevic Petar/*Volken* Paul (Hrsg.): International Sale of Goods; Dubrovnik Lectures, New York, London, Rom 1986

Schack, Haimo: Der Erfüllungsort im deutschen, ausländischen und internationalen Privat- und Zivilprozeßrecht, Frankfurt am Main 1985

ders.: Der internationale Klägergerichtsstand des Käufers, zu OLG Düsseldorf, 9.7.1986 - 17 U 162/85, IPRax 1987, 234, IPRax 1987, 215-218

ders.: Internationales Zivilprozeßrecht, 2. Auflage, München 1996

Scheifele, Bernd: Die Rechtsbehelfe des Verkäufers nach deutschem und UN-Kaufrecht, Diss., Rheinfelden 1986

Schey, Joseph: Begriff und Wesen der Mora creditoris, Wien 1884

Schlechtriem, Peter/*Magnus*, Ulrich: Internationale Rechtsprechung zu EKG und EAG, eine Sammlung belgischer, deutscher, italienischer, israelischer und niederländischer Entscheidungen zu den Haager Einheitlichen Kaufgesetzen, Baden-Baden 1987

Schlechtriem, Peter: Einheitliches UN-Kaufrecht; Das Übereinkommen der Vereinten Nationen über internationale Warenkaufverträge, Darstellung und Texte, Tübingen 1981 (zit. Einh. UN-KaufR)

ders. (Hrsg.): Kommentar zum Einheitlichen UN-Kaufrecht – Das Übereinkommen der Vereinten Nationen über Verträge über den internationalen Warenkauf – CISG – 3. Auflage, München 2000 (zit. Schlechtriem/Bearbeiter, Art. ...)

ders.: Auslegung und Lückenfüllung im Internationalen Einheitsrecht: Erfüllungsort für Rückabwicklungspflichten in EuGVÜ und EKG (zu BGH, 22.10.1980, IPRax 1981, S. 129 ff.), IPRax 1981, S. 113-116

ders.: Internationales UN-Kaufrecht: Ein Studien- und Erläuterungsbuch zum Übereinkommen der Vereinten Nationen über Verträge über den internationalen Warenkauf – CISG, Tübingen 1996 (zit. Int. UN-KaufR)

ders.: The Seller's Obligations under the United Nations Convention on Contracts for the International Sale of Goods, chapter 6, in Galston/Smit (Hrsg.), International Sales, New York 1984

ders.: Einheitliches UN-Kaufrecht, Das Übereinkommen der Vereinten Nationen vom 11. April 1980 über Verträge über den internationalen Warenkauf (CISG), JZ 1988, 1037-1048

ders. (Hrsg.): Einheitliches Kaufrecht und nationales Obligationenrecht; Referate und Diskussionen der Fachtagung Einheitliches Kaufrecht am 16./17.2.1987, Baden-Baden 1987

ders.: Aufrechnung durch den Käufer wegen Nachbesserungsaufwand – deutsches Vertragsstatut und UN-Kaufrecht, zu OLG Hamm, 9.6.1995 – 11 U 191/94, IPRax 1996, 256-257
ders.: Gemeinsame Bestimmungen über Verpflichtungen des Verkäufers und des Käufers, in Lausanner Kolloquium, Hrsg.: Schweizerisches Institut für Rechtsvergleichung 1984, Schultheiss 1985 (zit. Lausanne)
ders.: Kurzkommentar zu OLG Düsseldorf, U. v. 02.07.1993 17 U 73/93, EwiR 1993, 1075
ders.: 10 Jahre CISG – Der Einfluß des UN-Kaufrechts auf die Entwicklung des deutschen und des internationalen Schuldrechts, IHR 2001, 12-18
Schlegelberger: Handelsgesetzbuch, Kommentar von Ernst Geßler, Wolfgang Hefermehl, Wolfgang Hildebrandt, Georg Schröder, Band V, §§ 373-382, 5. Auflage, München 1982
Schleicher, Rüdiger/*Reymann*, Friedrich/*Abraham*, Hans-Jürgen: Das Recht der Luftfahrt, Kommentar und Quellensammlung, 3. A., Köln 1960
Schmid, Christoph: Das Zusammenspiel von Einheitlichem UN-Kaufrecht und nationalem Recht: Lückenfüllung und Normenkonkurrenz, Diss. Berlin 1995
Schmidt, Karsten: Handelsrecht, 5. A., Köln, Berlin, Bonn, München 1999
Schmidt-Jortzig, Edzard: Perspektiven der Europäischen Privatrechtsangleichung, AnwBl 1998, 63-66
Schmidt-Räntsch, Jürgen: Gedanken zur Umsetzung der kommenden Kaufrechtsrichtlinie, ZEuP 1999, 294-302
Schütze, Rolf A., Hrsg.: Münchener Vertragshandbuch, Band 3: Wirtschaftsrecht, 2. Halbband: Internationales Wirtschaftsrecht, 4. Auflage, München 1997
Schott, Volker: Antizipierter Vertragsbruch und Leistungsgefährdung. Eine Vergleichung des amerikanischen Rechts mit dem international vereinheitlichten Kaufrecht, Diss. Dortmund 1992
Schwenzer, Ingeborg: 'The Battle of the Forms' und das EAG, IPRax 1988, 212-214
Sebert: Rejection, revocation and cure under Art. 2 of the UCC; Some modest proposals, 84 Nw UL Rev. 375 (1990)
Sekretariatskommentar: Commentary on the Draft Convention on Contracts for the International Sale of Goods, Prepared by the Secretariat (UN Doc.A/Conf 97/5), abgedruckt in: Off Rec 14 ff.
Sieveking, Robert: Die Geschäftsbedingungen des Waren-Vereins der Hamburger Börse e. V., Berlin, New York 1979
Siehr, Kurt: Der internationale Anwendungsbereich des UN-Kaufrechts, RabelsZ 52 [1988] 587-616
Skalka, Willi: Handelsbräuche der Hamburger Getreidebörse, 2. Auflage, Hamburg 1931

Soergel: Bürgerliches Gesetzbuch mit Einführungsgesetz und Nebengesetzen, 12. A., Stuttgart 1987-1999
Teil: Bd. 2., Schuldrecht: (241-432), Hans-Joachim Mertens, 1990
Teil: Bd. 3., Schuldrecht: (433-515): AGB-Gesetz, AbzG, EAG, EKG, UN-KaufAbk, Hans-Joachim Mertens, 1991
Teil: Bd. 13., Schuldrechtliche Nebengesetze 2, Übereinkommen der Vereinten Nationen über Verträge über den internationalen Warenkauf (CISG), Ursula Stein, 2000

Song, Yang-Ho: Vertragsaufhebung und Rückabwicklung nach deutschem und koreanischem Recht und internationalem Einheitskaufrecht – eine Analyse der Folgen des Untergangs oder einer Beeinträchtigung der Kaufsache vor oder nach Erklärung der Aufhebung, Diss. jur. Freiburg 1999, Frankfurt am Main 1999

Speidel, Richard E./*Summers*, Robert S./*White*, James J.: Commercial Transactions Teaching Materials, St. Paul, Minnesota 1969

Staub: Großkommentar begründet von Hermann Staub, 3. Auflage, Berlin ab 1967, §§ 373-376, §§ 377-382; 4. Auflage, Berlin ab 1983, §§ 373-376, §§ 377-382

Staudenmayer, Dirk: Die EG-Richtlinie über den Verbrauchsgüterkauf, NJW 1999, 2393 ff.

Staudinger, J. von: Kommentar zum BGB mit Einführungsgesetz und Nebengesetzen, Berlin
Zweites Buch, Recht der Schuldverhältnisse
Teil 241 ff.; 241-243, Gottfried Schiemann, Michael Martinek, 13. Bearb., 1995
Teil 293-327, Manfred Löwisch, 13. Bearb., 1995
Teil 362-396, Karl-Heinz Gursky, Manfred Löwisch, Neubearb., 2000
Teil 433-534, Matthias Cremer, Heinrich Honsell, 13. Bearb., 1995
Wiener UN-Kaufrecht (CISG), Ulrich Magnus, 14. Neubearb., 1999
Teil 215-314, Claudia Bittner, Neubearbeitung 2001

Stötter, Viktor: Internationales Einheits-Kaufrecht, München 1975

Stockton, John M./*Miller* Frederick H.: Sales and leases of goods in a nutshell, 3rd ed., St. Paul/Minnesota 1992

Stoll, Hans: Inhalt und Grenzen der Schadenersatzpflicht sowie Befreiung von der Haftung im UN-Kaufrecht im Vergleich zu EKG und BGB, in Einheitliches Kaufrecht und nationales Obligationenrecht, 257-281, (Hrsg.) Schlechtriem, Baden-Baden 1987

ders.: Zur Haftung bei Erfüllungsverweigerung im Einheitlichen Kaufrecht, in RabelsZ 52 (1988), 630 f.

Stone, Bradford: Uniform Commercial Code in a nutshell, 4. Auflage St. Paul/ Minnesota 1995

Strub: The Convention on the International Sale of Goods: Anticipatory Repudiation Provisions and Developing Countries, 38 Int'l & Comp. L.Q. (1989), 475-501

Summers, Robert S.: Good Faith in general contract law and the Sales Provisions of the Uniform Commercial Code, Virginia Law Review 54, 1968, 195

ders.: Unification of Private Commercial Law in Europe – Possible Relevance of the American Experience, ZEuP 1999, 201-208

Tallon, Denis: The buyer's Obligations under the Convention on Contracts for the International Sale of Goods, in Galston/Smit (Hrsg.), International Sales, New York 1984, S. 1-20

Vahle, Oliver: Der Erfüllungsanspruch des Käufers nach UN-Kaufrecht im Vergleich mit dem deutschen Kaufrecht, ZVglRWiss 1999, 54-73

Vázquez Lepinette, Tomás: La obligación de concervación en la Convención de Viena de 11 abril de 1980 sobre compraventa internacional de mercaderás, Valencia 1995

Vekas, Lajos: Zum persönlichen und räumlichen Anwendungsbereich des UN-Einheitskaufrechts, IPRax 1987, 342-346

Vilus, Jelena: Provisions Common to the obligations of the seller and the buyer, 239-264, in International Sale of Goods; Dubrovnik Lectures, 1986

Vischer, Frank: Gemeinsame Verpflichtungen des Verkäufers und des Käufers, in Schweizerisches Institut für Rechtsvergleichung (Hrsg.), Lausanner Kolloquium 1984, Zürich 1985, 173-184

Vogel, Joan: Squeezing Consumers: Lemon Laws, Consumer Warranties, and a Proposal for Reform, Ariz.St.L.J. (1985), 589 ff.

Volken, Paul: The Vienna Convention: Scope, Interpretation and Gap-Filling, in Dubrovnik Lectures, 19-54

Warneyer, Otto: Die Rechtsprechung des Reichsgerichts auf Gebieten des Zivilrechts soweit sie nicht in der amtlichen Sammlung der Entscheidungen des Reichsgerichts abgedruckt ist, Leipzig

Weber, Rolf H.: Vertragsverletzungsfolgen: Schadenersatz, Rückabwicklung, vertragliche Gestaltungsmöglichkeiten, in Wiener Kaufrecht, Der schweizerische Außenhandel unter dem UN-Übereinkommen über den internationalen Warenkauf (zit. Berner Tage), Bern 1991

Weitnauer, Herman: Zum Vorrang der 'Gepflogenheiten' zwischen den Vertragsparteien vor den Bestimmungen des Einheitlichen Kaufrechts – zu OLG Düsseldorf, 12.11.1982 – 16 U 19/82, IPRax 1984, 185-186

White, James J./*Summers*, Robert S.: Handbook of the law under the Uniform Commercial Code, 5th. ed., St. Paul Minnesota 2000

Wiegand, Wolfgang: Die Pflichten des Käufers und die Folgen ihrer Verletzung, in Wiener Kaufrecht: Der schweizerische Außenhandel unter dem UN-Übereinkommen über den internationalen Warenkauf (zit. Berner Tage), Bern 1991

ders.: in Festschrift für Sten Gagnér zum 3.3.1996, hrsg. von Maximilian Kriechbaum, Ebelsbach am Main 1996

Will, Michael R.: International sales law under CISG: The UN Convention on Contracts for the International Sale of Goods, International Bibliography 1980-1997, The First 444 or so decisions 1988-1997 10 years, 6. A., Genf

ders.: Twenty years of international sales law under the CISG, The Hague 2000

Williston, Samuel by Alphonse M. Squilante: The law governing sales of goods at common law and under the Uniform Sales Act, Revised Edition Vol. 2, New York 1948 und 4th ed. by Squillante and John R. Fonseca Deerfield Illinois, New York NY and Rochester NY, 1974-1997

Wolff, Katharina: Die Rechtsmängelhaftung nach dem Uniform Commercial Code und dem UN-Kaufrecht, Dissertation Bonn 1990

Würdinger/Röhricht: siehe Staub, Großkommentar

Ziegel, Jacob S.: The Remedial Provisions in the Vienna Sales Conventions: Some Common Law Perspectives, chapter 9 in Galston/Smit, International Sale of Goods, New York 1984

Ziegler, Ulrich: Leistungsstörungsrecht nach dem UN-Kaufrecht, Baden-Baden 1995

Zimmermann, Reinhard: Die „Principles of European Contract Law", Teil 1, ZeuP 1995, 731- 734

ders.: The law of obligations, Roman foundations of the civilian tradition, Oxford 1996

Zweigert, Konrad/*Kötz*, Hein: Einführung in die Rechtsvergleichung auf dem Gebiet des Privatrechts, Band I: Grundlagen, 2. Aufl., Tübingen 1984, Band II: Institutionen, 2. Aufl., Tübingen 1984

Maßgebliche Regelungen

CISG:

Abschnitt VI Erhaltung der Ware

Art. 85 Pflicht des Verkäufers zur Erhaltung der Ware

Nimmt der Käufer die Ware nicht rechtzeitig ab oder versäumt er, falls Zahlung des Kaufpreises und Lieferung der Ware Zug um Zug erfolgen sollen, den Kaufpreis zu zahlen, und hat der Verkäufer die Ware noch in Besitz oder ist er sonst in der Lage, über sie zu verfügen, so hat der Verkäufer die den Umständen angemessenen Maßnahmen zu ihrer Erhaltung zu treffen. Er ist berechtigt, die Ware zurückzubehalten, bis ihm der Käufer seine angemessenen Aufwendungen erstattet hat.

Art. 86 Pflicht des Käufers zur Inbesitznahme und Erhaltung der Ware

(1) Hat der Käufer die Ware empfangen und beabsichtigt er, ein nach dem Vertrag oder diesem Übereinkommen bestehendes Zurückweisungsrecht auszuüben, so hat er die den Umständen angemessenen Maßnahmen zu ihrer Erhaltung zu treffen. Er ist berechtigt, die Ware zurückzubehalten, bis ihm der Verkäufer seine angemessenen Aufwendungen erstattet hat.

(2) Ist die dem Käufer zugesandte Ware ihm am Bestimmungsort zur Verfügung gestellt worden und übt er das Recht aus, sie zurückzuweisen, so hat er sie für Rechnung des Verkäufers in Besitz zu nehmen, sofern dies ohne Zahlung des Kaufpreises und ohne unzumutbare Unannehmlichkeiten oder unverhältnismäßige Kosten möglich ist. Dies gilt nicht, wenn der Verkäufer oder eine Person, die befugt ist, die Ware für Rechnung des Verkäufers in Obhut zu nehmen, am Bestimmungsort anwesend ist. Nimmt der Käufer die Ware nach diesem Absatz in Besitz, so werden seine Rechte und Pflichten durch Absatz 1 geregelt.

Art. 87 Einlagerung bei Dritten

Eine Partei, die Maßnahmen zur Erhaltung der Ware zu treffen hat, kann die Ware auf Kosten der anderen Partei in den Lagerräumen eines Dritten einlagern, sofern daraus keine unverhältnismäßigen Kosten entstehen.

Art. 88 Selbsthilfeverkauf

(1) Eine Partei, die nach Artikel 85 oder 86 zur Erhaltung der Ware verpflichtet ist, kann sie auf jede geeignete Weise verkaufen, wenn die andere Partei die Inbesitznahme oder die Rücknahme der Ware oder die Zahlung des Kaufpreises oder der Erhaltungskosten ungebührlich hinauszögert, vorausgesetzt, daß sie der anderen Partei ihre Verkaufsabsicht in vernünftiger Weise angezeigt hat.
(2) Ist die Ware einer raschen Verschlechterung ausgesetzt oder würde ihre Erhaltung unverhältnismäßige Kosten verursachen, so hat die Partei, der nach Artikel 85 oder 86 die Erhaltung der Ware obliegt, sich in angemessener Weise um ihren Verkauf zu bemühen. Soweit möglich hat sie der anderen Partei ihre Verkaufsabsicht anzuzeigen.
(3) Hat eine Partei die Ware verkauft, so kann sie aus dem Erlös des Verkaufs den Betrag behalten, der den angemessenen Kosten der Erhaltung und des Verkaufs der Ware entspricht. Den Überschuß schuldet sie der anderen Partei.

UCC:

Chapter 6
Breach, Repudiation and Excuse

§ 2 – 601 Buyer's Rights on Improper Delivery

Subject to the provisions of this division on breach in installment contracts (section 2 – 612) and unless otherwise agreed under the sections on contractual limitations of remedy (sections 2 – 718 and 2 – 719), if the goods or the tender of delivery fail in any respect to conform to the contract, the buyer may
(a) Reject the whole; or
(b) Accept the whole; or
(c) Accept any commercial unit or units and reject the rest.

§ 2 – 602 Manner and Effect of Rightful Rejection

(1) Rejection of goods must be within a reasonable time after their delivery or tender. It is ineffective unless the buyer seasonably notifies the seller.
(2) Subject to the provisions of the two following sections on rejected goods (sections 2 – 603 and 2 – 604),
(a) After rejection any exercise of ownership by the buyer with respect to any commercial unit is wrongful as against the seller; and
(b) If the buyer has before rejection taken physical possession of goods in which he does not have a security interest under the provisions of this division (subdivision (3) of section 2 – 711), he is under a duty after rejection to hold them with reasonable care at the seller's disposition for a time sufficient to permit the seller to remove them; but
(c) The buyer has no further obligations with regard to goods rightfully rejected.
(3) The seller's rights with respect to goods wrongfully rejected are governed by the provisions of this division on seller's remedies in general (section 2 – 703).

§ 2 – 603 Merchant Buyer's Duties as to Rightfully Rejected Goods

(1) Subject to any security interest in the buyer (subdivision (3) of section 2 – 711), when the seller has no agent or place of business at the market of rejection a merchant buyer is under a duty after rejection of goods in his posession or control to follow any reasonable instructions received from the seller with respect to the goods and in the absence of such instructions to make reasonable efforts to sell them for the seller's account if they are perishable or threaten to decline in value speedily. Instructions are not reasonable if on demand indemnity for expenses is not forthcoming.
(2) When the buyer sells goods under subdivision (1), he is entitled to reimbursement from the seller or out of the proceeds for reasonable expenses of caring for and selling them, and if the expenses of caring for and selling them, and if the expenses include no selling commission then to such commission as is usual in the trade or if there is none to a reasonable sum not exceeding 10 percent on the gross proceeds.
(3) In complying with this section the buyer is held only to good faith and good faith conduct hereunder is neither acceptance nor conversion nor the basis of an action for damages.

§ 2 – 604 Buyer's Options as to Salvage of Rightfully Rejected Goods

Subject to the provisions of the immediately preceding section on perishables if the seller gives no instructions within a reasonable time after notification of rejection the buyer may store the rejected goods for the seller's account or reship them to him or resell them for the seller's account with reimbursement as provided in the preceding section. Such action is not acceptance or conversion.

Chapter 7

Remedies

§ 2 – 703 Seller's Remedies on General

Where the buyer wrongfully rejects or revokes acceptance of goods or fails to make a payment due on or before delivery or repudiates with respect to a part or the whole, then with respect to any goods directly affected and, if the breach is of the whole of the contract (section 2 – 612), then also with respect to the whole undelivered balance, the aggrieved seller may

(a) Withhold delivery of such goods;
(b) Stop delivery by any bailee as hereinafter provided (section 2 – 705);
(c) Proceed under the next section respecting goods still unidentified to the contract;
(d) Resell and recover damages as hereafter provided (section 2 – 706);
(e) Recover damages for nonacceptance (section 2 – 708) or in a proper case the price (2 – 709);
(f) Cancel.

§ 2 – 705 Seller's Stoppage of Delivery in Transit or Otherwise

(1) The seller may stop delivery of goods in the possession of a carrier or other bailee when he discovers the buyer to be insolvent (section 2 702) and may stop delivery of carload, truckload, planeload or larger shipments of express or freight when the buyer repudiates or fails to make a payment due before delivery or if for any other reason the seller has a right to withhold or reclaim the goods.
(2) As against such buyer the seller may stop delivery until
(a) Receipt of the goods by the buyer; or

(b) Acknowledgement to the buyer by any bailee of the goods except a carrier that the bailee holds the goods for the buyer; or
(c) Such acknowledgement to the buyer by a carrier by reshipment or as warehouseman; or
(d) Negotiation to the buyer of any negotiable document of title covering the goods.
(3) (a) To stop delivery the seller must so notify as to enable the bailee by reasonable diligence to prevent delivery of the goods.
(b) After such notification the bailee must hold and deliver the goods according to the directions of the seller but the seller is liable to the bailee for any ensuing charges or damages.
(c) If a negotiable document of title has been issued for goods the bailee is not obliged to obey a notification to stop until surrender of the document.
(d) A carrier who has issued a nonnegotiable bill of lading is not obliged to obey a notification to stop received from a person other than the consignor.

§ 2 – 706 Seller's Resale Including Contract for Resale

(1) Under the conditions stated in Section 2 – 703 on seller's remedies, the seller may resell the goods concerned or the undelivered balance thereof. Where the resale is made in good faith and in commercially reasonable manner the seller may recover the difference between the resale price and the contract price together with any incidental damages allowed under the provisions of this division (section 2 – 710), but less expenses saved in consequence of the buyer's breach.
(2) Except as otherwise provided in subdivision (3) or unless otherwise agreed resale may be at public or private sale including sale by way of one or more contracts to sell or of identification to an existing contract of the seller. Sale may be as a unit or in parcels and at any time and place and on any terms but every aspect of the sale including method, manner, time, place and terms must be commercially reasonable. The resale must be reasonably identified as referring to the broken contract, but is not necessary that the goods be in existence or that any or all of them have been identified to the contract before the breach.
(3) Where the resale is at private sale the seller must give the buyer reasonable notification of his intention to resell.
(4) Where the resale is at public sale
(a) Only identified goods can be sold except where there is a recognized market for a public sale of futures in goods of the kind; and

(b) It must bei made at a usual place or market for public sale if one is reasonable available and except in the case of goods which are perishable or threaten to decline in value speedily the seller must give the buyer reasonable notice of the time and place of the resale; and
(c) If the goods are not to be within the view of those attending the sale the notification of sale must state the place where the goods are located and provide for their reasonable inspection by prospective bidders and
(d) The seller may buy.
(5) A purchaser who buys in good faith at a resale takes the goods free of any rights of the original buyer even though the seller fails to comply with one or more of the requirements of this section.
(6) The seller is not accountable to the buyer for any profit made on any resale. A person in the position of a seller (section 2 – 707) or a buyer who has rightfully rejected or justifiably revoked acceptance must account for any excess over the amount of his security interest, as hereinafter definded (subdivision (3) of section 2 – 711).

§ 2 – 709 Action for the Price

(1) When the buyer fails to pay the price as it becomes due the seller may recover, together with any incidental damages under the next section, the price
(a) Of goods accepted or of conforming goods lost or damaged within a commercially reasonable time after risk of their loss has passed to the buyer; and
(b) Of goods identified to the contract if the seller is unable after reasonable effort to resell them at reasonable price or the circumstances reasonably indicate that such effort will be unavailing.
(2) Where the seller sues for the price he must hold for the buyer any goods which have been identified to the contract and are still in his control except that if resale becomes possible he may resell them at any time prior to the collection of the judgement. The net proceeds of any such resale must be credited to the buyer and payment of the judgement entitles him to any goods not resold.
(3) After the buyer has wrongfully rejected or revoked acceptance of the goods or has failed to make a payment due or has repudiated (section 2 – 610), a seller who is held not entitled to the price under this section shall nevertheless be awarded damages for nonacceptance under the preceding section.

§ 2 – 710 Seller's Incidental Damages

Incidental damages to an aggrieved seller include any commercially reasonable charges, expenses or commissions incurred in stopping delivery, in the transportation, care and custody of goods after the buyer's breach, in connection with return or resale of the goods or otherwise resulting from the breach.

§ 2 – 711 Buyer's Remedies in General; Buyer's Security Interest in Rejected Goods

(1) Where the seller fails to make delivery or repudiates or the buyer rightfully rejects or justifiably revokes acceptance then with respect to any goods involved, and with respect to the whole if the breach goes to the whole contract (section 2 – 612), the buyer may cancel and whether or not has done so may in addition to recovering so much of the price as has been paid
(a) „Cover" and have damages under the next section as to all the goods affected whether or not they have been identified to the contract; or
(b) Recover damages for nondelivery as provided in this division (section 2 – 713)
(2) Where the seller fails to deliver or repudiates the buyer may also
(a) If the goods have been identified recover them as provided in this division (section 2 – 502); or
(b) In a proper case obtain specific performance or replevy the goods as provided in this division (section 2 – 716).
(3) On rightful rejection or justifiable revocation of acceptance a buyer has a security interest in goods in his possession or control for any payments made on their price and any expenses reasonably incurred in their inspection, receipt, transportation, care and custody and may hold such goods and resell them in like a manner as an aggrieved seller (section 2 – 706).

HGB:

Viertes Buch, Handelsgeschäfte

Zweiter Abschnitt. Handelskauf

§ 373 HGB Annahmeverzug des Käufers

(1) Ist der Käufer mit der Annahme der Ware im Verzuge, so kann der Verkäufer die Ware auf Gefahr und Kosten des Käufers in einem öffentlichen Lagerhaus oder sonst in sicherer Weise hinterlegen.
(2) Er ist ferner befugt, nach vorgängiger Androhung die Ware öffentlich versteigern zu lassen; er kann, wenn die Ware einen Börsen- oder Marktpreis hat, nach vorgängiger Androhung den Verkauf auch aus freier Hand durch einen zu solchen Verkäufen öffentlich ermächtigten Handelsmakler oder durch eine zur öffentlichen Versteigerung befugte Person zum laufenden Preise bewirken. Ist die Ware dem Verderb ausgesetzt und Gefahr im Verzuge, so bedarf es der vorgängigen Androhung nicht; dasselbe gilt, wenn die Androhung aus anderen Gründen untunlich ist.
(3) Der Selbsthilfeverkauf erfolgt für Rechnung des säumigen Käufers.
(4) Der Verkäufer und der Käufer können bei der öffentlichen Versteigerung mitbieten.
(5) Im Falle der öffentlichen Versteigerung hat der Verkäufer den Käufer von der Zeit und dem Orte der Versteigerung vorher zu benachrichtigen; von dem vollzogenen Verkaufe hat er bei jeder Art des Verkaufs dem Käufer unverzüglich Nachricht zu geben. Im Falle der Unterlassung ist er zum Schadenersatze verpflichtet. Die Benachrichtigungen dürfen unterbleiben, wenn sie untunlich sind.

§ 379 HGB Einstweilige Aufbewahrung; Notverkauf

(1) Ist der Kauf für beide Teile ein Handelsgeschäft, so ist der Käufer, wenn er die ihm von einem anderen Orte übersendete Ware beanstandet, verpflichtet, für ihre einstweilige Aufbewahrung zu sorgen.
(2) Er kann die Ware, wenn sie dem Verderb ausgesetzt und Gefahr im Verzug ist, unter Beobachtung der Vorschriften des § 373 verkaufen lassen.

INTERNATIONALRECHTLICHE STUDIEN
Beiträge zum Internationalen Privatrecht,
zum Einheitsrecht und zur Rechtsvergleichung

Herausgegeben von Ulrich Magnus

Band 1 Birgit Reimers-Zocher: Beweislastfragen im Haager und Wiener Kaufrecht. 1995.

Band 2 Lenja Vespermann: Schadensersatz bei Beeinträchtigung rechts- oder sittenwidriger Interessen im deutschen und französischen Recht. 1996.

Band 3 Peter Cypra: Die Rechtsbehelfe im Verfahren der Vollstreckbarerklärung nach dem EuGVÜ unter besonderer Berücksichtigung der Ausgestaltung in Deutschland und Frankreich. 1996.

Band 4 Brigitta Lurger: Regulierung und Deregulierung im europäischen Privatrecht. 1997.

Band 5 Uta Gutknecht: Das Nacherfüllungsrecht des Verkäufers bei Kauf- und Werklieferungsverträgen. Rechtsvergleichende Untersuchung zum CISG, zum US-amerikanischen Uniform Commercial Code, zum deutschen Recht und zu dem Vorschlag der Kommission zur Überarbeitung des deutschen Schuldrechts. 1996.

Band 6 Stefan Abel: Die Qualifikation der Schenkung. Zur Methode der Qualifikation im Internationalen Schuldvertragsrecht. 1997.

Band 7 Daniel Kötz: Verkäuferpflichten und Rechtsbehelfe des Käufers im neuen norwegischen Kaufrecht vom 13. Mai 1988 Nr. 27 im Vergleich zum UN-Kaufrecht vom 11. April 1980 (CISG). 1997.

Band 8 Olaf Beier: Grundsätze eines europäischen transportmittelübergreifenden Schadensrechts für den Gütertransport. Eine rechtsvergleichende Untersuchung unter besonderer Berücksichtigung der CMR, der ER/CIM 1990, des WA/HP und der HVR. 1999.

Band 9 Ulrich Krüger: Modifizierte Erfolgshaftung im UN-Kaufrecht. Die Haftungsbefreiung bei Lieferung vertragswidriger Ware gemäß Art. 79 CISG. 1999.

Band 10 Wolf-Henning Hammer: Das Zurückhaltungsrecht gemäß Art. 71 CISG im Vergleich zu den Kaufgesetzen der nordischen Staaten unter Einbeziehung transportrechtlicher Aspekte. Eine rechtsvergleichende Studie. 1999.

Band 11 Ulrich Quay: Der Consulting-Vertrag im Internationalen Privatrecht. 2000.

Band 12 Axel Halfmeier: Die Veröffentlichung privater Tatsachen als unerlaubte Handlung. Eine rechtsvergleichende Untersuchung. 2000.

Band 13 Stephanie Scholz: Lohngleichheit durch Verfahren. Eine Studie zur Förderung der Lohngleichheit durch verfahrensrechtliche Ansätze. 2000.

Band 14 Tarık Cebecioğlu: Stellung des Ausländers im Zivilprozeß. Eine rechtsvergleichende Untersuchung des türkischen und deutschen Rechts. 2000.

Band 15 Gunnar Straube: Sozialrechtliche Eingriffsnormen im Internationalen Privatrecht. 2001.

Band 16 Daniela de Lukowicz: Divergenzen in der Rechtsprechung zum CISG. Auf dem Weg zu einer einheitlichen Auslegung und Anwendung? 2001.

Band 17 Mohamed Hassan Fadlalla Ali: Das islamische Ehe- und Kindschaftsrecht im Sudan. Mit Hinweisen zu den Lehren der Islamischen Rechtsschule, der anwendbaren Familienrechtsvorschriften für Nichtmuslime im Sudan und im deutschen Familienrecht. 2001.

Band 19 Florian Schulz: Der Ersatzlieferungs- und Nachbesserungsanspruch des Käufers im internen deutschen Recht, im UCC und im CISG. Eine rechtsvergleichende Untersuchung unter Berücksichtigung der Schuldrechtskommission, der EG-Richtlinie 1999/44/EG und des Diskussionsentwurfs eines Schuldrechtsmodernisierungsgesetzes. 2002.

Band 20 Ingo Janert: Die Aufrechnung im internationalen Vertragsrecht. 2002.

Band 21 Armin Jentsch: Die Erhaltungspflichten des Verkäufers und des Käufers im UN-Kaufrecht im Vergleich zum US-amerikanischen Uniform Commercial Code und zum deutschen Recht. 2002.

Kolibri 360 GmbH
Ferdinand-Jühlke-Straße 7
99095 Erfurt, Deutschland
produktsicherheit@kolibri360.de

Druck:
CPI Druckdienstleistungen GmbH
im Auftrag der
Kolibri 360 GmbH
Ferdinand-Jühlke-Str. 7
99095 Erfurt